Melda Onur, 1964, Eskişehir doğumlu. Marmara Üniversitesi İİBF'den 1985 yılında mezun oldu. İstanbul Üniversitesi Sosyal Bilimler Enstitüsü Uluslararası İlişkiler Bölümü'nde yüksek lisansını tamamladı. 1989 yılında *Günaydın* gazetesinde çalışmaya başladı. Aynı yıl Fransa Başbakanlığı bursunu kazanarak 1 yıllığına Paris'e Uluslararası Ekonomik İlişkiler okumaya gitti. Melda Onur sırasıyla Show TV (Paris ve İstanbul), Kanal D ve İnterstar (Star TV) yayın kuruluşlarında ve dış yapımlarında çalıştı. 1998-2001 yıllarında Camev Yayıncılık ve Prodüksiyon Şirketi Ortağı olarak kurumsal tarih çalışmaları yaptı. 2001-2007 yılları arasında UND İcra Kurulu Üyesi olan Onur, daha sonra serbest iletişim danışmanlığı yaptı ve projelerde yer aldı. 2010 yılında CHP İstanbul İl Yönetimi'nde başlayan aktif siyasi hayatında sırayla CHP Parti Meclisi, MYK Üyeliği yaptı. 24. Dönem İstanbul Milletvekili olan Onur, siyasetin ardından iki dönem Sosyal Haklar Derneği Genel Başkanlığı yaptı. Onur demokratik toplum platformlarında faaliyetlerini sürdürmektedir.

Şehrin ve Başkan'ın Beş Yılı

Yazan: Melda Onur
Editör: Aslı Güneş

1. baskı / Ocak 2024 / ISBN 978-625-6570-85-6
Sertifika no: 44919

Kapak tasarımı: Taylan Polat
Sayfa uygulama: Yeşim Ercan Aydın
Fotoğraflar: İBB Arşivi
Baskı: Ana Basın Yayın Gıda İnşaat San. ve Tic. A.Ş.
Mahmutbey Mah. Devekaldırımı Cad. 2622 Sk.
Güven İş Merkezi, No: 6/13 Bağcılar - İSTANBUL
Tel. (212) 446 05 99
Sertifika No: 52729

Doğan Yayınları Yayıncılık ve Yapımcılık Ticaret A.Ş.
19 Mayıs Cad. Golden Plaza No. 3, Kat 10, 34360 Şişli - İSTANBUL
Tel. (212) 373 77 00 / Faks (212) 355 83 16
www.dogankitap.com.tr / editor@dogankitap.com.tr / satis@dogankitap.com.tr

Şehrin ve Başkan'ın Beş Yılı

Melda Onur

Doğan Kitap

Bizim yolumuzu çizen; içinde yaşadığımız yurt, bağrından çıktığımız Türk milleti ve bir de milletler tarihinin bin bir facia ve ıstırap kaydeden yapraklarından çıkardığımız neticelerdir.

Tarih bir milletin nelere müstait olduğunu ve neler başarmaya muktedir bulunduğunu gösteren en doğru bir kılavuzdur.

Mustafa Kemal Atatürk

İçindekiler

Önsöz

Bu kitabı yazmaya karar vermemin ardından gelişen olaylar, kitabın içeriğini de akışını da amacını da farklılaştırdı. Ancak "Giriş" bölümünde anlattığım ve bana bir kitap yazma fikri veren çıkış noktası değişmedi. İlk başta vaatler ve gerçekleşenler odaklı bir kitap düşünmüş ve İBB Başkanı Ekrem İmamoğlu ile röportajdan ibaret olarak tasarlamıştım. Ama ülke koşullarının süreci uzatması, bu süre zarfında yaptığım görüşmeler, kitaba katılan kişi sayısını öngördüğümün ötesine çıkararak başlıkları zenginleştirmiş oldu.

İlk çalışmalara başlamam 2022 yılının Ekim ya da Kasım aylarına tekabül ediyor. O günlerde Ekrem İmamoğlu'nun kendisine şehrin son dört yılını sormayı hedefledim. Öyle ya, 25 yıllık bir yönetme şekli ve bakış açısının ardından önemli bir değişim yaşanmıştı. Neler vaat etmişti, çok şey mi vaat etmişti, dört yıl sonu itibarıyla hedeflerine ulaşmış mıydı? Yapamadıklarını neden yapamamıştı ya da önüne çıkan engeller nelerdi? Oy vereni memnun etmiş miydi?

Kitap İBB Başkanı'nın dört yılını anlatacaktı.

Ön çalışmamı yapıp randevu almaya hazırlanırken, Yüksek Seçim Kurulu üyelerine hakaret ettiği iddiasıyla hakkında açılan davada karar açıklandı ve İmamoğlu'na 2 yıl 7 ay 15 gün hapis cezası verildi.

Bundan sonraki süreç nasıl ilerleyecekti bilemiyordum. Doğrusu İmamoğlu üzerinde yaratılan mağduriyeti bir kazanım gibi görenler de vardı; siyaset hayatının kısa süre de olsa kesintiye uğrayacağından ve bundan zarar göreceğinden emin olanlar da vardı. Muhtemel cumhurbaşkanlığı adaylığı bile gündemin ortasına oturmuştu.

Bu süre zarfında kitap üzerine düşünürken, TBMM'de olduğum dönem çalışma arkadaşlarımla birlikte tasarladığımız, ancak gerçekleştiremediğimiz bir İstanbul kitabı daha belirginleşmeye başladı. Yalnızca Ekrem İmamoğlu değil, temel başlıklarda İBB'nin çeşitli birimlerdeki yöneticilerin ve bu birimlere karşılık gelen sivil toplumun ve akademinin görüşlerini almayı, özellikle de İstanbul Kent Savunması'nın kent mücadelesini kitabın geneline taşımayı istedim. Ve tabii 2016 yılından beri çalıştığım sosyal haklar ve sosyal hukuk alanından bilgilerle de kitaba değer katmayı hedefledim.

Evet bu bir şehir kitabı olmalıydı. Şehrin son 4,5 yılını anlatan bir kitap.

Bu amaçla Ekrem İmamoğlu ile görüşmek, kitabın içeriğini anlatıp İBB'nin bazı yöneticileriyle de röportaj yapmak istediğimi kendisine söylemek için randevu isteyip beklemeye başladım.

Hava tahminlerinin İstanbul'da şiddetli fırtına olacağı yönündeki uyarılarının olduğu bir günün sabahına, erken bir saate İBB'ye bağlı AKOM'da, yani Afet Koordinasyon Merkezi'nde randevu verilmişti.

Ancak o sabah 6 Şubat sabahıydı. Ondan sonrası ise felaket günleriydi Türkiye için...

İBB'nin bütün birimleri deprem bölgesinde en az iki ay çok yoğun bir çalışma yaptılar. Ben ise bu süreçte elverdiğince kendi çalışmamı sürdürdüm. İstanbul Kent Savunması'nın hassasiyet gösterdiği konuların bu kitapta yer bulabilmesi için ilk olarak mimar ve akademisyen T. Gül Köksal'la görüştüm. Ardından da kitabın başlıklarını çıkararak yavaş yavaş görüşmelerimi sürdürmeye çalıştım.

Ülke deprem gündeminden genel seçim gündemine doğru evrilirken İBB de artık normal rutinine dönüyordu. İlk sorularımı sormak üzere Başkan Ekrem İmamoğlu'yla röportaj için uygun zaman kollarken, bu kez Millet İttifakı cephesinde Altılı Masa krizi çıktı. Herkesin hatırlayacağı üzere kriz İstanbul Büyükşehir Belediye Başkanı Ekrem İmamoğlu ile Ankara Büyükşehir Belediye Başkanı Mansur Yavaş'ı mitinglere taşıdı.

Yani seçimler tamamlanıncaya kadar görüşmek imkânsızdı. Millet İttifakı'nda seçim yenilgisinin ardından yaşanan değişim tartışmaları da süreci uzattı ve Ekrem İmamoğlu'yla ilk röportajımı 17 Ağustos'ta yapabildim. Sonuncusunu ise 14 Ekim'de... Arada bir kez çok kısa görüşme imkânım oldu.

Kitabın yapılışının bu kısa hikâyesini şu nedenle anlattım: Gerek İBB tarafındaki yetkililerden gerekse meslek örgütleri ve akademiden görüştüğüm isimler, çalışmanın en başında belirlenmedi. Uzun yıllardır İstanbul Kent Savunması'nın faaliyetlerini takip eden biri olarak, en başta yakından tanıdıklarım ve onların yönlendirdikleri isimlerle görüştüm. İBB yöneticilerinden ise, doğrudan konu başlıklarıyla ilgili ulaşabildiğim, bana zaman ayırabilen isimlere gittim. Bu süre zarfında İBB hiyerarşisini aşmış ve aynı konularla ilgili ast-üst ilişkilerine dışarıdan biri olarak dikkat etmemiş olabilirim. Bu konunun bir sorun yaratmamış olduğunu umarım. Ve samimiyetle şunu da ilave etmek isterim ki, bu süre zarfında İBB içinde tanıdığım tüm yetkili ve çalışanların, işlerine adanmışlıkları, uzmanlıkları ve liyakatlerine hayran oldum. Görüşemediklerimin de öyle olduğuna eminim.

Aslında çok daha fazla İBB yöneticisi ya da dışarıdan uzmanla görüşme yapmayı isterdim. Ama hem sayfa hem süre kısıtı buna imkân vermiyor. Hâlâ görüşme listemde isimler var. Bir kısmını da aradım ama müsait olamadılar. Görüştüğüm pek çok kişiyi uzun yıllardır tanıdığımı belirtmiştim. Sevdiğim ve güvendiğim insanlar kitabımda olsun isterken, seçici de davranmış olabilirim. Ama bütün sevip saygı duyduklarımı bu kitaba sığdıramazdım.

Kitabın içeriğine gelirsek; 2019 yılını hatırlatan bir girişin ardından şehre ait başlıkları birbirinden koparmamaya, aralarında bağlantı kurmaya çalıştım. Çünkü hiçbir konu ya da sorun diğerinden kopuk değil. Konusuna bağlı olarak hak kavramı, tarihçe, bilgi notları, kendi yaşamıma dair kesitler, vaatler, gerçekleşmeler ve karşıt görüşlere yer verdim. Her ne kadar yerel yönetimler siyasetin ayrılmaz bir parçası ise de ben doğrudan siyasi meseleleri bu kitaba koymak istemedim. Görüş aldığım siyasetçiler oldu, ama kendi mesleki alanlarında konuştular. Herhangi bir partinin belediye meclis üyesiyle görüşmedim. İlk başta gazetecilerle de görüşmek vardı aklımda, ama ilgi alanlarının İstanbul dışı konulara kayması mümkündü. Alıntılarımı çeşitli kaynaklardan yapmış olsam da yüz yüze görüşmelerimi İstanbul'da yaşayanlarla sınırladım.

Bu kitabın bilerek eksik bırakılmış bir kesimi de sokaktaki vatandaştır. O zaten sözünü önümüzdeki yerel seçimlerde söyleyecektir. Ama imkân olursa İstanbul ilçelerini gezerek vatandaşın yerel yönetim algısını da kitap yapmak isterim belki bir gün. Çünkü bu gerçekten okumaya değer olurdu.

Konu Ekrem İmamoğlu olunca çok fazla başlık açabilirsiniz. Hem iktidarı destekleyen medyada hem de muhalif medyada konu edilen seyahatleri, yaşam tarzı, tatilleri, üslubu vb. konuları ele almadım. Çünkü kitabın konusu Ekrem İmamoğlu değil, İstanbul'du. İstanbul'da yaşamayı tercih eden, yaşamaya ya da yaşama tutunmaya çalışan herhangi bir vatandaşı etkileyecek konulardı benim ilgi alanım. İmamoğlu'yla görüşmelerim, CHP'de değişim tartışmalarının yoğun geçtiği zamanlara tekabül etti. "Hiç mi konuşmadın bu konuları?" derseniz, elbette konuştum. Ama bunların sohbetlerde kalması gerektiğini düşünüyorum. İstanbul'un yönetimi odağı dışına çıkmak istemedim.

25 yıl boyunca aynı görüşün yönettiği İstanbul'daki değişime görüşmelerle bir projektör tutmaya çalıştım. Bunu yaparken duygularımı, anılarımı ve çok sevdiğim, sürekli olarak biriktirdiğim özlü sözlerden bazılarını da kitaba koydum.

Kitabın bence en faydalı yönlerinden biri, okuyucu açısından bir büyükşehir belediyesinin çalışma alanlarının çeşitliliğini, yaptığı işleri, sorumluluklarını analizlerle, karşıt görüşlerle, ilave bilgilerle bir araya getirmesi oldu. Çünkü insanlar vergi ödeme, idari işlerini halletme gibi konuların dışında belediye hizmetlerinin kendi sokağından, günlük yol güzergâhındaki toplu ulaşım araçlarından, mahallesindeki parktan, toplanan çöpten ibaret olduğunu düşünüyor. Bu da normal. Ama başka neler yapılıyor, ne kadar yaygın çalışılıyor, yetki ve sorumlulukları nereden nereye uzanıyor? Bunlar benim açımdan da bilgilendiriciydi.

Kitapta bazı konuları daha fazla detaylandırmış olabilirim. Özellikle "Şehrin Sağlığı" bölümü gibi. Bunun nedeni tamamen benim ilgimi daha çok çeken konular olduğundandır. Aynı hislerle bazı başlıklara daha kısa değinmiş olabilirim ya da atlamış olabilirim. Sürecin uzaması nedeniyle çok sık güncelleme yaptım ve ilk başlarda daha fazla rakam vermeme karşın daha sonra rakamları büyük ölçüde çıkarttım. Zaten pek çoğunu Eylül 2023'te son olarak güncelledim. Bu kitapta yer alan rakamlar sadece bir döneme dair fikir vermeyi amaçlıyor. Kırılımlara çok fazla girmemeye çalıştım.

Daha adil bir şehir için mücadele eden ve şu an tutuklu bulunan Gezi Parkı direnişinden arkadaşlarıma yazılı soru gönderip yanıt almak ve bu kitaba koymak istedim. Ancak sürecin uzaması, bazen yaşadığım belirsizlik hissi ve kimi zaman da bu kitabı bitiremeyeceğim duygusu beni engelledi. Yine de dışarıda oldukları kadar cezaevinde de üretken olan bu değerli kent savunucularının görüşlerinden alıntılar yapma imkânı buldum.

Teşekkür kısmına gelirsek, o kadar çok kişi yardımcı oldu ki, isim sayarsam atlama riskim var. Onlar kendilerini biliyor, zaten birçoğu kitapta görüş verdi, kitabın üretimine katkı sağladı.

Son olarak İBB Başkanı Ekrem İmamoğlu'na bir teşekkürüm var. Özellikle İBB yetkilileriyle yaptığım görüşmeleri kitaba hazır hale getirdikten sonra, teknik ya da maddi bir hata olmaması için kendilerine kontrole gönderdim. Her biri okudu. Aynı şekilde yine yanlış ifade etme riskine karşı Ekrem İmamoğlu'na da kendi bölümlerini göndermek istedim. Ancak kendisi bir güven gösterdi ve okumak, hatta göz atmak dahi istemedi. Umarım anlatmak istediklerini, amacına en yakın haliyle kitaba aktarabilmişimdir.

Gelelim ithaf konusuna...

Kitabımı bir ya da birkaç kişiye ya da bir kesime ithaf etmem çok güç. Böyle ithaflardan ya da adamalardan oldum olası çok çekinirim. Çünkü ithaf ettikleriniz, söylediğiniz söz ya da yazdığınızla hemfikir olmayabilir. Hele ki konu İstanbul ise bu konuda kitabı sevdiğim, saydığım, hayranlık duyduğum kent savunucularına ithaf ederek de haddimi aşamam.

Yine de bir ithaf olacaksa beni tüm kusurlarımla kabul edeceklere ithaf etmek isterim:

Bu kitaba en büyük katkısı olan geniş aileme,

Bana gazetecilik mesleğini kazandıran ve bu kitabı yazdığım dönem kaybettiğimiz Sevgili Osman Abim, yani Osman S. Arolat'a,

Ve İstanbul'u benim gibi sevenlere...

Giriş:
Şehrin Mutluluğu

> Biz bu şehrin inançlarını, kurucu değerlerini hep birlikte var edeceğiz. Şehrin her kesiminin insanlarına saygınlık kazandıracağız. Göreceksiniz, başka bir mutluluk, sevgi, saygı ve huzur ortamı inşa edeceğiz. Bütün İstanbul'a sesleniyorum, bugün itibariyle trafikte korna çalmayacağız. Yolda giderken arabadan, camdan dışarıya çöp atmayacağız. Yere çöp atmayacağız, atanları uyaracağız. İstanbul'u hep birlikte temiz tutacağız. Yaya geçidinde bir yaya gördüğünüzde ona araçlar ve şoförler yol verecek. Uygar bir şehir olacağız. Otobüste, metroda yaşlı bir hemşerimizi gördüğümüzde, hamileye, engelliye yol vereceğiz, yerimizi vereceğiz. Kibar İstanbullular olacağız, uygar İstanbullular olacağız, bize yakışanı yapacağız. Bu şehirde her yönüyle başka bir dönem başlatıyoruz. Biz bu şehrin her anını sizinle paylaşacağız. Şeffaf, katılımcı bir İstanbul olacağız. Hiç kimseyi dışarıda bırakmayacağız. İstanbul adil bir kent olacak. Hızlıca hizmet üretecek.

Bu cümleleri dinlediğimde bir yerlere kaydetmek istedim. Tarih 27 Haziran 2019'du.

İstanbul'un 80 gün arayla ikinci kez seçilerek görevine başlayan Belediye Başkanı Ekrem İmamoğlu, bundan 70 yıl önce, 1953'te Mimar Nevzat Erol'un bir mimari yarışma sonucu İstanbul'a kazandırdığı Saraçhane binasının önünde toplanan kalabalığa hitap ediyordu. Sıradan bir siyasetçi ya da belediye başkanı hitabı değildi bu. Zaten İmamoğlu da şimdiye dek alışık olduğumuz siyasetçi profillerinden biraz farklı olduğunu, tartışmalar ve itirazlarla uzayıp giden seçim sürecinde, gerek kendisine verilen oylara sahip çıkmadaki kararlılığı, gerekse yaptığı konuşmalarla göstermişti. Ama seçilmiş bir belediye başkanı olarak da taahhütleri farklıydı.

Konuttan, trafikten, yeşilden, çocuklardan, kadınlardan, hayvanlardan vb. söz ediyordu evet; adaylık sürecinde pek çok açıklama yapmış, İstanbul'un klasik sorunlarına değinmişti ama insanı olur olmaz gülümseten başka şeyler de söylüyordu. Hani kentleşme süreçleri oturmuş, sokakları pırıl pırıl, insanları gülümseyen, birbirine "günaydın, merhaba" diyen şehirleri gördüğümüzde "bizde de olsa" diye bir iç çekeriz ya, ondan dem vuruyordu. Bir siyasetçi için "es geçilebilir mutlulukları" vaat ediyordu.

Bir gün kendisine sormak üzere o gün bu paragrafı kaydettim. İstanbulluların mutluluk, sevgi, saygı ve huzur ortamı bakalım nasıl sağlanacaktı? Arabada giderken korna çalmayacak, camdan yere çöp atmayacak; yayalara yol, yaşlıya, engelliye ve hamileye yer verecek bir İstanbullu tipi nasıl yaratılacaktı?

Yine siyasetçilerin pek sevmediği iki konuyu sıklıkla dile getiriyordu İmamoğlu. Bu iki konu o günkü konuşmasında da vardı: Şeffaflık ve katılımcılık; İstanbul'u İstanbullularla birlikte yönetmenin mutluluğu.

Acaba bunu nasıl başaracaktı?

* * *

1953 yılında inşasına başlanan İstanbul Belediye Sarayı yapılırken, şehrin tüm inşaat, kazı, hafriyat çalışmalarında rastlandığı üzere buradan da arkeolojik eserler çıkmıştı. Dönemin İstanbul Arkeoloji Müzeleri Müdürü Rüstem Duyuran'ın bu eserlerle ilgili bilgi verdiği makalesine göre Saraçhane'de çıkarılan mozaikler, bu sahanın en eski kültür tabakasını teşkil ediyordu. Mozaiklerin üzerinde insan ve hayvan figürleri, "Bazen münferit bazen toplu sahneler halinde" tasvir edilmişlerdi. "Toplu sahnelerde yaban domuzu avı, spor yapan veya oyun oynayan çocuklar" tasvir edilmişti.[1] Münferid figürler umumiyetle odun, kuzu veya tavuk taşıyan köylüler, dans eden kadın ve erkeklerdi.

1. Rüstem Duyuran, "Belediye Sarayı Mozaikleri", *Arkitekt* dergisi, İstanbul: Mimarlar Odası, Cilt: 1954 Sayı: 1954-09-12 (275-276-277-278) Sayfa: 166-170.

Gelelim Osmanlı dönemine: *İslam Ansiklopedisi*'ndeki anlatıma göre, "Fatih Sultan Mehmet, İstanbul'u fethedince, saraçlıkla uğraşan esnafı Bezzâzistan civarına yerleştirdi. Fatih Camii'nin inşasından sonra çevresini 'şenlendirmek' amacıyla şimdi Saraçhane denen mevkiye İstanbul saraçhanesi yaptırıldı."[2]

Kuzey Ormanları'nda yaban domuzu avlayıp odun taşıyan erkeklerin, sokaklarında oynayan çocukların, dans eden kadınların anılarından akıp gelen; yüzyıllar sonra saraçlarla şenlendirilen bu dalgayı bir sünger gibi emerek genişleyen İstanbul'un bugün olduğu biçimiyle bir anlatısı onun tüm geçmişini içermeli. Bir şehrin içinden geçen bu tanım bana ait değil. Italo Calvino'nun *Görünmez Kentler*'indeki Zaira'nın tanımından esinlenildi. Diyor ki Calvino "Kent geçmişini dile vurmaz; çizik, çentik, oyma ve kakmalarında zamanın izini taşıyan her parçasına, sokak köşelerine, pencere parmaklıklarına, merdiven tırabzanlarına, paratoner antenlerine, bayrak direklerine yazılı geçmişini bir elin çizgileri gibi barındırır içinde."[3]

Peki ya hüznü, acıları, umutları, mutluluğu da barındırır mı? Emer mi sünger gibi, süzülür mü içinden neşeyle keder? Eski kıtanın tüm medeniyetlerinin, krallarının, hükümdarlarının, komutanlarının gözünün kaldığı; uğruna savaşlar yapılan, seferler düzenlenen; iktidarı için canlar alınan, kanlar dökülen; tüm sanatçılara esin kaynağı; Anadolu'nun umut kapısı, küreselleşmenin çehresi,

2. Zeki Tekin, "Saraçhane", *İslam Ansiklopedisi.*

3. Italo Calvino, *Görünmez Kentler*, çev. Işıl Kasapoğlu, İstanbul: Yapı Kredi Yayınları, s. 62.

içinde yaşayanların ise çilesi olan bu eşsiz güzellikteki İstanbul, bir gün mutlu bir şehir olabilir mi?

* * *

Ekrem İmamoğlu'nun mutluluğu vaat eden bu sözleri bana 2018 yılında yapılan bir anketi hatırlatmıştı. KONDA Araştırma ve Danışmanlık tarafından hazırlanan 2018 Aralık Barometresi için İstanbulluların yaşamlarına dönük bir anket çalışması yapılmıştı. "İstanbul'da Yaşamanın Bedeli" başlığı altındaki bölümde, görüşülen kişilerden İstanbul'da yaşamanın bedelini kısaca tarif etmeleri istenmişti. İlk sırayı "stres, sıkıntı, çile" almıştı. Ankete katılan İstanbulluların yüzde 27,9'u stres, sıkıntı ve çile içindeydi. Pahalılık ve geçim sıkıntısından şikâyet edenler yüzde 22,4'le ikinci sıradaydı. Geri kalan mutsuzluklar benzer oranlarda dağılıyordu: Trafik, zaman kaybı, kalabalık ve gürültüden şikâyet ediliyor; İstanbul'un yaşlandırdığı, sağlık sorunlarına neden olduğu, ömürden götürdüğü söyleniyor, çalışmak zorunluluğu vurgulanıyordu. Elbette memnunlar da vardı. Yüzde 6,8 "avantajları daha fazla, bedeli ağır değil" demişti. Cevap vermeyen ya da fikri olmayanları saymazsak, ankete yanıt veren İstanbulluların yüzde 73,6'sı, yani yaklaşık 4'te 3'ü bu şehirde çile çekiyordu.

Bu araştırma sonucunu okuduktan sonra belki İmamoğlu'nun sözlerine dikkat kesilmemi daha anlamlı bulabilirsiniz. İmamoğlu konuşmasını yapmadan bu raporu ya da bir benzerini okumuş muydu, bunu da soracaktım elbet. Ama mutlu şehirler elbette şehirleşmeyle ilgili sorunlarını çözmüş şehirlerdi. Belki de konut, ulaşım, altyapı, çevre vb. sorunları çözmek bir hedef değil, mutluluğun formülüydü. Siyasetçiler vaatlerini dillendirirken bunu mu es geçiyorlardı acaba? Yoksa mutluluk vaat etmek siyasetin ağırbaşlılığına yakışmıyor muydu?

Ama görünen köy kılavuz istemiyor. İstanbullu mutsuz. Şimdi bir de deprem korkusu sardı yeniden şehri. İstanbul'un Başkanı ise beş yılını tamamlıyor. Sormanın zamanı geldi artık: "O gün Saraçhane'de vadettiğiniz mutlu İstanbul'a ne kadar yaklaştınız?"

Şehir Başkanını Seçiyor

Yılgın bir ilgisizlik ya da endişeli bir ilgiyle televizyonlarını izleyenler, 31 Mart 2019 günü akşamı saat 20.30'da ekranda gördüklerine ve duyduklarına şaşırdılar. Koyu renk takım elbiseli, beyaz gömlekli, arada bir şakaklarından akan terleri silen gözlüklü genç adam, elindeki verileri kendinden emin ifadeler ve vurgularla açıklıyordu.

Oysa bundan birkaç saat önce, herhangi bir seçim akşamı alışık oldukları ruh haline dönmüşlerdi. O seçim akşamlarında, daha sandıkların tümü açılmadan, hükümetin ajansı haline dönüştürülmüş devlet ajansı iktidarın zaferini erkenden açıklar, sandıkların açılma yüzdesi 98-99'da durur, saatlerce öyle kalırdı. Oy çuvallarını seçim kurullarına teslim etmeye gidenler bile seçim sonuçlarını

yolda öğrenirlerdi. Ekranların köşesinde açılan sandık oranı hâlâ yüzde 98-99 görünürken, her bir seçim bölgesinden ıslak tutanakların görüntüleri yağar, "Daha sandık sayıyoruz" mesajları gelirdi.

O akşam başka bir şey oldu.

Pek çok İstanbul seçmeninin üç buçuk ay öncesine kadar pek de tanımadığı, Millet İttifakı'nın İstanbul Büyükşehir Belediye Başkan Adayı Ekrem İmamoğlu, 104 günlük kampanya döneminde iktidar devletinin tüm kurumlarıyla çarpışarak kampanyasını yürütmeye çalışmıştı. O akşam aynı mücadeleyi kendisi için atılan her bir oyu sıkı sıkı korumak için yeniden veriyordu.

Yorgun seçim gönüllüleri Ekrem İmamoğlu'nu dinlemek için televizyonlarının sesini yükselttiklerinde saat 20.30'du. Bundan sonra o ses hiç kısılmayacak, belki de odalardaki, salonlardaki, masalardaki coşkunun gürültüsünü bastırmak için daha da yükselecekti. İmamoğlu sabaha kadar sürecek gece mesaisine "Sandıklar kapanalı üç buçuk saat oldu" diyerek başladı ve şu rakamları verdi:

> Kendi sistemimizdeki verilere göre yüzde 27,6 girişimiz var. Yani 8 bin 635 sandığın girişi yapıldı. İstanbul'la ilgili, saat 22.00'ye kadar kesine yakın sonuçları oluşturabileceğimizi tahmin ediyoruz. Girişi yapılan verilere göre şu anda oyum yüzde 53,2, rakibimizin de oranı yüzde 44,1. Karşı tarafta son yarım saat içerisinde yüzde 60'tan yüzde 75 buçuğa varan bir veri artışı var İstanbul'da. Aynı zaman diliminde İstanbul dışındaki birçok şehirde yüzde 40-45 oranlarında çakılı kalmış. İçeride arkadaşlarım gelen sonuçları çok dikkatli inceleyerek girişler yapıyor. Bir manipülasyon varsa Yüksek Seçim Kurulu'nu ya da devletin kurumu Anadolu Ajansı'nı bu konuda hassasiyete ve titiz olmaya davet ediyorum.

Oy verdiği parti oyuna sahip çıkamadığı için haklı olarak küskün olan bir kesim seçmen için bu açıklama biraz şaşırtıcıydı. Ama umutlanmak için daha çok erkendi. Yine de 2018'deki son cumhurbaşkanlığı seçimlerinde, altındaki sandalye çekilip de yere düşmüş gibi hisseden seçmen için bu kadarını görmek bile şefkatli bir baş okşaması gibiydi.

Ama burada kalmayacaktı. Daha ilk açıklamasının yorumları yeni yapılmaya başlanmıştı ki, saat 20.55 civarı Ekrem İmamoğlu'nun yeniden kameraların karşısına geçeceği duyuruldu. Bu sırada Anadolu Ajansı, Cumhur İttifakı Adayı Binali Yıldırım'ın zaferini neredeyse açıklamış gibiydi. Belki de bu yüzden ekran başındakiler bu kez İmamoğlu'ndan Yıldırım'a bir tebrik konuşması bekler oldular. Ancak, seçmenlerin başlarını okşayan o şefkatli el, bu kez omuzlarından onları sarıyor, "Endişe etme artık" diyordu sanki.

"Hak yemedim, yemem ama hakkımı da yedirmem"

31 Mart'ı 1 Nisan'a bağlayan gecede seçmenin oyuna sahip çıkmanın sloganı geliyordu. İmamoğlu ikinci kez kameralar önünde şu sözlerle sesleniyordu Türkiye'ye:

> Az önce yaptığım açıklamanın teyidi anlamında karşınızdayım. Son verimiz yüzde 36,5 açılan sandık. Yüzde 52,42 Ekrem İmamoğlu, yüzde 44,84 rakibimizin oyu. Dengeli şekilde devam ediyor. Yüzde 16 civarı açılmamış sandık var. Yüksek Seçim Kurulu'na çağrımdır, lütfen İstanbul verilerini denetlesinler. Devletin kurumu olan Anadolu Ajansı'nı da hassasiyete, doğru veri vermeye, süreci manipüle etmemeye ve ahlaklı bir duruşa davet ediyorum. Sandık kurullarındaki arkadaşlarıma da yerinizi terk etmeyin çağrısı yapıyorum. Hak yemedim, yemem ama hakkımı da yedirtmem.

Gerçekten de İmamoğlu'nun ısrarı ve oylarına sahip çıkışı, karşı cephede direnci kırmış görünüyordu. Anadolu Ajansı iki aday arasındaki farkı düşürmeye başlamıştı.

Derken Cumhurbaşkanı Recep Tayyip Erdoğan'ı gördük ekranlarda. Balkon konuşması yapmak üzere Ankara'ya hareket ediyordu. Onun da konuşması alışılmışın dışındaydı. Erdoğan da olup bitenin farkındaydı ve örgütünü önemli bir yenilgiye, "Türkiye genelinde zafer ilan ederek" hazırlıyordu. Ama en kritik iki belediyesi, İstanbul ve Ankara hakkında konuşmuyordu.

Saat 22.32 olmuştu. Ekrem İmamoğlu, tekrar kameralar karşısındaydı, bu kez zaferinden emindi, manipülasyona karşı uyarılarını tekrarladı; sandık başlarının bırakılmaması için yeniden çağrı yaptı.

Yıldırım: "İstanbul'da seçimi kazandık"

Derken iktidar cephesinden son bir kazanma hamlesi geldi. Yüksek Seçim Kurulu Başkanı Sadi Güven'in 23.18'de "Herhangi bir sonuç açıklanmayacak" demesinin hemen ardından, Anadolu Ajansı 23.21'de son veri girişini yapmıştı. Saat 23.32'de Binali Yıldırım, daha sonuçlar kesinleşmeden "31 bin 124 sandıkta sayım tamamlanmış bulunuyor. Bu sonuca göre İstanbul'da seçimi kazandık" dedi.

Muhtemelen ekranları başında bu açıklamayı izleyenlerin büyükçe bir kısmı o anda "herhalde buraya kadar, bu iş bitti" burukluğunu yaşıyordu. Ancak seçmen için macera daha yeni başlıyordu. Yıldırım açıklamasını tamamladıktan hemen sonra, saat 23.36'da İmamoğlu tekrar ekrandaydı. Vazgeçmeyecekti. "İstanbul seninle gurur duyuyor" sloganlarıyla yeniden açıklama yapacağı salona girmişti. İmamoğlu hem YSK'ya hem AA'ya aynı uyarılarını tekrarladı; elindeki veriler konusunda ısrarcı oldu ve Binali Yıldırım'ın açıklamasına ilişkin şöyle dedi: "Bu da manipülasyondur. Süreç tamamlanmadan 'kazandık' demesini ayıplıyorum. Bugünün sonucunun barışma ve toplumsal uzlaşmaya yol açmasını umuyorum."

Daha önce yaşadığımız seçimlerde, sandık sayımları sürer ve ilk sonuçlar açıklanırken, telefonlarımıza, e-postalarımıza ıslak imzalı tutanak kopyası yağardı. Bulunduğu sandığın sonucunu izleyenler, aykırı bir sonuç ya da şüpheli bir durum hissettiklerinde tutanakları bize gönderirlerdi. Onca eğitim alıp, seçim yasasını hatmedip, sandık görevlisi ya da müşahit olup, sabahlara kadar oylar ve çuvallar çalınmasın diye bekleyip, tutanaklarında sonuçlara göre uyumsuzluk gördüklerinde düzeltmek için çırpınan gönüllü ve görevlilerin ertesi günkü ağırlığı çökerdi hepimize. Bu seçimde ise öyle kayda değer bir ihbar gelmiyordu. İnsanlar birbirleriyle yazışarak kaybettikleri zamanı yeni bir açıklama bekleyerek geçiriyorlardı.

Gece yarısına 10 kala bu kez söz sırası CHP Genel Başkanı Kemal Kılıçdaroğlu'ndaydı. O da örgütlerine "Bu gece uyumayın talimatı" verdi. Bu saatten sonra zaten kimse uyuyamazdı. Siyasi parti örgütü, moral ve motivasyonla çalışan bir birliktelik. Parti yönetimi ya da adayı her bir oyu takip etsin, oylara sahip çıkıp seçmenine güven versin ki onlar da canla başla çalışabilsinler. Aday kendi oyuna ve hakkına sahip çıkmazsa, örgütün tek başına çıkabilmesi zor. İşte bu kez aday, bırakın örgütleri ülkeyi uyutmamaya kararlıydı.

Ekrem İmamoğlu 00.12'de yeniden kürsüdeydi:

> Tarihi bir gün yaşıyoruz. Tam 36 dakikadır Anadolu Ajansı verilerinde bir değişiklik yok. Türkiye Cumhuriyeti'nin köklü kuruluşu Anadolu Ajansı yetkililerine, "Manipülasyonun parçası olmayın" diye seslenmek istiyorum. Tarihi sorumluluğunuz var. Toplumun yüzüne bakamayacak duruma düşmeyin.

İmamoğlu belli ki yerinde oturup beklemiyor, haber akışını takip ederek ekranda yerini alıyordu. Açıklamalarını Anadolu Ajansı üzerinde yoğunlaştırmıştı. Saat 00.32 olmuştu, İmamoğlu karşı tarafa soluk aldırmıyor, uyarılarını sürdürüyordu: "145 yıllık demokrasi mücadelemizin bu güzel gününü karartmayın lütfen Anadolu Ajansı, vazifenizi yerine getirin. Yerine getirmezseniz tarih sizden hesap sorar..."

Aynı saatlerde Millet İttifakı Adayı Mansur Yavaş'ın Ankara Büyükşehir Belediye Başkanı olduğu açıklandı. Ankara'nın alınışının coşkusu, İstanbul'daki zafer yürüyüşüne güç katıyordu.

Balkon konuşması: "Sakın ha, küsmek, kırılmak..."

Saat 01.03'te Cumhurbaşkanı Recep Tayyip Erdoğan, balkon konuşmasında şu sözleri ettiğine göre artık sonuç kesindi:

> Siz değerli kardeşlerimden bir şeyi rica ediyorum. Sakın ha, küsmek, kırılmak... "Ya biz bu neticeyi beklemiyorduk..." Sakın böyle bir şeye gerek yok. Yüzde 52 oy almış bir partimiz var. Bu seçimin birinci partisi AK Parti. Diğerleri düşünsün. Bizim düşünmeye bu noktada herhangi bir şeyimiz yok. Ama biz daha ileri diyoruz. Ve bunun için de işte bu seçimde nerede ne tür ek-

siğimiz var bunları telafi ederek daha başka çalışma esaslarıyla inşallah yolumuza devam edeceğiz.

Ekrem İmamoğlu sabah 07.15'te "Yüksek Seçim Kurulu'nun sayılarına göre de 27.417 fark var. YSK oylarımızı teyit etti" dedi.

104 gün boyunca "Bu İmamoğlu da nereden çıktı, kimse tanımıyor, daha ünlü biri olsaydı, iktidar karşısında ne yapacak, çok gayret ediyor ama seçilemez, seçilecek biri aday olsaydı" diye hakkında uzayan eleştiri ve yorumlara laf yetiştirmek zorunda kaldığımız İmamoğlu, esas zaferini o gece sabaha kadar kazandı. Öyle ki, o geceki duruşu onu üç aydan az bir süre sonra, ikinci kez ve daha büyük bir zafere taşıyacaktı.

104 gün nasıl geçti?

Beylikdüzü Belediye Başkanlığı'ndan gelen ve İstanbul Büyükşehir Belediyesi için Millet İttifakı'nın adayı olarak açıklanan Ekrem İmamoğlu'nun önünde kısa bir zaman vardı. Hem tanınmak hem kendisini kabul ettirmek hem de projelerini anlatarak 31 Mart'ta ipi göğüslemek için topu topu 104 gün. Aslında Başkan Kadir Topbaş'ın 2017'de istifasının ardından, İBB Meclisi'nde yapılan yeni başkan seçimi için CHP tarafından aday gösterilmişti. Ancak bu kısa ve geçici dönem adaylığı, seçim sonucunun da sürpriz olmayışı kendisini tanıtmaya yeterli değildi. 18 Aralık 2018 itibarıyla artık adaydı. Bu 104 günün her anını daha ilk haftalardan itibaren çok hızlı yol katederek doğru değerlendirdi. Aday gösterilmesinin ardından bir gazeteci, CHP Genel Başkanı Kemal Kılıçdaroğlu'nun TBMM Başkanı Binali Yıldırım için "Adaylıktan vazgeçerse hiç şaşırmayın" sözlerini hatırlatınca İmamoğlu şu yanıtı vermişti:

> Biz anlayış gereği şu an itibariyle rakibimizin kim olduğuna bakmıyoruz. Siyasi rakip kimmiş, kim atanacakmış bilmiyoruz. Bilmediğimiz gibi önemsemiyoruz da. Önemsediğimiz tek şey var: İstanbullu hemşerilerimiz, onların ihtiyaçları ve sorunları. Çözümlerimiz var, onları paylaşacağız. Göreceksiniz üç ay boyunca da rakibimizle ilgilenmeyeceğiz.

İlgilenmedi de. Zira ilgi alanı rakibi değil bir başkasıydı. İlgilenmek zorunda olacağı kişinin Cumhurbaşkanı Recep Tayyip Erdoğan olduğunun farkındaydı. Çünkü Erdoğanlı yılların Türkiye siyasetinde olgunlaşmış ve İstanbul'da yerel yöneticilik yapmış biri olarak yerel seçimlerde karşısındaki gerçek adayın Recep Tayyip Erdoğan olduğunun farkındaydı.

İlk hamle geldi. Aday gösterilir gösterilmez, İstanbul'un geçmiş dönemlerdeki büyükşehir belediye başkanlarını ziyaret etme kararını duyurdu. Bedrettin Dalan'dan başlayarak sırayla Nurettin Sözen, Ali Müfit Gürtuna ve Kadir Topbaş'ı ziyaret etti. Erdoğan hariç eski başkanlarla görüşmelerini 2018'de tamamladı. Sırada Cumhurbaşkanı vardı. Kamuoyu da bu buluşmayla yakından ilgilenecekti. Ancak Erdoğan'dan randevu istemesi eleştirilere neden oldu. Zira CHP, Cumhurbaşkanlığı Sarayını "Kaçak Saray" olarak tanımlıyordu. Genel Başkan Kemal Kılıçdaroğlu da burada hiçbir resepsiyona katılmamıştı.

"Cumhurbaşkanı tarafından oyunuza talibim"

Cumhurbaşkanı Erdoğan'ın görüşme talebine yanıtı, "Kapım herkese açık ama Bay Kemal'den izin alabilecek mi? Bay Kemal'den izin alırsa seve seve karşılarım" oldu ve kısa süre sonra da randevuyu verdi. Erdoğan ve İmamoğlu 10 Ocak 2019 günü Beştepe'de buluştular. Basına kapalı gerçekleştirilen kabul 50 dakika sürdü. Görüşmenin ardından Ekrem İmamoğlu gazetecilerin karşısına çıktı. Herkesin merakla beklediği görüşmeyi anlatırken kullandığı şu cümleler "80 Günde Devri İstanbul" yarışının nasıl seyredeceği hakkında ipucu veriyordu:

> Daha önce, beş yıl hizmet edersem Cumhurbaşkanı da bir sonraki seçimde bana oy verir demiştim. Bugün de oyunu istedim, o da gülümsedi. "Bir cumhurbaşkanı olarak bir de AK Parti genel başkanı sıfatınız var. Zorluğunu biliyorum ama ben Cumhurbaşkanı olarak oyunuza talibim" dedim.

İmamoğlu'nun Erdoğan'dan oy istemesi kamuoyunda, medyada ve sosyal medyada çok çeşitli tepkilere neden oldu. "Saraya neden gidiyor" tartışmalarını yeniden alevlendirdiği gibi, neden böyle bir talepte bulunduğu da günlerce konuşuldu, tartışıldı. Ama maksat hasıl olmuştu.

Türkiye'nin sıcak seçim gündeminde bu tartışmalar da buharlaştı. Ama geriye o günkü buluşma, yani kameralar karşısında Beştepe'deki o şaşaalı salonda, altın varak berjerlerde karşılıklı oturan iki rakibin, evet, kesinlikle iki rakibin daha sonraki süreçte sık sık kullanılacak fotoğrafı kaldı.

Bu buluşma, amacı doğrudan bu olmasa da, kendisini İstanbul'a ve Türkiye'ye tanıtmak için çok kısa vakti olan Ekrem İmamoğlu'nun önemli bir yol almasını sağladı. Artık herkes Cumhurbaşkanlığı Sarayı'nda Erdoğan'ın yanında oturan genç adamı tanıyordu, herkesin radarına girmişti.

Muhtemelen Cumhurbaşkanı da bunun olacağının farkındaydı ama randevu vermemek de olmazdı. Ekrem İmamoğlu 10 Ocak 2019 tarihine bir referans noktası koymuştu.

Haftalar sonra, 31 Mart seçimlerine iki gün kala, 29 Mart Cuma günü Ümraniye'de cuma namazı çıkışında gazetecilerin gündeme dair sorularını yanıtlayan İmamoğlu'na, Cumhurbaşkanı Erdoğan'ın giderek sertleşen tavrına dair şöyle bir soru soruldu: "Seçime iki gün kala rakibiniz Binali Yıldırım, Cumhurbaşkanı Erdoğan ile birlikte seçim turunda. Ama az önce size yönelik eleştirileri de oldu. 'Binali Bey, birçok dünya liderini tanıyor. Siz kimi tanıyorsunuz Bay Ekrem' diye hitabı oldu."

İmamoğlu hazırcevaptı: "E ilginçmiş. Kendisini tanıyoruz ya, ziyaret ettik, hukukumuz var. Kahvesini içtik. İşte lider."

Başkanın ilk dönemi

1 Nisan sabahı artık sonuç belliydi, zafer Millet İttifakı adayı Ekrem İmamoğlu'nundu. Saat 10.30'da YSK Başkanı Sadi Güven sandık sayımlarının ve itirazların devam ettiğini belirterek iki aday arasındaki farkı şu sözlerle açıklıyordu: "Ekrem İmamoğlu'nun

4 milyon 159 bin 650, Binali Bey'in 4 milyon 131 bin 761 oyu sisteme tanımlanmış vaziyette."

Ancak İstanbullular güne uyandıklarında ya da hiç uyumadıkları günün sabahı sokağa çıktıklarında pankartlar öyle demiyordu. İstanbul'un çeşitli noktalarına Cumhur İttifakı adayı Binali Yıldırım'ın Büyükşehir Belediye Başkanı seçildiğini gösteren pankartlar asılmıştı. Bunun 1 Nisan şakası olmadığı açıktı.

Ekrem İmamoğlu 1 Nisan sabahı yeniden kameraların karşısına geçti, pankartları işaret ederek Cumhur İttifakı adayı Binali Yıldırım ve Cumhurbaşkanı Recep Tayyip Erdoğan'a seslendi:

> Ben olsam buna müsaade etmezdim, derhal indirirdim. Biri gitmiyorsa, kendi evladımı gönderir söktürürdüm. Sayın Cumhurbaşkanı'nın 2023'e kadar görev yetkisi var, biz kimin kapısını çalacağız? Manipülasyona dur diyecek kendileri. İki konuşmasını da dinledim ben, ortamın düzelmesine dönük bir vicdanla konuştuğunu hissettim. Kesinlikle müdahale etmeli. 16 milyon insanın vicdanıyla Sayın Cumhurbaşkanı'na iletiyorum.

Pelikan devreye giriyor

Öyle kolay değildi İstanbul'u almak. Zafer sandıkla da gelse kolay kabullenilemeyecekti. Henüz kesin sonuçlar açıklanmadan, 1 Nisan günü öğleden sonra, "Pelikan" adındaki yapılanma merkezli olduğu iddia edilen bir operasyonun fısıltısı yayıldı. İddiaya göre sabah saatlerinde sandıklara usulsüzlük karıştırdığı gerekçesiyle 30 sandık başkanı gözaltına alınmıştı. İstanbul Valiliği bu iddiayı yalanladı.

Ama iktidar medyası da fitili ateşlemişti. Seçim yenilgisi "oyların çalınmasına" bağlanmaya başlanmıştı. *Yeni Şafak* gazetesi 2 Nisan tarihinde "AK Parti'nin oyları sıfırlanmış" manşetiyle çıktı. AK Parti oylarının birleştirmelerde sayılmadığı iddiası ileri sürülüyordu. *Star* gazetesi ise "AK Parti'nin oyu İmamoğlu'na yazıldı" iddiasında bulunuyordu. AK Parti İstanbul İl Örgütü, 39 ilçenin sonuçlarına itiraz etti.

Sandıkta darbe örgütleme iddiası

AK Parti Seçim İşlerinden Sorumlu Genel Başkan Yardımcısı Ali İhsan Yavuz, 2 Nisan 2019 günü kamuoyu önüne çıkarak "Yaşananların, seçim tarihinin en büyük şaibesi" olduğunu iddia etti. İktidar medyasının attığı manşetlerle desteklenen çabalar, birkaç terör örgütü ismini art arda dizerek "sandıkta darbe örgütlemek" iddiasına kadar gittiğine göre, iktidar kendisine zafer çıkarmak için tüm kozlarını, tüm kurumlarını, tüm adamlarını ve tüm gücünü kullanacaktı. İstanbul İl Seçim Kurulu bütün ilçelerde geçersiz oyların yeniden sayılması kararı veriyordu.

5 Nisan günü geldiğinde Cumhurbaşkanı Recep Tayyip Erdoğan, seçim gecesinden sonraki suskunluğunu cuma namazı çıkışında bozdu. Konuşmasında hem bu itiraz işini istedikleri sonucu alana dek götüreceklerini belli ediyor hem de satır arasında seçmenlere meclis çoğunluğu olmayan bir belediye başkanı seçmenin "yanlışlığını" dikte ediyordu: "Bir belediye başkanı belediye meclisinde çoğunluğu yoksa komisyonları da, bütçeyi de istediği gibi çıkartamaz."

"Kişilere, partilere, kurumlara, derneklere, vakıflara, cemaatlere..."

Ekrem İmamoğlu'nun İBB Başkanı olarak Cumhurbaşkanlığının kapısını çalamayacağı belli olmaya başlamıştı. Müstakbel yeni başkan o günlerde öyle bir cümle sarf etti ki, yeni dönemin mottosu haline gelecekti.

"İBB çalışanlarına çağrımızdır. Adama, derneklere, kişilere, vakıflara ve cemaatlere hizmet işi bitti. İstanbul'a hizmet edeceksiniz."

Bu söz o kadar tuttu ve benimsendi ki, İmamoğlu çeşitli mitinglerinde de bu sözü geniş kitlelere çeşitli defalar söyledi. İnsanlar bu cümleyi popüler kültüre dahi hızla uyarlamaya başladılar, sosyal medya hesaplarına profil cümlesi olarak yazdılar, selamlaşmalarda kullandılar.

Bu süre zarfında yeniden sayımlar bitti ve Ekrem İmamoğlu'nun Binali Yıldırım'dan 17 bin 719 oy önde olduğu açıklandı. Ancak bu yeniden sayımlarla iki aday arasındaki farkın azalması, Cumhur İttifakı için çok önemli bir gerekçeydi. Cumhurbaşkanı Erdoğan İstanbul'da seçimlerin yenilenebileceğini ima etmişti bile. Binali Yıldırım ise bazı ilçe sonuçlarından cesaretle İstanbul'daki yerel seçimi "murdar olmuş bir seçim" diye ilan etmişti.

İmamoğlu'na mazbatası veriliyor

31 Mart seçimlerinden 17 gün sonra, 17 Nisan 2019'da Ekrem İmamoğlu İstanbul Büyükşehir Belediye Başkanı mazbatasını aldı. Aynı gün kameralar karşısına geçen ve elinde grafiklerle oy farkının kapanmasına bir şaibe izahatı getirmek üzere uzun açıklamalar yapan Ali İhsan Yavuz ise yine 2019 seçim tarihine geçen sözünü söyledi: "Hiçbir şey olmasa bile biz diyoruz ki kesinlikle bir şeyler oldu."[4]

İstanbul Adliyesi'ndeki İl Seçim Kurulu'ndan mazbatasını alan İmamoğlu Saraçhane'de yaptığı konuşmada tıpkı 31 Mart gecesindeki gibi "hak" vurgusu yapıyordu:

> Kimsenin hakkını yemedik, "16 milyonun hakkını yedirtmeyiz" dedik. [...] Bu şehrin kaymak tabakası artık vatandaş. Bu şehrin nimetlerini ganimet yapmak yok. Bu şehrin nimetlerini paylaşmak var. Kimsenin hakkını yemedim, kimseye de hakkınızı yedirmeyeceğim.

Ekrem İmamoğlu'na mazbatası verilmişti ama daha koltuğuna oturduğunun ikinci gününde onu etkisiz, geçici bir başkan haline getirme planlarında bir sonraki adıma geçilmişti: 19 Nisan 2019 Cuma günü İmamoğlu'nun Büyükşehir Belediyesi ve bağlı kuruluşlarının tüm elektronik veri tabanı ve altyapısının incelenmesi, araştırılması ve kopyalanması talimatına dair İstanbul 4. İdare Mahkemesi yürütmeyi durdurma kararı aldı.

İktidar bir yandan İmamoğlu'nu ablukaya almaya çalışırken,

---

4. CNN Türk, 17 Nisan 2019.

Ekrem İmamoğlu da tüm olanlara karşın normal bir süreci işletme gayretindeydi. Bu psikolojik savaşın ortasında ilk mitingini 21 Nisan Pazar günü Maltepe'de yaptı.

Alışılmışın dışında bir miting organize edildiğini fark etmiştik. Mitingin adı "İstanbul'a Yeni Bir Başlangıç Buluşması" konmuştu. Sahnede bir yanda Beylikdüzü Gençlik Senfoni Orkestrası, diğer yanda İBB Mehteran Mehter Takımı vardı. Çalınan şarkılarla miting meydanı öylesine eğleniyor, öylesine farklı şarkılar türküler söyleniyordu ki muhtemelen "Ceddin Deden, Neslin Baban" diye başlayacak bir Mehter Marşı'na eşlik etmeye de hazırdı. Ancak Mehteran İzmir Marşı ile başlayınca ortalık coştu. Hep birlikte Mehterana eşlik edildi. Gençlik Senfoni Orkestrası'nın katılımıyla gençlik heyecanı ve tecrübe birbirine karışıyor, şarkılara ve marşlara naif bir hava katılıyordu. Ardından Anadolu Ateşi sahne aldı. Mitingi bekleyenlere karma bir görsel şölen sunuluyordu.

Sırada Kur'an-ı Kerim tilaveti vardı. İşte bu CHP mitinglerinde ve CHP'nin herhangi bir toplantısında alışık olunmayan bir durumdu. Zaten Mehteran bir şaşkınlık yaratmıştı. Bu durumun laik bir devlet anlayışını benimsemiş CHP çatısı altında olmaması gerektiği tartışmaları yayılırken, hepimiz dikkatle miting meydanını dolduran kalabalığı izliyorduk. Derken duaya geçildi ve imam topluluktaki en güçlü "Amin" karşılığını Hakkari'de yaşamını yitiren askerleri anarken aldı.

Tüm bu tartışmalar sürerken CHP Genel Başkanı Kemal Kılıçdaroğlu'nun bir şehit cenazesi için gittiği Ankara'nın Çubuk ilçesinde saldırıya ve linç girişimine uğradığı haberi geldi. Saat 14.00 civarıydı ve Ekrem İmamoğlu'nun sahne alması bekleniyordu. Ancak mitingin iptal edilmesi de olası bir seçenekti. Daha sonra İBB Danışmanı Necati Özkan'ın *Kahramanın Yolculuğu* kitabından öğrendiğimize göre, böyle bir açıklama yaparak mitingi iptal etmenin daha büyük bir kaosa neden olacağı düşünülmüş ve devam edilmişti.

İmamoğlu konuşmasında "Kılıçdaroğlu'nun selamlarını iletiyorum. Ne yazık ki bugün talihsiz bir olay yaşadı ama kendisinin durumu iyi, sizleri güler yüzlü bir şekilde, sevgi ve saygıyla selamladı" sözleriyle de miting alanını durumdan haberdar etti.

Miting bitiminde sakince alandan çıkıldı. İnsanlar hâlâ marşlar, şarkılar söylüyor, kimisi de Kılıçdaroğlu'na yapılan saldırıyı lanetliyordu. Vatandaşlar AK Parti'nin "Gönül Belediyeciliği Kazandı" pankartlarının hâlâ asılı olduğu yollardan evlerine döndüler.

İBB Meclis'ten canlı yayın

22 Nisan 2019 Pazartesi yerel yönetimler tarihinde çok önemli bir gelenek başlayacaktı. Ekrem İmamoğlu başkanlığında toplanan İBB Meclisi'ni isteyen vatandaş canlı olarak izleyebilecekti. Bu yayınlar çok ilgi çekti. Öyle ki insanlar İBB oturumlarının saatlerine göre işlerini bitirir, çaylarını demler oldular.

Gazeteci Banu Güven DW Türkçe'ye konuyla ilgili yazdığı 28 Nisan 2019 tarihli yazıda "İBB'nin ilk oturumlarında AK Partili üyelerin de parlamenter demokrasinin nimetlerine ne kadar muhtaç olduklarına tanık olduk" diyordu. Gerçekten de İBB Meclisi'nde talepler daha demokratik bir sistem, yönetimde daha özerk belediyeler içindi.

AK Partili bir meclis üyesi, belki de farkında değildi ama mali özerklik istiyordu. Meclisin iradesine başvurulmadan hiçbir karar alınmaması talep ediliyordu. İmamoğlu "Yalnız bu iş güçlendirilmiş parlamenter sisteme doğru gider" diyerek canlı yayınları evinde, işyerinde, otomobilinde izleyenleri gülümsetiyordu. Tabii canlı yayın olunca meclisteki herkes dikkatliydi, kötü söz, agresiflik vb. yoktu. İlk üç oturumun canlı yayını milyonlarca kişi tarafından izlendi.

Ekrem İmamoğlu'na bu yayınların dört buçuk yıl sonra nasıl sürdüğünü sordum. Şöyle anlattı:

> Meclis TV çok kaliteli izleniyor ve çok da kaliteli yayınlanıyor. Ben daha önce Beylikdüzü Belediye Başkanlığı dönemimde İBB Meclisi'nde yaptığım bir konuşmayı, bırakın naklen yayınlanmayı, kaydını bile aylar sonra zorla temin edebildim. Şimdi ise gerçekten bir toplantı bile bazen 8-10 kamerayla, farklı kesitleriyle, birçok platformdan yayınlanır şekilde devam ediyor.

Peki eskisi kadar ilgi görüyor, izleniyor muydu? İmamoğlu yüzünde muzip bir ifadeyle şu yanıtı verdi:

> Tabii itiraf edeyim, ben çok fazla meclise katılmıyorum. Böylece meclis kendi içindeki görevini çok daha üslubuna uygun yapıyor. Ben oraya gidince ne yazık ki muhalefetin tek gündemi benimle konuşmak ve didişmek olduğu için onlara asli görevlerini hatırlatmak adına çoğu zaman, mecbur olmadığım toplantılara katılmamayı uygun görüyorum. Ama üzüntüyle söyleyeyim ki, ben olmayınca da reyting biraz düşüyor.

Bu şeffaflığın bir cezası olacaktı. 25 Nisan günü İstanbul Büyükşehir Belediye Başkanı Ekrem İmamoğlu'nun, belediyenin dijital verilerinin kopyalanması için Teftiş Kurulu Başkanlığı'na yazdığı yazı yürürlükten kaldırıldı.

İmamoğlu işine odaklanmaya devam ederken, 31 Mart seçimlerinin iptal takviminde yoğun bir süreç yürüyordu. Cumhurbaşkanı Erdoğan "Ortada açık bir yolsuzluk olduğu" iddiasında bulunarak YSK'ya baskı yapmayı sürdürüyordu. İmamoğlu ise her ortamdaki konuşmasında "Yüksek Seçim Kurulu'na itiraz etmiş olabilirler ama Yüksek Seçim Kurulu en doğru kararı verecek ve Türkiye'nin önünü açacaktır, bu kadar net" diyerek YSK'ya mesaj veriyordu.

AK Parti Seçim Sorumlusu Genel Başkan Yardımcısı Ali İhsan Yavuz'un da seçimin iptali için akla hayale gelmez argümanları devam ediyordu. Bu kez KHK ile görevinden ihraç edilmiş 14 bin 712 kişinin oy kullanmasını İstanbul'da seçimin iptaline gerekçe gösteriyordu. Neyse ki Yüksek Seçim Kurulu, AK Parti'nin kanun hükmünde kararname (KHK) ile ihraç edilen seçmenlerin oy kullanamayacağına ilişkin yaptığı itirazı reddetti.

Ve YSK "Seçim iptal" dedi

6 Mayıs 2019, anmalı, kutlamalı, mübarek ve çok siyasi bir gün olarak tarihe geçti. Türkiye'nin aydınlık geleceği yolunda idam sehpasına korkusuzca çıkan üç fidanın Türkiye'nin demokrat devrimci çevrelerince anıldığı; Hıdırellez ile yazın gelişinin kutlandığı;

Ramazan'ın ilk orucunun tutulup ilk iftarının yapıldığı 6 Mayıs 2019 günü akşamı saat 16.30'dan itibaren önünde olağanüstü güvenlik önlemleri alınan, bariyerlerle çevrilen ve polislerce korunan Yüksek Seçim Kurulu, 31 Mart'ta yapılan yerel seçimin ardından İstanbul seçim sonuçlarıyla ilgili AK Parti'nin olağanüstü itirazını 4'e karşı 7 oyla kabul etti.

Yani 31 Mart seçimi iptal edildi ve yeni seçimin 23 Haziran Pazar günü yapılacağı duyuruldu. İptal gündeme düştüğü andan itibaren açıklamalar birbirini izledi. Cumhur İttifakı bunun yargı kararı olduğunu, Millet İttifakı ise siyasi bir karar olduğunu vurguluyordu. YSK'nin itiraz yolu olmayan bu kararına göre İBB Başkanı Ekrem İmamoğlu mazbatasını iade edecekti.

"Yolumuz uzun, gençliğimiz var"

YSK'nın iptal kararıyla halk sokaklara dökülmüştü. İBB Başkanı Ekrem İmamoğlu da karar açıklandığı saatlerde iftar sofrasındaydı. Haberi orada aldı. İftarın ardından açıklama yapmak için eskiden Belediye Başkanı olduğu Beylikdüzü'ndeki Yaşam Vadisi'ne gitti. Orada halka hitap edecekti.

Bu hitap unutulmayacak bir mitinge dönüştü. 31 Mart sonrası ikinci zaferini, yeni ilan edilen 23 Haziran seçimlerinden bir buçuk ay önce sanki kürsüde ilan ediyordu. İstanbul uzun zamandır böylesine güçlü bir kürsü performansı görmemişti. Önce halkı selamladı ve YSK kararına olan tepkisini dile getirdi. Kalabalık giderek artıyor, tezahürat yoğunlaşıyordu. Bir ara konuşmasını kesti. "Ekrem Başkan, Ekrem Başkan" sloganları arasında, son derece kontrollü hareketlerle kravatını ve ceketini çıkardı, sonra da gömleğinin yaka ve kol düğmelerini açarak kollarını sıvadı. Alanda kıyamet kopuyordu. Kollarını iki yana açtı ve konuşmaya tekrar başladı:

> Yolumuz uzun, heyecanımız yüksek, gençliğimiz var, gençliğimiz var! Biz adalete susamış, demokrasiye inancı tam, Türk gençliğiyiz. Bu millete, özgürlüklerine, demokrasisine kimse ama kimse engel olamaz. Bu ülkede karar vericiler, gaflet, delalet ve

hatta hıyanet içinde olabilirler. Ama biz asla vazgeçmeyeceğiz. Asla vazgeçmeyeceğiz! Belki canınız sıkkın ama umudunuzu yitirmeyin, buradayız! Asla vazgeçmeyin. Asla vazgeçmeyin...

Bu görüntüler 23 Haziran seçim startının en çarpıcı görüntüleri oldu. Görünen oydu ki, bu iptal İmamoğlu için bir kayıp değil, yeni ve daha büyük bir kazanım olacaktı. Daha çok seçmeni sandığa çekecek, rakibine karşı daha büyük bir seçim zaferi elde edecekti. Bu konuşma da siyaset tarihine geçecekti.

Haziran zaferi

Ekrem İmamoğlu'nun bir gencin sözlerinden esinlenerek kullandığı "Her şey çok güzel olacak" sloganı, sosyal medyada hızla yayıldı ve 6 Mayıs Türkiye gündeminde ilk sıralarda yer aldı. Esenler Belediye Başkanı ve İBB AK Parti Meclis Grup Başkanvekili Mehmet Tevfik Göksu, 14 Mayıs'ta yaptığı bir konuşmada, 31 Mart seçimlerini İmamoğlu'nun kazandığının açıklanmasına en çok Yunan medyasının sevindiğini, Yunan medyasının "İstanbul'u Yunan kazandı" yazdığını belirterek, "CHP adayı nereli?" diye sordu ve İmamoğlu'nun Yunan asıllı olduğunu ima etti. Göksu'nun sözlerine tepki sadece İmamoğlu'ndan değil Karadenizli vatandaşlardan da geldi. Tepkiyi AK Parti de fark etmiş olmalıydı ki Göksu'nun sözleriyle ilgili haberlere ve bazı sosyal medya paylaşımlarına yayın yasağı geldi.

Ekrem İmamoğlu boş durmuyor, özellikle iktidar destekli bütün yayınlara çıkıyor, orada itirazlarını dile getiriyor, kendisini tanımayana da tanıtmaya çalışıyordu. Ancak bazı yayınlarda İmamoğlu'nun açıklamaları kanalın üst düzey bağlantıları açısından sıkıntı yaratabiliyor ve erken kesilen programlar da oluyordu. Binali Yıldırım ise deplasmana çıkmayarak rahat bir seçim kampanyası geçiriyordu. Ancak yoğun talepler karşısında, iki adayın karşılıklı programa çıkması kaçınılmaz olmuştu.

İmamoğlu, daha sonra *Sözcü* gazetesinden Özlem Gürses'e verdiği röportajda "Başından beri o yayını talep eden benim. Orada esas olan, farklı düşünseler de bir arada yaşayabileceklerini hatırlatırsınız. Her şeye rağmen, tüm risklere rağmen, iki tarafın bunu kabul etmiş olması değerliydi" diye ilk talebin kendisinden geldiğini anlatmıştı.[5]

Yayın sonrası çekilen toplu aile fotoğrafı için ise Gürses'e şunları söylüyordu:

> Bir aile fotoğrafını özellikle ben talep ettim. Eşler, çocuklar, aile... Çok önemliydi bu görüntü. İyi biliyoruz ki iki kapı komşusu siyasi çekişmelerden dolayı konuşmuyor bu şehirde. İnsanlar birbirlerine selam vermiyor, düşmanlık besliyor... Bu durumdaki bir toplumun ferahlaması için o fotoğraf gerekiyordu. Bunlar kalıcı işler, iyi ki Sayın Yıldırım kabul etmiş. Bu bir seçimi kazanma stratejisi değil... Bu, topluma, demokrasiye hizmet. Bu nedenlerle o yayın çok önemliydi.

Seçim günü

Bir buçuk ay fırtına gibi geçmiş, sinirler gerilmiş, birçok tatsız olay yaşanmış, herkes çok yorulmuştu. O gün CHP Şişli İlçe Örgütü'nde görevliydim. Seçime giden süreçteki gerginlik seçim gününe pek yansımamış görünüyordu. Seçim beklenmedik şekilde sakin geçiyor, çok az ihbar, şikâyet vb. haber akışı geliyordu. Bir ara katılımın düşük olduğu haberi yayıldı. Anadolu Ajansı ilk kez veri akışına 19.30'da başlayacağını açıklamıştı ancak bundan saatler önce sandık başlarından zafer haberleri gelmeye başladı. Üstelik de 31 Mart'taki fark iyice açılmış gibiydi. YSK'nın seçim yasağını 19.15'te kaldırdığını açıklamasıyla seçim sonuçları yayınlanmaya başladı.

İlk açıklama 19.20'de Binali Yıldırım'dan geldi. Bu kez yenilgi kabul edilmişti. Yıldırım hem açıklamasında hem de sosyal medya hesabında seçimleri kazanan Ekrem İmamoğlu'nu tebrik etti.

19.35'te ilk açıklamasını yapan Ekrem İmamoğlu ise konuşmasında hem 31 Mart hem de demokrasi vurgusu yaptı: "Bu millet

---

5. Özlem Gürses, Ekrem İmamoğlu: "Bayrağımız, bu milletin ve ülkenin bölünmezliği benim kırmızı çizgimdir", *Sözcü* gazetesi, 3 Temmuz 2019.

yapılan haksızlığın hesabını o tanımladığım gibi bir avuç insana kesmiştir. 100 yılı aşan demokrasi geleneğimize sahip çıktınız, teşekkürler İstanbullu hemşerilerim."

Sırada Cumhurbaşkanı Erdoğan'ın sosyal medya hesabında paylaştığı tebrik vardı:

> İstanbul Büyükşehir Belediye Başkanlığı yenileme seçimi sonuçlarının İstanbul'umuz için hayırlara vesile olmasını diliyorum. Milli irade bugün bir kez daha tecelli etmiştir. Gayri resmi sonuçlara göre seçimi kazanan Ekrem İmamoğlu'nu tebrik ediyorum. Bundan önce olduğu gibi önümüzdeki süreçte de demokrasiden, hukukun üstünlüğünden, ülkemizin barış, refah ve istikrarından taviz vermeden, Cumhur İttifakı'nın ilkeleri çerçevesinde, birlik ve beraberlik içinde, 2023 hedeflerimize yürüyeceğiz.

İmamoğlu günün son konuşmasını gecenin ilerleyen saatlerinde Beylikdüzü'nden yaparken o da Cumhurbaşkanı Recep Tayyip Erdoğan'a seslenip uyum içinde çalışma mesajı verdi ve kendisini ziyaret etme arzusunda olduğunu belirtti. Bu mesajlar ve temenniler karşılıksız kalacaktı.

Cumhurbaşkanı ve İBB Başkanı

Ekrem İmamoğlu ilk aday gösterildiği günden itibaren Cumhurbaşkanı Recep Tayyip Erdoğan ve AK Parti'nin dikkatli takibi altındaydı. İmamoğlu da bu dikkate ustaca karşılık verdi. Kampanya döneminde muhalif kesimden gelen pek çok eleştiriye rağmen Cumhurbaşkanı'yla bir diyalog kurma, seçildiğinde birlikte uyum içerisinde çalışma arzusunu bildirme gibi yapıcı ve pozitif bir dil tutturdu. Erdoğan-İmamoğlu ilişkisi medyanın da merak konusu olacaktı. İki seçim arası yaptığı bir basın sohbetinde kendisine esas rakibinin Erdoğan olduğu hatırlatılıyordu. Bu soruya verdiği yanıt soruyu teyit edici nitelikteydi: "O kadar çok konuşan var ki, bazen rakibimizin kim olduğunu biz de şaşırmıyor değiliz."[6]

6. Ekrem İmamoğlu Basın Toplantısı, 11 Haziran 2019.

Öte yandan birçok konuşmasında, özelikle de ikinci kez seçilmesinin ardından hem Saraçhane'de hem de Beylikdüzü'nde halka hitap ederken Cumhurbaşkanı ile birlikte çalışma, uyumlu çalışma çağrısını dile getirmişti. Özellikle de haksızlığa uğradığını düşündüğü zamanlarda Cumhurbaşkanına ithafen "Biz kimin kapısını çalacağız?" diye soruyordu. Peki acaba İmamoğlu aşırı mı iyimserdi, gerçekten buna inanıyor muydu? Çok gergin bir seçim döneminin ardından, taraflılığını Anayasal olarak topluma kabul ettirmiş bir Cumhurbaşkanı ile uyum içinde çalışabileceğini gerçekten düşünüyor muydu? Yoksa kendisini diyaloga kapalı bir sürecin beklediğini tahmin ediyor muydu?

Dört buçuk yıl sonra bu soruya şu yanıtı verdi:

> İçten ifade edeyim ki, bu cümleleri o denli umutla kurmamıştım tabii. Çünkü, Sayın Cumhurbaşkanı'nın tarifiyle 'kıyıda kenarda bir ilçenin' belediye başkanıyken dahi biz bu tür diyalogları devletin belli başlı kurumlarının başındaki insanlarla kuramadık. O siyasi karşıtlık, bürokrasiye ya da kamudaki birtakım yöneticilere yansıtılmış durumdaydı. Onun için biliyordum sağlıklı bir diyalog kurulamayacağını, ama bu denli tümden ilişkiyi koparan, yok sayan bir pozisyona evrileceğini de düşünmemiştim.
>
> Şu konuştuğumuz ana kadar Sayın Cumhurbaşkanı'yla üç dört kez karşılama programına katıldım, el sıkıştım. Bir kez benim ısrarlı çabalarım karşısında, birebir davet etmektense, başka bir formül bulalım diyerek otuz büyükşehir belediye başkanını davet etti.

"Sandalyenizin kırıldığı toplantı mı?" diye sordum. Gülümseyerek "Evet, sandalyenin kırıldığı davet günü" dedi.

İmamoğlu'nun Erdoğan ile her bir araya gelişinin bir olay yarattığını ve haberlere konu olduğunu hatırlatmak gereksiz. Ancak Cumhurbaşkanlığı Külliyesi'nde öyle bir olay yaşanmıştı ki, ne bu olay ne de daha sonra İmamoğlu'nun hazırcevaplığı unutulmaz:

2019'un Eylül ayında Cumhurbaşkanlığı Külliyesi'nde gerçekleşen belediye başkanları toplantısında Cumhurbaşkanı Erdoğan salona girerken tüm belediye başkanları daha önceden hazırlanmış, üzerlerinde isimlerinin yazılı olduğu sandalyelerden ayağa kalktılar. Erdoğan'dan sonra yerlerine oturan başkanlardan Ekrem İmamoğlu'nun oturduğu sandalyenin ayağı kırıldı ve İmamoğlu yere düştü. Gülüşmeler arasında Erdoğan, "Biz bir şey yapmadık, sen sandalyeyi kırdın. Parasını ödemen lazım, bakın bu israfa girer" dedi. İmamoğlu ise yeni getirilen sandalyeye otururken "İkinci kez oturduğumda daha sağlam oturuyorum" diye yanıt verdi.

Cami buluşmaları

İmamoğlu Cumhurbaşkanı ile bir cuma namazı çıkışındaki görüşmesini de şöyle anlattı:

> Bir kez tesadüfen bir cuma namazında Çamlıca Camii'nde denk geldik. Daha doğrusu benim önceden gittiğim ve gideceğim belli olan camiye tesadüfen Cumhurbaşkanı geldi. Normalde oradaki Cami Derneği Başkanı'nın Cumhurbaşkanı'nın gelişinden haberinin olmaması mümkün değil. Dernek Başkanı benimle orayı gezdi, eksiklerine baktık. Namaza durduktan sonra Sayın Cumhurbaşkanı'nın geleceği haberi alındı. Daha sonra imam odasında namazdan sonra yarım saat kadar birlikte oturduk.

"Peki sonra geldi demiştiniz, beraber mi namaz kıldınız?" diye sordum.

"Evet sonra geldi, önde durdu, sünneti kılmıştım, farzı kılarken beni yanına davet etti. Namazdan sonra Suriye'yle ilgili bir mesaj da vermişti orada. Ardından imam odasına davet etti beni, ama yalnız değildik. Ben, cami imamı, dernek başkanı, yanında birisi daha vardı; beş altı kişiydik. Yaklaşık 30-40 dakika kaldım, genel bir sohbetti o... Tabii benim her karşılaşmamda kendisine randevu talebim olur. Her defasında da "Tabii ki veririz" der. Orada da bu talebim oldu."

"Bir de Fatih Türbesi'nde karşılaşmıştınız, hatta sizi oradan çıkarmak istemişler?"

"Evet, rahmetli Topbaş'ın cenazesinden sonra orada karşılaştık ve ayaküstü konuştuk. Daha doğrusu önce yetkililer gelip 'Sayın

Başkan, sizi dışarı alacağız, Sayın Cumhurbaşkanı gelecek' dediler. Ben de 'Ben belediye başkanıyım, siz dışarı çıkın, ben karşılarım' dedim, onlar çıktı ve ben karşıladım."

"Peki böyle zamanlarda hiç konuşma fırsatı olmadı mı?"

"Çok önemli konuşmalar değil ama bir iki kez görüşmek istediğim konulara temas edecek hususları hatırlattım. Ama orayı bir fırsat bilip 'şöyle bir işimiz var, böyle bir işimiz var' demem. Ne benim gibi, böyle bir kentin belediye başkanına yakışır, ne de onun konumuna bunu yaşatmak doğru değil. Çünkü şunu arzu ederim: Biz bir oturalım, İstanbul konulu sohbet edelim, ki bunu da açık ve net yüzüne söyledim. 'Ben sizinle ne konuşacağım, İstanbul'u konuşacağım Sayın Cumhurbaşkanı' diyerek randevu talep ettim. Ama taleplerimizi geri çevirdi. Ya da kabul etmedi."

Başkanın vaatleri

Ekrem İmamoğlu, İBB Başkan adayı gösterildiği günden itibaren pek çok konuya değindi. Çizdiği vizyona ve vaatlerine bakıldığında ciddi bir külliyat oluşturuyor. Bu vaatlerini de ulusal ölçekte bir siyasetçi gibi ortaya koyuyordu:

> İstanbul'un sektörel gelişme bölgelerini yerleşim yerleriyle ilişkilendirerek topyekûn bir kalkınma sağlayacağız. İstanbul'da belirlediğimiz turizm, tarım, ticaret, hizmet, sanayi, finans, lojistik, enerji sektörlerinde uzmanlaşmış bölgeleri, yerleşim alanlarıyla birlikte ele alacak ve bu bölgelerde gerekli altyapı yatırımlarını yaparak bu sektörleri destekleyeceğiz. Özellikle imar planlarından kaynaklı istikrarsızlıkları, belirsizlikleri derhal ortadan kaldıracağız. Böylece İstanbul'u mutlu insanların kenti yapma hedefimizde istihdam sorununu çözeceğiz.[7]

Vizyonu olmayan bir kentin herhangi bir hikâyesi olamaz. Hedefi olmayan kentler, geride kalır, spekülasyona açık hale gelir; buralarda eşitsizlik, yoksulluk, israf ve kayırmacılık ön plana çıkar. Böyle bir gidişatın bizi ileri götüreceğini düşünmek, ken-

7. Kentsel Gelişim Çözümleri Toplantısı, 13 Haziran 2019.

dimizi kandırmak olur. İstanbul için elbette 2030-2050'ye dair vizyonlarımız ve ilkelerimiz var. Ve gelecek tahayyülünü toplumun tüm kesimleriyle paylaşıp katılımcı bir şekilde geliştireceğiz. (Kentsel Gelişim Çözümleri Toplantısı, 13 Haziran 2019)

Tabii bu yüksek siyaset hedefleri, seçimleri izleyen yabancı basın mensuplarının da gözünden kaçmamıştı. Şu soru sık sık geliyordu:

"Vaatleriniz arasında işsizlik, yolsuzluk, yoksullukla ilgili vaatler var. Bunların bir belediye başkanının değil iktidarın vaatleri olması beklenir. Avrupa'daki çok kişi Binali Yıldırım'ı tanımıyor. Sizin belediye başkanlık seçiminde olduğunuzu da düşünmüyor, iktidar seçiminde olduğunuzu sanıyorlar. Neden?"

İmamoğlu'nun yanıtı da, ilerleyen süreçte Ankara'yı meşgul edeceğini gösteriyordu:

> Türkiye'nin en önemli sorunları şu an yoksulluk, ekonomi ve işsizlik. Son altı aydaki rakamlar çok çarpıcı ve can yakıyor. Biz elbette biliyoruz, makroekonomi düzeninde Türkiye'nin hükümet olarak yapacağı çok şey var. Asıl sorumlu onlar. Ancak her yerel yöneticinin ekonomiye ve istikrara katacağı birtakım pratik çözümler ve katkılar vardır. Bu açıkladıklarımın tamamı İBB'nin kendi bütçesiyle ortaya koyacağı politikalar. Biz yoksulluğa, ekonomiye 31 Mart öncesi rakibimizin dediği gibi "bu belediyenin işi değil" diyemeyiz. Politikalarımızı açıkladık ve karşılık bulduk. Görüyoruz ki rakibimiz de benzer politikaları İstanbul ölçeğinde açıklamaya başladı, bizim politikalarımızı kopyalayarak. Biz doğru yoldaydık, bugün aynı şeyleri yapıyoruz. Dışarıdaki ülkelerde siyaset yorumu biraz daha üst ölçekten yapılıyor olabilir. Bu bir İstanbul seçimidir. Rakibimiz bellidir. Rakibimizin olduğu alanda çok sesli bir propaganda süreci, özellikle şahsıma dönük birtakım ithamlarla ve iftiralarla yapılmaktadır. Belki bu yaratılan atmosfer dışarıda böyle bir hava yaratmış olabilir.

"Hayalci değil"

Bunca projenin bu koşullarda, beş yılda tamamlanması imkânsıza yakındı. İktidar cenahında daha ilk yıldan itibaren söz verilenlerin yapılmadığı yönünde haberler çıkmaya başlamıştı. Ekrem İmamoğlu'na başkanlığının 4,5 yılını geride bıraktığında bu konuyu sordum. Bir belediye başkanı olmanın ötesinde mi vaatte bulunmuştu?

Biz seçimden önce verdiğimiz vaatlerin şu anda neresindeyiz? Bunu ölçüyoruz ve işin ucunu bırakmıyoruz. Hayalci hiçbir vaatte bulunmadık. Eksik kaldıklarımız oldu. Yapamadıklarımız oldu. Hatta bunların ne kadarında engellendik de yapamadık, bunları da değerlendiriyoruz. Örnek vermek gerekirse, doğumevleri ve kadınların hamilelik sürecinde destek alacakları merkezler açmak gibi bir projemiz vardı. Ama Sağlık Bakanlığı böyle bir projeyi reddetti, "böyle bir yer açamazsınız" dedi. Bu gibi bazı projeler için devletin farklı kurumlarından "yasal olarak yapamayacağımızı" bildiren yanıtlar aldık.

"Peki bunlar siyasi tavır mı, yoksa teknik olarak yapılamaz mıydı?" diye sordum.

Büyük oranda siyasi tavır. Ama verdiğim örnekte bile yapılabilir, aslında isterse bize o izni verebilir. Ankara Belediyesi'nin belediye hastanesi vardı. Şöyle ki, İstanbul'da da bizim poliklinik hizmeti veren yerlerimiz var. Aynısından Esenyurt'a açmak istedik, oraya izin verilmedi. Ama mesela Fatih'te yıllardır var. Bunun gibi engellenen işlerimiz oldu.

Bunun dışında elbette biz daha çok metro yapmak isteriz. 15 demişizdir de 10 tane yapmışızdır. Bunun gibi aksamalarımız oldu ama inanın bu kadar sonuç odaklı vaatte bulunan bir başka dönemi bence İstanbul görmemiştir. Yani taahhütlerimizin ve vaatlerimizin tümü gerçekti, gerçekleştirilebilirdi ve o yolculukta da yol aldık. Ama ekonomik sebepler, ama iktidarın uygulamalarından dolayı gecikmiş işlerimiz olabilir.

Öte yandan İstanbul vaatlerimiz sadece bir 5eş yıllık dönemi de kapsayamaz. Gelecek tahayyülü vardır orada. Yani geleceğe dair de bir şeyleri insanlara vadedersiniz. Biz de ettik zaten. Örneğin kuzeyde yeşil kuşak gibi bir taahhüdümüz vardı. Neydi bu, çok uzun vadeli, belki 2050'yi bulabilecek, kendi içinde büyük dönüşüm hatları olan, kentsel dönüşümü de kapsayan yeni bir yeşil kuşak. Büyük bir kısmı yok edilen Kuzey Ormanları ve yeşil alanları telafi edecek canlı bir yeşil kuşağı koyarak şehrin hava almasını sağlayacak bir gelecek tahayyülümüz var. Biz bunu vaatlerimizde söyledik. Ama beş yılda bitecek bir şey değil tabii. Peki buna parçacıklı bir şekilde girdik mi, tabii girdik, mesela yaşam vadileriyle girdik. İstanbul'un muhtelif noktalarında çöplüğe dönmüş eski dere yataklarının kenarlarındaki alanları şu anda aktif yeşil alanlara dönüştürüyoruz. Bunlar da bu bahsettiğimiz yeşil kuşağın parçaları.

"Uzaya çıkacağız demedik"

Bu bakımdan hiç de öyle hayalci ya da cumhurbaşkanlığını hedefleyen vaatler, taahhütler değil. Tam da İstanbul'a yakışan vaatleri, taahhütleri insanlarımızın önüne koyduk. Ama mesela "uzaya çıkacağız" demedik, "şu tarihte uçağımız uçacak" demedik. Yani böyle uydurma şeyler veya yapamayacağımız şeyler söylemedik, ama geleceği hayal ettirecek vaatlerde bulunduk. Örneğin "2050'de karbon salımını sıfırlayacağız" gibi... Ya da "2036'da ülkemize, şehrimize olimpiyatları getirmeyi hedefliyoruz" dedik. Buna dönük çalışıyoruz. Verilen tarihte başaramadığımız şeyler olabilir, eksik kaldığımız şeyler olabilir, ama bu taahhütler aynı zamanda büyük bir yolculuğun da tarifidir.

Bütün bunların ülke genelinde bir taahhüt gibi algılanmasının bir başka sebebi de şu: İstanbul aynı zamanda bir ülke gibidir. Türkiye Cumhuriyeti ekonomisinin neredeyse yüzde 50'ye yakınını kendi içinde çeviren bir şehirdir. Böylesi bir şehrin vaatleri, taahhütleri ülkeyle ilgili konuşuyor algısını da üretebilir.

Çünkü burası herhangi bir şehir değil. Sadece Türkiye'ye olan etkisi de değil, dünyaya olan etkisiyle de bu algı yaratılabilir.

Demokrasiyle ilgili o kadar üst perdeden konuşmalısınız ki, İstanbul'da yaratacağınız bir demokrasi rüzgârı sadece Türkiye'yi değil bütün dünyayı, yakın coğrafyayı içine alsın. Bu bakımdan demokrasi, özgürlük, kadın hakları, eşitlik, bütün bu hususlarda benim dilimin, benim söylemimin ülke yönetimiyle yarışır bir şekilde oluşması gayet doğaldır.

Tersi olsa ben İstanbul'a yakışır bir belediye başkanı olmam.

Şehrin mutluluğu

Bu kitabın oluşmasına dayanak olan o "Mutluluk" konuşmasını hatırlattım ve Ekrem İmamoğlu'na okuttum. Gülümseyerek "Bugünkü gibi hatırlıyorum, ama tabii böyle bir şehir hemen olunmuyor, daha vakit var elbette" dedi.

Peki o gün Saraçhane'de vadettiği mutlu İstanbul'a ne kadar yaklaşmıştı?

Bir anda yaklaşmak kolay değil, çünkü mutlu bir şehirden bahsettiğinizde 16 milyon insanın mutluluğu söz konusu, sadece insan da değil, canlıların da mutlu olması gerekiyor doğal olarak. Doğanın da farklı bir yeşermeye sahip olması gerekiyor. Bu yönüyle parametresi oldukça fazla olan mutluluk tarifini hemen yakalamak ya da yaklaşmak kolay değil.

Kaldı ki vaatlerimizden hemen sonra yüzleştiğimiz bir pandemi dönemi var. Çok çarpıcı şeyler öğretti bize. Bir daha yüzleştik kendimizle "Nasıl bir insan olmalıyız, şehirlerde nasıl yaşamalıyız" diye. Belki hâlâ sorguluyoruz, farkında değiliz, belki dünyaya bakış açımız değişti. Ben o değişimi kendimde dahi görüyorum.

Mesela 1999 depreminin dünyaya bakışını, meslek yaşamını, iş yaşamını değiştirdiğini anlatıyordu İmamoğlu. Pandemi de öyle bir durumdu. Üstelik İstanbul depremi beklenirken, çok ağır sonuçları olan Maraş depremi yaşanmıştı. Bütün bunların yanına ekonomik mutsuzluğu da ekliyor ve "Zaten mutluluk bütüncül.

Biz İstanbul'un kendi sınırlarını çizip kendi içinde tek başına bir mutluluğu vadedemeyiz. Ülkeyi bir eve de benzetebiliriz, bir mahalleye de. Biz de o mekanizmanın en önemli parçasıyız, kalbinde duruyoruz" diyordu.

Öyleyse mutlu İstanbul bir hayal mi?

Hayır. Yine de bu çok zor zaman dilimi içerisinde, İstanbul'da mutluluk endeksini güçlendirdiğimizi düşünüyorum. Daha da önemlisi mutluluğu yakalamaya dönük umudu çok güçlendirdik, taze tuttuk. Halen daha o tazeliği yaşıyoruz, dünyanın en mutlu şehirlerinden biri olabileceğimize dair inancımızı, yaptığımız ilerleme ve uygulamalarla gösterdik, yol aldık. Bu yolculuğun başlangıcıdır. Beş yılda mutluluğu taze tutmak, umudu büyütmek adına, bu aksiliklere rağmen, ya da bu yaşanan olumsuzluklara rağmen ne kadar yol alınabilirdi diye sorarsak, bence umudu tahminin en az iki üç katı yüksek tuttuk, mutluluğu da o ölçüde yakaladık diye düşünüyorum, ama yolumuz çok uzun.

"Yaşıyorum bu memnuniyeti"

Peki 4,5 yılın sonunda İmamoğlu yönetim performansından memnun muydu? Vaatleri içerisinde gerçekleştirebildiği hizmetler, kendisine oy veren seçmenleri memnun etmiş miydi?

Oy veren insanları mutlu ettiğimizi düşünüyorum. Bunun birkaç kontrol mekanizması var. Bir tanesi insanlarla yüz yüze kurduğumuz diyalog. En organik olanı o. Pazarda, çarşıda, sokakta, caddede sıklıkla farklı kesimlerin, farklı sosyolojik katmanların bulunduğu alanlara gidiyorum. Beni Beyoğlu'nda İstiklal Caddesi'nde de görebilirsiniz, Kadıköy Meydanı'nda da görebilirsiniz, Bağcılar'da da görebilirsiniz. Kendimi çok yönlü denetlemeyi seviyorum. Bir de tabii araştırmalar yapıyor ve orada da benzer bir memnuniyet oranını görüyoruz. Ama ben yalnızca görmüyorum, yaşıyorum ben bu memnuniyeti. Bu bizim için önemli bir veri.

Bunun bir başka boyutu da hayata geçirdiğimiz projelerimiz. Ciddi bir fiziksel ve sosyal proje sayımız vardı. Ne kadarını başlattık ya da ne kadarını hayata geçirdik diye baktığımızda, yüzde 70'e yakın bir oranla söylediklerimizi hayata geçirdiğimizi görüyoruz. Hayata geçirmediğimiz kısımlarında da daha önce belirttiğim gibi ya bir siyasi engelle karşılaşmışız ya da idari bir yorumun bizi engellediği pozisyonla karşılaşmışız. Çok az işi hiç başlatamamış ya da yapamamış durumda kaldık, bu büyük bir başarı bence.

İmamoğlu İstanbul'u iyi analiz ettiğini, gerçek ihtiyaçlar üzerinden vaatler sunduğunu, dört buçuk yılın sonunda hem demokrat hem de başarılı bir belediye başkanı olarak iyi bir yerde olduğunu ve bunun tescilinin de önümüzdeki yerel seçimlerde gerçekleşeceğini söylüyor. Projelerin birçoğunun "100 yılda bir olan ve bir buçuk yıla yakın süren pandemi" döneminde, üstelik Türkiye'de yaşanan siyasal, hukuki ve ekonomik krizlerin ortasında hayata geçirildiğini belirten İmamoğlu Türkiye'nin en büyük üç kurumundan biri olan İBB'nin kamu bankalarından "1 TL dahi" kredi alamadığının altını önemle çiziyor ve ekliyor: "Düşünsenize, normal bir Türkiye koşullarında biz böyle bir ekiple daha neler yapabilirdik?"

* * *

Tanık olduğumuz kentsel kaos, isteklerle, onların gerektirdiği kültürel düzey arasındaki ikilemden kaynaklanmaktadır. Tanzimat'tan bu yana hem İstanbul'da hem de Türkiye'nin öbür kentlerinde büyük değişiklikler meydana gelmiştir. İstanbul'u hem Tanzimat hem de 19. yüzyılın geç emperyalist çağı yaratmıştır. Savaş sonrası İstanbul'u ise Osmanlı ve Erken Cumhuriyet kentini bütünüyle silip atmıştır. Yeni model, adı olmayan belirsiz bir Amerikan örneğidir. Hiçbir aşamada önden konan amaçlara uygun davranılmamıştır. Kentsel planları uygulayamama kültüre bağlı bir olgudur ve günümüz İstanbul'u için artık izleyebileceği ne tarihsel ne de yabancı bir örnek kalmıştır. Çağdaş Türk toplumu kaotik bir fiziksel ortam yaratmıştır, orada yaşamakta ve orada ıstırap çekmektedir. Yaşam koşulları açısından İstanbul dünyanın en kötü büyük kentlerinden biri değildir. Fakat bu kaosun uygar ve yaratıcı bir yaşam sağlayabilecek bir kentsel ortama olanak verip vermeyeceği şimdilik bir entelektüel tartışma sorunu olmaktan öteye geçmemektedir.

Mimar ve tarihçi Doğan Kuban, 1996 tarihli *İstanbul, Bir Kent Tarihi-Bizantion, Konstantinopolis, İstanbul* adlı kitabının son paragrafında bunları diyor. İstanbul için tartışmalar AK Parti iktidarı yıllarında entelektüel tartışma boyutundan çıkıp eylemsel boyuta geçmiş olsa da planları uygulayamamanın kültüre bağlı bir olgu olduğu gerçeği değişmemiştir. O gün tarihe not düşülenler bugüne gerçekçi bir projeksiyon tutmuştur. Peki ya İmamoğlu'nun İstanbul için düşledikleri, "yaratıcı bir yaşam sağlayabilecek bir kentsel ortama olanak verebilecek" miydi?

Şehrin Sakinleri

Kent Hakkı

Seni yeneceğim İstanbul!

Lefebvre, Harvey, Bookchin, Klein[8] ve şehir hakkı üzerine kafa yormuş daha nice değerli filozof, akademisyen, yazar ve gazetecinin kitaplar dolusu analiz ettiği şehir ve insan mücadelesini, Haydarpaşa'da trenden inip Boğaz'da süzülen vapurlara bakarak haykıran saf ve masum Anadolu delikanlısının hislerinde bulabiliriz. Daha kenti görmeden kentin kendisine meydan okuyacağının farkında olan bu genç adam figürü, kentteki barınma hakkından çalışma hakkına, karısının sağlık hakkından çocuğunun eğitim hakkına dek tüm hakları için "haykırışı ve talebi" temsil eder.

8. İsimler: Henri Lefebvre, David Harvey, Murray Bookchin, Naomi Klein.

Henri Lefebvre bu hakkın hem bir haykırış hem de bir talep olduğunu ileri sürüyordu. Haykırış, şehirde gündelik hayatın girdiği derin krizin yarattığı acıya verilen tepkiydi. Talep ise, bu krizle korkusuzca yüzleşip bu derece yabancılaşmış olmayan, daha anlamlı ve keyifli bir şehir yaşamı seçeneği yaratma yetkisiydi aslında.[9]

Lefevbre'ye göre modernleşme durdurulamaz bir şekilde devam etmektedir. Bu nedenle çözüm ne geleneksel şehre dönüş, ne de şekilsiz bir yerleşmeye doğru hareket olabilir. Aksine devrimci bir çaba ileriye, yeni bir insanlığa doğru uzanmalıdır. Burada kent hakkı bir haykırış, bir talep gibidir. Dönüştürülmüş, yenilenmiş bir "kent hayat hakkı" olarak yorumlanmalıdır.

Türkiye'de kent hakkı

Türkiye'de kent hakkıyla ilgili tartışmalar ise 1992 yılında Rio de Janeiro'da gerçekleştirilen BM Çevre ve Kalkınma Konferansı'ndan sonra başladı. Aynı yıllarda Türkiye'de de hızlı kentleşmeyle büyük kentlerde ortaya çıkan sorunlar ve bu sorunlar karşısında kentlilerin verdiği tepkiler daha sık gündem oldu.

Böylece 1960-70'li yıllarda Anadolu'dan kente gelişlerin Haydarpaşa'yla özdeşleşen talep ve haykırışı, 1990'larda yeni sembollerle ve daha zorlu kentsel çatışmalarla gündeme girmeye başlayacaktı. Gazeteci yazar Gülşen İşeri aynı yıllarda şehirle tanışmasını şöyle anlatır:

> Yıl 1990... 9 yaşımda taşınmıştım İstanbul'a. Köydeki evin duvarında asılı Boğaz Köprüsü'nün tam da içinden geçiyordum. Evimizin bir köşesinde sadece resim olarak duran Boğaz Köprüsü'nün heybeti karşısında hem çok korkmuş hem de mutlu olmuştum. Çantamda nerede yaşayacağıma dair aldığım gazete kupürüne baktım. Sık sık gazetelere manşet olan Küçükarmutlu'ya dair fikrim sadece bu gazete kupürüydü. Yollar çamurlu, kulübe gibi evlerin üzerinde "Armutlu'da yine çatışma" yazıyordu.[10]

---

9. David Harvey, *Asi Şehirler*, İstanbul: Metis Yayınları, 2013, s. 30.

10. Gülşen İşeri, *Ateşin ve Sürgünün Gölgesinde Kentsel Dönüşüm*, İstanbul: NotaBene Yayınları, 2014, s. 21.

Kent hakkı 1990'lardan itibaren akademide ve sivil toplumda karşılığını bulurken mevzuatta durum neydi? Türkiye Cumhuriyeti Anayasası'nda doğrudan "Kent Hakkı" başlığı altında bir düzenleme bulunmuyor, ancak kent ve yaşam alanlarıyla ilgili birtakım düzenlemeler "Kent Hakkı"nın referans maddeleri durumunda: Yerleşme ve Seyahat Hürriyeti, Mülkiyet Hakkı, Kıyılardan Yararlanma, Toprak Mülkiyeti, Konut Hakkı, Tarih, Kültür ve Tabiat Varlıklarının Korunması, Mahalli İdarelerle ilgili düzenlemeler gibi.

Kentliye daha fazla dokunan haliyle ve bir sosyal haklar toplamı olarak şöyle sıralanabilir: Sağlıklı ve güvenli bir çevrede yaşama; kent hayatının sağlayabileceği maksimum temiz havayı soluyabilme; sağlıklı suya ücretsiz ya da ekonomik imkânlarla ulaşabilme; güvenli gıdayı temin edebilme; güvenli ve erişilebilir konut, enerji, ulaşım, eğitim, sağlık hizmeti alabilme; kültür, sanat, spor faaliyetlerine ücretsiz ya da elverişli fiyatlarla ulaşabilme hakları.

Öte yandan kentin tasarımının kırılgan grupların da bu haklara erişebilecekleri şekilde yapılmış olması gerekir. Kent hakkı konusu olan her tür hizmet kırılgan grupları odağına alarak projelendirilmeli, uygulanmalı ve denetlenmelidir.

Kent savunması

Kent Hakkı kavramının bir "kentli olma hali" ya da "kentin olanaklarına / şehre ait nimetlere eşit erişim hakkına" indirgenerek içeriğinin boşaltıldığını da savunan İstanbul Kent Savunması'ndan bağımsız araştırmacı Cihan Uzunçarşılı Baysal, bu pasif halin iktidarla küresel sermayenin şehre ait müşterek mekâna müdahalelerini kolaylaştırdığını söylüyor.[11]

Bu tür müdahalelerin yasal zeminleri de oluşturuluyor: Her karşı koyuş ise güvenlik, kamu yararı, milli kalkınma, dışa bağımlılık gibi soyut gerekçelerle savuşturuluyor. Eğer bu gerekçelerle direnişler kırılamazsa, farklı yıldırma metotları devreye giriyor.

11. Cihan Uzunçarşılı Baysal, "Kent Hakkı Yeniden Hayat Bulurken", sendika.org, 17 Temmuz 2012.

Ekolojik yıkımın sembolü hidroelektrik santrallere (HES) direnenlerin doğalgaz lobisine çalıştığı; solunum yolu hastalıklarının müsebbibi termik santrallere direnenlerin milli enerji kaynağı kömürün çıkarılmasını istemediği; geçiş garantili köprü ve yollara karşı koyanların milli kalkınma karşıtı oldukları; kentsel dönüşüme itirazların depremlerdeki ölümlerin sebebi olduğu yönünde ithamlar ve bu karşı koyuşların teröre destek vermek olduğu yönündeki suçlamalar sözde kalmadığı gibi uzun davaların, uzun tutuklulukların ve ağır ceza hükümlerinin tetikleyicisi oluyor.

Oysa bu gerekçelerin altından Baysal'ın sözünü ettiği iktidarla küresel sermayenin işbirliği çıkıyor. Her ne kadar karşınızda duranlar bu ülkede yetişmiş sermaye sahipleri de olsalar, küresel zincirin bir halkası olarak şehirlerin başkalaşımının aktörleri oluyorlar.

Böyle bir durumda yolların, köprülerin, parkların, plajların, piknik alanlarının kentliler tarafından kent hakkı kapsamında kullanımı için yerel yönetimlere iş düşüyor. Ortak kullanılan bu alanları piyasa işleyişinin dışında tutmak onların görevi. Yani para ödemek zorunda olmamalıyız. Yollara, köprü başlarına, park ya da piknik alanı girişlerine, plaj kapılarına bir ödeme noktası konmamalı. Ya da bu müşterek alanların içlerine, müstakil bir alan yapılmamalı. Çünkü bunlar bizim kentsel ortak alanlarımız.

Yerel yönetimler düzenlemelerle ve kamu yatırımlarıyla bize bunu sağlamalı.

Peki bu yeterli mi? Mutlaka mahalle ölçeğinde örgütlenmeler bu faaliyetleri denetlemeli. Yani şehirde yaşayanlara ve şehri kullananlara aktif bir vatandaşlık görevi düşüyor. Mahalle dernekleri, platformlar, dayanışmalar içinde ya da siyasi parti örgütlerinde yer almak, yerel yönetim organlarının çalışmalarına katılmak ve denetlemek gerekiyor.

Türkiye'de kentsel hak arayışları uzun yıllar bölgesel ve birbirinden kopuk kaldı. Kent hakkının topyekûn bir mücadele olması ve ülkenin geneline yayılması AKP iktidarı yıllarında oldu. 2000'li yıllarla birlikte enerji, su, maden, ulaşım adı altında girişilen inşaat faaliyetleri, afet gerekçeli kentsel dönüşüm ve konut sahibi yapma uygulamaları, bu uygulamaların yaşam alanlarına, eski mahallelere, tarihi yerleşimlere, Anadolu'nun köylerine, kasabalarına, kırsalına, ağacına, suyuna, taşına, toprağına göz dikmesi sonucu "Kent Hakkı" kavramının içeriği daha elle tutulur hale geldi.

2011 yılında ilk milletvekili seçildiğimde mahallelerin çok hareketlendiği görülüyordu. Şehirlerde mahalle sakinleri, kırsalda köylüler iktidarın uygulamalarının kendi yaşam alanlarını yok etmeye başladığını fark ettikleri andan itibaren bir karşı duruş gösterdiler. Mahalleler arası dayanışma, kırsaldaki yıkım faaliyetlerine karşı ortak direniş, derneklerin, platformların oluşup yaygınlaşmasıyla devam etti. Sonra bu grupları savunmak üzere avukatlar, şehir plancıları, mimarlar, sivil inisiyatifler, gönüllüler ve bu direnişi kamuoyuna duyuran gazeteciler geldi. Bu birliktelik dava arkadaşlığına dönüştü. Zira Türkiye'nin dört bir yanındaki duruşmalara yalnızca o yörenin insanları değil, başka şehirlerinden dayanışma için gelenler de oldu.

Birbirine eklemlenen yaşam alanı savunmaları İstanbul'u ve ülkeyi Gezi Parkı direnişine taşırken, bu süreç ülkedeki kent hakkı mücadelesi açısından bir dönüm noktası oldu. 2013-2014 yıllarında Kadıköy'de yapılan İstanbul Kent Mitingleri geniş bir katılımcı kitlesine ulaşmıştı. Bu mitinglerin bileşenleri, 27 Haziran 2014'te İstanbul Kent Savunması'nın kuruluşunu ilan etti. Basın açıklamasında vurgulanan üç mücadele alanı vardı:

Birincisi, belediyelerin özel şirketler gibi yönetilmesine karşı daha adil ve eşit bir kentte yaşama talebiyle, stratejik planların oluşumuna aktif ve bağımsız bir biçimde müdahil olmak;

İkincisi ulaşım yatırımları konusunda, kent ve doğa yağması değil, İstanbul halkının ulaşım hakkını savunan bütünlüklü projeler için çalışmak;

Üçüncüsü ise işçi sağlığı ve güvenli çalışma kurallarını ihlal eden, her türlü imar hukukunu çiğneyen, kentin doğal alanları üzerindeki baskıyı artıran, kentsel dönüşüm alanı ve riskli alan ilanıyla yoksul mahalleleri tehdit eden, ortak kültürel değerleri, kamusal alanları yok eden kent suçlarıyla hukuken mücadele etmek.

Herkesin şehri

Şehirler ancak ve ancak herkes tarafından yaratıldıkları zaman herkese bir şeyler sağlama kapasitesine sahiptir.
Jane Jacobs, *Büyük Amerikan Şehirlerinin Ölümü ve Yaşamı*

Bu kitabı yazarken, bir yandan da çeşitli ortamlarda tanıdıklarıma da, İBB'nin yeni yönetiminden memnun olup olmadıklarını sormaya başladım. Memnun olanı da çıkıyordu, olmayanı da. Nedenlerini sorduğumda herkesin belediyeyi değerlendirme kriterinin, kendi özel durumuyla ilgili olduğunu gördüm. Eleştiri genel bir değerlendirmeyle başlasa da yorumun noktalandığı yer şahsa özel bir yaşanmışlık oluyordu.

Bu tür sohbetlerde aklıma gelen bir söz var; Graham Green'in *Havana'daki Adamımız* adlı kitabından bir alıntı: "Yüz binlerce insanı içine kattıkları istatistikler yayınlıyorlar, ancak her bir insan için şehir birkaç cadde, birkaç ev ve biraz insandan ibaret."

"Kişi başına" diye başlayan verilere oldum olası temkinli yaklaşırım; içinde "yüzde şu kadar arttı / azaldı" ifadesi geçen cümlelere de öyle. Fakültede istatistik hocamla sık sık sohbet ederdim. En başarılı olduğum derslerden biri istatistikti. Hani öyle 95-100 alma derecesinde. Ben matematik mezunuyum, birinciliklerim, ikinciliklerim bile var Erzincan Lisesi'nde. Öğrenciliğimde matematik formüllerini çok severdim, öğretmenimi kollardım, tahtaya yazarken hata yaparsa uyarırım diye... O yıllarda "aferinlik"ti öyle hareketler. Üniversite yerleştirme sisteminin cilvesiyle kendimi İktisadi Ticari İlimler Akademisi Siyasal Bilimler Fakültesi'nde bulup onlarca siyaset bilimi ve hukuk dersi içine düşünce, sudan çıkmış balığa döndüm. O nedenledir, fakültede istatistik dersine sarılmam.

Neyse geçmiş zaman, bir gün bir asistan arkadaş bana şöyle demişti: "Şunu da unutma, istatistikler bazen adama yemediğini yedirir, içmediğini içirir."

Hiç unutmadım.

Bir şehrin havasını soluyan, suyunu içen, toprağını işleyen, sokaklarını, caddelerini, ulaşım araçlarını kullanan, okullarına, işyerlerine giden, sanatını, kültürünü, eğlencesini, keyfini süren, cefasını çeken her bir sakininin başına aynı elma mı düşer?

Şehir için yapılan her şey toplumun her kesimine, her tabakasına, her bir insanına ve hatta canlısına ne kadar dokunur?

Şehrin yönetimine katılarak kişi başına düşenlerin daha adil düşmesi mümkün mü?

Şehre Katılım

> On bin yıllık tarihi olan bu kentin sorumluluğunu taşırken, bu sorumluluğu paylaşacağımız en büyük hazinenin bu kentte yaşayan insanlar olduğunu biliyoruz. Onların katkıları ve destekleriyle yöneteceğimizi, çok kıymetli hemşerilerim bilsin.

İstanbul Büyükşehir Belediyesi (İBB) Başkanı Ekrem İmamoğlu 20 Aralık 2018'de, yani aday gösterilmesinin hemen ardından CHP İstanbul İl Başkanlığında yaptığı basın toplantısında "katılım" vaadini ilk kez bu sözlerle ifade ediyordu. 9 Şubat 2019 tarihli konuşmasında ise şöyle demişti: "İstanbul'u bu şehrin en kıymetli hazinesi olan insanlarıyla yöneteceğiz."

Peki İBB yönetimi beş yıla yaklaşırken, kent hakkının sözcüleri ne diyordu katılımcılık konusunda?

Bu konuda yorumlar çok çeşitleniyor. Ancak "katılım" sözcüğünün İstanbul'un tüm paydaşları tarafından aynı anlamı taşımadığı bir gerçek. Öte yandan İstanbul'da bu yönetim değişimini bekleyen ve bu yönetime oy vermiş kesimlerin her birinin de "katılıma" yüklediği anlam, arzu ettiği katılım yoğunluğu ve çıkan sonuçlarla ilgili tatminde farklılaşmalar var.

Ama ortaklaşılan yorum şu: İBB'nin hareket alanını giderek daraltan, İstanbul'un yönetimini çeşitli hamlelerle eline almaya çalışan ve katılımcılıkla hazırlanmış projelerin de uygulama aşamasına geçmesine imkân tanımayan bir merkezi iktidar baskısı var. Bu nedenle, bu olağanüstü koşullarda gerçekçi bir İBB performans değerlendirmesi de yapılamıyor. Kent konularında çalışanlar olumlu ya da olumsuz eleştirilerini yaparken bu koşulları doğal olarak göz ardı edemiyorlar. Bu genel manzaranın içinde çeşitli başlıklarda yaptıkları değerlendirmeleri ilerleyen sayfalarda okuyacağız.

Genel anlamda katılım konusundaki görüşüne başvurduğum Şehir Plancıları Odası İstanbul Şube Başkanı Doç. Dr. Pelin Pınar Giritlioğlu yerel yönetimler ile meslek odaları ve akademi arasında uzun süredir kesik olan diyaloğu işaret ederek bu yeni dönemde önemli adımlar atıldığını belirtiyordu:

> İBB'nin yeni yönetimi geldiği günden itibaren arka arkaya katılımcı çalışmalar, çalıştaylar yapıldı. Akademik camiaya kapı daha fazla açıldı. Bizim belki de en çok özlediğimiz şeylerden biriydi bu. Hem akademik camiaya hem de sivil topluma o kapıların yeniden açılmış olması önemli.

Giritlioğlu'nun anlattıklarına göre, 2000'li yılların başlarına kadar planlama süreçlerinde söz sahibi olan Şehir Plancıları Odası yerel yönetimle diyaloğunu yavaş yavaş yitirmiş; İstanbul'un planları yapılırken, meslek odalarının görüşlerinin alındığı, mutabakata varılmasa bile diyalog imkânının var olduğu bir dönemden sonra bütün kapıların kapandığı, yerel yönetimlerle meslek odaları arasında bir kutuplaşmanın yaşandığı sağlıksız bir süreç yaşanmaya başlamıştı.

Peki bu kutuplaşma ve diyalogsuzluk İstanbul'u nasıl etkilemişti?

> Katılım süreçlerinin ortadan kalkması, aslında daha kronik sorunlara sahip bir İstanbul'un ortaya çıkmasına sebep oldu. Çünkü tamamen tek taraftan bakarak, bilimi dışlayan rant odaklı planlar üretilmeye başlandı. Sivil toplumdan, akademiden ziyade sermayeyi önceleyen bir iktidar profili ortaya çıktı. Akademiyi katacaksa da belli kişileri, belli grupları seçen, daha objektif olanları dışlayan bir süreçle planlar yapılmaya ve kente yönelik kararlar alınmaya başlandı. Bu da kent mekânını başka türlü şekillendirdi. Bu durum bize özel de değil. Dünyada da benzer bir durum var. Ama her şeye rağmen bilimi, planlamayı dikkate alıyorlar, denetim mekanizmaları hâlâ işliyor. Biz onları tamamen kaybettik.

İstanbul Kent Savunması'nın platformlarında müşterek bir şehir için mücadele eden mimar ve akademisyen T. Gül Köksal, katılımcılık vaadiyle ilgili olarak şu yorumu yapıyor:

> İstanbul gibi katmanlı ve çok zor bir şehirde yönetim biçiminin kendisini değiştirmeye yönelik bir söylemin olması dahi son derece önemli. Beş yıl önce de önemliydi, bugün de önemli, bundan sonrası için de önemli. Çünkü yaptıklarımızı dönüştürmek için hep başka bir şekilde yapmanın kendisini tartışmak gerekiyor. İyi olanları dönüştürmek, kötü olanları eleştirmek için.

Ekrem İmamoğlu'nun "İstanbul'u İstanbullularla yönetmek" iddiasını sorduğum Köksal, "İstanbullularla birlikte yönetmek sözü, çok büyük bir söz" diyor ve ekliyor:

> Bir kenti birlikte dönüştürmeye, iyileştirmeye çalışmayı vadetmenin kendisi de çok zor. Her ne olursa olsun, merkezi yönetimle yerel yönetimin aynı olmadığı, dahası birbirleriyle amansız bir rekabet içinde olduğu, birbirlerini güçlendirmek yerine birinin diğerini ezmeye ve haklarını budamaya çalıştığı Türkiye'de bu son derecede zor. Bu nedenle pek çok engele takıldığımız için bu örneklerde vaat edilenlerin somut karşılığı olamıyor. Tabii bu yönetim biçimini birlikte kurmak, hep arzu ettiğimiz şey.

İmamoğlu'nun katılımcılık vaatleri çalıştaylarla katılımcı hedeflere dönüşmüştü, burası tamamdı. Peki ya sonrası? Bunca toplantı, çalıştay yapıldı, ne oldu, diye soruyorum Giritlioğlu'na.

> Tabii, önemli olan bunların ne kadarının kente aktarılabildiği. Bu konuşulanların hayata geçirilme aşaması, o ilk kısım kadar heyecanlı olamadı. Ama bunun bütün yükünü İBB yönetimine yüklemek çok doğru değil. Çünkü bu süre zarfında iktidar da kendi adımlarını attı. Mesela elinden kaçırdığı yerleri farklı kararlarla eline aldı. Bakın bugün İstanbul'un yüzde 60'ını neredeyse merkezi idare yönetiyor. Bu sıkıntılı bir durum. Seçilmiş bir yönetim var ve kentin büyük bir kısmını yönetemiyor.

Giritlioğlu'nun yanıtı merkezi idarenin katılımın önünde oluşturduğu engeli işaret etmesi açısından çok önemli. Mimarlar Odası İstanbul Şube Başkanı Esin Köymen ise daha derin bir soruna parmak basıyor:

> Öncelikle niteliksel katılım ne kadar gerçekleşebiliyor, bu söylenenler ne kadar dinlenebiliyor, bence kritik edilmesi gereken bu. Çok büyük yelpazede katılımı örgütlediğiniz zaman, bir bütün içerisinde planlamayı bilen ile oradaki yaşantısında çok özel bir alanı tarif eden kişinin aynı noktada eşit söz sahibi olması, bilimsel bir planlama yapma anlayışıyla çok da uyumlu bir durum ortaya çıkarmayabiliyor. Bence katılımcılığı İBB gibi kurumlar da, katılımın parçası olan bazı yapılar da çok iyi bilmiyor. Çünkü katılımcılık yalnızca toplantı yapıp, fotoğraf gösterip, "orada şu kadar kişiyle bunu yaptık" demekten ibaret de değil.

Kent yönetimine katılımın çok çeşitli ortamları var. Harita mühendisi Prof. Dr. Erol Köktürk "Katılımcı bir modelden söz etmek için, tanımlanacak yeni modellerin, katılımcılığı özel olarak düzenlemesi gerekiyor" diyor. Yani her modele özel katılım yönteminden söz etmeliyiz. Bu yönde daha ayrıntılı görüşleri, özellikle son yılların ve hatta son günlerin en önemli gündem maddesi olan "kentsel dönüşüm" başlığı altında okuyacağız.

Öte yandan katılımın en evrensel ve en kabul görmüş organlarından biri olan Kent Konseylerine bakmak gerekiyor. Kent Konseyleri yönetime ne derece etki edebiliyor? Bu konseyler nasıl tasarlanmalı? İstanbul gibi büyük bir şehirde katılım ne ölçüde sağlanabiliyor?

Kent konseyleri

2000'li yıllarla birlikte kent konseyleri girdi hayatımıza. Bu konseyler de referansını 1992 Birleşmiş Milletler Rio de Janeiro zirvesindeki kararlardan alıyor. Türkiye'de mevzuata 2006 yılında giren Kent Konseyleri yönetmeliğinin "Amaç" bölümünde şu tarif yapılıyor:

Kent yaşamında, kent vizyonunun ve hemşerilik bilincinin geliştirilmesi, kentin hak ve hukukunun korunması, sürdürülebilir kalkınma, çevreye duyarlılık, sosyal yardımlaşma ve dayanışma, saydamlık, hesap sorma ve hesap verme, katılım, yönetişim ve yerinden yönetim ilkelerini hayata geçirmeye çalışan Kent Konseylerinin çalışma usul ve esaslarını düzenlemektir.[12]

2006'dan 2019'a değin, İstanbul'un ilçelerinde Kent Konseyleri oluştu, ancak ili kapsayan bir Kent Konseyi hiç oluşturulmadı. 2004'te İBB Başkanı olan Kadir Topbaş tam 11 yıl İstanbul'u Kent Konseyi kurmadan, kurulmasına önayak olmadan ve bu konuda inisiyatif almadan yönetti. Belki kendisine kalsa kurardı ama bu konudaki itirazlara sessiz kaldı. Ardından gelen yönetim de aynı tavrı sürdürdü.

Daha fazla kadın, erkek ve genç seslerini yükseltip yerel yönetimlerde aktif hale geldikçe ve daha fazla yerel lider, kadın ve kız çocuklarının güvenliği için harekete geçtikçe, değişim gerçekleşir.

Michelle Bachelet

Şehrin kent konseyi

İstanbul, tarihindeki ilk Kent Konseyi'ne 2019'daki yönetim değişimiyle kavuştu. İstanbul Kent Konseyi'nin ilk başkanı Mimar Tülin Hadi ve yürütme kurulu "ilkler" olarak tarihe geçti. Tülin Hadi, öncesinin olmamasını hem dezavantaj hem de avantaj olarak değerlendiriyor. Zira iş yapış konusunda İBB gibi büyük bir yapıda, birikmiş bir İstanbul Kent Konseyi deneyimi bulunmuyor:

> Her ne kadar yönetmelikler varlık amacını tarif etmiş olsa da, her Kent Konseyi'nin kendi ilkelerini, hedeflerini, çalışma yöntemlerini tayin etmesi gerekiyor. Yazılı olanlar kadar yazılı olmayan kurallar da var, ki bunları da bir Kent Konseyi belirlemek durumunda. Bizler, İstanbul Kent Konseyi kurulurken "Kent Konseyi kavramını yeni baştan düşünme" fırsatı bulduk. Yönetmeliğin öyle bir yapısı var ki aslında esnek bırakılmış, katı ku-

12. 08.10.2006 tarihli ve 26313 sayılı *Resmi Gazete*.

rallar koymak yerine katılıma yönelik alan, bulunduğu yere göre şekillenmeye bırakılmış.

Kent Konseyi'nin İBB Meclisi'yle ilişkilerini sorduğumda "İBB ve Başkan İmamoğlu İstanbul Kent Konseyi'ni kendisi olmaya bıraktı. Burayı baskı altına almadılar, kendilerinin iletişim alanı haline çevirmeye uğraşmadılar, pek çok durumda bizim itirazlarımızı dikkate aldılar" diye yanıtlıyor. Hadi'ye göre Kent Konseyi'nin yukarıdan aşağıya doğru çalışması tercih edilir bir durum değil zaten. "En ideal olan Kent Konseyi'nin yerel yönetimle karşılıklılık ilişkisi içinde, fakat özerk olarak çalışması."

Peki Kent Konseyi İstanbullunun nabzını nasıl tutuyor, İstanbul'un 39 ilçesinde yaşayan vatandaşlardan görüş ve talepleri nasıl alıyor, vatandaşın, şehrin yönetimine katılımı nasıl sağlanıyor? Zira İstanbul çok büyük ve katılımı arzu edilen kitlelere ulaşma güçlüğü var. İstanbul Kent Konseyi bu ölçek sorununu ilçelerde gerçekleştirdiği Katılım Kafe Toplantılarıyla aşmaya çalışıyor. İlçelerde her ay gayri resmi ortamda toplantılar yapılıyor.

"Peki İstanbul Kent Konseyi'ne İstanbullu vatandaşlar sorun iletiyorlar mı, nasıl iletiyorlar?" diye soruyorum Hadi'ye.

"Burası yüksek profilli 'beyaz masa' olarak da hizmet veriyor, buradan hiç sorun eksik olmuyor" diye cevaplıyor sorumu.

Mesela bir azınlık vakfının çocuklarına yemek dağıtmaktan tutun da evinin çökme sorununu anlatıp buna sebep olan kazıklı yolu şikâyet eden de, "Bizim mahallede uyuşturucu kullanan çocuklar var, bunun için bir şey yapmalıyız" diyen de varmış. Doğrudan randevu alıp geliyor ya da yazılı olarak gönderiyorlarmış sorunları.

Katılım Kafe'lerden gelen talepler de ilçe bazında raporlara dönüşüyor. Örneğin Sancaktepe'de uluslararası müsabakalarda madalyalar kazanmış çok sayıda sporcunun yaşadığını belirten ilçe sakinleri, hem bu kişilerin aktif olarak koşullarını iyileştirecek hem de çocuklara spor eğitimi verecek altyapısı güçlü spor tesisi istemişler.

Tülin Hadi, Kent Konseyi'ni, "şehir, şehirliler ve şehrin meseleleri üzerine düşünen, planlamaya dönük, icracı olmayan bir yapı" olarak tanımlıyor, hatta şöyle diyor: "Kent Konseyi bir tüzel kişilik değil, Kent Konseyi bir katılım evreni."

T. Gül Köksal İstanbul gibi bir kenti birlikte yönetmenin en önemli araçlarından birinin Kent Konseyi olduğunu düşünüyor ancak konseylere katılım konusunda fazlasını talep ediyor:

> Kent Konseyi'nin oluşma biçimi zaten belediyeye bağlı. Ama öyle bile olsa, seçim mekanizmasını iyileştirerek, konseyi daha geniş kitleleri, yeni görüşleri içine alacak, daha çoğulcu bir hale getirecek bir halk meclisine dönüştürebilmek mümkün. Bu aynı zamanda yalnızca eleştiren veya talep eden değil, kentsel-toplumsal sorunların çözümü için ortaya bir irade koyan, bunu yapmaya yönelik çabası olan bir meclis olabilir. Bu da belediyede kişisel değil toplumsal çıkarları gözeten bir tür "içeriden halk baskısı" oluşturabilir. Böyle bir halk meclisi, belediyede aynı biçimde düşündüğümüz teknokratları, bilim insanlarını, eşit, adil bir toplumsal dönüşüm yolunda çeşitli hedeflerle oraya gelmiş insanları da güçlendirecek bir araç olur.

Şehrin Şeffaflığı

İBB Başkanı Ekrem İmamoğlu katılımcılık kelimesini şeffaflıkla birlikte kullanmaya özen gösteriyordu. İstanbulluların olan bitenden haberdar olacakları, yönetimine katılabilecekleri ve denetleyebilecekleri bir İstanbul vadediyordu. 13 Haziran 2013 tarihinde yaptığı konuşmada İstanbullulara İstanbul hakkında şu soruyu sordu:

> Buradan uzmanlara, medya mensuplarına, ilçe belediye başkanlarına, herkese soruyorum. İstanbul'la ilgili herhangi bir detay hakkında hiç fikriniz var mı? İstanbul gibi bir şehrin kaderi böyle mi belirlenir?

Kent Konseyi dışında da vatandaşla buluşacağı pek çok ortamı hayata geçirme, İstanbul'da yapılacak projelere ortak karar verme ve en önemlisi de tüm hesapları şeffaf bir biçimde vatandaşla paylaşma sözü vardı. Her başlıkta vaatlerini anlatıyor, İstanbul için projelerini ve hedeflerini sıralarken sözlerini hep şu vizyona bağlıyordu:

> Peki tüm bunları nasıl başaracağız? Elbette ki, tüm İstanbullularla birlikte gerçekten katılımcı bir demokrasiyi bugünden inşa ederek. Demokrasisi gelişmemiş bir kentin bugünün koşullarında sorunları doğru bir şekilde çözmesi, ekonomik ve teknolojik kalkınmayı sağlaması mümkün değildir. Demokrasisi gelişmemiş, şeffaf yönetime sahip olmayan, hesap vermeye yanaşmayan bir kente ne yatırımcı gelir ne de turist gelir.
>
> Mahalleden başlayarak kentin tamamına yönelik katılım süreçlerini işleteceğiz. Muhtarlarımız ve mahalle meclislerimizle, o mahallede hangi yatırıma öncelik verilecek, hangi planlar, hangi projeler gerçekleşecek; birlikte karar vereceğiz. Mobil ve online platform ile tüm İstanbul halkının karar süreçlerine katılımını sağlayacağız. Herkesin bu kent üzerinde söz hakkı olacak. Hem yüz yüze ilişkilerin gelişebileceği kamusal alanları oluşturacağız hem de teknolojik iletişim olanaklarıyla halkımıza katılım imkânı sunacağız.

Daha farklı bir katılımcılığı talep eden İstanbul Kent Savunması sözcüleri ise, özellikle eski yönetim döneminden kalan ve kentsel çatışma noktaları haline gelen bazı projelerin yeniden ele alınması ve hayata geçirilişi aşamasında katılımcılığın ve dolayısıyla da şeffaflığın ortadan kalktığını dile getiriyorlar. Bu itirazlara da o projeleri anlatırken değineceğim.

İmamoğlu, özellikle mali şeffaflık vurgusu yapıyordu. Yeni dönemin ilk meclis toplantısında "Milletimin bana verdiği yetkiyi ve şeffaflık iradesini dikkate alacağım ve belediyenin ve bağlı şirketlerinin tüm hesaplarını şeffaf bir şekilde milletime anlatacağım" diyordu. İBB'nin, altı aylık çalışmalarını anlattığı 23 Aralık 2019 tarihli toplantıda da gündeminde bu konu vardı:

> Bir ülkede yöneticiler hesap vermiyorsa orada yanlış, hatta çok yanlış vardır. Şeffaflık ve hesap verme yoksa çürüme başlamış demektir. Artık hiç kimse bu şehirde kapalı kapılar ardında kamu-

nun parasını kullanamaz. Bu şehirde artık hiç kimse "Ben yaptım oldu" diyemeyecek. Ne bugün ne de gelecekte bizden popülist rakamlar, gerçeği eğip büken açıklamalar duymayacaksınız.

Bütçeye katılım

1215 yılında Magna Carta'yı, yani Büyük Ferman'ı imzalayanlar, tarihte bir dönemi başlattıklarının belki de farkında değillerdi. Kralın mutlak otoritesine karşı feodal beyler ile orta sınıf halkın giriştiği mücadeleden doğan bu ferman artık kralın keyfi olarak halktan vergi toplamasına sınır getiriyor, kral ve yöneticilerini denetime açıyordu. Bu özellikleriyle Magna Carta "Bütçe Hakkı"nın ilk doğduğu metin olarak da kabul edilir.

Sosyal devletin 19. yüzyılla ortaya çıkışı, bu alandaki hak arayışlarını çeşitlendirdi; bu ve diğer toplumsal gelişmelerin sonucu olarak İkinci Dünya Savaşı sonrası, önce insan hakları, daha sonra da sosyal haklar uluslararası sözleşmelerle devletlerin iç hukuku alanına girdi. Bu durum sosyal devleti benimseyen ülkelerde, ulusal ve yerel yönetimler için sosyal bütçeyi de gerekli kıldı.

"Katılımcı bütçe"nin ise Brezilya'nın Porto Allegre kentinde 1989'da doğduğu konusunda bir ortak görüş var. Hızlı kentleşme; kent içinde farklılaşan bölgeler; bu bölgelerin sorunlarının daha görünür hale gelmesi; çevre, kadın, gençlik sorunlarının açığa çıkması; kısaca kentleşmenin karmaşıklaşması yeni arayışları getirdi. Katılımcı bütçe de bu kesimlerin taleplerini karşılamak için yepyeni bir fikirdi.

1993-1996 yılları arası Porto Allegre Belediyesi'nde Sosyal İletişim Koordinatörü olarak görev yürütmüş olan Pedro Luiz da Silveira Osorio, katılımcı bütçe hakkında şu yorumu yapıyor:

> Katılımcı bütçenin medya tarafından hiç önemsenmemesi, muhtemelen onun devrimci ve dönüştürücü potansiyelini sezmiş olmaları yüzündendir. Bu pratikler, açık bir biçimde, onların ve temsil ettikleri grupların çıkarlarına aykırıdır.

İstanbul için katılımcı bütçe ilk kez bu dönem yapılmaya başlandı. İBB Strateji Geliştirme Dairesi Başkanlığı 2021 yılı itibarıyla

"2022 Yılı Katılımcı Bütçe Uygulaması" çalışmalarına başladı. İstanbul Planlama Ajansı ve İstanbul Kent Konseyi işbirliğiyle hayata geçirilen katılımcı bütçede İBB Kent Konseyi'nin rolünü başkan Tülin Hadi şöyle anlatıyor:

> Önce Kent Konseyi'nde bunu masaya yatırdık, "bütçe kararlarına katılımda model ne olsun" diye konuştuk. Stratejik plana yazılmış olan hedeflerin ve uygulamaya doğru giden projelerin, zaten yapılacak işlerin sıraya dizilip "hangisini önce yapalım" diye halka sorulmasının çok muhtemel olduğunu sezebiliyorduk. Bu pasif ve katılımcılık konusunda "mış gibi yapan" bir şey olacaktı. İKK olarak İBB'ye "yurttaşın yaratıcılığını ve katılımcılığını işin içine katmalısınız" dedik.

Katılımcı bütçe modeli öncelikle şehirdeki ilçe yerel yönetimlerinin Kent Konseyleri, sivil toplum kuruluşları, meslek odaları ve meslek birlikleri, üniversiteler ile İstanbul Kent Konseyi yürütme kurulu, çalışma grupları ve meclislerine tanıtılmış. Aktif katılımı sağlamak için de "Katılımcı Bütçe Fikir Maratonu" düzenlenmiş. Fikir maratonunda İBB tarafından belirlenen temalar etrafında sivil alanın bakış açısı, ve yine sivil alanda yapılan çalışmalar ve üretimler değerlendirilmiş. "İstanbul'da ihtiyaçlar neler?" ve "Neyi değiştirebiliriz?" soruları sorularak İstanbullulardan projeler üretmeleri ve web sitesinden başvuru yaparak İstanbul için değerlendirmeye sunmaları istenmiş.

Sonuçtan memnunlar. "Çok büyük katkı sağlandı" diyorlar. İlk yıl bütçesi için oluşturulan web sitesi 585 bin kişi tarafından ziyaret edilmiş. 2022 ve 2023 yılları bütçesi için toplamda 5.543 proje başvurusu alınmış, 162.671 oy kullanılmış ve 55 proje seçilerek hayata geçirilmeye başlanmış. Örneğin Afet Gönüllüleri, Arıları Yaşatalım, Çevreyi Onaralım, Daha Sağlıklı Bir Yaşam, Eğitime Destek, Güneş Enerjisi ile Yol Aydınlatması, Kentköy, Sosyal Platform, İyilik Pınarı projeleri gibi.

Afet Gönüllüleri AKOM koordinasyonunda afet sonrasında gerekli müdahale ve organizasyonları yapabilecek kapsamlı bir eğitimden geçtiler. 25 Kasım 2022 tarihinde İBB Basın Merkezi, fotoğraflı bir haberle tüm İstanbulluları İBB ve AKUT vakfı işbirliğiyle hayata geçen Afet Gönüllüleri projesinin eğitimine katılmaya davet ediyordu.

Eğitime katılanlar İstanbul depremini bekliyorlardı. Ama öğrendiklerini bir buçuk ay sonra Hatay'da uygulayacaklarını asla düşünmemişlerdir. İBB'nin sorumlu olduğu Hatay bölgesindeki çalışmalara personelinin dışında 550 gönüllü katılmış.

İBB Strateji Geliştirme Daire Başkanlığı'ndan verilen bilgide, "Katılımcı bütçe, şehirde yaşayan sakinlerle kamu kuruluşları arasında güçlü bağlantılar kurulmasına ve işbirliği zemini yaratılmasına olanak sağlayan bir uygulama oldu, her yıl geliştirilerek devam ettirilmesini ve daha geniş kitlelere ulaşmasını hedefliyoruz" deniyor. İstanbul Kent Konseyi Başkanı Tülin Hadi ise "Katılımcı bütçemiz henüz istediğimiz ideal duruma kavuşmadı. İlk üç senenin öğrenme süreci olduğu söyleniyor dünyada. Hele ki İstanbul gibi bir şehri düşünün. Ama her sene biraz daha büyük bir adım atıyor" diyerek katılımcı bütçe çalışmalarının geliştirildiğini vurguluyor.

Şehirde Eşitlik

Kanun, görkemli eşitliğiyle hem zenginlerin hem de fakirlerin köprü altında uyumasını, sokaklarda dilenmesini ve ekmek somunlarını çalmasını yasaklıyor.
Anatole France, *Kırmızı Zambak*

Saraçhane önündeki ilk konuşmasında eşitlik vurgusu yapan ve İstanbullulara eşitlik vadeden İmamoğlu'na dört buçuk yılda bu eşitliği sağlayıp sağlayamadığını soruyorum.

Eşitlik çok özen gösterdiğimiz bir şey. Hep söylüyorum, mesela benimle konuşmak isteyen bir vatandaşın asla reddedilmeyeceğini, benimle çalışan, yol yürüyen herkes bilir. Onunla konuşurum, cevabım varsa veririm. Veremiyorsam ilgili kişiye yönlendiririm. Olacak bir işse hemen yapılmalıdır, olamayacak bir işse de mutlaka onun tarifi yapılmalıdır. Niçin olamayacağı, kanunun ya da yetkimizin niçin ona yetmeyeceği anlatılmalıdır. Bu ilkeyle her vatandaşı eşitlemeye gayret ettik. Niye eşitlemek diyorum, çünkü vatandaşın daha önceki dönemlerde öyle hissettiğini düşünmüyorum. Biz bunu çok yukarıya taşıdık.

Mesela kim bunlar, insanlarımızı sınıflandırmak istemem ama örneğin engelliler; kim bunlar, hayatında kreş göremeyecek çocuklar. Şimdi kreşe gidebiliyorlar. Artık sayısı 100'e yaklaşan kreşlerimizden, 100 x 100 çocuk deseniz 10.000 çocuk yararlanıyor. (Eylül 2023 itibarıyla). Bu her yıl erişilebilecek sayı anlamında müthiş bir şey. Yine kadınlar için, hiç adlarının bile geçmediği alanlarda iş imkânı sağlamaktan tutun da çok farklı ihtiyaçlarına varıncaya kadar yenilikleri hayatlarına kattık. İstihdam ofisleri mesela, "ben işe nasıl girerim, kiminle nasıl görüşürüm veya bir CV bile dolduramam ki" diyen insanların artık yüz binlercesinin gelip ziyaret ettiği istihdam ofislerimiz var. Bunlar aslında toplumu eşitleyen çok önemli kavramlar.

İmamoğlu eşitlikten söz ederken İBB için bir ilk olan İnanç Masası'na da atıfta bulunuyor:

İnanç Masası'nda İstanbul'da yaşayan tüm inançların, o inançlara göre hizmetini gören papazı da var, hahamı da var, dedesi de var, melesi de var, imamı da var. Yani artık sadece bir mezhep üzerinden hizmet veren bir mezarlıklar müdürlüğü ya da daire başkanlığı yok, tam aksine bütün inançları kapsayan bir İnanç Masası var. Çok defalar söylemiştim, ben "azınlık" tarifini reddediyorum. Çünkü bir toplumun içinde yaşayan bir kişiyi ya da grubu hiçbir yönetici, hiçbir belediye başkanı azınlık diye tarifleyemez.

Ekrem İmamoğlu'nun bu son sözleri bana Rum Vakıfları Derneği Kurucu Başkanı Laki Vingas'ın söylediklerini hatırlattı. Vingas'a hem İstanbul Kent Konseyi Yürütme Kurulu Üyesi olması sebebiyle hem de İBB'nin İnanç Masası hakkında görüşlerini sormaya gittiğimde büyük bir memnuniyetle bir anısını anlattı:

İmamoğlu'nun bir Büyükada ziyaretine, muhtemelen yanlışlıkla davet edilmiştim. Her ne kadar İmamoğlu bir keresinde bana "Adalar'a birlikte gidelim" demiş olsa da bunun o ziyaret olmadığını sonradan fark ettim. Büyükada'ya vardığımda İmamoğlu'nun esnaf ziyareti olduğunu gördüm. Ben de doğrudan toplantı salonuna gittim. Salon hazırdı, mütevazı bir yer, Ada'nın merkezinde. Daha sonra geldiler, selamlaştık herkesle. Ama anladım ki bir hata olmuş, yani benim o toplantıda bir işim yok. İBB yöneticileri ve CHP İlçe yönetiminden temsilciler vardı, yaklaşık 15 kişilik bir masaydı.

"Sayın Başkan" dedim, "beni özel kaleminiz aradı, davet etti, ama muhtemelen bir yanlışlık oldu, benim bu masada bulunmamam gerektiğini hissediyorum, çünkü bu toplantıyla ilgili birisi değilim." Bana hemen "Siz İstanbullu değil misiniz?" diye sordu. "İstanbulluyum" dedim. "Bu şehirde doğup büyümediniz mi?" diye devam etti. "Evet" dedim. "Peki bir İstanbul Büyükşehir Belediye Başkanı'nın bir İstanbulludan gizli nasıl bir toplantısı olabilir ki?" dedi. Çok hızlı bir şekilde söyledi bunu, hiç tereddüt etmeden. Bu beni çok etkiledi. Ve şöyle sürdürdü sözlerini: "Tabii ki bir İstanbullu olarak İstanbul Büyükşehir Belediye Başkanı'nın her toplantısında bulunabilirsiniz, lütfen burada kalın." Ben de toplantıyı izledim. Hatta bir konuda fikrimi de söyledim.

İnanç Masası konusunda Vingas'ın görüşleri ilerleyen sayfalarda yer alıyor.

Yeri gelmişken, 2018 yılında Sosyal Haklar Derneği olarak gerçekleştirdiğimiz Sosyal Haklar Forumu'na katılan Prof. Dr. Ayşe Buğra'nın eşitlik konulu konuşmasından şu kısa alıntıyı da ilave etmek isterim. Ayşe Buğra, 1950'lerin başında, yani İkinci Dünya Savaşı'nın hemen arkasından refah devletinin temellerinin atılmaya başladığı günlerde T. H. Marshall tarafından yazılan "Yurttaşlık ve Sosyal Sınıf" adlı makaleden şöyle söz ediyordu:

> Eşitlik çok zor bir kavramdır aslında, çok kullanırız, günlük siyaset diline de çok yansımış bir kelimedir eşitlik. Ama içeriğini tanımlamak çok kolay değildir. Marshall sözünü ettiğim makalede gelir eşitliğinden daha önemli olan bir şeye dikkat çekiyor, yani "Gelir eşitliği yerine üzerinde durmamız gereken şey eşit

yurttaşlık kavramıdır" diyor, "topluma eşit koşullarda katılma." Bu eşit yurttaşlığı da biraz göz teması testi diyebileceğimiz bir testle yapıyor, yani "İnsanların birbirlerinin gözünün içine korkmadan, aşağılanma kaygısı çekmeden doğrudan doğruya bakabilecekleri, güvenle bakabilecekleri bir toplum, eşit yurttaşlığın geçerli olduğu toplum" diyor. "Ayrıca bu toplum, insanların işsiz kalırsam ne olur, hastalanırsam ne olur, yaşlılığımda ne olur diye endişelenmeden güvenle yaşadıkları bir toplumdur" diyor ve bu toplumu düşünerek bir eşit yurttaşlık rejimi tanımlıyor.

Bu tanımdan çok uzakta olduğumuz kesin; sokakta, metroda, tramvayda, kafede, kamusal alanın herhangi bir yerinde birbirimizin gözlerine korkmadan, sakınmadan bakamıyoruz. Ama yine de İstanbul için eşitlik açısından bir şeyler yapılabilir, yapılmalı. Burada şehrin başkanının eşitliğe bakış açısı giriyor devreye:

> Ben herkesin kendisini asli vatandaş hissettiği bir toplum var etme konusunda özenli davrandım. Çünkü çok defalar söyledim, bu şehirde yaşayan 16 milyon insan bu şehrin eşit hissedarıdır diye. Bir kere bu çok önemli bir kavram. Ben ne kadar hisse sahibi isem herhangi bir mahallesindeki herhangi bir çocuk ya da genç ya da bir kadın benim kadar hissedar bu kentte. Daha çok örnek verebilirim ama bu duyguyu büyük oranda en azından zihinsel olarak sağladığımızı düşünüyorum. Uygulamalarda hangi açık varsa onu hızla kapatacağız.

Seçim sürecinde motto haline gelen, "Adama, kişiye, kişilere, gruplara, cemaatlere, vakıflara, derneklere hizmet işi bitti" sözleri ise İmamoğlu'nun "eşitlik" konusunda en dikkati çeken çıkışıydı. Kendisine bu cümlesinin bu kadar tutacağını tahmin edip etmediğini sordum. Şu cevabı verdi:

> Elimizden seçimin alınmaya çalışıldığı günlerdi. Birkaç arkadaşım da şahittir. Ayaküstü bir odada bana bazı tavsiyelerde bulundular, "şunu da söylemelisin, bunu da söylemelisin" diye. Ben de bir A4 kâğıdına mümkün olabildiği kadar notlar almıştım. Ama tabii kürsüye geçince, o kalabalığın ve duygu-

nun içinde kalınca, ben bütün o notlardan uzaklaştım. Tümüyle ne hissediyorsam onları söyledim. Bu söz de onlardan birisi, bir kesitti.

Aslında bu sözüyle işe alımlarda ve liyakatte kayırmacılığa son verme kararlılığını ima ediyordu. Peki buradan kimleri anlamalıydık? "Bu konuşma tabii STK adı altındaki birtakım kurumları da içine alan bir konuşma ve burada temel esas şu aslında: Tabii ki işini çok düzgün yapan vakıflar, dernekler hatta cemaatler vardır bu ülkede, onları tenzih ediyorum. Ama şu anda belediyelerde o döneme dair en çok konuşulan şey, kayırmacılıkla insanlara fayda sağlanmış olması. Biz bunu bitirmeyi başardık, yani beşinci yıla girerken hiç kimse diyemez ki "bak İmamoğlu geldi, böyle demişti, ama kendine yakın derneklere, vakıflara yer tahsis etti." Bir tane bile bulamazlar, kamu yararına birkaç işlemin dışında, ki onlar da örneğin Kızılay'dır, Türk Hava Kurumu'dur ve benzeridir. Bu tutumumuz aslında şunu gösterdi: İstanbul'un büyükşehir belediye başkanı ve heyeti, üzülerek söylüyorum ki, İstanbul'a beş yıla yaklaşan sürede büyük bir muhafızlık yapmıştır. Oysa aslında muhafızlığa gerek olmamalı, her şey kuralına göre olmalıydı. Ama maalesef muhafızlık yaptık, İstanbul'u koruduk. Bu tür kayırmacılıklardan ya da bir avuç insanı zengin etme duygusundan uzak durarak.

Mutluluk ve Şehir

Ekrem İmamoğlu, 13 Haziran 2019 günü farklı ortamlarda dile getirdiği tüm bu ilkesel kavramları iddialı bir konuşmayla net bir hedef haline getirdi ve güçlü bir şekilde demokrasi vurgusu yaptı. İlk seçimin iptaline atıf yaparak tüm seçmenlere sesleniyordu:

> AKPli, MHP'li, CHP'li, İyi Partili; HDP'li, BBP'li, Saadet Partili, DSP'li, Vatan Partili ayrımı olmaksızın 16 milyon İstanbullu bu oyunu bozduğu zaman kazanan CHP olmayacak. Kazanan Ekrem İmamoğlu olmayacak. Kazanan 16 milyon İstanbullu olacak; demokrasi olacak.

İstanbullu kazanmış mıydı ya da bütün kesimler kazandığını hissediyor muydu acaba? Sonuçta 25 yıl hüküm sürmüş bir iktidarın seçmenleri ile İBB organlarında kökleşmiş kadroları bu eşitliği ne kadar hissedebildi? Yaşamda, yoksullukta ya de zenginlikte eşit bile olsanız ülkenin geldiği kutuplaşmış ortamda duyguda ortaklaşamamak, sevinci ve hüznü birlikte yaşayamamak diye aşılmaz bir sorun var ve bu sorun Türkiye'de hayatın her alanına yansıyor.

Elbette bunun değerlendirileceği ortam yerel seçimler oluyor.

Şehrin sakinlerinin İBB'nin çalışmalarından duyduğu memnuniyeti ölçtükleri bir mutluluk endeksi oluşturup oluşturmadıklarını sorduğumda İmamoğlu İstanbul'a dair düzenli ölçümler yaptıklarını söylüyor ve ekliyor: "İstanbullular neden şikâyetçiler, neden mutlular ya da en çok neye kızgınlar, Alo 153'teki verilerden ölçebiliyoruz. Ama ben şöyle endeksliyorum meseleyi bir belediye başkanı kimliğimle: Bir bağ kurmuşuz toplumla. Güçlü bir iletişimimiz var."

İmamoğlu, kurumlarla doğrudan iletişime geçen bir kamuoyunun varlığının da belediyenin çalışmalarının yarattığı etkiyi ölçmek açısından önemli olduğunu söylüyor. Ve kendi döneminde belediyedeki her kurumun iletişim hattının önemli ölçüde büyüdüğünün ve bunun da İBB'nin halkla kurduğu bağın bir göstergesi olduğunun altını çiziyor.

Mecliste ve yönetimde kadınların, çocukların, engellilerin aleyhine bir tek karar dahi alınmayacak.

Ekrem İmamoğlu, 28 Şubat 2019

Şehirli olmanın hakkını arayan ya da arayamayan, şehrin yönetimine katılan ya da katılmayan, bu şehri dolu dolu yaşayan ya da sadece yaşamaya çalışan sakinlerinin yaşam kalitelerini artırmak için neler yapılmıştı? Ekrem İmamoğlu herkese eşit mesafede olmayı vadetse de bu eşitler içinde herkesin eşit olmadığının farkındaydı. İlk aday gösterildiği günlerde toplumun tüm kesimlerinden üç grubu ayırarak pozitif ayrımcılık sözü vermişti: Kadınlar, çocuklar ve engelliler. Şehrin sakinlerinden bu üç grubu ben de bir adım öne çekerek olup bitene detaylı bakmaya çalıştım.

Kadının Kent Hakkı

Prof. Dr. Fatmagül Berktay, sosyal tarihin, kadın emeğinin tarihinin de belgelenmesini sağlamakla birlikte, feminist tarihçiler için sorunlar yarattığını belirterek şu yorumu yapar: "İnsan eylemini ve öznelliğini ekonomik güçlerin bir türevine indirgeme ve toplumsal cinsiyeti de onun çok sayıdaki yan ürününden biri sayma tehlikesi vardı."[13]

Tarihten günümüze ulusal ve yerel siyasetin öznesi erkekler olunca, kadınlar tüm politikalardan koparılmış bir ayrı başlık halinde, adeta eteklerinin altına tüm ötekileri toplayarak hak mücadelesi veriyor. Bu durum günümüzde de kadınlara "kadın meseleleri"nin bırakılması, diğer yönetim alanlarının erkeğin bakış açısıyla tasarlanması sonucunu doğuruyor. Kadın ise, tüm diğer politikalar gibi, yani eğitim, sağlık, enerji, ulaşım gibi ayrı bir başlık haline geliyor.

Oysa kadın ayrı bir politik disiplin değil, tüm diğer disiplinlerin üzerine oturması gereken temel taşlardan biridir. Bir devletin sağlık, eğitim, tarım, gıda, kent, ulaşım, kültür-sanat, spor vb. tüm politikaları, kadın odağı olmadan oluşturulmamalıdır. Yalnızca kadın mı? Değil elbet. Bugün toplumda kadının dışındaki tüm diğer dezavantajlı kesimler de politikalarda eşit ve adil bir şekilde yerlerini almalıdır. Anaakım siyasette bu dezavantajlı gruplar "kadından sorumlu" ya da "sosyal işlerden sorumlu" kamu kurumları başlığı altında korunaklı ama görünmez hale getiriliyor.

Kadın ve Başkan

24 Kasım 2011 gününün ilerleyen saatlerinde hepimiz çocuklar gibi şendik. TBMM'nin 24. dönem milletvekilleri olarak ilk yasama yılının daha başlangıcında bütün partilerin ortaklaştığı bir sözleşmenin, Türkiye'nin ilk imzacılarından olduğu İstanbul Sözleşmesi'nin onaylanmasının Genel Kurul'da görüşülmesi vardı. Türkiye, 247 vekilden 246'sının kabul oyuyla onaylanan sözleşmeyi parlamentosundan geçiren ilk ülke oldu.

13. Fatmagül Berktay, *Tarihin Cinsiyeti*, İstanbul: Metis Yayınları, 2003, s. 29-30.

O günler siyaset arenasında kadınlar için son bahar günleri olacaktı. Zira o günlerden sonra iktidarın kadına yönelik söylemi hızla değişti; kadın-erkek eşitliğine karşı söylemler, evlilikten doğuma dek kadının yaşam tarzına yönelik sözlü müdahaleler, şiddeti körükleyen sözler derken, 2010 yılı referandumundaki kadına yönelik pozitif ayrımcılık maddesi de unutuldu; 10 yılın ardından İstanbul Sözleşmesi'nden de çıkıldı. Bu yıllarda Türkiye'deki kadın hareketi açısından iktidarla ilişkilerin kopuşuna, kadınların ve kadın örgütlerinin hedef gösterilişine tanık olduk.

Bu sancılı yıllarda, 2014 yerel seçimlerinde Beylikdüzü Belediye Başkanı olan Ekrem İmamoğlu kendi belediyesinde kadın politikalarına dair çalışmalar yapmak istiyordu. Bundan sonrasını Türkiye Kadın Dernekleri Federasyonu Başkanı Canan Güllü'den dinleyelim:

> Sayın İmamoğlu'ndan bir telefon aldım, "Ben Beylikdüzü Belediye Başkanıyım. Başkanlığını yaptığım belediyede kadın politikalarına dair çalışmalar yapmak istiyorum. Bu nedenle sizinle bir görüşme yapabilir miyiz?" dedi. Böyle başladık. Tanımıyordum daha önce. Kadın politikalarına ilgi duyan bir belediye başkanı vardı karşımda. Benim açımdan, bırakın federasyon başkanlığını, yaklaşık 20 küsur yıldır yerel yönetimlerde kadınlar konusunda eğitim seminerleri veren bir kadın olarak bu buluşmanın önemini varın siz değerlendirin.
>
> 2019 yılına geldiğimizde Beylikdüzü, yerelde eşitlik biriminin ve toplumsal cinsiyet eşitliğine ilişkin komisyonların kurulduğu, kadınların şiddete uğradığında gidebileceği merkezlerin sayısının artırıldığı, kadın istihdamının artırılması için kadın kooperatiflerinin geçici bir çözüm yolu olarak kurulduğu, kreş sayısının artırıldığı bir ilçe haline gelmişti. Beylikdüzü'nde çalışmalarımızı tamamladığımızda yaptığımız değerlendirme toplantısında kadınların sözleri belediye başkanının bu yönde ne kadar doğru bir politika uyguladığını gösterir nitelikteydi: "Biz başka bir ilçeden bu ilçeye taşındık. Çünkü burada gece sokağa çıkabiliyor, vardiyalı çalıştığımız işimize giderken, gü-

venli, aydınlatılmış caddelerden geçebiliyoruz" diyorlardı. Bir başkası ise "Burada bir istihdam yaratıldığını duyduğum için geldim" demişti.

İmamoğlu kampanya döneminde kadın politikalarıyla ilgili bu vizyonunu İstanbul Büyükşehir Belediyesi'ne de taşıdı. Seçim bildirgesinin içinde de madde madde yer aldı. O nedenle de o sözleri tutup tutamadığına bakmak lazım belki de.

Peki bu sözler tutulabilmiş miydi? Canan Güllü kadın konusunda hâlâ yapılacak çok iş olduğunu belirtiyor ancak özellikle şu vurguyu yapıyor:

> Toplumsal cinsiyet eşitliği bakışını sürekli dile getiren, bu görüşünü sivil toplum örgütleriyle paylaşıp sürekli öğrenen, bu konuda eksiğini tamamlamaya çalışan, ama her şeyden önce zihniyetin yönetimden başladığını, yani politikanın tepeden başladığını unutmayarak bir kadın politikası şiarıyla kendini görevlendirmiş bir yetkilinin yönettiği İBB'nin elbette yapacak çok işi vardır, ama yaptıkları yapacaklarına delildir.

Ekrem İmamoğlu'nun vaatleri de uygulamaları da beklentiyi, özellikle yıllardır Ak Parti iktidarında hızla düşen beklentiyi de yükseltti.

İBB ile bu süreçte çalışan bir diğer kadın örgütü ise Kadının İnsan Hakları Derneği oldu. Dernek, kuruluşundan beri kadın hakları, kadınların güçlendirilmesi, yasal haklarını kullanmaları, kadınlarla ilgili yasaların iyileştirilmesi gibi birçok temel başlıkta kamu kurumları ve yerel yönetimlerle çalışıyor; KİHEP, yani Kadının İnsan Hakları Eğitim Programı olarak bilinen eğiticilerin eğitimi programını uyguluyor. KİHD'nin de geçen yıllarla birlikte iktidar ve kamu kurumlarıyla ilişkilerinin koptuğu; bu süre zarfında toplumsal cinsiyet duyarlı yerel yönetimlerle çalışmalarını sürdürdüğü belirtiliyor. 2019'da İBB'de yaşanan yönetim değişiminin ardından ortaya konan vizyonla İBB'de KİHEP'in uygulanabilmesi için yöneticilerle bir araya gelinmiş, bir protokol hazırlanmış ve pandemi öncesinde İBB Meclisi'ne sunulmuş. Ancak iktidar ittifakı ağırlıklı meclis bunu kabul etmeyince imzalanamamış. Yine de bazı eğitimler protokolsüz olarak ve pandeminin başlaması nedeniyle online verilmiş.

KİHEP koordinatörü Zelal Ayman sonrasına dair bazı tereddütlerini paylaşmakla birlikte öncelikle şu vurguyu yaptı: "İBB çok önemli bir yenilik getirdi İstanbullu kadınları destekleme konusunda. Bu konuda örnek bir belediyecilik sergilediğini düşünüyorum."

Şehrin Kadınları

En çok da bu şehrin kadınlarını destekleyerek, sözünü, sesini, ihtiyaçlarını dinleyerek, kadınlara söz ve yetki vererek, eşit, adil ve umutlu bir İstanbul'u bizzat kadınlarla birlikte kuracağız.

Ekrem İmamoğlu, 10 Haziran 2019

İBB Sosyal Hizmetler Dairesi Başkanlığı'nın ofisinde yönetici arkadaşlarla sohbet ederken duvarda pembe-mor düğmelerle yapılmış "İBB Kadın" yazılı tabela dikkatimi çekmişti. Aslında saatlerdir İBB Kadın'ı konuşuyorduk. Öncelikle "Kadın" kelimesinin "Aile" içine sıkışmışlığından kurtularak başlı başına bir çatı kelimeye dönüşmesi doğrusu beni keyiflendirmişti. Ama asıl sevindiğim şey, kadını diğer konulardan ayrı ve kopuk bir disiplin başlığı gibi görmeyip, bütün diğer politikalarla ilişki kuran bir çatı olarak görme vizyonuydu.

Kadının bürokrasiyi aşıp İBB'den doğrudan hizmet alabileceğini hissedebilmesi için planlanmış, basit ve akılda kalıcı bir başlık aslında İBB Kadın. İBB'nin tüm diğer birimlerindeki kadına dair hizmetlerin buluştuğu kavşak noktası da diyebiliriz. Çünkü ne demiştik? Kadın ayrı bir politika ya da başlık değil, bir devletin ya da bir yerel yönetimin bütün politikalarının dayanması gereken bir temel taştır.

Kadın ve Aile Hizmetleri Müdürlüğü İBB Kadın'ın koordinasyonunu sağlıyor. Kadın ve Aile Hizmetleri Müdürü Sinem Gülenç, kadın alanında yıllarca çalışmış bir sosyal hizmet uzmanı.

İBB Kadın'ı anlatırken "İstanbul'daki kadınlar bize geldiğinde, İBB kadınla alakalı ne iş yapıyorsa hepsini İBB Kadın içerisinde bulsun; tek bir noktada bütün sorunlarını çözelim istedik" diyor. İstanbul'da İBB Kadın çatısı altında danışma ve diğer hizmetleri veren toplam 33 merkez var. Kadınlar gelip sorunlarını anlatıyorlar, çeşitli taleplerde bulunuyorlar. İBB Kadın da bu konularda danışmanlık ya da eğitim verecek uzmanları diğer birimlerden temin ediyor.

Örneğin istihdamla alakalı bir danışmanlık hizmeti için İnsan Kaynakları ve Eğitim Dairesi'nin koordinasyonunda faaliyet yürüten Bölge İstihdam Ofisleri kadınlarla görüşme yapıyor. İstanbul Barosu'yla imzalanan bir mutabakat metni doğrultusunda İBB Kadın için avukat geliyor, hukuki yardım sağlanıyor. İBB Sağlık Dairesi'nin İBB Kadın için sabit bir sağlık çalışanı var. Kadın sağlığı, üreme ve hamilelik konusunda bilgilendirme çalışmaları yapılıyor; ücretsiz mamografi çekimleri yapılıyor. Çocuk gelişimini ve ebeveyn-çocuk ilişkisini güçlendirmek amacıyla çalışan İstanbul Bebek kapsamında gebe ve yeni doğum yapmış kadınlara belirli bir süre destek olunuyor. Sosyal Hizmet Şube Müdürlüğü de yeni doğum yapmış kadınlara, bebeğin ilk dört aylık ihtiyaçlarını karşılayan bir "yeni doğan paketi" veriyor.

Türkçe, İngilizce, Arapça ve Kürtçe 7/24 hizmet veren Kadın Destek Hattı'nın bir yerel yönetimde ilk kez hayata geçirildiğini belirten Sinem Gülenç, İBB Kadın'ın en iddialı olduğu iki önemli danışmanlık hizmetinin ise çok yeni olarak başlanan Regl Yoksunluğu ve Danışmanlığı ile Cinsel Şiddetle Mücadele Danışmanlığı olduğunu özellikle vurguluyor. Regl Yoksunluğu konusunu yoksullukla mücadele kapsamında başlatmışlar: "Kadın sağlığının bir parçası olan regl konusunda hemşirelerimiz ya da ebelerimizle bilgilendirme yapıyoruz ve kadın pedi desteği veriyoruz" diyor. Ekonomik krizde kadın pedi kullanımının çok düştüğünü ve kadınların başka çarelere başvurduklarını belirten sosyal hizmet görevlileri bu durumu sağlık açısından sakıncalı buluyorlar.

İBB Kadın için Cinsel Şiddetle Mücadele Danışmanlığının ise daha uzun bir hikâyesi var. Aslında aylar öncesinde ilk yapılmak istenen Sağlık Bakanlığı ruhsatlı ve merkezi idare ile koordineli çalışan bir Cinsel Şiddet Kriz Merkezi kurmaktı. Bu merkez İBB'nin seçim vaatleri arasındaydı. İBB Kadın bu konuda Cinsel Şiddetle Mücadele Derneği, Türkiye Aile Planlaması Vakfı, Birleşmiş Milletler Nüfus Fonu (UNFPA) gibi birçok dernek ve kurumla bir araya gelmiş ve bir yönerge hazırlamış, böyle vakalar geldiğinde nasıl çalışacaklarına dair bir hayli kafa yormuştu. Ancak Cinsel Şiddet Kriz Merkezi bürokratik engellere takılarak gerçekleşemedi.

Bunun üzerine İBB Kadın yine aynı sivil toplum kuruluşlarıyla birlikte bu merkezi Cinsel Şiddetle Mücadele Danışmanlığına çevirdi. Gülenç bu danışmanlığın da yerel yönetimler için bir ilk olduğunu belirtiyor.

İBB Kadın'ın kadına yönelik şiddet konusunda da etkili çalışmaları var. İmamoğlu'nun vaatleri arasında bulunan ve kampanya süresince sıklıkla tekrarladığı kadın sığınma evleri Kadın Dayanışma Evi olarak hayata geçirildi. İBB çatısı altında, 40 kadın kapasiteli bir Kadın Dayanışma Evi hizmet veriyor. 33 kadın kapasiteli bir diğerinin yapımına devam ediliyor. İBB Kadın Danışma Birimi üzerinden kabulleri yapılan Kadın Dayanışma Evi faaliyetleri 6284'e ve bütün yönetmeliklere uygun bir planlama yürütüyor.

Kuralları da kadınların güçlenmeleri ve sığınma evinden çıktıklarında kendi hayatlarını kurabilmeleri dikkate alınarak belirlenmiş.

İBB, altına imza attığı Yerel Eşitlik Eylem Planı'nda da yer aldığı üzere yeni bir uygulama olarak İstanbul genelinde, yalnızca İBB'nin sığınma evinden değil, İstanbul'daki bütün kadın sığınma evlerinden ayrılan kadınlara, altı ay süreyle bir ilk adım desteği olarak (Eylül 2023 rakamıyla) 10.000 TL nakdi yardımda bulunuyor. Öte yandan şiddet gören kadınların konumlarını tespit etme konusunda emniyetle ve diğer kurumlarla işbirliği imkânlarını da zorluyor; aradıkları anda kadınların konumlarına ulaşabilmek için hukuksal girişimlerde bulunuyor.

Bu evlerin dışında "İstasyon Sığınak" olarak tanımladıkları yerler ise, şiddete maruz bırakılan kadının İBB ile temas ettiği anda, belli bir süre, belki birkaç gün kalabileceği alanlar. Bu süre zarfında kendisine nasıl bir destek verileceği konusunda planlama yapılıyor. Bir de Geçiş Evi var, onun da özelliği şu: Sığınma evinden ayrılan ve eve çıkan kadın bazen geri dönmek zorunda kalıyor. Yaşadıkları bir örnekte ev sahibi, sığınma evinden çıktığını öğrenince kadını evden çıkarmış. İBB Kadın da bu süreci daha sağlıklı nasıl yönetebileceğini araştırmış ve yurtdışı modelleri incelemiş. Geçiş Evi işte bu ara dönemde kadının kaldığı ev oluyor. İBB Kadın'ın yaptığı en etkili işlerden biri de otogarda açılan Kadın Danışma Birimi. Çünkü şiddet gören kadın bir yerden kaçıyor ve güvenli bir muhatap bulması şart. Bu yüzden otogarı da boş bırakmıyorlar.

Peki bu süreçler ne ölçüde katılımcılıkla ilerlemiş, bir de ona bakalım:

TKDF Başkanı Canan Güllü şöyle anlatıyor:

> Daha göreve geldiklerinin ikinci ayında toplantıya çağrıldık ve "Yerel Eşitlik Eylem Planı için neler yapabiliriz" diye sordular. Çünkü TKDF halihazırda 60 belediyeyle çalışıyor ve bu konuda ilk iş Yerel Eşitlik Eylem Planlarının yapılması. Bununla beraber komisyonlar kurulması, kreşler açılması, Avrupa Yerel Eşitlik Şartı'nın imzalanması gibi işler var. Tüm bunların olduğu

eylem planına katıldık. Eylem planı hakkında düzenli bilgilendirme yapılıyor, işin tamamlanma sürecini de, eksik kalanları da bildiriyor. Bu önemli.

Bu süre zarfında metrobüslerin, metroların görsel imkânlarının kadın kuruluşlarına kullandırılması, aynı şekilde billboardların tahsisinin de çok önemli olduğu vurgulanıyor. Özellikle bu sayede İstanbul Sözleşmesi konusunda bilgilendirme oranı yüzde 80'e ulaşmış.

İBB Kadın, İstanbul'un çeşitli mahallelerinde haftada bir kahve sohbetleri yapıyor. Sinem Gülenç en son yaptıkları Sultanbeyli toplantısında çıkan projeyi şöyle anlattı:

> Kadın arkadaşlardan biri "biz burada kitap günleri olsun istiyoruz" dedi. Kendisinin de çevrimiçi okuma kulübü varmış. Biz de şunu önerdik: Kendilerine her ay bir kitap vereceğiz, okuyacaklar, sonra o kitabın yazarıyla buluşturacağız. Bütün ilçelerde yapacağız bunu.

"İstanbullu kadınlar ne için geliyorlar İBB Kadın merkezlerine?" diye soruyorum Gülenç'e." En başta sosyalleşmek ve çeşitli etkinliklerden yararlanmak için" diyor. Örneğin merkezin mutfağında yemek pişirmek ya da atölye yapmak, evleri küçük olanlar için gün yapmak ya da doğum günü kutlamak amaçlı olabiliyormuş. Kimi dikiş makinesi, kimi bilgisayar kullanmak için geliyormuş. İBB Kadın bu tür kullanımları destekliyor ama esas amaç bu yolla kadını diğer hizmetlere, yani hukuki desteğe, psikolojik danışmanlığa, sağlık danışmanlığına yaklaştırmak. Günde yaklaşık 2500 kadının yararlandığı İBB Kadın merkezlerinde 400'ün üzerinde eğitim ve danışmanlık modülü bulunuyor. Bir de İBB Kadın otobüsü var, İBB Kadın kapsamında verilen tüm hizmetleri uzmanlarla birlikte merkezde olmayan mahallelere giderek kadınlara ulaştırıyor. Sosyal Hizmetler Dairesi Başkanı Enif Yavuz Dipşar tüm bu yapılanları "sosyal iyilik halini artırma" olarak tanımlıyor.

Tüm bu çalışmalar yapılırken İBB'nin önem verdiği konulardan biri de eğitici eğitimleri olmuş. Birçok kurumla çalışan İBB'nin bu konuda destek aldığı kurumlardan biri de Kadının İnsan Hakları Derneği. Pandemi koşulları nedeniyle KİHEP uygulanamasa da, online eğitimler verilmiş. Zelal Ayman bu dönemi şöyle anlatıyor:

> Kadın hareketinden gelen ve İBB'nin çeşitli birimlerinde çalışmaya başlamış kadın arkadaşlarımızın desteği ve bizim çabamızla pandemi döneminde online dijital seminer içerikleri hazırladık. Bunları belediyede, başta müdür yardımcıları olmak üzere bazı personele uygulamaya başladık. 250 müdür yardımcısı bu programı aldı. Yani eğitim süreci çok iyi gitti.

İBB'den 14 kişiyi 2022'de eğitici eğitimine dahil ettiklerini belirten KİHEP sorumlusu Duygu Dokuz'un İBB yöneticilerine iletmek istediği bir konu var:

> Bu arkadaşlar eşitlikçi, hak temelli içerikler oluşturdular. Her biri birer KİHEP eğiticisi olan bu personelin bu alanda istihdam edilmeleri, başka işlerde atıl bırakılmamaları, grup ve seminer çalışmaları yapmaları, yeni KİHEP grupları açmaları gerekiyor. Çünkü gerçekten hak temelli çok değerli bir eğitim alıyorlar.

Duygu Dokuz çok önem verdikleri bir diğer eğitimi de şöyle anlatıyor:

> KİHEP eğiticilerimiz gruplar açtılar; mesela, 153 Çözüm Merkezi'nin kadın personeline KİHEP eğitimi verdik. Hakikaten çok dönüştürücü, dünyaya bakış açısını değiştiren bir program oldu. Bunu personelle yapmak birimi çok değiştirdi. Kadın personelin arasındaki dayanışmayı çok güçlendirdi, kadın müdürlüğüne bakışlarını çok güçlendirdi. Aynı şekilde kentsel dönüşüm müdürlüğündeki kadın personelle de KİHEP yapıldı. Kentsel dönüşümle ilgili bilgilendirme çalışması yapmaya gittiklerinde bakış açıları çok değişti.

Duygu Dokuz bu eğitimlerin izleme ve değerlendirme çalışmalarının yapılmasını ve sonuçların kendileriyle paylaşılmasını istiyor. İBB'nin yaptığı değerlendirmenin yalnızca rakamla sınırlı kalmayıp içeriksel yapılmasının önemine işaret ediyor.

İyileştirilmesi gereken konular arasında İBB'nin farklı birimlerindeki yaklaşım farklılıklarının azaltılması ve zamanla ortadan kaldırılması var. Bunun en belirgin örneği olarak yüzyüze seminerler gerçekleştirdikleri İSADEM'leri gösteriyorlar. İBB Kadın ve Aile Hizmetleri Müdürlüğü bünyesinde geçmiş dönemden kalan İSADEM (İstanbul Aile Danışmanlık ve Eğitim Merkezleri) personelinin kadınlara, eski yönetimin bakış açısıyla yaklaştığını gözlemlemişler. En önemlisi de saat 5'te kapanan ve hafta sonu açık olmayan İSADEM'lerin bu koşullarıyla kadınlara ulaşmasının güçlüğüne işaret ediyorlar. Bu nedenle hem hak temelli çalışan hem de akşam geç saatlere kadar ve hafta sonları açık olan İBB Kadın merkezlerinin hayata geçirilmesinin önemli olduğunu belirtiyorlar.

İBB'nin çeşitli birimleri arasındaki yaklaşımlar konusunda şu görüşleri paylaşıyorlar: "Bir yerde hak temelli bir eğitim programı yapılırken, bir başka yerde 'lütfen karınıza tokat atmayın' tarzı yaklaşımlar oluyor. Bu tutarsızlıkların da ortadan kaldırılması gerekiyor."

Aynı uyumun ilçe belediyelerinde de sağlanması konusunda İBB'den inisiyatif almasını bekliyorlar. Kadın birimlerinin farklı müdürlüklere bağlı olması, kimisinin sosyal yardım kimisinin sosyal hizmet anlayışıyla çalışması gibi dağınıklıkların ortadan kaldırılması gerektiğini belirtiyorlar. Geçtiğimiz yıl yapılan ilçe belediyelerinin kadın birimleri toplantısının bu uyumu sağlama anlamında çok önemli bir toplantı olduğuna tanık olmuşlar.

Peki başka neler yapmak gerekiyor?

Zelal Ayman istihdam alanlarının çeşitlenmesi gerektiğini belirtiyor. Vatman, itfaiyeci ya da çıpacı kadınların olmasını çok önemsemekle birlikte bu iş yelpazesini hem toplumsal ihtiyaçlara hem de kadın yoksulluğunun giderilmesine yönelik çeşitlendirmenin önemini vurguluyor: "Yaşlı bakımı, çocuk bakımı, marangozluk, su tesisatçılığı, elektrik tesisatçılığı gibi alanlarda iş garantili kurs vermek iyi olabilir."

Canan Güllü ise "Artık yardımcı değil, İBB Genel Sekreteri kadın olsun, başkan yardımcılıkları eşit oranda kadın olsun, meclis üyeleri arasında kadın sayısı artsın" diyor. Bir de şiddetin demografik dağılımı konusunda bir çalışma istiyor. Yani Eyüp'teki şiddet ile Kadıköy'deki şiddetin nedenlerinin analiz edilmesi gerekiyor. "Demografik şiddet atlası çıkarılırsa önleyici bir politika geliştirilebilir" diye ilave ediyor.

Toplumsal ilerleme ve tarihsel değişimler, kadının özgürleşmesiyle doğru orantılı olarak gerçekleşir, kadının özgürlüğünün kısıtlanması sonucunda da toplumsal gerileme meydana gelir.

Charles Fourier

Çocuğun Kent Hakkı

Türkiye'nin taraf olduğu Çocuk Haklarına Dair Sözleşme, çocuğun insan haklarının yanı sıra ekonomik, sosyal ve kültürel haklarını da garanti altına alıyor. Çocuğun, eğitim, ulaşım, sağlık, spor, kültür, sanat, oyun, eğlence gibi haklara kolaylıkla ulaşabilmesi için de yerel yönetimlere önemli görevler düşüyor. Tüm bu haklar kentlerde yaşayan çocuklar açısından "Çocuğun kent hakkı" üst başlığı altında yerini buluyor.

Çocuğun kent hakkı konusunda yapılan çalışmalar ve araştırmalar, çocuğun gelişimine, güvenliğine, yaratıcılığına ve çocuğu etkileyecek daha pek çok konuya göre değerlendirilip, çocuğu kendine özgü ihtiyaçlarıyla ayrı bir yere koyuyor. "Çocuk coğrafyaları" üzerine çalışan Doç. Dr. Ahmet Uysal, çocukların yetişkinlerden farklı bir şekilde mekânı kullanışlarını, dünyanın farklı yerlerinden örneklerle anlatıyor. Bu araştırmada çocukların kamusal alanı nasıl kullandıklarını yansıtan bir olgu olarak çok çeşitli veriler var:

> Çocuklar sevdikleri mekânları kendilerine göre isimlendiriyor. Kamusal alanlarda çocukların kendi gizli yerlerini inşa ettikleri de gözlemleniyor. Süslü göletlerden duvarlara kadar gündelik coğrafi görünüme ait yerlerin çocuklar ve gençler tarafından kaykay mekânlarına dönüştürülmesi çocukların mekânı nasıl kullandıklarına dair bir diğer örnek. Kendi oyun yerlerini oluşturan çocuklar eğer engellenirlerse bu durumdan hiç hoşnut olmuyorlar. Bu tür bulgular çocuklar için tasarlanan kamusal mekânlar ile çocukların daha esnek ve açık alanları seç-

mesi arasında bir uyuşmazlığın altını çiziyor. Bu nedenle oyun mekânlarının inşa sürecine çocukların da dahil edilmesi gerekiyor.[14]

Çocuk ve şehir

Çocuklar bir nevi gösterge türdür. Çocuklar için başarılı bir şehir kurabilirsek, tüm insanlar için de başarılı bir şehre sahip oluruz.
Enrique Peñalosa

Karar vericiler "çocuk dostu şehir" ifadesini sıklıkla kullanırlar. Acaba çocuklar "çocuk dostu" kavramından ne anlıyor? İstanbul'da yaşayan çocukların "çocuk dostu şehir" anlayışı hakkında araştırmacı Yücel Can Severcan'ın, 2015 yılında İstanbul'un altı mahallesinde 9-11 yaş arası 240 kadar çocukla yaptığı araştırmanın bulgularında bakın neler var:

Çocukların yaşadıkları yeri çocuk dostu görmelerindeki en büyük etkenler o yerde arkadaşlarının, akrabalarının ve iyi komşuların olması; çocuklara karşı hoşgörülü ve çevreye saygılı insanların varlığı. Çevreye çöp atan, tüküren, parktaki bankları, oyun aletlerini kıran ve kavgacı veya ağzı bozuk insanların çevrede yaşaması ise mahalleyi çocuk dostu olmaktan çıkarıyor. En fazla dile getirilen sorunlar arkadaş yetersizliği, çevre sakinlerinin çocukların sokakta oynamalarına izin vermemesi, kız çocuklarının sokakta oynamalarına ailelerinin izin vermemesi.

Çevrede hırsız, kapkaççı ve alkol veya tiner gibi madde bağımlılarının olması güvensizlik yaratıyor. Yine sahipsiz köpeklerin ve sokaklardan geçen hızlı arabaların yarattığı korku, haraç isteyen, çocuklara sokakta şiddet uygulayan grupların olması, dışarıdan gelen silah sesleri ve çocuk kaçırma olayları o yerin çocuk dostu olmamasının diğer nedenleri.

Kentsel ve çevresel sorunlar açısından ise yaşanılan mahallenin kirli olması ve kokması, park ve mesire alanı gibi dinlenme ve oyun alanlarının eksikliği, gürültü seviyesinin yüksekliği, oyun

14. Ahmet Uysal, "Çocuk Coğrafyaları ve Çocukların Gündelik Mekânları", *İdealkent*, 2015, cilt 6, sayı 17, s. 46-61.

parklarının küçüklüğü, oyun araçlarının azlığı, inşaat alanlarının yarattığı çevresel kirlilik, sokakların yokuşlu ve bozuk oluşu yine çocuk düşmanı çevre tanımına giriyor.

Çocukların top oynamak, bisiklete binmek, gezmek, piknik yapmak ve balık tutmak gibi çeşitli etkinliklerde bulunmaları ve çevrenin bu tür etkinliklere olanak tanıması kuşkusuz ki çocukların yaşadıkları yere bağlanmalarında önemli rol oynuyor. Yeşil, ağaçlık ve çiçekli alanların kısıtlı olması ve mahalledeki zaten yetersiz olan yeşil alanlara başka mahalleden insanların gelmesiyle çevrenin aşırı kalabalıklaşmasından şikâyet ediliyor.[15]

Bugün hangi siyasetçinin vaatlerini inceleseniz, çocukların bu şikâyetlerine dair referanslar bulursunuz. Aslında çocuk olmayı hepsi biliyor ama seçim sonrası hemen büyüyüveriyorlar. Peki, İmamoğlu İstanbul ve çocuklar arasında nasıl bir ilişki kuruyor?

Çocuk ve Başkan

Bu kenti çocuklara geri vereceğiz.
Ekrem İmamoğlu, 28 Şubat 2019

Ekrem İmamoğlu'nun, bu kitabın ilk fikrini oluşturan "mutlu şehir" tasvirinde, aslında bir çocuğun gözünden tarif edilmiş bir hayal vardı. Adaylık sürecindeki vaatlerinde de çocuklar çok fazla yer almıştı. İmamoğlu, İBB kreşlerini tanıtırken şöyle diyordu:

> En heyecan duyduğum işlerden birisi. Beni açıkçası, ilgilendirmiyor Kanal (İstanbul) vesaire. "Bu şehirde 1 milyon 200 bin çocuk var" dediğimizde titrememiz lazım. Bütün yöneticilerimin, Ankara'nın, İstanbul'un, partilerin, herkesin titremesi lazım "Benim o çocuklara ne yapmam lazım" diye. Yapmazsak, yarınlarda çok büyük sıkıntılar yaşarız. Ben titriyorum, o heyecanı hissediyorum. Ben çocuklarımız için daha iyi bir geleceğin mümkün olduğunu biliyorum. Bu gelecek, parklar, trafiksiz sokaklar, oyun merkezleri, sağlıklı bir çevre ve gıda, eşit ve nitelikli eğitim olanaklarına öncelik vermeye bağlı. Çocuklar sokakta kalmaya-

15. Yücel Can Severcan, "Çocukların Gözünden Çocuk Dostu Yer Kavramı ve Yaşanılan Çevrelerin Değerlendirilmesi: İstanbul Örneği", *İdealkent*, 2015, cilt 6, sayı 17, s. 140-181.

cak, sadece oyun oynamak için sokağa çıkacaklar. Biz, ancak çocuklarımıza yatırım yaparsak, onlara eşit fırsatlar sağlayabilirsek mutlu bir geleceği kurabiliriz.

İmamoğlu'nun kurduğu cümlelerde, her zamanki sihirli sözcüğü vardı elbet: "Mutlu bir gelecek."

Şehrin mutluluğuyla ilgili o ilk konuşmasını hatırlatıp "O gün Saraçhane'de vadettiğiniz mutlu İstanbul'a ne kadar yaklaştınız?" diye sorduğumda bana kendi mutluluk endeksinin çocuklar olduğunu söylüyor:

> Çocuklar çok önemli bir veri. Çünkü önyargısızlar. Beklenti kavramı henüz oluşmamış, hissettiğini "pat" diye söyleyen çocuklar müthiş bir turnusol kâğıdı. Ne varsa size gösteriyor. Evin içinde, aile ortamında. Bu da benim için çok sağlam bir veri oluşturuyor. Peki çocuklarla sıklıkla diyaloğum var mı? Hiç o fırsatı kaçırmıyorum. Yani bir sokağın kıyısında tek başına bir çocuk da görsem, 3-4 yaşından 16-17 yaşına kadar hiç fark etmez, oradaki birçok yetişkinden önce gidip onun elini sıkıyorum ve konuşuyorum. "Çocuktan al haberi" misali, aslında sağlam veriler alıyorum, sağlam kaynak oluşturuyorum. Hatta çok önemli proje verilerini bile oradan yakalayabiliyorum.
>
> Hep söylerim, çocukların etkisi çok önemli diye. O yüzden de hep diyorum ki "çocuklarınızın oyunu alacağım." Onların oylarının geçerliliğe sahip olduğunu bilen bir yöneticiyim. Bu bağlamda çocukların şöyle bir verisi de var: Bazı şeylerin iyi gittiğinin farkındalar. Beklentilerini veya isteklerini net ifade edebilecekleri bir kişiyle muhatap olduklarını biliyorlar. Bu açıklığı hissediyor olmaları bence çok önemli bir veri.

Şehrin çocukları

İstanbul Barosu Çocuk Hakları Merkezi Koordinatörü Avukat Gülderen Zerrin Kavak Yıldırım'a bir yerel yönetimin çocuklarla ilgili sorumluluklarını ve yapması gerekenleri sorduğumda küçük çocuktan ergenlik çağına değin geniş bir sorumluluk listesi sıraladı. Yıldırım'ın belirttiği bazı başlıkların üzerinden geçelim:

- İBB içerisinde çocuk haklarıyla ilgili stratejik planların yapılması,
- Bu planların sağlıklı işleyişi için çocuk hakları konusunda düzenli eğitim ve bilinçlendirme çalışmalarının yürütülmesi,
- Bu konuda üniversitelerden, uluslararası kuruluşlardan, sivil toplumdan görüş alınması ve bunlarla işbirliği yapılması, (Yıldırım İstanbul Barosu Çocuk Hakları Merkezi olarak İBB'den bu yönde bir işbirliği talebi aldıklarını ve bunu memnuniyetle gerçekleştirmek istediklerini belirtiyor)
- Özellikle çocuk hakları konusunda verilecek düzenli eğitimlerin yerel yönetim içerisinde kurulacak bir çocuk hakları birimiyle eşgüdümlü olması,
- Çocuklarla ilgili kararların hızla alınması için sağlıklı bir koordinasyonun kurulması,
- Bütçede çocuklar için ayrılan payın belirlenmesi, izlenmesi, değerlendirilmesi ve görünür kılınması,

Var olan çocuk meclislerinin etkin hale getirilmesi, bunun için çocuk meclisi genel kurul toplantılarının televizyondan yayınlanabilmesi gerekiyor. Yıldırım ayrıca şunu da ekliyor:

> Çocuğun birey olarak görülüp kendisini ilgilendiren konularda söz sahibi olması daha çok öne çıkarılması gerekir. BM Çocuk Hakları Sözleşmesi'nin en önemli maddelerinden biri çocuğun özne olarak kabul edilip ihtiyaçlarının fark edilmesi, çıkarlarının korunması, görüşlerine önem verilmesi. Bu çalışmalarda çocuklara söz hakkı verilmesi ve katılımlarının sağlanması. Bunlar ihtiyaç olmakla birlikte aynı zamanda bu sözleşmelere göre yükümlülüktür.

Çocuklar konusunda toplumun bilgilendirilmesi de ayrı bir başlık. Belediyenin yayın ortamlarında çocuk haklarıyla ilgili bilgilerin yayınlanması, bu bilgilerin çocukların da anlayacağı şekilde sadeleştirilmesi, ebeveynlere yönelik farklı atölye, seminer, eğitim çalışmalarının planlanması gerekiyor.

Çocukların vakit geçireceği parklarda çocuk sağlığı açısından kanserojen maddelerin kullanılmamasına dikkat edilmesi; parkların çocukların gelişimlerine, becerilerine katkı sağlaması, yani çocuklara sağlıklı ve güvenli bir oyun alanı açılması da çok önemli. Hatta parkların tasarımının oyun oynayan, orada vakit geçiren çocuklarla birlikte planlanması, ihtiyaçlarının gözetilerek bunların düzenlenmesi en doğru yaklaşım olacaktır.

Belediyelerin, çocuklar hakkında veri analizi yapması her çocuğun sağlıklı gelişim durumunu izlemesi, gerekirse ailenin çocuğa bakım kapasitesini desteklemesi ve mahalle bazlı sosyal hizmet faaliyetleri sunması gerekiyor.

Yıldırım en önemli konulardan birinin ise ergen çocuklar için verilecek destek hizmetleri olduğunu belirtiyor. Bu yaştaki çocuklara ve ailelerine yönelik danışmanlık hizmetleriyle çocuğun yaşam becerilerini geliştirici eğitim ve danışmanlık hizmetleri verilmesi, özellikle üniversiteye hazırlık dönemindeki destekler ruhsal gelişim açısından büyük önem taşıyor.

Yıldırım son olarak, özellikle çocukları koruma konusunun yalnızca merkezi idareye bırakılamayacağına, yerelin çocuklara daha kolay ulaşabilme avantajıyla istismar vakalarını daha kolay tespit ve müdahale edebileceğine vurgu yapıyor.

Yerel yönetimlerin yapması gerekenler sıralamasına baktığımızda aslında İBB'nin hemen hemen bütün alanlarda faaliyetlerinin olduğunu görüyoruz.

İBB İstanbul'daki çocuklarla alakalı hangi hizmetleri üretiyorsa hepsinin İBB Çocuk içerisinde bulunabilmesi hedeflenmiş. Kreşlerden, parklardaki oyun alanlarından tutun da çocuk korumaya kadar çok geniş bir yelpazede çocuğa dair her şey İBB Çocuk çatısı altında yer alıyor. Koordinasyonu ise Çocuk Hizmetleri Müdürlüğü yapıyor.

İBB, özellikle çocuk koruma konusunda çok aktif çalışıyor. İBB Çocuk Hizmetleri Müdürü Şenay Gül yurtiçi ve dışında kadın ve çocuk alanındaki çalışmalarıyla zengin bir özgeçmişe sahip. Çocuk koruma alanında diğer yerel yönetimlerden farklılaşan çalışmalarını şöyle anlatıyor:

> Genel olarak yerel yönetimler çocuk ihmal ve istismarı vakalarını herhangi bir mesleki müdahalede bulunmadan, Aile ve Sosyal Hizmetler İl Müdürlüklerine ya da Emniyet Müdürlükleri

Çocuk Şube Birimlerine bildirir. İBB'nin Çocuk Koruma ve Koordinasyon Birimi ise çocuk ihmal ve istismarı alanında çalışmak üzere kurulmuş bir birim. Bildirilen ya da tespit edilen vakalarla ilgili çocuğun yüksek yararı gözetilerek, 5395 sayılı Çocuk Koruma Kanunu çerçevesinde mesleki müdahalelerde bulunuluyor. Korunma altına alınan, koruyucu aile yanına yerleştirilen çocukların sosyal yardımlardan faydalandırılmaları, eğitim desteği, danışmanlık ve sağlık hizmetleri almaları sağlanıyor. İBB Çocuk, çocukların gelişimini olumsuz etkileyebilecek her türlü riski önlemek amacıyla alanında uzman birçok sivil toplum kuruluşuyla işbirliği içerisinde çalışıyor. Sosyal inceleme, vaka takip ve müdahale, izleme ve değerlendirme, gelişimsel danışmanlık, gelişimsel değerlendirme, psikolojik danışmanlık, oyun terapisi, çocuk ve ergen psikoterapisi, yetişkin psikoterapisi, sosyal danışmanlık, hukuksal danışmanlık, eğitim hizmetleri veriliyor.

Haziran 2020'de çalışmalarına başlayan Çocuk Koruma ve Koordinasyon Birimi 2020 yılında 339, 2021 yılında 2509, 2022 yılında 4985 ve 2023 yılında 4099 çocuğa destek olmuş. (Eylül 2023)

İBB sosyal hizmet görevlileri gezdikleri hanelerde çocukları da dikkate alıyorlar. İstismar yaşanıp yaşanmadığına; kız çocuklarının ve erkek çocuklarının okullaşma oranlarına bakıyorlar. Bu incelemelerde okul yaşına gelmiş bir kız çocuğu var ve okula gitmiyor ise o çocuğun okullaştırılması takip ediliyor, danışmanlık ve yönlendirme yapılıyor.

Şehrin kreşleri

İBB Çocuk biriminin çok iddialı olduğu bir diğer alan kreşler. Bu kapsamda bir kreş faaliyetinin İBB için ilk olduğu vurgulanıyor. Ekrem İmamoğlu'nun kampanya döneminde dilinden düşürmediği kreşler de iktidarla arasında polemik konusu olmuştu. 11 Haziran 2019 günü "İstanbul'da hayatı kolaylaştıracak çözümler" sunumunda şöyle diyordu:

> İBB'nin bu topluma hizmet eden bir tane bile kreşi yokken, şimdi herkes kreşlerden bahsediyorsa ne mutlu bana. Çocukların

akranları ile oyun oynayabildiği, kadınların zamanının kendilerine kaldığı bir İstanbul mümkün. Biz bunu başaracağız. Çok acilen çocuk sayısı en yüksek ve en yoksul 150 mahallede 100 çocuk kapasiteli kreşler açacağız. Böylelikle 15 bin kadın evinde, işinde rahat edecek. Açacağımız kreşlerle 3 bin kadına da doğrudan istihdam sağlayacağız. Sonrasında ise İstanbul'da kreşsiz mahalle bırakmayacağız.

Kreş ya da okul öncesi ortamlar, çocukların güvenle sosyalleşebilecekleri alanlar. Bir süre gönüllüsü olarak çalıştığım Kadın Emeğini Değerlendirme Vakfı (KEDV) 1986'dan beri Türkiye'de kadın kooperatifleri örgütlüyor. Bu işin ilk başında yapılan saha çalışmasında, İstanbul'un dar gelirli mahallelerinde kadınların temel ihtiyaçlarından birinin erken çocukluk bakım ve eğitim hizmetleri olduğu tespit edilmişti. Bu hizmet dar gelirli mahallelerde bir hayli sınırlı. Kadınlar da çocuk, yaşlı ve hasta bakımı gibi aile içi sorumlukları nedeniyle sosyal, ekonomik ve kültürel yaşamın dışında kalıyor; çalışma hayatına da katılamıyor. Bu tespitin ardından KEDV örgütlediği kooperatiflere birer de kreş açmanın hem anne hem çocuk açısından hayati öneme sahip olduğunu gördü ve o günden beri de açtığı her kooperatifte bir kreş olmasını kriter olarak koydu.

Vakfın Kurucu Başkanı Şengül Akçar, "Kreşe gitmek her çocuğun hakkıdır. Okul öncesi eğitim zengin-fakir her çocuk için gerekli. Üniversiteler, sivil toplum kuruluşları ve belediyeler el ele verirse, kreş sayısında hızlı bir artış mümkün" diyor.

İBB de bu amaç doğrultusunda tam adıyla Yuvamız İstanbul Çocuk Etkinlik Merkezleri olan bu kurumları Eylül 2020 tarihi itibarıyla hayata geçirmiş. İlk olarak 11 merkez Pendik, Kartal, Sultanbeyli, Sancaktepe, Sultangazi, Küçükçekmece, Avcılar, Esenyurt, Arnavutköy, Silivri ve Beylikdüzü ilçelerinde acil ihtiyaca göre açılmış. Eylül 2023 itibarıyla 29 ilçede toplam 6 bin 162 kapasiteli 66 Çocuk Etkinlik Merkezi var; sayıları da giderek artıyor. Çocuk kabulü konusunda da, sosyal incelemeler sonucu ücretsiz, yarı ücretli ve ücretli çocuk kaydı yapılmaya karar verilmiş. Eğitim içeriği de Boğaziçi Üniversitesi ve AÇEV ile birlikte hazırlanmış.

Şenay Gül, 3-6 yaş aralığındaki çocuklara bu merkezlerde "pedagojik gelişim süreçlerine özen gösteren, yüksek nitelik ve kalitede erken dönem çocukluk eğitimi" amaçladıklarını söylüyor. Kalite ve nitelikten ne kastettiklerini sorduğumda şu kriterleri sıralıyor: "Çocuğun doğayla kurduğu ilişkiye önem veriyoruz. Sınıflar, bahçeyle doğrudan ilişki içerisinde. Merkezlerimizin yapımında doğal iklimlendirmeye, doğal malzeme ve bileşenlere önem veriyoruz."

Anne ve babalar için de okul ve oyun grubu hazırlıkları var. Yani çocuk varsa anne ve baba da oyuna ve okula gidecek, başka yolu yok.

AÇEV (Anne Çocuk Eğitim Vakfı) okul öncesi eğitim ve bu eğitime ebeveynleri de katan çok köklü bir kurum. İBB'nin de Çocuk Etkinlik Merkezleri konusunda birlikte çalıştığı bir sivil toplum kuruluşu. AÇEV Genel Müdürü Senem Başyurt konulara hep çocuk odaklı baktıklarını kaydederek şöyle dedi:

> Bir yerel yönetimin görevini anne ve babaların çocuklarını yetiştirirken kendilerini destekleyecek bir çevreyi bulabilmelerini sağlamak ve hayatlarını kolaylaştırmak olarak görüyoruz. İBB açısından baktığımda, İBB'nin de bu konuyu dert edinmiş

olduğunu söyleyebilirim. Erken yaşlar hayatın en kıymetli yılları, beyin gelişiminin yüzde 90'ının tamamlandığı, yetişkinlikteki bütün alışkanlıklarının yüzde 70'inin oturduğu bir dönem. Bu dönemi kaçırmamak, iyi kullanmak lazım. Bu yüzden de ebeveynleri her noktada desteklemek lazım. Bunu da herkes dert edinsin istiyoruz. Bu konuda İBB'nin konuya yaklaşımının doğru noktadan olduğunu düşünüyorum.

Ekrem İmamoğlu, kampanya döneminde sıklıkla kreşleri gündeme getirmesinin ardından İBB Başkanı olarak çalışmaya başladığında bu alanda en etkin kurum olan AÇEV ile işbirliği yapmak istemiş. Böylece İBB Çocuk Etkinlik Merkezlerinin tasarım ve içeriğinin oluşturulma süreçlerine AÇEV dahil olmuş.

Senem Başyurt yapılan çalışmayı şöyle anlatıyor:

> İBB'nin altına girmiş olduğu proje gerçekten de ideale yakın bir yerden yürüyor. Hem bizle hem Boğaziçi Üniversitesi'nin akademisyenleriyle çalıştılar. Gerek bu kreşlerin iç donanımı olsun, gerek yerleşimi olsun, gerek içinde uygulanacak program olsun hepsi titiz bir uygulamayla yürütülüyor. Yani İBB Çocuk Etkinlik Merkezlerindeki kalitenin Türkiye'de birçok standardın bir hayli üstünde olduğunu görüyorum. Tabii ki her zaman geliştirilecek alanlar vardır. Ama şunu belirteyim; şu sayıya ulaşalım da içeriği nasıl olursa olsun denmiş değil.

Senem Başyurt öğretmen kalitesinin de çok önemli olduğunu ifade ederek bu konuda da AÇEV'in eğitici eğitimleri yoluyla katkıda bulunduğunu söylüyor. Çocuk Etkinlik Merkezlerinin çok başarılı bulunduğunu ifade eden Şenay Gül "Özel kreşler dahi 'çok göz önünde, çok nitelikli hizmet sunuyorsunuz' diyorlar" dedi.

İBB Çocuk'un bir de Çocuk Tırı var. Hizmetin kapsayıcı olması için İstanbul'da Çocuk Etkinlik Merkezi olmayan yerlere, örneğin Şile'nin, Beykoz'un, Pendik'in köylerine gidiliyor ve aynı hizmetler sağlanıyor.

Senem Başyurt Çocuk Etkinlik Merkezlerinin sayıları konusunda da şunları ilave ediyor:

Hangi sayıda açarsanız açın ihtiyaç hâlâ çok fazla. Beş yaşındaki çocuklar milli eğitim sistemine dahil olduğu için o yaşta okullaşma oranı yüksek, ama önceki yaşlarda çok düşük. Dört yaşta yüzde 35-50 aralığında bir yerlerde seyrediyor. Daha küçük sınıflarda daha az. Ama tabii bölgeler arası eşitsizlik daha fazla. İstanbul'un bazı yerlerinde hiç sorun yokken bazı yerlerinde erişim sorunlu. Bir de bu yaşlarda daha uzaklara gidebilmek zor. O yüzden çocuğun yaşadığı yerde, mahallesinde böyle bir merkezin olması gerekiyor. O nedenle mahalle bazında çözümler bulmak çok önemli. İBB kreşleri standartları ve temeli güzel oturtulmuş bir proje, bunun çok daha fazla sayıda devam edebilmesi çok daha güzel olur.

Çocuk Etkinlik Merkezlerinde "Tersine Kaynaştırma Uygulaması" bulunuyor. Örneğin işitme kaybı olan çocukların işitme kaybı olmayan çocuklarla aynı ortamda hizmet alabilmeleri gibi. Bu konuda İBB Engelli Hizmetleri Müdürlüğü ile ortaklaşa bir çalışma yapılıyor.

Uzun yıllardır otizm konulu derneklerde çalışan, bu konuda sözüne başvurulan isimlerden biri olan Avukat Sedef Erken'e otizmli çocuklar yönünden görüşünü sorduğumda, "otizmlilerin eğitimi için ayrı kreşler açmak" gibi eğilimlere işaret ederek "İBB'nin de okul öncesi eğitim kurumlarına otizmli bireylerin kabulünde bazen bu tür görüşlere tanıklık etmiş olduğunu belirtti ve "Otizmli tüm bireylerin bütünleştirici ve kapsayıcı sistemler içinde bağımsız yaşam sürebilmeleri asıl hedef olmalı. BM Engelli Hakları Sözleşmesi'nde hedeflenen yaklaşım budur" dedi.

Sedef Erken'in işaret ettiği konuyu sorduğum İBB Çocuk Hizmetleri Şube Müdürlüğü ise şu bilgiyi veriyor:

Merkezlere başvuruda bulunan otizmli çocuklar için de her çocuk için yürütülen değerlendirme süreci yürütülüyor; çocuğun yüksek yararı düşünülerek öncelikle meslek elemanları tarafından hane incelemesi yapılıyor; çocuğun iyilik hali esas alındığında merkezlerin yapısı ve eğitim içeriğinin çocuğun gelişimini destekler nitelikte olduğu kanaatine varılırsa çocuğun merkeze kabulü sağlanıyor; uygun olmadığı düşünülürse aileye çocuğu yönlendirebilecekleri alanlara ilişkin bilgi veriliyor.

Öte yandan Avukat Sedef Erken İBB'nin kendi Otizm Eylem Planı'nı oluşturarak uygulamaya koyması gerektiğini ve bunu beklediklerini belirtiyor.

Çocukların yalnızca kreşlerde değil şehrin sokaklarında, parklarında ve hatta vapurlarında, iskelelerinde güvenle oynayacakları bir şehir hayali ne güzel. Bakın bu alanda neler oluyor:

Şehirle oynamak

> Dijital oyunlar, çizgi filmler arttıkça çocuklar ve yetişkinler de kendilerini bu dijital dünyanın içinde bulmaya başladılar, gerçek oyunlar ve bu oyunların oynandığı karşılaşma alanları da azaldı. Oysa çocuk, çocuktan öğrenir. Hatta yapan, oynayan çocuktan öğrenir.

Bu sözler "Gel Oyna" kurucusu Şule Şenol'a ait. Şenol'un çocuk oyun ve oyuncakları üzerine araştırma, çalışma ve uygulama tecrübesi var. "Öğretenle öğrenenin iç içe olduğu, çok defa doğaçlama bir şekilde yer değiştirdiği bir alan" olarak tanımladığı ve T-İstasyonu adını verdiği bir oyun tasarımı da var. İçerisinde kadınların ve çocukların olacağı ortak karşılaşma alanlarının önemine dikkat çeken Şenol, bu konuda İstanbul Şehir Hatları ile bir oyun alanı çalışması yaptıklarını anlattı. Aslında Şehir Hatları Genel Müdürü Sinem Dedetaş, "Gel Oyna"yı çok daha önceden keşfetmiş, Şenol'un bazı oyun etkinliklerine katılıp o da oynamış. Böylece bu oyun alanları Şehir Hatları vapurlarına taşınmış. Şenol, vapur yolcuları için de bunun yapılabileceği önerisini getirdiğinde, Sinem Dedetaş projeye çok sıcak bakmış. Dedetaş ile görüşmeye gittiğimde şunları anlattı:

> Daha önce Şehir Hatları vapurları içinde bir çocuk oyun alanı düşünülmemişti. Vatandaşı denize alıştırmak çocuklukta başlayan bir şey ama çocuğun denizle ilişkisini "gel bak, vapur sefası" diye kuramıyoruz. Çocuğun ilgisi manzarada olmuyor. Do-

layısıyla çocukla deniz arasında bir oyun alanı vasıtasıyla ilişki kurabilirim diye düşünüyordum. Tabii aklıma alışılagelmiş oyun alanları değil, hemen Şule Şenol geldi. Nereler olması gerektiğini gösterdi. İzole bir alan olmamalı, ebeveynler de katılabilmeliydi oyuna. Çok küçük bir dokunuştu ama etkisi yüksek oldu.

Böylece Şehir Hatları vapurlarına "Gel Oyna" alanları kurulmuş. "Peki ailelerin ilgisini çekiyor mu?" diye soruyorum. "Evet büyüklerin de oynadığını gördüm. Ben binince ben de oynuyorum" diye yanıtlıyor gülerek.

Şule Şenol aslında yalnızca vapurların içindeki alanın değil, iskelelerin de oyun alanına çevrilebileceğini, farklı kesimlerin, çocukların, kadınların bu ortak alanlarda karşılaşarak o bekleme zamanında birlikte oyun üretebileceklerini söylüyor:

> Kamusal alan yeterince kullanılmıyor, atıl kalıyor. Oysa standart uygulamalarda yetişkinler oyunun mimarı oluyorlar. Biz iskelelere de bu oyunları kuralım istedik. Çünkü insanlar orada vapur bekliyor. Ortak karşılaşma alanlarımız yok, bu bekleme de iyi bir fırsat. Çıkalım oynayalım iskelede, gelen geliyor, zaten bizim oyunlarımız öyle...

"Birbirini tanımayan ne kadar insan bir arada oynayabilir ki?" diye soruyorum Şenol'a. "Bin kişiyi aynı anda oynatırım" diyor büyük bir özgüvenle. Sinem Dedetaş da iskelelerin bu konuda bir türlü aktive edilemediğini ama bu hayalinin devam ettiğini şu sözlerle ifade ediyor:

> İskele bağlantılı bir oyun kurmak benim de çok istediğim bir şey. İskelelerin içinde olduğu bir hazine avı mesela. Bir yerde bir yolculuk bir bulmacayla başlıyor. Onu çözerek bir harf kazanıyor diyelim, o harfi alıyor, sonra bir gün başka bir iskelede başka bir harf daha kazanıyor. Anlık oyunlardan ziyade biraz gezmeyi ve ulaşımı da teşvik edecek bir oyun; bu oyunda çocuklar da aileler de olmalı.

Bunları dinlerken dedim ki içimden, "Başka bir dünya mümkün."

Şehrin oyun parkları

İBB Çocuk da oyun parklarını tasarlarken bu tür hassasiyetlere dikkat ediyor. Örneğin HOP Seyyar Oyun Parkları, küçük çocukların algılarını geliştirecek, keşif duygularını tetikleyecek unsurlar taşıyan oyun alanları olarak hizmete girmiş. Çocukların oyununu desteklemek için basit ve hafif malzemeler etkinlik alanına bırakılıyor. Küçük çocuklar kendi istekleri doğrultusunda bu malzemelerle denemeler yapıyorlar.

Bir parkta kaydıraktan kayan çocuğun statik elektrikle dikleşmiş saçlarının görüntüsünün sosyal medyada paylaşılması üzerine Ekrem İmamoğlu'nun da plastik oyun gruplarıyla ilgili talimat verdiği haber olmuştu. Bir sohbetimizde bunu da hatırlatarak ne yapıldığını soruyorum:

> Bütün çocuk oyun alanlarında sentetik olmayan, asla çocukların sağlığına zarar vermeyen mekanizmalar ve ürünler kullanmaya net karar verdik. Yeni yaptığımız tüm parklarda çocuk oyun grupları ve buna benzer dokunabilecekleri ne varsa buna uygun yapıyoruz. Ahşap ürünler, metal veya benzeri birtakım tescilli, onaylı ürünler kullanıyoruz. Eskileri de bölüm bölüm dönüştürüyoruz. Bir adım ileri de giderek mekanik çocuk oyun parklarının yanı sıra yaratıcı, zihinlerini geliştirerek çocukları eğlendiren farklı tasarımlarla ilgili adımları attık.

Aslında oyun çocuk tarafından yaratılan bir şey, buna imkân sağlamak gerek. Çocukluğumuzun oyunları öyleydi. İmamoğlu çocukluğunda oynadığı ve hâlâ zihninde olan bazı oyunların, kendi yöresinde unutulmaya başlandığını görerek üzüntü duyduğunu söylüyor veekliyor: "*Anadolu'da Çocuk Oyunları* kitabını alıp karıştırmış, o oynadığım oyunlar var mı diye aramıştım. Mesela çelik çomak oyununun on türlüsünü, yirmi türlüsünü anlatabilirim."

Çelik çomak benim de bir dönem en favori oyunumdu. Orta ikinci sınıfı Sarıkamış'ta okudum. Bütün tatillerim çelik çomak oynamakla geçti. Çok da iyi oynardım. Kullanacağınız çomak tasarımından tutun da vuracağınız düzenek, sarf edeceğiniz dikkat, enerji çok önemlidir. Çok güzel oyundur. Neyse günümüze dönelim, İmamoğlu şöyle devam ediyor:

> Çok yaratıcı oyunlar, çok neşeli oyunlar çocukluğumdan hafızamda var. Bir de yaratıcı işlerimiz vardı. Kendi arabamızı yapmak gibi. Tahta arabası diye bir arabamız vardı. Bilyeli değil ama ahşaptan tekeri olan bir model. Bunu Sunay Akın'a anlattım "ondan bir tane yapsana, ben oyuncak müzesine koyayım" dedi. Dayımla iki tane yaptık, birini Sunay Akın'ın müzesine verdik. Benim bir tane mekanik arabam oldu. O da yanılmıyorsam yedi sekiz yaşlarındaydım. Babam Kıbrıs'a gitmişti. Dönüşte bana pilli bir araba getirmişti. Onu da Sunay Akın'a hediye ettim.

Birbirine yakın yaşların çok ortak hatıraları oluyor. Benim de babamın 1970'lerde Kıbrıs'tan getirdiği oyuncaklar hâlâ duruyor. Ama ben vazgeçip kimseye veremiyorum bir türlü. Umarım İstanbul çocukların bolca anı biriktirecekleri, sokaklarında, parklarında, oyun alanlarında neşeli çığlıklar atabilecekleri bir kente dönüşür ama bunun için çocuğun şehre katılımını sağlamak gerek en başta.

Çocuğun şehre katılımı

Mimarisinden etkinlik programlarına kadar tüm alanlarda, İstanbul'un çocukları ezen ve tahrip eden yönlerini düzelteceğiz ve bu kent, 'çocuk ölçekli kent' kimliği kazanarak dönüşecek.

Ekrem İmamoğlu, 11 Haziran 2019

İstanbul Kent Konseyi, Türkiye'nin ilk Çocuk Kent Meclisi projesini de hayata geçirdi. 6601 çocuğun katılımıyla gerçekleştirilen bu meclisin deneyimleri ve çıktıları raporlandı. Çok ilginç veriler sunan sonuçlara İstanbul Kent Konseyi'nin internet sayfasından ulaşılabilir.

Bu üç aşamalı projede eğitimci bir grupla işbirliği yapılmış. İstanbul Kent Konseyi Başkanı Tülin Hadi "Çocuklar konseye gelemiyor, konsey çocuklara gitsin istedik" diyor. Bu yolla çocuklar belirlenen ortamlarda kendi yereldeki konularını ve tabii İstanbul genelindeki gözlemlerini iletmişler. Tülin Hadi izlenimlerini şöyle aktarıyor:

Bu toplantılardan 127 çocukla bir Çocuk Danışma Kurulu oluşturuldu. Onlar da belediyedeki meclis üyeleriyle gruplar halinde bir araya geldiler. Gözlemlerini ve değerlendirmelerini aktardılar. Bunu da raporladık. Çocuklar katılımı çok ciddiye alarak öğreniyorlar. Bir de adalet duyguları çok yüksek. Mesela bir tanesi geldi, şunu söyledi: "Şimdi ben buraya geldim. Annem beni buraya getirdi. Ya başka bir çocuğun annesi getiremiyorsa ne olacak o zaman, eksik kalacak." Gelemeyen çocuklara araba gönderdiğimizi söyleyince "Şimdi çok rahat ettim" dedi. Sonra başka bir tanesine toplantılar hakkında ne düşündüğünü sorduk, "Ben çok memnunum, çocuğuz diye insan değil değiliz ya" dedi. Çok hevesle geliyorlar, 2-3 saat orada oturuyorlar, hiç dikkatleri dağılmıyor, toplantıdan hiç kopmuyorlar. Ben oraya gelen çocukların hepsinin ailesi tarafından, öğretmenleri tarafından çok önemsendiğine eminim ama hepsi şunu söyledi: "Ben hayatımda hiç bu kadar önemli bir iş yapmadım."

27 Aralık 2023, *Cumhuriyet* gazetesi

İBB Çocuk da çocuk katılımı çalışmalarına 2023 yaz ayında park forumları yaparak başlamış. Bu forumlar çocukların kente katılım hakkını gözeterek, kendilerine ve yaşadıkları şehre ilişkin ne söylediklerine dair bir veri sağlıyor. Çocuklara "İstanbul sizce ne renk?" ya da "İstanbul'un kokusu sizce nedir?" gibi sorular da yöneltilmiş. Yanıtlar forumun yapıldığı yere, çocuğun yaşadığı bölgeye göre değişiyormuş. İstanbul'un rengine mavi diyen de varmış, gri diyen de siyah diyen de. "Sizce İstanbul'un simgesi nedir?" diye sorulduğunda da çok değişik yanıtlar alınmış. Bunlar rapor olarak yayınlanacak; ancak birkaç not paylaşalım:

Kentle alakalı olarak nelerden şikâyet ettikleri sorulduğunda, çocuklar en çok kaldırımda gezen motosikletlerden şikâyetçi olup, bundan dolayı kendilerini çok tedirgin hissettiklerini, motosikletlerin kaldırımdaki kedileri öldürdüğünü söylemişler. Çocuk oyun alanlarıyla ilgili olarak da ebeveynlerin banklarda oturup kendilerini izlemesinden şikâyetçiler. Bankların yönünün doğru olmadığını düşünüyorlar. Alınan tüm cevaplar, çocukların ihtiyaç duyduğu hizmetlerin geliştirilmesi için hizmet üretenlere yol haritası oluşturuyor. Bu nedenle yapılan buluşmalarda tüm çocukların söz hakkı almasına özen gösteriliyor. İstanbul Kent Konseyi'ndeki Çocuk Konseyi çalışmasına da katılan Sosyal Hizmetler Dairesi Başkanı Enif Yavuz Dipşar, konseyden de örnek aldıklarını söylüyor:

> Çocukların her alanda fikri var. Binaların boyuyla ilgili de var, imar planlarıyla ilgili de var. Biz çocuğu sadece parkla, oyunla bağdaştırıyoruz ama çocuk kent planlamasından tutun da zabıtanın simitçiye davranışına kadar size bir şey söylüyor, çünkü onu aslında fark etmiş çocuk. Çok iyi bir gözlemci. Bir de çocuğa gidip "Senin burayla alakalı fikrin ne?" denmesi onun özgüvenini çok artırıyor.

Kim bilir belki çocuklara daha çok danışıldığında, gencinden yaşlısına kadar herkesin binbir güçlükle arşınladığı sokaklar, yüksek binaların gökyüzünü kapadığı mahalleler daha "rasyonel" biçimde tasarlanacak. Şimdi uzaktan baktığımız deniz kıyıları yalnız çocuklar için değil, herkes için bir "oyun alanı" olacak.

Çocukların geleceği daima bugündür, yarın çok geç olacaktır.
Gabriela Mistral

Şehrin Engelleri

Ekrem İmamoğlu'nun 28 Şubat 2019 tarihinde verdiği sözün üçüncü muhatabı engelliler olmuştu. Ne demişti tekrar hatırlayalım: "Mecliste ve yönetimde kadınların, çocukların, engellilerin aleyhine bir tek karar dahi alınmayacak."

Daha önce kadın ve çocuk için söylediklerimizi, engelliler ve yaşlılar için tekrarlayabiliriz. Yani bir engelli politikası değil, engelli odaklı politikalar. Hatta konu engelliler olduğunda şehir planlaması, konut, ulaşım politikaları daha yoğun giriyor bu alana.

> Otobüstesiniz, anons çalışmıyor. Yanınızda oturan kişiye "şu durağa geldiğimizde bana söyler misiniz" diye sormak zorunda bırakıldığınızda ya da daha otobüse binmek için beklerken "filanca otobüs geldiğinde bana söyler misiniz" diye sormak zorunda bırakıldığınızda, otomatik olarak ondan sonrasında herhangi bir bağımsız hareketten, engelli haklarından, engelli insanın da çalışma hayatının, sosyal hayatının, sosyal çevresinin pekâlâ var olabileceğinden bahsedemezsiniz, boşuna anlatırsınız. Karşınızdaki adamın zihninde şu kalır: "Yahu adam daha otobüse binemiyor, otobüsten inemiyor ki, vah vah, yazık Allah yardımcısı olsun." İşte bu tarz şeylerle muhatap oluyoruz. Dolayısıyla engelli birisi bu çok basit ihmaller yüzünden bağımsızlaşamadığı zaman, bu durum ona bir bumerang gibi dönüp, bu sefer onun hayatındaki tüm alanlara bakışını etkiliyor. Bu yüzden çok önemli bir şeydir bağımsız hareket engelli açısından.

Bu haklı isyanın sahibi İstanbul Barosu Engelli Hakları Merkezi Sözcüsü Hüseyin Varol. Kendisi görme engelli bir avukat. Bir kamusal özel gün etkinliği olarak Sakatlar Haftası ya da Dünya Engelliler Günü vesilesiyle insanların kısa bir süre engelli gibi davranmaları, kısa mesafe tekerlekli sandalyeyle hareket etmeye çalışmaları ya da gözlerini bağlamaları gibi davranışları şiddetle eleştiriyor.

Hüseyin Varol'un görüşlerine Şehirde Yaşam başlığı altında yer vereceğim, kimi zaman ulaşımda, kimi zaman konutta. Çünkü dediğim gibi engelli hakları, engelli hizmetleri başlığı altına sıkıştırılacak bir konu değil.

Şehrin engellileri

Engelli bireylerin mutlu olmadığı bir toplumda,
herkesin mutluluğu eksiktir, yarımdır.
Ekrem İmamoğlu, 20 Mayıs 2023

İBB Engelli Hizmetleri Müdürlüğü bir engelli vatandaşın ya da ailesinden birinin sabah kalktığı andan gece yatana kadar duyduğu ihtiyaçları karşılamaya çalışıyor.

Bu hizmetlerden en kapsamlısı eğitim ve rehabilitasyon. Farklı yaş gruplarındaki çocuklara, İBB tarihinde ilk olduğu belirtilen "uzman kadrolarla" erken çocukluk ve ilköğretim hizmeti veriliyor. Özel Gereksinimi Olan Bireyler Eğitim Merkezi kısaca ÖZGEM adı altında faaliyet gösteren ve engelli bir çocuk için akla gelebilecek bütün eğitim, terapi, bakım vb. her türlü hizmeti sağlayan yedi merkez var. 13 merkez de yetişkinler için eğitim hizmeti veriyor. Yetişkin eğitimleri KPSS'ye hazırlıktan işaret dili eğitimlerine kadar çeşitleniyor.

İBB Engelli Hizmetleri Şube Müdür Yardımcısı Emine Merihli yetişkin eğitimlerinin daha çok istihdam çalışmalarıyla eşleştirildiğini anlattı. Engelli istihdamı konusu İBB'nin çok önem verdiği bir alan. Şöyle bir koordinasyonla çalışıyorlar: Engelli Hizmetleri kapsamında verilen eğitimler, engelli istihdam edecek olan kuruluşların talepleri doğrultusunda çeşitlendiriliyor. Geniş bir şirket veri tabanları var. Yasal olarak zaten şirketlerin belli bir oranda engelli vatandaş istihdam etmesi gerekiyor. Bu kurumlara ulaşarak bir engelli birey için nasıl bir eğitim verirlerse istihdam imkânı olabileceğini soruyorlar. Örneğin firma diksiyonu düzgün birini tercih ediyorsa o iş için kurs açılarak diksiyon dersi imkânı sağlanıyor. Bu kişilerin başvuru, mülakat, işe giriş ve daha sonraki takip işleri de yapılıyor. Engelli vatandaşın yanında ya da canlı bağlantı yoluyla işaret dili hizmeti vererek onu yalnız bırakmıyorlar. Kamu kurumlarında işlerini görmek için giden işitme engelli vatandaşlara da canlı bağlantılı işaret dili çeviri hizmeti veriyorlar.

İstanbul'da engelli istihdamını artırabilmek için geliştirilen bu "yeni istihdam modeli" ile 2021'de 241, 2022'de 343, 2023 Eylül ayı itibarıyla 234 engelli vatandaşı işe yerleştirebilmişler. Engelli istihdamının organizasyonun çok incelikli bir alan olduğunu vurgulayan Emine Merihli bunu şöyle izah ediyor:

> Örneğin İBB bünyesinde çok iyi çalışan merkezler, istihdam ofisleri var. Önce engelli birey istihdamını da takip etmek istediler. Ama o kadar özel bir alan ki bu, gelip ne yapmaları gerektiğini gördükten sonra işi tamamen engelli hizmetlerine bırakmanın daha doğru olduğunu gördüler. Engellilerle çalıştıkça telefonda bizimle konuşan ya da bize e-posta gönderen engellinin, o belirtmese de hangi engelinin olduğunu anlayabiliyoruz, kendilerini ifade etmeleri ya da yazma dilleri farklılık gösteriyor.

Tüm bunlar iyi de aklıma takılan bir şey var. "Engelli konularında çalışan biri olarak şehri planlayan, inşa eden, dönüştürenlere dönük bir bilgilendirme çalışmanız oluyor mu?" diye soruyorum:

> Erişilebilirlik çalıştayları yapıyoruz, anlatıyoruz. Tabii işi üreten ne kadar öğrense de pratikte bizim gözlerimizle bakamayabiliyor. Örneğin rampayı yapıyor, bitişine bir de koltuk koyuyor ama o koltuğun manevraya engel olacağını düşünemiyor.

Hüseyin Varol bana kentle mücadelesini anlatırken Merihli'nin bu sözlerini hatırlıyorum. İstanbul'u engelsiz hale getirmek için, ulaşımdan kentsel dönüşüme tüm birimlerle ortak hak temelli bir çalışma gerekiyor. Varol durumu şöyle izah ediyor:

> Engellilik konusunda birkaç model vardır: Tıbbi model, sosyal model, hak temelli model. Bugün dünyada revaçta olanı hak temelli model, yani insan hakları üzerinden bunu temellendiren bir model. Biz engellilik konusunda iki ana sorundan bahsederiz. Biri erişilebilirliktir, diğeri ayrımcılıktır. Belediye açısından erişilebilirlik meselesi son derece önemli. Ayrımcılık meselesi daha makro düzeyde ele alınması gereken bir konu.

Dönelim yeniden İBB Engelli Hizmetleri Birimi'ne.

Engelli vatandaşı güçlendirici çalışmalar yapılırken aileyi de içine katmak gerekiyor. Engelli bireyin bakımını üstlenen aile bireyinin kendine zaman ayırabilmesi için Kısa Mola hizmetleri var. Birkaç saatlik süre zarfında aile, engelli yakınını güvenle bırakıp işleriyle ilgilenebiliyor.

Şile ve Florya'da bulunan özel tasarlanmış iki tatil kampı da ailelere rahat bir tatil ve dinlenme imkânı sağlıyor. Emine Merihli "Bu kamplarda aileler çok rahat ediyor. Engelli ailesi her ne kadar istediği yere gidebilecek maddi güce sahip de olsa, her yerde tatil yapmayabiliyor. Ne yazık ki çevredeki insanların engelli bireylerle yaşama farkındalığı yoksa bu çok zor oluyor. Bu yüzden zengin, yoksul, orta sınıf hepsi bir arada, ama birbirlerine yakın aileler bunlar" diyor.

Çünkü herkes birbirinin duygu dilini biliyor. Bu çok önemli. Toplumda bunu aşmak için neler yaptıklarını soruyorum. "Engelli arkadaşlarımız okullarda farkındalık eğitimi veriyorlar" diye cevaplıyor. İlk anda çocuklar şaşırıyor, "Görme engelli biri nasıl psikolog ya da sosyolog oluyor?" diye merak ediyorlarmış. Ayrıca İBB birimlerine de farkındalık eğitimi veriyorlar. Emine Merihli "Birlikte yaşama kültürünü geliştirmediğiniz sürece yaptığınız çalışmalar boşa gidebiliyor. Bu yüzden ilk çocukluktan itibaren öğrenmek önemli. Çocuk merkezlerindeki tersine kaynaştırmalar biraz da bunun için işte" diyor ve şu örneği veriyor:

> Bu birimde çalışmaya başladığım andan itibaren kızımın da bu ortamlarda bulunmasını özellikle istedim. Eskiden engelli birini gördüğünde pek çok soru soran kızım artık herkesin farkında. Bir gün sinemaya gittik beraber. Engelli bir çocuk vardı, yüksek sesler çıkarıyordu. Bazı izleyiciler, ailenin çocuğu dışarı çıkarmasını istedi. İlk olarak kızım itiraz etti, dedi ki, "Bizimle izleyecek, çıkaramazsınız." Çocuk farkındalığı en önemlisi.

Engellilerin yaşadıkları yerleri gösteren bir uygulama yangın, sel vb. afet durumları için hazır edilmiş. Bir olay olduğunda oradaki engelli kim, engeli nedir, onun bilgisi kurtarma ekibine veriliyor, böyle bir durumda anında gidilerek engelliye ilkyardım da yapılıyor.

Son olarak 2024'te yeni bir çalışmanız var mı, diye soruyorum. İBB Engelli Hizmetleri Birimi'nin uzun zamandır üzerinde çalıştığı, her detayıyla hazır olan Az Görenler Projesi'ni hayata geçirmek olduğunu söylüyor. Bağcılar Adaptasyon Merkezi'nin tamamlanıp açılmasıyla başlanacak bu "az görme engeli" konusunda yapılacak çalışmanın yalnızca İBB için değil tüm yerel yönetimler için de ilk olduğunu belirtiyor. Türkiye'de yalnızca Ankara Üniversitesi bünyesinde bulunan Az Görme Rehabilitasyon Merkezi'nden sonra İBB'nin Bağcılar'daki merkezi ikinci olacak.

Baktığınız her şey bir peri masalına dönüşebilir
ve dokunduğunuz her şeyden bir hikâye edinebilirsiniz.
Hans Christian Andersen

Engelliler konusuna aslında şehrin yaşlılarını da ilave etmek gerekiyor. Zira ihtiyaçları ve sunulan hizmetler ortaklaşıyor. İBB'de yaşlı vatandaşlarla Sağlık Dairesi Başkanlığı ilgileniyor. Ancak kısaca şehirdeki yaş almış bireylere hizmet veren İstanbul Darülaceze Şube Müdürlüğü'nün çalışmalarından da söz etmek gerekiyor:

Darülaceze'de ihtiyaç sahibi yaşlı bireylerin, barınma, beslenme, giyim, sağlık, eğitim gibi sosyal ve ekonomik ihtiyaçları karşılanıyor. Fiziksel ve psikolojik durumlarına göre gruplanan yaş almış bireyler kendilerine en uygun yaşam sitelerinde hizmet alıyorlar. Darülaceze pandemi sürecinde alınan önlemlerle dünya standartlarının üzerinde bir başarı elde ederek, yaş almış bireyleri Covid-19 salgınının etkilerinden korumuş ve 12 Ekim 2020'ye kadar yakalanan "sıfır vaka" başarısı makalelere konu olmuş. 2022 yılında ISO 9001:2015 Kalite Yönetim Sistemi Belgesi almaya hak kazanan İBB İstanbul Darülaceze Şube Müdürlüğü, Türkiye Sağlıklı Kentler Birliği tarafından düzenlenen, "Sağlıklı Şehirler En İyi Uygulama Yarışması"nda "Sağlıklı Yaş Al" projesi ile Sağlıklı Yaşam kategorisinde en iyi uygulama ödülünü almaya hak kazanmış.

İstanbul Darülaceze Şube Müdürlüğü'nün bir de, "Ağacımla Yaş Alıyorum Projesi" var. Yaş almış sakinler adına bulundukları ortama, 1400 m^2 alanda teraslama çalışması yapılarak meyve ağacı dikilmiş. Ayrıca bu alan tekerlekli sandalye kullanan sakinlerin de rahatça kullanabilecekleri şekilde düzenlenmiş. Bu proje Darülaceze sakinlerinin ağaçların bakım ve gelişim süreçlerine katılımlarını ve sahiplenmelerini sağlarken, kendilerinin yaşam motivasyon ve aktivitelerini de artırıyor.

Yapımı süren Dr. Mustafa Kemal Gavuzoğlu ve Bedriye Gavuzoğlu Vakfı Yaşlı Bakım ve Rehabilitasyon Merkezi ise Karadeniz kıyısındaki Ağaçlı Mahallesi'nde toplam 111 kişilik, son derece modern bir yaşlı bakım ve rehabilitasyon merkezi olarak 2024 Mart sonunda hizmete girecek.

Buraya kadar Ekrem İmamoğlu'nun işaret ettiği üç kırılgan grup hakkında İBB'nin çalışmalarını anlattım. Elbette ülkede çok daha farklı kırılgan grup var ve şehirde hayata tutunmaya çalışıyorlar. Bu gruplar Sosyal Hizmetler Dairesi'nin sosyal incelemelerine denk düştüklerinde İBB hizmetlerine de ulaşabiliyorlar. Gençler var örneğin. Onların da yaşamın içinde çok farklı sorunları var. Ancak gençlerle ilgili İBB hizmetleri daha çok eğitime ve istihdama dair. Bu nedenle "Şehirde Yaşam" bölümüne bıraktım.

İmamoğlu'nun üç kırılganına ben de en zorlu üç kırılganı ilave ederek devam ediyorum.

Şehrin Gökkuşağı

Boysan Yakar anısına saygıyla, 1984-2015

2011 yılı mayıs ayında İstanbul İkinci Bölge milletvekili adayı olarak seçim çalışmaları yapıyordum. O günlerde İstiklal Caddesi'nde stant açan LGBTİ+ Aileleri ve Yakınları Derneği LİSTAG "Bizimle, bizim çocuklarımızın sorunlarıyla ilgilenin" diye derneklerine çağırmışlardı. Birçoğuyla o gün tanıştım. "Çocuklarımız rahat bir nefes alabilsin, yalnızca bunu istiyoruz" diyorlardı aileler. TBMM'de bulunduğum dönemde LGBTİ+ bireylerin ve ailelerinin hak mücadeleleri de Meclis çalışmalarımın bir parçası olmuştu. Çocuklar hayata tutunmanın bir yolunu bulurken ailelerle bağımı koparmamaya çalıştım. Çünkü bende çok özel yeri olan anneler, babalar, ablalar, büyükanneler vardı.

Beni daha sonraları bu davada onlara yoldaş yapan, Yönetmen Can Candan imzalı *Benim Çocuğum* belgeseli olmuştu. Filmin Ankara'daki gösterimine bütün siyasi parti temsilcilerini çağırmışlardı. AKP'den gelen tek vekil dönemin Trabzon Milletvekili Safiye Seymenoğlu olmuştu. Muhtemelen o da belgeseli sarsıcı bulmuştu. Zaten kim olsa sarsılırdı. Hiç olmazsa ailelerle bir empati kurulabilmesi için belgeselin TBMM çatısı altında gösterilmesi talebimizi, dönemin Meclis Başkanı Cemil Çiçek farklı bahanelerle reddetti. Zaten kimsenin gerçeklerle yüzleşecek cesareti yoktu TBMM'de.

AKP iktidarının giderek bu hak alanını bir suç konusuymuşçasına hedef göstermeye başladığı yıllarda bir gün Boysan'ı trafik kazasında kaybettik.

Tüm kırılgan gruplar için eşitlik mücadelesi veren Boysan, Şişli Belediyesi'nde Eşitlik Birimi'nin kurulmasına öncülük etmişti. Açılışını göremedi. Ama Eşitlik Birimi onun mücadelesini yaşatıyor.

Bugün yerel yönetimler LGBTİ+ bireylerin hakları konusunda giderek iktidar ve çevresi tarafından ablukaya alındıkları için eskisi kadar aktif değiller. LGBTİ+ bireylerin Kent Konseylerinde var olmaları oldukça güç. Eskiden komisyonları olurdu, artık bir koltuğu tutabilmenin mücadelesi içindeler. LGBTİ+ bireylerin yerel yönetimlerle olan ilişkisi yalnızca katılım anlamında değil, yerel yönetim hizmetlerinden yararlanma anlamında da sıkıntılı. Zaten pek çoğu açık kimlikleriyle görünür değil. Sosyal hizmetlerin radarı içerisine girip bazı desteklere ulaşıp hayatlarını kolaylaştırabiliyorlarsa ne âlâ... Ama elimizde bununla ilgili bir rakam yok. Çünkü zaten veri sorunu olan ülkede bu görünmez alanda veri biriktirmek imkânsız.

Yine de LGBTİ+ bireylerin yerel yönetimlerle ilişkilerinin rehberine Sevgili Boysan'ın kuruluşunda emeği geçtiği Eşitlik Birimi kaynaklarından ulaşabiliyoruz. Şimdi bakalım bir LGBTİ+ birey yerel yönetimlerden üç temel başlıkta nasıl hizmet almalıdır?

Katılım: Belediye Meclisi, Kent Konseyi gibi kente dair karar alma mekanizmalarına LGBTİ+'ların katılımının sağlanması belediye politika ve hizmetlerinin kapsayıcılığını artırır. Aynı zamanda LGBTİ+'ların ihtiyaçlarını görmezden gelen ve yaşamlarını olumsuz etkileyen kararların çıkmasına engel olunur.

Kapsayıcı Hizmetler: LGBTİ+'ların sosyal yardımlara, şiddet sonrası destek mekanizmalarına, sağlık hizmetlerine ayrımcılığa maruz kalmadan erişebilmeleri kadar, toplu taşıma araçlarında, park, meydan gibi kamusal alanlarda güven içinde hareket etme, belediyelerin meslek edindirme kurslarında kendi ilgi alanlarına göre dersler alma, kendini ifade edeceği kültür sanat alanlarına sahip olma, yaşlanma süreçlerinde her anlamda desteklenme hakları da vardır. LGBTİ+'lar kentin bir parçası olarak, kente ilişkin tüm mekanizmalardan etkilenir, tüm hizmetlere yönelik talep geliştirirler.

Belediye Kanunu: Hemşeri Hukuku olarak adlandırılan 13. maddede "Herkes ikamet ettiği beldenin hemşerisidir. Hemşerilerin, belediye karar ve hizmetlerine katılma, belediye faaliyetleri hakkında bilgilenme ve belediye idaresinin yardımlarından yararlanma hakları vardır. Yardımların insan onurunu zedelemeyecek koşullarda sunulması zorunludur" deniyor. LGBTİ+ bireylerin hemşerilik hakkını kullanmalarının önündeki engeller kaldırılmalıdır.

Sevgili Boysan Yakar bu mücadelenin en üretken bireylerindendi. Onun mücadelesini annesi Sevgili Sema Yakar sürdürüyor. Boysan'ın yaşadığı ev artık vatandaşlık hakları gasp edilen "gökkuşağı çocukları"nın tüm renklerine yuva oluyor.

Onun tüm yoldaşları ve aileleri asla yalnız yürümeyecekler. Baskılara, nefret söylem ve suçlarına hedef olan LGBTİ+ bireyleri görmeyen ya da başına iş açmamak için görmezden gelen siyasetler geçici, insanlığın hak ve özgürlük mücadelesi kalıcıdır.

Gökkuşağı damlalarını emdiğinizde altı farklı renkte tükürebilirsiniz.
Roald Dahl

Şehre Sığınanlar

Evi bir köpekbalığının ağzında değilse
kimse evini terk etmez.
Şehirdeki herkesin koştuğunu gördüğünde
sen de sınıra doğru koşarsın.
Warsan Shire

Sizce İstanbul'un en önemli sorunu nedir? Bu soru açık uçlu bir soruydu, yani sorulan kişinin önüne seçenekler verilmedi. Yıl 2018'di. İstanbullu vatandaşlar cevaplarını şöyle sıralıyorlardı:

1- Trafik, ulaşım sorunları (yüzde 47,5)
2- Kalabalık (yüzde 14,5)
3- Ekonomi, geçim sıkıntısı, işsizlik (yüzde 11,9)
4- Suriyeliler ve diğer göçmenler (yüzde 7,6)

Raporda[16] "En büyük sorun olarak göçmenleri ve Suriyelileri görenlerin gerekçeleri ikiye ayrılıyordu: Birincisi ekonomikti, yani ülkenin kıt kaynaklarını paylaşmak zorunda olmaları. İkincisi ise mezhepseldi, yani tehdit olarak görmeleriydi.

Dünya megapollerinde yaşamış insanların İstanbul gibi bir megapolde, örneğin metroda farklı milletlerden insanları görmesi, farklı dilleri duyması çok da şaşırtıcı değil. Paris'e öğrenci olarak gittiğimde Fransızcadan çok Portekizce, İspanyolca, Kuzey ve Orta Afrika Fransızcası ya da Vietnam-Kamboçya dillerini duymuş, çok da şaşırmıştım. Farklı milletlerden insanların her sabah metrolardan işyerlerine aktığı bu şehir, göçmenliğin kurallarını koymuş; şehrin bazı bölgelerinde hayatını kurmuş bu yeni Parislilerle yaşamaya alışmıştı. Elbette güvenlik sorunları ve kentsel ya da kimliksel çatışmalar yaşanıyordu, ama bir Parisliyi yolda durdurup Paris'in en önemli sorununu sorsanız muhtemelen aynı yanıtı aynı oranda almazdınız.

Ülkenin sığınmacı, mülteci ve göçmenlerle ilgili politikalarının bütünlüğü yoksa, sorunlar büyüyor. Türkiye'de konunun esas mu-

16. KONDA Aralık 18 Barometresi.

hatabı olan geçici koruma statüsündeki çoğu Suriyeli halk, iktidar ve muhalefetin arasında gergin siyaset malzemesi olduğu müddetçe de içinden çıkılmaz bir hale geliyor. Peki İstanbullunun önemli bir sorun olarak gördüğü bu konu hakkında yerel yöneticilere düşen sorumluluklar neler? İBB bu konuda ne vadetti ve neler yapıyor?

İmamoğlu kampanya döneminde ve seçilmesinin ardından İstanbul'daki Suriyeliler hakkında açıklamalarda bulunmuştu. Öncelikle Suriyeli çocuk ve kadınlara maddi ve manevi destek vereceklerini, Suriyelilerin ülkelerine dönmeleri için yapılacak her türlü çalışmada rol alacaklarını belirtmişti. 11 Haziran 2019 tarihli konuşmasında şöyle diyordu:

"Bu soruna siyasi polemiklerin ötesinde kalıcı ve bütünlüklü çözümler geliştirmeliyiz. Türkiye'nin her yerinden gelip İstanbul'da tutunmaya çalışan vatandaşlarımızla göçmenler arasında gerginlik ve huzursuzluğun arttığını görüyoruz. Mahallelerimizin yaşam biçimlerinin, sokak dokusunun ve huzurunun korunması gerekiyor. Maalesef ki, İstanbul Büyükşehir Belediyesi'nin ne bir sözü ne de kalıcı bir eylemi olmuştur. Göreve gelir gelmez bu konuda İBB bünyesinde 'Mülteciler Birimi' kuracağız." 23 Aralık 2019 günü, başkanlığının altı aylık icraatının sunumunda İBB olarak Göç ve Uyum Eylem Planı hazırlayacaklarını söyledi. Sivil toplumdan, akademiden, ilçe belediyelerinden, göçmen örgütlenmelerinden ve kamu kurumlarından katılımcılarla gerçekleştirilen bir çalıştay sonucunda "2020-2024 Göç ve Uyum Eylem Planı" hazırlandı.

Eylem planında dört temel öncelik var: Kentteki belediye hizmetleri ve ilçe belediyeleri arasında koordinasyonun sağlanması; belediyelerin hizmet kapasitelerinin artırılması; göç alanında nitelikli ve analitik veri akışının sağlanması ve sosyal uyumun desteklenmesi. İBB Sosyal Hizmetler Dairesi Başkanlığı bu plan doğrultusunda belediye birimleri, kamu kurumları, uluslararası kurumlar, sivil toplum ve hükümet-dışı kurumlarla çalışıyor. Bu kapsamda İBB bünyesindeki hizmetlerin kapasiteleri de göçmenleri kapsayacak şekilde dönüştürülüyor. Bunlar arasında mesleki eğitim kursları ve dil kursları, Tercüme Destek Hattı, kadınların farklı sektörlerde kooperatifleşme süreçlerinin desteklenmesi; eğitim, mentorluk ve hibe destekleri sunulması gibi destekler var. 2019-2023 yılları arasında toplam 58 binin üzerinde farklı hizmet sığınmacılarla buluşmuş. Öte yandan ekonomik, kültürel, sanatsal kaynaşma alanları yaratılarak sosyal uyumu geliştirecek faaliyetler düzenleniyor.

İBB Sosyal Hizmetler Dairesi Başkanı Enif Yavuz Dipşar çalışmaları şöyle anlatıyor:

> Bizim sığınmacılarla ilgili çalışmalarımız daha çok uyum konusunda. Zaten daha fazlası yetki alanımızda değil. Bir de daha çok kadınlara ve çocuklara dönük çalışıyoruz. Bu doğrultuda Göç Birimi sahada güncel olarak veri topluyor. Ağırlıklı göç alan yerlerdeki kadınları Psikolojik Danışma Merkezleriyle ya da Mahalle Merkezleri ile bir araya getirerek onlara da istihdam danışmanlığı sağlıyoruz. Mahalle Evlerinde göçmenlerle kaynaştırma atölyeleri düzenliyoruz. Kadınları buluşturup önyargıları yıkmaya gayret ediyoruz. Sığınmacı kadınlara destek için ürünlerini e-ticaret sitelerinde nasıl kullanabileceklerini anlatan eğitimler var. Mesela Türkçe öğrenmek isteyenlere Türkçe öğretiyoruz. Göç Birimimizin en önemli özelliği çok dilli bir birim olması. Göçmen kadınlar da şiddet görüyor, onlara kadın destek hattımız üzerinden danışmanlık yapıyoruz. Bizim göçmen kadınları sığınma evine almama ya da hizmet sunmama gibi bir anlayışımız olamaz. Kabullerini de sağlıyoruz.

Bir de yoksullar var, kentin çeperlerinde dolaşan ve kent hakkından yoksun olan yoksullar...

Şehrin Yoksulluğu

Ne kadar küçük olursa olsun her şehir aslında ikiye bölünmüştür; biri fakirlerin, diğeri zenginlerin şehri; bunlar birbirleriyle savaş halindedir.

Sokrates

Megapoller derin yoksulluğun ve sınırsız zenginliğin göz önünden yitip gittiği, onlar yokmuş gibi yaşanan dev labirentler. Mekânlarda yiyip içen, alışveriş merkezlerinde para harcayan insanları görüp yoksulluk olmadığını varsayabileceğiniz, yalıtılmış bir ortam var. Bu ortam içinde, başkalarının geçtiği köprüyü uzaktan çekirdek çitleyerek izleyen, zenginliği TV dizilerindeki bir kareden ibaret bilen, dünyanın kıskandığı bir ülkede yaşadığını sanarak kanaat edenler var.

Bu ortam içinde iş aramaya gitmek için bile bilet parası bulamayan ve vazgeçerek evinde gözlerden uzakta kalan, çocuğuna yeterli gıda alamadığı için canına kıymaya kalkışan babalar, anneler var. Bir de Derin Yoksulluk Ağı'nın kurucularından Hacer Foggo'nun ifadesiyle "yoksulluğu miras alan çocuklar" var.

AK Parti döneminde kamuoyunun en çok tartıştığı, kimi zaman beğenilere kimi zaman eleştirilere ama her zaman siyasete konu olan sosyal yardımlar, yıllar sonra yönetim değişimi yaşayan İstanbul Büyükşehir Belediyesi performansı için hayati bir konuydu. Zira AK Parti sosyal yardımlar üzerinden bir iktidar kurma başarısını göstermişti. Yoksulluğu azaltmaktan ziyade, yoksulluğu yöneten ve sürdürülebilir kılan bu sosyal yardım şekli, muhalefet tarafından "sadaka", "balık tutmayı öğretme yerine balık verme", "oy devşirme", "kayırma", "ihaleler yoluyla servet transferi" gibi gerekçelerle eleştirilmişti. Ancak tüm bu eleştiriler evine bir koli ücretsiz ve zahmetsiz gıda-ihtiyaç malzemesi giren yoksul vatandaş için hiç önemli değildi.

2011 yılı milletvekili seçim çalışmalarımı sürdürürken Eyüp ilçesinde CHP'nin Aile Sigortası projesini anlatıyorduk. İlçenin yoksul mahalleleriydi. Bir kadın açtı kapıyı. "Biz zaten yardım alıyoruz" dedi. Ben de kendisine, "Tamam onları da alacaksınız, ama her ay bankaya belli bir miktar sizin hesabınıza para yatırılacak, bununla kapınıza gelene mecbur kalmazsınız, marketten ihtiyacınıza göre alabilirsiniz" deyince, "Markete gitmek de iş be kızım, torun var, işler var" demişti. Zaten evden çıkma güçlüğü yaşayan kadın bir de banka girince işin içine, kapısına gelen koliye razı olmuştu.

Toplumdaki bu damarı yakalayan ve bu yaklaşım üzerinden yerel yönetimlerini organize eden AK Parti her seçim kampanyasında, iktidar el değiştirirse ya da muhalefet yerel yönetimleri alırsa bu yardımların kesileceği yönünde propaganda yaptı.

Bunu 2019 seçimleri öncesinde de yaşadık. O nedenle yönetim değişiminden beri herkes gözünü dikmiş, İBB'nin sosyal yardım performansını izliyor. İktidar medyasında sık sık sosyal yardım bütçesinin azaldığı, kesildiği yönünde haberler çıkıyor. Peki işin aslı ne?

Şehirde sosyal yardımlar

Bir yandan benimle konuşurken diğer yandan da İstanbul haritası üzerine işaretli noktaları dikkatle süzen İBB Sosyal Hizmetler Dairesi Başkanı Enif Yavuz Dipşar'a bu soruyu yöneltiyorum. İstanbul'da her gün yaklaşık üç bin haneyi ziyaret eden sosyal hizmet görevlilerinin çalışma planını gösteren haritadan dikkatini bana yönelten Dipşar "Hiç ilgisi yok. Sosyal yardım bütçemiz tam 16 kat arttı. Ben de tam tersine şunu iddia ederim: Sosyal Hizmetler Daire Başkanlığı İBB'nin tek yardım yapan birimi de değil. Ulaşımda yapılan sosyal yardımlar bizim bütçeden gitmiyor mesela. 65 yaş üstünün ücretsiz ulaşımı, anne-bebek ulaşımı bizim bütçeye dahil değil. Onların da bu toplam bütçeden sayılması gerekir. Bizim 2024 bütçemiz 6,5 milyar" diyor.[17]

Dipşar, kadından çocuğa, engelliden derin yoksula, İstanbul'da sosyal yardıma ihtiyaç duyan kim varsa, hangi hanede hangi yardım gerekiyorsa bulup, ihtiyacı tespit ederek raporlayıp, sonra o beyanların gerçek verilerle karşılaştırmasını yaparak doğru hedef kitleye doğru desteği vermeyi hedefleyen bir koordinasyonun başında. Yerel yönetimlerde deneyimli bir yönetici olan Dipşar, bana "Günde üç bin evi ziyaret ediyor bizim arkadaşlar" dediğinde rakamın büyüklüğüne şaşırmıştım. Gözümün önüne bir mahalleye gidip kapı kapı gezerek "Bir ihtiyacınız var mı?" diye soran görevliler geldi. Ama öyle olmuyormuş:

> Bizi arıyor vatandaş, 153 üzerinden olabilir, doğrudan olabilir, herhangi bir yöntemle bize ulaşıyor ve diyor ki "benim sosyoekonomik desteğe ihtiyacım var." İşte biz o vatandaşların

17. İBB'nin önceki yönetiminin 2019 yılı sosyal destek hizmetleri için ayırdığı bütçe 574 milyon 45 bin TL olarak açıklanmıştı.

evine gidiyoruz. Sosyolog, psikolog, sosyal hizmet uzmanı ve psikolojik danışmandan oluşan bir sosyal hizmet ekibimiz var. Evinde vatandaşın gelir durumuna bakıyorlar, eğitim durumuna bakıyorlar. Çocuğun okullaşmasıyla alakalı bir sıkıntı var mı? Ailede engelli var mı, yatağa bağlanmış bir engelli var mı? Gazi var mı, ailenin şehidi var mı, yaşlısı var mı gibi çok detaylı bir gözlem yapılıyor. Görevli arkadaşlar özellikle kadın ve çocuk konusunda eğitilmiş durumda ve bu konulara bütünlüklü bakıyorlar. Örneğin bir evde bir şiddet vakası gördüklerinde Kadın-Aile Birimi'ne aktarıyorlar veya gittikleri evde bir çocuk istismarı gördüklerinde Çocuk Koruma'ya bildiriyorlar. Çocuk Koruma Koordinasyonu, Kadın Destek Hattı, Kadın Danışma Birimi hakkında bilgi ve iletişim numaralarını veriyorlar.

Sonraki aşama görevlilerin ev ziyaretlerinden edindikleri bilgilerin doğruluğunun teyit edilmesi. Bilgilerin teyidinden sonra karar süreci başlıyor.

Dipşar'ın verdiği bilgiye göre, İBB'den sosyoekonomik destek almak için ayda 20 bin başvuru oluyor. Gidilen hanelerin yaklaşık 4'te 3'ünün beyanı doğru çıkıyor. Bazen, örneğin köyünde bir arsa sahibi olduğu için gelir barajına takılanlar olduğunda, Sosyal Yardım Yönetmeliği'ne göre davranılıyor ama yoksul hanelerin lehine olabilecek esneklikten de kaçınılmıyor.

"Peki İBB Sosyal Hizmetler haritasına göre nereye doğru yoksullaşıyor İstanbul?" diye soruyorum Dipşar'a. "İstanbul'un her yeri yoksullaşıyor. Sosyoekonomik olarak daha iyi durumda diye bilinen ilçeler, mahallelerden bile artık telefon aldığımız haneler var. Örneğin Kadıköy'de yaşlı nüfusun artmasıyla beraber, emekli maaşına mahkûm kalan insanlar da bizden yardım istemeye başladılar" diyor.

Peki ya belediyeye ulaşamayanlar ne yapıyor?

Saha ekiplerimiz bize ulaşamayanları tespit ediyor. Çünkü bizim sahada görünürlüğümüz çok fazla. Birinin evine gittiğimizde, karşı komşu da kapıyı açıyor, "Benim de yardıma ihtiyacım, var ne olur bana da gelin" diyor. Muhtarlardan bilgi alıyoruz.

Zabıta personelimizden alıyoruz. Bizim de bir yoksulluk haritamız var. Yoksulluk haritamızdaki bölgelere bizi aramalarına gerek olmadan gidip sahada kendi tespitlerimizi yapabiliyoruz.

Mesela gittiğimiz evde yenidoğan bebek varsa, yenidoğan destek paketi veriyor, yenidoğan danışmanlığı yapıyoruz. İstanbul'da bebek ölümlerinin çok arttığı görülüyor. Bunun büyük bir kısmının besin yetersizliğinden ama çoğunun da eğitimsizlikten olduğunu gördük. Ben bizzat bebeğini kaybeden annelerle görüştüğümde, 0-6 ayda annenin bebeğine tarhana çorbası içirmesinden dolayı kaybettiğine şahit oldum. Çünkü sütü gelmiyor, mama alamıyor, "Aç mı kalsaydı, çok ağlıyordu" diyor. Çorba içirmiş. Yani açlık yüzünden ölen bir bebek gerçeği.

Belediyede daha önceleri bütün çalışmalar hane bazlı yapılıyormuş. Örneğin çadırda yaşayan bir Roman vatandaşa yardım yapılamıyormuş. Dipşar bu bakışı değiştirdiklerini belirterek şunları anlatıyor:

> Biz dedik ki, böyle bir şey olamaz, hane olması gerekmiyor. Sokakta yaşayan da var çünkü. İstanbul tarihinde bir ilk olarak Geçici Barınma Merkezi'ni açtık. Sokakta kalana bir çeşit acil pansuman gibi. Yalnızca 18 yaş altını alamıyoruz, 65 yaş üstünü de geçici alıyoruz ama bakanlığa bildiriyoruz huzurevine yerleştirilmesi için. Memleketine gitmek isteyen varsa yardımcı oluyoruz. İstanbul'da gerek bize başvuran gerekse bizim tespit ettiklerimiz olsun hiç kimseyi sokakta bırakmıyoruz, gerekirse otele yerleştiriyoruz.

2024 itibarıyla Sosyal Hizmetler Dairesi, yangın, sel gibi afet durumlarında anında vatandaşın yanına gidecek bir saha ekibi oluşturdu. Dipşar "Eskiden olay sıcakken bölgeye gidilmezdi, olaydan bir süre sonra, o ilk travma atlatıldıktan sonra gidilir ve nasıl destek olunabileceğine bakılırdı. Ama biz şu an itfaiye ile beraber gidiyoruz. İnsanların zor anlarında yanlarında olup ihtiyaçlarını karşılamaya çalışıyoruz" diyor.

İBB'nin sosyal destekleri arasında geçici barınma desteği, kış aylarında evsizlere yönelik ilaç, tedavi, barınma imkânı karşılamak üzere nakit desteği, farklı dezavantajlı gruplara nakit desteği, İstanbulkart ile düzenli nakit ve gıda destekleri, ihtiyaç durumu tespit edilen hanelere eşya desteği, yenidoğan bebek desteği, yaşlı sanatçılar için destekler, yeni evleneceklere evlilik desteği, hijyenik ped destekleri bulunuyor. Bunlara İBB Sosyal Hizmetler Dairesi'nin web sayfasından ulaşıp talepte bulunabiliyor vatandaşlar.

Dipşar son olarak bu sistemin önemli olan tarafının şeffaflığı ve hesap verebilirliği olduğunu vurguluyor: "Çünkü bazen 'şuna vermediniz, buna verdiniz vs.' gibi ithamlar oluyor. Asla kabul etmiyoruz bu söyleneni. Altına imza atıyoruz. Hem Sayıştay hem mülkiye müfettişleri denetliyor."

Kayırmacılık yok. Adaletsizlik yok.
Yardımlar artırılarak, tanıdığı olana değil, ihtiyacı olana verilecek.
Kimse görmeden, veren el, alan eli bilmeden bu yardımları yapacağız.
Ekrem İmamoğlu, 11 Haziran 2019

Şehrin Hayvanları

...mahallesindeki, sokağındaki kuytu bir köşeyi, gölgelik ya da korunaklı alanı, gariban sokak kedisine, köpeğine çok görmek nasıl bir zihniyetin ürünü ki sürekli bu hayvanlar toplatılmak, kapatılmak, sürgüne gönderilmek isteniyor?

Burak Özgüner, 1987-2019
Anısına Saygıyla

Burak, hayvan hakları mücadelesinde elimiz, kolumuz, aklımızdı.

Çocuk yaşta başladığı sivil eylemlerinin ardından pek çok mücadele grubunun kurulmasına öncülük etti. Türkiye'de hayvan hakları ihlallerinin izlenmesi ve raporlandırılması amacıyla kurulan Hayvan Hakları İzleme Komitesi (HAKİM); tür, ırk, cinsiyet ayırt etmeksizin tüm hak ihlalleriyle mücadele için kurulan Yeryüzüne Özgürlük Derneği ve son olarak da birlikte yönetiminde bulunduğumuz Deneye Hayır Derneği kurucusu oldu.

Hayvanlara yapılan kötülükler, güzel yüreğini yordu. Aramızdan ayrıldı.

Sevgili Annesi Eray Özgüner, mücadelesini bıraktığı yerden devam ettiriyor:

Burak'sız bir hak mücadelesi çok eksik. Bunu annesi olarak sadece ben söylemiyorum. Onu tanıyan, tanımayan herkes söylüyor. Burak'ın mücadelesini örnek aldıklarını söylüyor insanlar. Burak hep aramızda ve çok temiz bir dünyadan yine hak arayanlara ilham oluyor. O, mücadelesine sekiz yaşında başlamıştı. Mahallemizde belediye tarafından zehirlenen hayvanları bahçemize toplayarak yola çıktı. Dönemin Cumhurbaşkanı Ahmet Necdet Sezer'e mektuplar yazarak, şikâyet ederek bölgemizde belediyenin zehirlemelerini durdurdu ancak bu defa da mahalleli ile savaşmaya başladı. Ardından hayvan hakları derneklerini beldemize çağırarak dev bir kısırlaştırma çalışması başlattı. Sekiz yaşında bir çocuk için inanılmaz işler başlattı. Ömrünce hayvanları kötü koşullardan korumak istedi.

Şehir hayvanları

Sokağında kedi, köpek dolaşmayan şehir mi olur!
Mario Levi

Şehir hayvanı ya da kent hayvanı tanımını ilk kez HAYTAP Başkanı Ahmet Kemal Şenpolat'tan duymuştum. Gözümün önüne bir zamanlar Elmadağ'da yaya geçidinde sık sık rastladığım, trafik lambalarının ışıklarını tanıyan köpek gelmişti. Sosyal medyada rastladığımız, acil servise gelen ya da yavrusunu getiren yaralı ya da hasta kedi veya her gün kasaptan aynı saatte kemiğini almaya gelen köpek, "sokak hayvanı" deyip geçilen bu canların birer şehirli olduğunu gösteriyor. Elbette saldırgan olanlar da var, tıpkı insanlar gibi.

Şehir ve Hayvan isimli kolektif kitapta[18] şehirdeki hayvanlar şöyle tarif ediliyor: "Hayvanların şehirdeki mevcudiyeti geçmişte kalmış ya da kırsal alana özgü bir gerçeklik değildir. Evlerimizde, bahçelerimizde, hudut bölgelerinde, çatılarda, parklarda, pencere önlerinde, şehrin gökyüzünde, metruk binalarda, sokaklarda, demiryollarında, kanalizasyon sistemlerinde ve yeraltı dehlizlerinde hayatlarını sürdürürler. Onlarla birlikte yaşadığımız gerçeği sadece bir farkındalık meselesidir. Onlar, proletarya kadar kente özgü, bürokratlar kadar şehirlidirler."13 Mart 2019 tarihli CNN Türk röportajında sokak hayvanlarıyla ilgili bir soruya şöyle yanıt vermişti Ekrem İmamoğlu:

> Biz doğal yaşamı yok edip sokak hayvanlarını yuvalarından ettik, yurtlarından ettik. Yani koca bir kent, yapılaşma, onları doğal ortamlarından uzaklaştırdı. Dolayısıyla ne yapmalıyız; doğal ortamları olmayan bu hayvanlara aslında kentin bir canlısı olarak saygı göstermeliyiz.

Başkanlığı döneminde bir mutluluk mesajı da şehrin hayvanları için geliyordu:

> Yönetici olmak, bir şehrin vicdanı olmak, bir şehirde sevgiyi ve oradaki insanların birbirleriyle iyi ilişki kurmalarını sağlama-

18. *Şehir ve Hayvan*, Der. Ayten Alkan, İstanbul: Patika Kitap, 2020.

nın en önemli unsuru. Tümüyle saygı duyulan bir ortam, bir ekosistem kurmak. Burada da konu, tek başına bir insan üzerinden yol yürümek değil. Tümüyle bu sevgiyi ve özeni, o şehrin bütün katmanlarında kurabilmek. O süreci şehrin bütün canlılarıyla tanımlamak da sürecin başlangıcı. Zira iyi insan olmak da öyle bir şey değil mi? İyi insan olmak da aslında yaşadığınız ortama, doğaya, canlılara, herkese, insana dair yüreğinizde beslediğiniz sevgi, saygı ve özenle ilişkilidir.

Şehir hayvanı deyince akla ilk gelen kedi ve köpekler oluyor. Hayvan hakları savunucularının yoğun gayretiyle ve yeni bir nesil sayesinde aslında kedilerimiz ve köpeklerimiz, eski yıllara nazaran daha çok korunup kollanıyor. Ancak yine de şehir yaşamının her türlü şiddetinden onlar da paylarını alıyor. Kadına, çocuğa ve daha pek çok kırılgan gruba olduğu kadar hayvanlara da şiddet var. İlgili yasada bunu önlemeye dönük düzenlemeler yapılsa da önüne geçilemiyor.

Şehir hayvanlarının beslenmeleri, bakımları, kısırlaştırılmaları, sahiplendirilmeleri ve tehlikeli olanların sokaklardan alınarak barınaklarda tutulmaları işi yerel yönetimlere düşüyor. Aslında kediler bir anlamda daha görünmez olabiliyor. Şehrin duyarlı insanlarının oturduğu sokaklarda ev önlerinde, dükkân önlerinde beslenmeleri sağlanabiliyor. Kısırlaştırma konusunda çok iyi çalışan ilçe belediyeleri de var. Sahiplendirme konusu ise biraz vatandaş dayanışmasına kuvvet gidiyor. Ama esas sorun köpeklerle ilgili oluyor.

Özellikle son dönemde kentteki köpek sürülerinin saldırısında hayatını kaybeden insanlar bu çok tartışılan konuyu tekrar gündeme taşıdı. Bu konuda ne yapılması gerektiği yönünde görüşünü sorduğum İBB Veteriner Hizmetleri Şube Müdürü Dr. Fevzi Karaağaç tek çözüm olarak etkin ve sağlıklı bir kısırlaştırmayı işaret ediyor. Doktorasını hayvan psikolojisi ve refahı konusunda yapmış olan Karaağaç şu açıklamayı yapıyor:

> Biz İBB'de hayvan refahını önceledik. Bunun da hem hayvan sağlığı hem insan sağlığı yönünden en etkili yöntemi sağlıklı ve

devamlı kısırlaştırma. 2021'de göreve geldiğimde ciddi bir popülasyon kontrolüne başladık. Ancak bunu yalnızca bizim yapmamız yetmez, tüm ilçe belediyelerinde yapılması gerek. Hatta bunun çözümü merkezi bir bakış açısının tüm yerel yönetimlere yansıtılmasıyla olur.

Ne zaman bu tür konular gündem olsa valilikte uzun uzun toplantılar yapılır. Kısırlaştırmanın şart olduğu konuşulur ama sonra unutulur. Bu konuda tepeden başlayan bir zincirleme çözüm gerekiyor. Öncelikle bu konuyu çözme konusunda kararlılık sahibi olmak gerek. Bakanlık içerisinde bir Veteriner Hizmetleri Genel Müdürlüğü'nün kurularak bu işin sorumluluğunu üstlenmesi gerek. İkinci olarak büyükşehirlerde artık veteriner hizmetlerinin müdürlük seviyesinin bir üzerinde, daire başkanlığı seviyesinde örgütlenmesi lazım. Üçüncü olarak ve en önemlisi ilçe belediyelerinde ise veteriner müdürlüklerinin kurulmasının zorunlu hale getirilmesi lazım.

"Nasıl yani, zorunlu değil mi?" diye soruyorum. İsteğe bağlıymış. Oysa yasanın değiştirilmiş haliyle ilçe belediyelerine önemli sorumluluklar yüklendi. Örneğin her ilçe belediyesinin barınağa sahip olma zorunluluğu var. Bu barınaklar çoğunlukla şehrin içinden uzak alanlarda. Karaağaç bunun yeterli olmadığını, her bir ilçenin barınak haricinde şehir merkezinde bir ön bakım, yani acil müdahale ve aşılama birimine sahip olması gerektiğini; burada 3 ila 10 arasında veteriner bulundurulmasının ve mesai dışı da çalışmanın artık önemli bir gereklilik haline geldiğini söylüyor.

Tüm bu önlemlerin hem insanların korkusuzca kentin sokaklarında dolaşabilmeleri hem de hayvan refahı için kalıcı tedbirler olacağını belirten Karaağaç, İBB olarak Kemerburgaz ve Tepeören'deki rehabilitasyon merkezlerindeki veteriner ve köpek eğitmenlerinin saldırgan yapılı köpeklerin rehabilitasyonu ve sakinleştirilmesi konusunda eğitim verdiklerini anlatıyor.

Bu arada bir bilgi notu: Kısırlaştırma erkek köpeklerde sakinleşmeye yol açabilmekle beraber dişi köpeklerde etkisi olmuyormuş. Ancak tabii köpeğin karakterine, yetişme ortamına göre farklılık gösteriyor.

Saldırgan köpekler ve bu sebeple insan ölümleri konusu gündeme geldiğinde, hayvanlara dair pek çok ihlal ve ihmal göz ardı ediliyor. Örneğin yurtdışından kaçak yollarla getirilen, çiftliklerde üretilerek online ya da petshop'lar üzerinden satışları yapılan, büyük bahislerin söz konusu olduğu yasadışı köpek dövüşleri için yetiştirilen köpeklerin kontrolsüzlüğü önemli bir sorun. Bu dövüşler için özel olarak vahşi yetiştirilen güçlü köpeklerden dövüşleri kaybeden, yaşlanan, sakatlananlar sahipleri tarafından ya vuruluyor, ya terk ediliyor ya da kaçıyor. Bu hayvanların kentin sokaklarına inmesi büyük tehdit oluşturuyor. Öte yandan ormanlık alana atılan yavrulardan hayatta kalabilenler de vahşileşiyor. Bu konu tüm yönleriyle ele alınmadan yeni bir Hayırsız Ada vakası kimseye huzur vermez.

Aslında her mahallenin ya da sokağın bilinen, beslenen, alışkın olunan köpekleri var. Bunların çoğu gerçek manada şehir hayvanları. Saldırgan köpek ihbarı olduğu zaman, belediye ekipleri gelene kadar saldırgan hayvan kaçıyor, gelen ekip uysal olanı alıp barınağa götürüyor. Öte yandan barınak adı altındaki bakımevleri de aslında yasaya göre toplama ve orada ölene kadar bakılma yerleri değil. Yasada sokaklardan alınan köpeklerin bakımlarının yapılarak alındıkları yere geri bırakılması koşulu var. HAYTAP Başkanı Ahmet Kemal Şenpolat "Vatandaşın, barınakların birer hapishane değil hastane olduğunu anlaması, belediyenin de bu konuda daha fazla farkındalık çalışması yapması gerekiyor" diyor.

Şenpolat sahiplenmenin hâlâ yeterli ölçüde olmadığını belirterek, bir yandan sahiplendirme kampanyaları sürerken diğer yandan üretim çiftliklerinin hâlâ bir gün sokağa bırakılabilecek cins köpek üretmelerini de eleştiriyor:

> Üretim çiftlikleri internetin petshop'u gibi çalışıyor. Sokaklardaki hayvanlar yuva beklerken, sokaktaki hayvan sayısı azaltılmaya çalışılırken bir yandan da üretim durmuyor. Bakanlık, denetimlerinde daha fazla cezai müeyyide uygulasa popülasyon bu kadar hızlı artmayacak. Ama halen hayvan satışı serbest. Dolayısıyla terk oranı da yüksek.

HAYTAP Genel Başkanı Avukat Ahmet Kemal Şenpolat şehir hayvanları konusunda İstanbul'un büyüklüğüne dikkati çekerken, bu büyüklüğü bir hayli geçişken bir coğrafya haline gelen "Tekirdağ-Sakarya-Bursa Üçgeni" arasında düşünmek gerektiğini söylüyor: "Bu çok sıkışık coğrafi alanda sahipsiz hayvanlar da kendilerine yer bulmaya çalışıyorlar. İnsanların bile yer bulamadığı bu küçük alanda onlar da nefes alma, hayatta kalma mücadelesindeler."

Şenpolat da kısırlaştırmanın önemine işaret ederken, Türkiye'de bakanlık düzeyinde bu konuda herhangi bir samimi adım atılmazsa sorunu çözmenin mümkün olmadığını söylüyor. Bu konuda artık belediyelerden bir çözüm beklemekten vazgeçtiğini belirten Şenpolat çözüm önerisini ise şöyle anlatıyor:

> 20 yıldır bu alanda çalışıyorum. Benim gördüğüm şu: Belediyeler bu işle ilgilenmek istemiyorlar. Bütçeleri de var, yok değil. Sadece ilgi alanlarına girmiyor. Bunu önümüze koyarak çözüm noktasını şöyle bulduk: Bakanlık bünyesinde özel, özerk bir birim kurulacak. Örneğin adına Hayvan Şube Müdürlüğü diyelim. Bu müdürlüğe tam yetki vereceksiniz. Ceza kesme yetkisi, köpek ticaretini denetleme yetkisi, internetten satışı denetleme yetkisi, hayvanlara kötü muamele yapıldığı zaman gidip bakma yetkisi.

Peki bunun şu an mevcut birimlerden ne farkı var, diye soracaksınız. Buraya alınacak kişiler kesinlikle liyakatli kişiler olacak. Memur olmayacak, sözleşmeli olması gerekiyor. Bir yılın sonunda bakılacak, performansı iyi değilse yerine başka liyakatli bir eleman alınacak. Örneğin STK'larda çalışan gönüllü arkadaşlarımız devletin memurundan daha iyi, daha azimli, daha şefkatli yaklaşıyorlar hayvanlara. Çünkü bir gönüllü asla hayvanın önünde suyu maması yoksa, mesaim bitti diye saat 5'te gitmez. Kendine dert eder, gece 1 bile olsa arabasına atlar gider, o hayvanı besler. Bayramlar var, yıllık izinler var. Siz bu uzun tatillerde hayvanlara ne olacağını hesaba katmadan, bu bakış açısıyla hayvan bakamazsınız. Tarım Bakanlığında çalışan personelin neredeyse dörtte biri veteriner. 10 bine yakın veteriner var istihdam edilen. Peki siz bunu hissedebiliyor musunuz? Belediyelerde de oradaki memurun inisiyatifine kalıyor. Çoğunlukla da barınaklarda konuyla ilgisi olmayan, kimi zaman sürgün edilmiş kişiler bulunuyor.

Tabii Şenpolat'ın belediyeler açısından genel olarak ifade ettiği bu görüşü tüm belediyeleri ya da belediyelerde bu konuda çalışan herkesi kapsamasa da çoğunlukla manzara bu şekilde. Şenpolat'ın bu tespitiyle ilgili olarak özellikle belediyelerde barınak hizmetlerinin bir sürgün, bir ceza yeri olduğu yönünde yaygın bir bakış açısı vardır. Tüm belediyeler için olmasa bile hâlâ bilinen ve şikayet edilen bir konudur.

Gelelim İBB'nin bu konudaki çalışmalarına:

Ahmet Kemal Şenpolat'a İBB'nin şehir hayvanları çalışmaları hakkındaki görüşlerini sorduğumda şu izlenimlerini paylaşıyor:

İBB'nin veterinerlik hizmetleri iyi çalışıyor. Yalnızca kısırlaştırmada değil, özellikle kırıklı ameliyatlarda da gayet iyi çalışmalar, tedaviler var. Gelen telefonlara yerinde müdahale etmeye çalışıyorlar. Fakat dediğim gibi bu dört bitişik kentin insan nüfusu o kadar yoğun ki, bununla tüm bu sınırlar içindeki belediyelerin ortak bir çözümde paydaş olması gerekiyor. Aksi takdirde tek başına hepsini İBB'den beklemek insafsızlık olur. Örneğin Kocaeli Belediyesi, bakamadığı hayvanları kalkıp İBB sınırları içine atarsa, ya da Ümraniye Belediyesi bu hayvanları gelip Kadıköy'e boşaltırsa sorunu çözmüş olmuyor. Tek başına İBB de üç beş arabayla ya da veterinerle sokak hayvanlarının sorununu çözemez. Eskiden 153 nolu ihbar hattına yanıt verme daha azdı. Bu son dönemde müspet dönüşlerin daha olumlu olduğunu, geçiştirilmediğini söyleyebilirim. Yüzde yüz performans beklemek çok insaflı olmaz, çünkü bu hayvanların sayısı insan nüfusuyla doğru orantılı.

İBB Veteriner Hizmetleri Şube Müdürlüğü'ne bağlı beş Sahipsiz Hayvan Geçici Bakımevi ve Bahçeli Yaşam Alanı, bir Hayvan Hastanesi ve Bakımevi ve bir Hayvan Aşılama ve Tedavi Ünitesi bulunuyor. Sahipsiz hayvanlarla ilgili trafik kazası ve diğer yaralanmalarda müdahale için, 7/24 esasına göre Avrupa ve Anadolu Yakası Bakımevi Birimlerinde mesai sonrası ve resmi tatillerde nöbetçi ekiplerle hizmet veriliyor.

Fevzi Karaağaç yaralı hayvanların bakımı konusunda 14 belediye ile protokolleri olduğunu ancak 25 belediyeye bu hizmeti verdiklerini söylemişti. Tabii İBB'nin 7/24 çalışması gecenin bütün yaralı hayvan yükünü alması anlamına geliyor. Beşiktaş dışındaki belediyeler mesai sonrası hizmet vermiyor.

İBB'nin sokak hayvanlarını takip ve sahiplendirme uygulaması var. Adı SemtPati. Ekrem İmamoğlu bu uygulamanın tanıtımında şöyle diyor:

> Hızlı kentleşmenin ilk mağdur ettiği sokak canlıları; başta da köpekler. Çünkü onların doğal ortamlarını, birkaç senede kocaman sitelere, semtlere, hatta ilçelere dönüştürebiliyoruz. Bu tabii şiddetli bir uyumsuzluğu ortaya çıkarıyor. Oraya daha dün taşınan insanlar, "Bu sokak hayvanlarının burada ne işi var, toplayın bunları" diye büyük bir çığlık atıyor. Şöyle bir algı var; sanki her yerde binlerce, on binlerce kapasiteli barınaklar yapacaksınız, köpekleri oraya tıkayacaksınız. Ne kanun buna müsaade eder ne insan. Canlıya olan saygı da buna müsaade etmez. Bu manada böylesi iki arada sıkışmış olan yerel yönetimlerin sorunlarını çözecek pratik uygulamalara ihtiyacımız vardı. Sahiplendirme olmadığı takdirde, bizim bunu belediyeler olarak çözme şansı-

mız zaten yok. Bu toplumsal bir olay. Sahiplendirme ayağına da çok inanıyoruz. Biz de başladık. Geçen ziyaretimde de söyledim; her iştirakimiz, şirketimiz, birimimiz alanı uygun olduğu kadar, mutlaka köpek sahiplenecek. Bu talimatı verdik. Arkadaşlarımız, Genel Sekreterimiz olsun, diğer iştiraklerimiz olsun bu konuya hassas bir şekilde eğiliyorlar.

Şehir hayvanları deyince üçüncü sıraya kargayı koyabiliriz. Zira her türlü zor koşula rağmen ipi göğüsleyenler, Karga, Kedi ve Köpek. Bu mücadeleci 3K'yla Şehrin Yeşilleri'nde yine buluşacağız.

Adaların atları

Adalardaki atların yaşam koşulları çok uzun yıllardır tartışma konusuydu. Bir yandan atların çektiği faytonların İstanbul'un Adalarının simgesi olduğu ve vazgeçmemek gerektiği yönündeki görüş hâlâ mevcudiyetini korurken, diğer yandan bakımsızlık, ağır çalıştırılma koşulları ve salgın hastalıklar nedeniyle ölen ya da vurulan atların görüntüleri "Yeter artık bu zulüm, bitsin fayton işkencesi" dedirtiyordu. AKP'li dönemlerin İBB yönetimleri bu konuya girmek istemedi, geri durdu, geçiştirdi. Zira faytonculara karşı harekete geçmek hiç de kolay değildi. Bu büyük sorunu tüm memnuniyetsizliklere rağmen çözmek Ekrem İmamoğlu dönemine kaldı.

Büyükada'da faytona koşulan atlarda "at vebası" olarak bilinen ruam hastalığı tespit edilip 81 at öldürülünce, Adalarda faytonla taşımacılığa son verilmesi için yıllardır mücadele eden hayvan hakları savunucuları İBB Binası önünde Saraçhane Parkı'nda çadır kurarak eyleme başladılar. Tüm bu olaylar silsilesi ve en son Saraçhane eylemleri İBB'yi harekete geçirdi. Hâlâ bile artçıları süren sarsıntılı bir dönemin sonunda Adalarda fayton devri sona erdi.

Atlar gitmişti ama kavga bitmemişti. Çünkü elde kalan atların düzgün yerlere sahiplendirilmesi gerekiyordu. Sonrası şaibeler ve şüphelerle dolu bir süreç oldu. Hâlâ da travması bitmedi. Peki fayton devrinin kapanmasıyla neler yaşandı:

16 Ocak 2020 tarihli İBB Meclis Kararı doğrultusunda, toplam 1.179 at İBB tarafından sahiplerinden, yani faytonculardan satın

alındı. 20 yeni doğan yavruyla birlikte toplam 1.199 at İBB'nin oldu. İBB de bunları sahiplendirmek istedi. Zira sahiplenmek isteyen kişi ve kurumlar İBB'ye ulaşmışlardı. Bu sahiplenme talepleri kurulan bir komisyon tarafından değerlendirildi ve 859 at, resmi ve kayıtlı olarak sahiplendirildi. Bu atların 662'si kamu kurum ve kuruluşlarına, 42'si sivil toplum örgütlerine, 150'si şahıslara, 5'i de muhtarlara gitti. Bu süre zarfında 242 at çeşitli nedenlerle ölünce geriye kalan 98 at İBB'nin oldu.

Fayton döneminin sona ermesini "devrim" olarak tanımlayan Ahmet Kemal Şenpolat'ın itirazı ise sahiplendirmelerle ilgiliydi: "Keşke oradaki üç beş yaralı gariban atı, örneğin HAYTAP gibi isteyen yerlere verselerdi. Biz onlara Emekli Hayvanlar Çiftliğimizde bakacaktık. Tekrar başka tür bir sömürünün devam ettiği yerlere vermek hiç uygun olmadı. Başkan o konuda daha liyakatli kişilerle çalışmalıydı. Geçiş sürecinden hayvanlar da kötü etkilendi."

Atların akıbeti uzun süre hayvan hakları savunucuları tarafından izlendi. Atların Adalarda kalmasını savunan Adaların Atları platformu bu konuda her yıl rapor tutarak sitesinde yayınlıyor. Ayrıca Adalarda kalan atların da takibini yapıyor. Platformun web sayfasında hibe edilen atların kaybolduğu yönünde şöyle bir bilgi var:

> İBB tarafından hibe edilerek Adalardan sürülen 860 at "kayboldu." Çünkü büyük bir bölümü, aslında atlarla ilişkisi olmayan yerlere dağıtıldılar; atları dağıtan İBB ve sistemden sorumlu olan Tarım Bakanlığı atların çip numaralarıyla takibini yapmadı. Çünkü atlar olmadan Adalarda hayat daha hızlı, daha konforlu, yani daha "kârlı."

Bu konudaki görüşe Şehirde Yaşam başlığı altında değineceğim.

Şehrin liminalleri

> Evcilleştirilmiş hayvan / yaban hayvanı ikiliği, aramızda, şehrin ortasında yaşayan çok sayıda yaban hayvanını göz ardı eder [...] Bunların istisna teşkil eden birkaç türden ibaret olmadığı, insanlar arasında yaşamaya uyum sağlamış, geniş bir evcilleştirilmemiş hayvan türleri grubuna dahil oldukları ortaya çıkar.

Yaban hayvanları bizlerle birlikte yaşar, her zaman da öyle yaşamışlardır. Bu hayvanların ne yaban hayvanı ne evcilleştirilmiş hayvan olduğuna, ikisi arasında bir statüye sahip bulunduğuna işaret etmek için onlara liminal hayvanlar diyoruz.[19]

Örneğin kirpiler, sincaplar, hatta yaban domuzları ya da belki Yaren Leylek. Bu hayvanlar giderek bizlerle yaşamaya alıştılar ya da ortama uyum sağlamaktan başka çareleri kalmadı. Bu uyumla birlikte yaban hayvanlarının sayısı azalırken, liminal hayvanların sayısı artıyormuş. Bu hayvanların görünmezliği hayvan refahının da göz ardı edilmesine neden oluyor. İnsanların şehirleri tasarlarken, bu tasarımın liminal hayvanlar üzerindeki etkilerini pek dikkate almadıkları ya da şehir plancılarının çoğunun bu konuda eğitim görmedikleri belirtiliyor. "Sonuç olarak liminal hayvanlar binalarımızdan, yollardan, kablolardan, çitlerden, kirlilikten, başıboş hayvanlardan vs. kaynaklanan, kasti olmayan zararların kurbanı oluyor."[20]

Zaman zaman bir leyleğin yuvasını bozmamak için gayret eden insanlar görürüz. Veya bir restoranın kapısına gelmiş geyiğe yemek veren restoran çalışanlarının görüntüsü dolaşır sosyal medyada. Şehre inen şaşkın yavru domuza araba çarptığını gören birinin onu veteriner kliniğine götürüp yaşatmak için çaba sarf ettiğine tanık oluruz. Ama artık şehir planlamada da liminal hayvanların hesaba katılması fikrinin "uçuk" olmadığını, bu hayvanlar için oluşturulan yaşam alanlarını ilerleyen sayfalarda okuyacaksınız. Yaşam müşterek.

Duymuşluğum vardı bu hikâyeyi aslında. Ama ayda yılda birdir diye düşünüyordum. Böyle her yıl aynı kişiyle leyleğin bağı olduğunu hiç hayal bile etmedim. Leylek festivali hazırlıkları için gittiğimde bu köye, köy kahvesinde otururken ortaya bir laf attım "Kayığınıza leylek konuyor mu hiç" diye. Adem Amca hemen atladı, "benimkine konuyor valla her sabah" dedi. Ama enteresan yanı, bunu köylü dahi bilmiyordu. Herkes bu konuşmadan sonra öğrendi.

Alper Tüydeş

---

19. Sue Donaldson, Will Kymlicka, *Zoopolis, Hayvan Haklarının Siyasal Kuramı*, çev. Mine Yıldırım, İstanbul: Koç Üniversitesi Yayınları, 2016, s. 231.

20. a.g.e, s. 232.

Şehrin Sağlığı

Şehrin İklimi

Ev yanıyormuş gibi davranmanızı istiyorum, çünkü yanıyor.
Greta Thunberg

Eskiden daha çok kar yağardı yaşadığım semte. İstanbul'a geldiğimiz 1980'li yılların başında iki yılda bir öyle kar yağardı ki, günlerce siteden araç çıkamaz, sitenin içine otobüs giremez olurdu. Ünlü 1987 kışında açık fırın bulmak için sokak sokak gezmiştik. Neredeyse iki hafta, yaşadığımız siteye otobüs gelemedi. Günlerce kar altında kalan arabamızı çıkaramayınca, işe gitmek için babamla birlikte Nispetiye Caddesi'ni yürüyüp Levent'e ulaşıyor, oradan biniyorduk otobüse. Karlar eridiğinde, yol açma makinelerinin kenarlara yığmış olduğu karların içinde kalan, terk edilmiş bir Volkswagen'in üzerinden yürüdüğümüzü görüp şaşırmıştık. En çok da çocuklar mutluydu.

Artık öyle kar yağmıyor. Yağsa da yerde kalmıyor. Ya havada ya da yerde hemen eriyor. Şehrin kalabalıklaşması, ısıtmanın yaygınlaşması, şehir ısısının artması o güzelim karları mutsuzluk hanesine yazar oldu. Ancak gerçek sebebin Türkiye'yi de 1980'li yılların sonlarından itibaren etkilemeye başlayan "kar kuraklığı" olduğu söyleniyor. Hani herkes 1987 kışına atıf yapıyor ya, işte ondan sonrası kuraklık. "Kar kuraklığı" ifadesi ilk olarak 1980'lerin başında akademik literatürde kullanılmaya başlanmış. 2014'ten bu yana istikrarlı bir şekilde "kar kuraklığı" deniyor.

İki yöne bakan bir apartmanın beşinci katında oturuyorum,

yaklaşık yirmi yıldan beri. Eskiden yaz sıcağında iki yönlü cam açmak yeterdi. Güzel bir cereyan olurdu. Bir dakikaya kalmaz pencereler çarpar, ara kapılar gürültüyle kapanırdı. Son yıllarda cereyan azaldı, evin bütün camlarını açsam da yaprak kıpırdamıyor. Birileri benim güzel cereyanımı durdurdu; yani hava akışımı kesti. İklim krizinin de suçu vardı elbet. Ama şehrin kuzeyinde yaşadığım için bunu Kuzey Ormanları'nın kıyımına bağlar oldum. Bir de kuzeye doğru yükselen gökdelenlere.

İklim kriziyle ilgili olarak Meteoroloji ve Afet Yönetimi Uzmanı Prof. Dr.Mikdat Kadıoğlu İstanbul'un kapısına dayanan en önemli sorunun "sıcak hava dalgaları" olduğunu söylüyor. Yani son yazlarda sıklıkla metropolleri kasıp kavuran, ilk kez 2003 yılında Avrupa'da 70 bin kişinin ölümüyle fark edilen sıcak hava dalgaları:

> Dünyada en çok ölüme sebep olan iklim sorunu bu; ama Türkiye'de adı pek anılmıyor bunun. Oysa burada da sıcak hava dalgaları nedeniyle ölümler var. Bizde, özellikle Anadolu'da insanlar yazları köye, yaylaya gidiyor, hissetmiyor. Ama kentler için büyük problem olacak bu aşırı sıcaklar. Zira kentler kırsal alana göre 10 derece daha sıcak olabiliyor; mekânsal yüzeylerin büyük olduğu yerlerde ise asfalt, beton güneş ışınlarını yutuyor, geceleyin geri salıyor. Bu üç beş gün böyle sürerse, yani gündüz çok sıcak, gece çok sıcak devam ederse vücut artık buna dayanamıyor. Yaşlılar, çocuklar, hastalar, obezite sorunu olanlar en çok etkilenenler oluyor.

Burada tanımlanan normal yaz sıcağından farklı olarak, mevsim normallerinin 3 ila 5 derece üstünde seyreden, ülkeye değil bölgeye özgü olan ve en az üç gün süren sıcak dönemler.

Kadıoğlu, bu yıl da etkisini daha çok hissettiğimiz sıcak hava dalgalarının önümüzdeki birkaç yılda Türkiye'yi daha fazla etkisi altına alacağına inanıyor. "Bununla ne AFAD ilgileniyor ne de yönetmeliklerde geçiyor. Türkiye'de yokmuş gibi davranılıyor" diyor. AFAD, içinden ter içinde geçtiğimiz sıcak ve kurak 2023 yazında sıcak hava dalgası uyarıları yaptı; ama dünyanın afet saydığı bu iklim olayı Türkiye'de henüz afet sayılmıyor, hazırlık ve müdahaleye yönelik bir düzenleme yok.

Araştırmacı ve yazar, Dr. Ümit Şahin de bu konuya gerekli dikkatin verilmediğini ve İstanbul'da en ölümcül iklim olayının "sıcak dalgaları" olduğunu belirtiyor. Bu konuda Cerrahpaşa Tıp Fakültesi Halk Sağlığı Bölümü'ndeki araştırmacılarla birlikte yaptıkları bir çalışmanın rakamlarını paylaşıyor. Çalışmaya göre, 2004-2017 arasındaki 13 yılda İstanbul'daki 20 sıcak dalgasında 4 bin 281 kişi ölmüş. Şahin'e göre ancak büyük afetlerde görülebilecek bir rakam bu. Şahin, İstanbul Büyükşehir Belediyesi'nin de bu konuyu tıpkı bir afet gibi ele alması, İBB Başkanı Ekrem İmamoğlu'nun, tıpkı sel uyarısı yaptığı gibi sıcak dalgasında da AKOM'dan canlı yayınla vatandaşı uyarması gerektiğini kaydediyor. "Çok etkin bir uyarı sistemiyle vatandaşa sıcak dalgalarının tıpkı sel gibi ölüme sebebiyet verecek bir iklim sorunu olduğunun anlatılması gerekiyor."

Dünyada da akut tedbir olarak aynı şeyler yapılıyormuş. Yani SMS gönderilmesi, yetkililerin konuşması, yaşlıların uyarılması. Şahin, bu tür uyarıların dünyanın her ülkesinde yapılarak ölümlerin azaltılabildiğini belirtiyor.

Ümit Şahin'i dinlerken 2000 yazını hatırlıyorum. O günlerde iklim krizinden bu kadar haberdar değildik. Ama temmuz ayında olağandışı birkaç sıcak gün yaşandı. O zaman Mecidiyeköy Ortaklar Caddesi'nde küçük bir ofisimiz vardı. Bahçesi olan eski tip apartmanlardan birinin giriş katındaydık. Ofiste sıcaklığı çok fazla hissetmiyorduk ama herkesin sokaklardan çekildiğini hatırlıyorum.

O günün diğer sıcak günlerden farkı ise Başbakan Bülent Ecevit'in, bir gün önce yayınladığı genelge olmuştu. Ecevit kamu kuruluşlarında iki gün idari tatil duyurusu yapıyordu. Bu önlem, sıcak dalgasına karşı vatandaşı korumak için alınabilecek tedbirlerden biriydi.

Ecevit'in bu "sıcak tatili" eleştiri konusu olmuştu. Özel sektör "Türkiye tatil ülkesi oldu" diyerek karara tepki gösterdi. TİSK "Bu tip tatillere baştan beri karşı çıkıyoruz. Türkiye, en çok tatil yapan ülke konumunda. Ülke, bu kadar lüksü kaldıramaz" derken, DİSK'ten Süleyman Çelebi, "Tüm işçiler için tatil" çağrısında bulundu.

Bugün geldiğimiz noktada büyük bir iklimsel sağlık sorunu olarak karşımıza çıkan bu sorunu akut önlemler dışında hafifletecek başka önlemler yok mu? Kadıoğlu bu sıcak hava dalgalarına karşı dünyada, yüzey boyama gibi önlemlerin geliştirildiğini belirtiyor. Şahin ise kentsel ısı adaları oluşturan beton, asfalt gibi yüzeyleri azaltıcı politikalara gereksinim olduğunu söylüyor.

Benim, evde cereyansız kalmamı da iklim değişikliğinden ziyade hava koridorlarının kesilmesine bağlıyor Kadıoğlu. Bazı semtler var ki binaların konumlanması yüzünden hava akışları kesintiye uğruyor. Yaz aylarında yoğun bir nem olurken, rüzgâr esmiyor. Kadıoğlu "Kentsel dönüşüm yapılan mahallelerde caddelerin, sokakların, gökdelenlerin yönlerini hâkim rüzgâr yönüne göre belirlemek lazım" diyor. Eskiden İzmir'in bütün caddelerinin denize dik olduğunu, böylece kara melteminin bu caddelere girip çıkarken havayı temizlediğini ve şehrin konforunu artırdığını hatırlatıyor. Artık bu gibi şehir planlama hassasiyetlerine hiç dikkat edilmiyor.

Dünyanın bütün kentleri çevresel bir yıkıma doğru giderken,
bu konuyu kesinlikle öteleme şansımız yok.
Havamız, suyumuz, toprağımız temiz olacak.
Ekrem İmamoğlu, 13 Haziran 2019

Şehrin Havası

Söyleseler inanmazdık, maskeli yıllar yaşadık. Ama pandemi süresince izlediğimiz videolarda havadan neler soluduğumuzu görmek, artık kapalı ve kalabalık ortamlar için çantamızdan maskeyi eksik etmememiz gerektiğini gösteriyor.

Çevre Mühendisleri Odası'nın 2023 İstanbul Çevre Durum Raporu, hava kirliliğini İstanbul çevre sorunları sıralamasında su ve atık kirlenmesinden sonra üçüncü sıraya koyuyor. İstanbul Şube Başkanı Selahattin Beyaz İstanbul'un hava kirliliğini öncelikli olarak yıllardan beri gelen plansız kentleşmeye bağlıyor:

"Çok yüksek yapılı kentleşme ve hava koridorlarının oluşmamasıyla ilgili bir sorun. İstanbul'da cidarlarda çok yoğun yapılaşma var, kent nefes alamıyor. Dolayısıyla hava sirkülasyonu, yani kirlenmiş havanın başka bir yere transferi ve temiz havanın onun yerine gelmesi kolay olmuyor. Kirlilik kentin üstüne bir bulut gibi çöküyor."Mikdat Kadıoğlu da yaz ayları için farklı bir hava kirliliği türüne şu örnekle işaret ediyor: "Özellikle yazın İstanbul'da durağan bir trafik var, çıkan egzoz gazlarıyla güneş birleştiği zaman yerde ozon gazı oluşuyor, bu da akciğer kanserinin en önemli tetikleyicilerinden biri. 'Yaz sisi' ya da 'smoge' deniyor buna. ABD'de bazen 'bu hafta sonu havayı korumak için otomobilleri kullanmayalım' derler."

Evvel zaman içinde, çevre konularının bu kadar can yakıcı olduğunun bilinmediği, bir grup beyaz yakalının oyalanma aracı olarak görüldüğü yıllarda "çevrenin bir politika olmadığını, bütün politikaların üzerine oturduğu temel taşlardan biri olduğunu" anlatmaya çalışırdım. Bir devletin konut, enerji, ulaşım, eğitim, istihdam, tarım ya da ekonomi politikaları, çevre konusundan bağımsız olamaz. Aynı durum yerel yönetimler için de geçerli.

Prof. Dr.Ayşen Erdinçler'in odasına girdiğimde masasının üstünü kaplayan, son derece düzenli ayrılmış kâğıt ve not blokları Çevre Koruma ve Kontrol Dairesi Başkanlığı'nın, İBB içerisindeki bu çok hassas rolünün adeta fotoğrafıydı. Daire Başkanı Ayşen Erdinçler ODTÜ mezunu ve Boğaziçi Üniversitesi'nde akademisyen. Çevre ve inşaat mühendisi.

Yani "şehrin sağlığından sorumlu kişilerden biri" demek çok da abartılı olmaz.

Ekrem İmamoğlu'nun "havamız, suyumuz, toprağımız temiz olacak" sözünü hatırlatarak önce "Havalar nasıl bizim şehirde?" diye soruyorum Erdinçler'e. Zira İBB Ölçüm İstasyonlarına göre İstanbul'da hava kirliliğinin 2022 yılında, bir önceki yıla göre artış gösterdiğini okumuştum.

Erdinçler'in verdiği bilgiye göre, hava kalitesinin korunması ve iyileştirilmesi Çevre, Şehircilik ve İklim Değişikliği Bakanlığı'nın sorumluluğunda olmasına rağmen İBB İstanbul, 27 hava kalitesi ölçüm ve izleme istasyonu aracılığıyla hava kalitesini 7/24 izliyor ve sonuçları Bakanlık ile paylaşıyor. Erdinçler pandeminin etkisiyle düşen emisyonların pandemi sonrası aynı seviyelere geldiğini belirterek 2022 rakamlarında bu artışı gördüğümüzü söylüyor.

Pandemi günlerindeki gibi yaşamı seyreltebilseydik bambaşka olurdu demek ki havamız.

Öte yandan İstanbul'da 10 yıllık veriye göre, 2013'ten itibaren hava kirliliğinde düzenli düşüş yaşanıyormuş. Burada seçim kömürlerinin azalmasının etkisi büyük olsa gerek. Bir de 2010'lu yıllarda çevre tahribatı yaratan uygulamaların vatandaş ve sivil toplumda tepki yarattığı, meslek örgütlerinin de bu alanda çalışmalarını yoğunlaştırıp ihlalleri durdurmaya çalıştığı yıllar olduğunu göz ardı etmeyelim. Gezi Parkı direnişini de üreten tepkilerdi bunlar.

İstanbul havasına yeniden dönersek, insan sağlığına oldukça zararlı olan partiküler maddelerden biri olan PM10 parametresinin ilgili yönetmeliğe ve AB direktiflerine göre yılda ortalama 1 metreküp havada 40 mikrogram seviyesinde kalması gerekiyormuş. İstanbul bu oranı yakalıyor. Akciğer hastalıklarının sebeplerinden biri olduğu söylenen diğer tehlikeli partiküler madde PM2,5 parametresi ise İstanbul'da ortalama sınır olan 25'in altında, 2022'de 18,4 mikrogram olmuş.

İstanbul'un havası yaşanan semte, saate, güne ve kentsel dönüşümün hafriyat durumuna göre değişiyor elbet. İBB'nin "İstanbul Senin" uygulamasında bulunduğunuz ortamın havasına bakıp, sağlık durumunuza ve tabii "keyfiyetinize" göre sokağa çıkmamayı tercih edebilirsiniz. Megapollerde öyle bir keyfilik çok zor tabii. Ekonomik koşullar nedeniyle daha az yakıt tüketme, şirketlerin tasarruf amaçlı evden çalışma yöntemlerini tercih etmesi gibi nedenler de hava kirliliğini azaltıcı etkiye sahip. Aslında pandemi hepimize bu dersleri vermişti.

Şehrin Atıkları

Sabah kalktığımız andan itibaren kullanıp attığımız tuvalet kâğıdı, havlu kâğıt, kahvaltılık ambalajları, yediğimiz zeytinin çekirdeği, çayın ya da kahvenin çökeltisi, yolda atıştırdığınız poğaçanın kesekâğıdı, su ya da meşrubat şişeniz, eve gelirken aldığınız telefon şarj aletinin ambalajı, alışveriş torbaları, tüm bunları doluşturup kapıya koyduğunuz çöp poşeti, caddedeki çöp konteynerinin yanına bırakılmayı bekleyen bozulmuş, eskimiş, kırılmış eşyalar... Ve çöplerden kurtulmanın dayanılmaz hafifliği.

Dünyamız da dayanamıyor artık, İstanbul da...

Karşı komşumuzun anneannesi yeni evlenenlere "Kızım, çöpün bol olsun" diye dua edermiş. İlk kez ondan duymuştum. Öyle ya çöpün bolluğu zenginlik ve refah demek. Çöp çıkarmak da sınıfsaldır elbet. Ama ekonomik, sosyal ve kültürel yaşamın dönüşmesiyle az çöp üretmenin de sınıfsal ve kültürel bir konu haline geldiğini ilave edip devam edelim. İstanbul'da dört kişilik bir aile her gün dört kilo 400 gram atık üretiyor. Yani kişi başı bir kilo 100 gram çöp atıyoruz. Tüm İstanbul'dan çıkan ise 18 bin ton. Üçte ikisi Avrupa yakasından çıkıyormuş.

Çevre Kanunu gereği bizim çöp dediğimiz atıklar, kaynağında geri dönüşmek zorunda. Bu nedenle ilçe belediyeleri atıkların toplanması ve ilk anda geri dönüştürülmesi işini yapıyor; ayrıştıramadığı atıkları da İBB'ye ait aktarma istasyonlarına teslim ediyor. Atıklarımız buradan gerikazanım ve bertaraf tesislerine gidiyor. Tabii yalnız evlerden gelmiyor, işyerleri ve endüstriler de var. Önce geridönüşüm için ayrıştırılıyor, yeniden üretime sokuluyor, bazıları gübreye çevriliyor, elde kalanlar da ya düzenli depolama sahalarına gömülüyor ya da termal bertaraf ile yakılıyor. Düzenli depolama alanı deyince gözünüzün önünde üzerinde martılar uçuşan çöp dağları gelmesin artık. Çünkü çok derinlere gömülüyor bunlar.

İstanbul Atık Yönetim Planı'na göre İstanbullular olarak atık üretmeyi azaltmamız gerekiyor. Bunun için daha etkin bir ayrıştırma, daha çok geridönüşüm ve gerikazanım gerek. 2020'de atıkların yalnızca yüzde 3'ünü geri kazanan İstanbul, 2022'de yüzde 15'ini kazanmış. 2020'de katı atıkların yüzde 92'si depolanırken, 2022'de bu oran yüzde 63,5'e düşürülebilmiş. Geri dönüştürülemeyen ya da yeniden üretilemeyen evsel katı atıklarımızın, yani çöplerimizin yüzde 15'i ise İBB'nin Atık Yakma ve Enerji Üretim Tesisi'nde yakılarak bertaraf ediliyor.

İstanbul Çevre Durum Raporu'nda bu tesisle ilgili bir uyarı yapılıyor. Öncelikle atık azaltmada yakma ya da depolama gibi bertaraf yöntemleri yerine atık üretimini azaltıcı politikalar gerektiğine işaret ediliyor. Tesisin inşaatına İBB'nin eski yönetimi zamanında başlanmıştı, yeni yönetim tarafından tamamlanarak tesis 2021 Mayıs ayında çalışmaya başladı. Öte yandan esas uyarı, tesisin bulunduğu yerle ilgili. Zira tesis Kuzey Ormanları'nın içinde bulunuyor. İnşaata başlandığında da çok tepki çekmişti.

Selahattin Beyaz "Böyle bir tesis yapılabilir, dünyada da var. Alan yoksa, gömme tesisleriniz yoksa yapıyorsunuz elbette. Ama sonuçta tesisin toz emisyonları var, gaz emisyonları var. Kuzey Ormanları'nın ortasında yağmur sularının depolandığı, su ihtiyacımızın karşılandığı bir bölgede olmaması lazımdı. Oluşan külün havaya karışmaması, ağaca bulaşmaması mümkün değil" diyor."Peki nereye taşınsaydı?" diye soruyorum:

"Sillivri, Selimpaşa gerilerinde, yerleşim alanlarından uzak bir alana taşınabilirdi" diye cevaplıyor.

Erdinçler'e Beyaz'ın bu eleştirisini ilettiğimde uzun mesafe yakılan yakıtın ve bu ulaşımın yaratacağı diğer kirlenmenin ya da lastik sarfiyatının yaratacağı kirliliği de hesap ettiklerini, hatta tüm bertaraf koşullarını çalıştıklarını anlatıyor. İstanbul'un Avrupa yakasındaki farklı uzaklıkta ilçelerden çıkan ve yılda 1 milyon tonu bulan evsel atığı yakın mesafede yakarak bertaraf etmenin, 70 ila 100 kilometre uzağa taşıyarak bertaraf etmekten çok daha az emisyon üreten bir yöntem olduğu hesaplanmış. Erdinçler bu şekilde 1 milyon 380 bin ton karbondioksit eşdeğeri sera gazının havaya salınmasına engel olunduğu, yakılan atıkla İstanbul'da 1 milyon 400 bin kişinin de enerji ihtiyacının karşılandığını ilave ediyor.

Selahattin Beyaz'ın çöpün elektrikli tren vagonlarıyla taşınabileceği yönündeki görüşünü de Erdinçler'e iletiyorum. "Onu ben de ilk geldiğim gün söylemiştim, hâlâ çalışılıyor üzerinde, ama çeşitli engeller var, örneğin büyük çöp kamyonlarının (silobus) yükleneceği bir vagon sistemi yok, yol güzergâhında köprüler var, kamyonu taşıyabilecek vagonların yüksekliğinin köprülerin yüksekliğinden daha fazla olması sorun teşkil ediyor" diye cevaplıyor.

Enerji ve iklim değişimi uzmanı yazar Önder Algedik, 2016 yılında Elektrik Piyasası Kanunu'nda yapılan bir değişiklikle belediye çöplerinin yenilenebilir enerji kaynağı sayıldığını hatırlatarak, çöpleri toprağın yanında içimize çektiğimiz havaya da gömecek bir ekonomik model oluşturulduğunu belirtiyor. Algedik bu tür tesislere yatırım yapmak yerine atık ve enerji politikalarının geliştirilmesine daha fazla ağırlık verilmesi gerektiğini vurguluyor. İstanbul'un her yıl daha çok enerji yoğun ve karbon yoğun bir kent haline geldiğini belirtiyor:

> İstanbul her yıl iki yüz bin ton kömür yakan, bir milyon ton çöpü yakıp külünü havaya savuran bir kent. Daha kötüsü her yıl üç yüz bin tona yakın LPG, 6 milyon tondan fazla akaryakıt, 9 milyar metreküpe yakın gaz ve 70 milyar kilowatt saat civarında elektrik tüketiyor. Her yıl eklenen 20 milyon metrekareye yakın inşaat ile betona gömülüyor; her yıl dökülen milyonlarca ton asfalt ile kaplanıyor. Bu kadar asfalt, bu kadar beton daha fazla enerji tüketimi ve daha fazla iklim değişikliği demek. Yakılan bu kadar enerji İstanbul'un havasında yer kaplarken, sadece otomobillerin kapladığı alan bile akıl almaz. Bir örnek verecek olursak, enerji yoğun ulaşım politikası yüzünden İstanbul'daki karayolu taşıtlarını tek sıra halinde park ettiğimizde İstanbul'dan Çin'in başkenti Pekin'e kadar gidiyoruz ve geri geliyoruz! Bu kadar aracın kentte kapladığı yeri düşünün ve bu kadar yakılan yakıtın havada kapladığı kirliliği düşünün. Kentin hızla enerji ve fosil yakıt bağımlılığından kurtulması gerekiyor. Yapılması gereken, doğayı ve toplumu da gözeten devrimci bir belediyecilik.

İBB, İklim Eylem Planı hedefi doğrultusunda atık azaltımı, ayrıştırma, dönüşüm, yeniden üretim gibi konularda vatandaşa dönük farkındalık çalışmaları yürütüyor. Ayrıca Döngüsel İşler Atölyesinde dönüşüm ürünü yapmak isteyenler prototiplerini hazırlayabiliyorlar. Bir de akıllı geridönüşüm otomatları var. En çok tüketilen içecek ambalajlarıyla çalışıyor. Alüminyum kutu ya da pet şişeyi atıp İstanbulkart'a para yükleyebilirsiniz. Yani vatandaşın da çabası önemli.

Ekrem İmamoğlu'na tesisin uzun vadede Kuzey Ormanları'ndan taşınıp taşınamayacağı sorusunu yönelttiğimde şu cevabı veriyor. "Uzun vadede hedef sıfır atık. Bahsettiğiniz atık yama tesisi bizim gibi kentlerin geçici bir çözümü. O da belli bir orana kadar. İlelebet çöp yakmak için tesis kurmuyoruz kesinlikle." "Peki sıfır atık gerçekçi bir hedef mi?" diye soruyorum. "Sıfır atık 2050'den sonra olmak zorunda, oraya doğru gidilmek zorunda. Yoksa kaynaklar yetmeyecek. Sıfır atıktan kasıt geri dönüştürmek tabii" diyor.

Şehirde asbest

Çünkü halkımızın ve en çok da çocuklarımızın sağlığını korumak bizim için son derece önemli.

Ekrem İmamoğlu, 13 Haziran 2019

Ekrem İmamoğlu 13 Haziran 2019'da kentsel dönüşümün yarattığı en önemli sorunlardan biri olan asbest konusunda şunları söylüyordu:

> Uygulama aşamasında da bir başıbozukluk hâkim. İBB olarak ilçe belediyeleriyle koordineli bir biçimde bu konuda etkili bir denetimi hayata geçireceğiz. Düzenli ölçümler yapacağız, yıkım esnasında gerekli önlemleri kesinlikle sağlayacağız.

Asbest nerede derseniz, her yerde. 2010 yılından önce yapılan hemen hemen bütün inşaatların iç dekorasyon malzemelerinin içine hapisti. Ama havayla temas edip açığa çıktığı andan itibaren soluduğumuz havayı zehirliyor. Yani kentsel dönüşüm ya da deprem gibi kontrollü ve kontrolsüz yıkımlarda havaya karışıyor. İmamoğlu kentsel dönüşüm nedeniyle yapılan bina yıkımlarında 30 yılı etkileyecek bir halk sağlığı sorunuyla karşı karşıya olduğumuzu söylüyordu. Peki İstanbul'da kentsel dönüşüm yıkımlarında asbest önlemleri ne ölçüde alınıyor?

İlçe belediyeleri asbestli bina seçici yıkım işinin mevzuata uygun olarak yapıldığını denetlemek zorunda. Yıkıma başlanmadan önce binada asbestli imalatın var olup olmadığının tespit edilmesi gerekiyor. Eğer varsa, Çalışma ve Sosyal Güvenlik Bakanlığı tarafından yetkilendirilmiş kurumlarla işlem devam ediyor: Yetkili laboratuvarda envanter çalışması yaptırılıyor. Yetkili asbest söküm firması tarafından da asbest içeren imalat, yıkım faaliyetinden önce sökülerek ayrı olarak toplanıyor, tehlikeli atık lisans belgesi bulunan herhangi bir bertaraf tesisinde de atık bertaraf ediliyor. Yani olması gereken böyle.

İnşaat Mühendisleri Odası İstanbul Şube Başkanı Füsun Sümer, İstanbul'da her gün çok sayıda eski bina yıkıldığına işaret ederek, "39 ilçe belediyesinden yalnızca 7 tanesi bu konuda hassas ve zaten bir ilçenin yapması yetmiyor, yanındaki yapmıyorsa bir anlamı yok" diyor.

Öyle ya, havadaki zehir ilçe sınırını ne bilsin. Asbestli bir gemi gelecek diye kıyamet kopmuştu. Gerçekten de kentsel dönüşüm yıkımlarının pek çoğundan açığa çıkan asbest pek konuşulmuyor, herkes aynı anda soluyor ve bunun zararları ertesi gün de çıkmıyor. Hatay depremi ardından bölgeye giden Çevre Mühendisleri Odası bu konuda bir çalışma yapmıştı. Tespitlerde ağaçların yapraklarında dahi asbest bulunduğu belirtiliyor.

Şehrin Yağmurları

Bazı insanlar yağmuru hisseder. Diğerleri sadece ıslanır.

Roger Miller[21]

Hayatımın iki yılı Paris'te geçti. Çok yağmur altında kaldım, ama yağmurda yürümek o zamanlar keyifti. Planlı, imar ve altyapı sorunlarını çözmüş şehirlerde "normal bir yağış" eziyete dönüşmez. Yağmur yağarken yürümenin keyfini çıkarırsınız, geçen araçlar sizi ıslatmaz. Eve ayakkabıyla girerseniz, en fazla yer ıslanır, eve çamur taşınmaz.

Peki bu İstanbul için bir rüya mı? Biz de bir gün yağmurun keyfini sürecek miyiz? Yağmuru hissedebilecek miyiz, yoksa ıslanmaya devam mı edeceğiz?

---

21. Pek çok müzisyene atfedilen bu sözü ilk söyleyenin ABD'li şarkıcı ve söz yazarı Roger Miller olduğu yönünde görüşler daha yaygın.

Gazetelerde ve televizyon kanallarında çalıştığım yıllarda, haber merkezinde sıcak haber takip eden muhabir arkadaşlar, gece İstanbul'da yağmur yağınca ertesi gün hangi mahallelerden sel görüntüleri geleceğini bilir ve ona göre hazırlıklı olurlardı. Tabii şimdi sosyal medya ile yurttaş gazeteciliği sel noktalarını hemen bildiriyor.

Ama yine de bugün hangi haber muhabirine sorsanız, size İstanbul'daki yağışa dayanıksız bölgeleri sıralar. Bu bölgeleri yıllardır İstanbul'u yönetenler de biliyor. Peki neden her yağışta "İstanbul sele teslim oluyor?"

"Beklenmedik yoğun yağışlar" mı? "İklim krizi" mi ilk akla gelen suçlu?

İklim krizi elbette dünyamızı maruz bıraktığımız bir gerçek. Kent yağmurlarının, büyük Avrupa şehirlerini ne hale getirdiği hâlâ hafızalarda. Yukarıda mutlu yağmurlarla andığım Paris'in metrosunun merdivenlerinden akan şelaleler, Almanya'nın tarihi şehri Koblenz'in sular altında kalmış hali çok çarpıcı görüntülerdi ve tabii bu yılın ekim ayındaki New York görüntüleri.

Ancak bu tür sellerin sonucunda "maruz kalma ve etkilenebilirlik" durumuna bakarak bunun sebebinin doğrudan bir iklim krizi mi, yoksa plansız kentleşme mi olduğuna karar verebiliriz. Almanya'da yaşanan sel, 200 yıllık yağış seviyesinin üstünde yağmur olduğu tespit edildiği için buna iklim değişikliği dediler. Paris'te Seine Nehri çeşitli zamanlarda taşar, civar yerleşimler yüzyıllardır bununla yaşıyor. Fransız sanatçı Georges Diebolt tarafından yapılan ve 1856'dan beri Seine Nehri üzerindeki Pont de l'Alma'nın ayağında nöbet tutan bir Zouave askeri, nehrin taşkınlarının izini taşır ve her taşkında seviyeyi göstermek üzere modellik eder.

Peki ya İstanbul'un yağışlarında iklim krizinin rolü nedir? *Kent Selleri* adlı kapsamlı bir kitabın da yazarı olan Mikdat Kadıoğlu bu konuda şöyle bir formül koyuyor:

Risk / Afet = Tehlike Olasılığı x Maruz kalma x Etkilenebilirlik.

Yani iklim krizi yağışın şiddetini artırıyor. Bunu afete dönüştüren esas girdiler ise maruz kalma ve etkilenebilirlik değerleri. Şimdi formüldeki "tehlike" girdisi olarak yoğunlaşan yağışları alırsak, bu yağış artışlarına oranla, yağışa maruz kalma ve etkilenen kişi sayısı katbekat artıyor. Çarpık kentleşme, yoğun yağış yaşandığında dere yatağına yapılmış ev veya sıfır giriş ya da bodrum kat gibi daha savunmasız ortamların yağmura daha çok maruz kalmasına yol açıyor. Artan nüfus ve göçler de etkilenen kişi sayısını, yani etkilenebilirliği artırıyor.

Göç deyince, hani Anadolu'da altyapı maksatlı inşaat faaliyetlerine karşı direnen vatandaşların yaşadıkları yerlerin isimleri hep dikkatimi çekerdi. Çoğunlukla yaşam alanlarının ismi o bölgeyi tanımlar. Amasra'da neredeyse çeyrek asırdır termik santrale direnen köyün adı Tarlaağzı. İnsan, adı Tarlaağzı olan köyün yanına santral kurar mı? 6 Şubat 2023 günü ülkeyi derin bir kedere gömen büyük depremin ardından tarım arazisine yapılan dev siteler çok tartışıldı. Malatya'da yıkılan ve pek çok vatandaşın enkaz altında kaldığı sitelerden birinin bulunduğu yerin adı Bostanbaşı idi. Bostanbaşı'na konut yapılır mı?

Orada bir köy var uzakta, ama sesini duymazsak bizim olamıyor artık. Dönelim İstanbul'a.

Şehrin Dereleri

> İstanbul'un semt adları yok mu? Bayılırım onlara. Ne güzelleri vardır. Yalan da olsa, yanlış da olsa, bu semt adlarından insanın muhayyilesine bir şeyler üşüşür. Başka yönlerden gelmiş anılar kaynaşıverir içimizde. Bir filmdir başlar dönmeye beynimizin karanlığında. Dolapdere'de bostanları sulayan dolabı gözümüzü kapamadan da görüyoruz: Sıra sıra bostanların kuyuları, kocaman kovalar, gözlerine mendil bağlanmış bir emektar beygir, bir gıcırtı, kovaların deliklerinden durmadan düşen su, zincir şıkırtıları, dolap beygirinin adaleleri, tahtadan olukların arklara gönderdiği sularda ışık ve güneş oyunları, atın duraklayışı, hızlanışı, bahçıvanın hooo sesi...

Cahit Sıtkı Tarancı böyle anlatır Dolapdere'yi. İstanbul, sonu dere ile biten mahalleler, caddeler, sokaklar dere ve su çağrışımlı isimlerle dolu. Ama çoğunda dere yoktur.

Oturduğum yerin taksi durağındaki bir şoför 'Ben 50 yıldır taksiciyim. Eskiden şurada bir dere vardı' dedi mesela. Akar Caddesi, Bulanıkdere Sokak gibi yerlerin isimlerinin bir dereden mi geldiği sorusu üzerine yaptığım araştırmalar var. Bunlar dikkatimi çekmeye başladı ve sayıca fazla olduğunu fark ettim.

Bu sözler sanatçı Elmas Deniz'e ait. 2019 Bienali'nde sergilediği "İstanbul'un Kayıp Suları Haritası"nda 1920'lerden bugüne İstanbul'un farklı semtlerinde yer alan fakat bugün olmayan eski akarsular ile bunların kollarının, akış, geçim ve hareket rotalarının bir psikocoğrafyasını ortaya koyuyor. İstanbul'daki yer isimlerini merak ederek bu projeye doğru yola çıktığını söylüyor. Mesela Dolapdere'nin önceden dere olup olmadığı sorusu gelmiş aklına. "Evet burası bir dereymiş, 1925'e kadar akıyormuş. Çıkış noktam bunlar oldu" diyor:

> Vatan Caddesi'nde Antik Likos Nehri'ni görüyoruz. Sulukule'nin adı çevresindeki sulardan geliyor. Çağlayan aslında o büyük derenin aktığı derenin çağlayanı. Beşiktaş'taki Ihlamurdere Caddesi ismini orada akan dereden almış. Mesela Ortaköy'ün ortasında koca bir derenin aktığını görüyoruz. Dolapdere ve Akar Caddesi araştırma sürecinde çok belirleyiciydi. Kurtuluş'ta büyük bir dere var, Harbiye Askeri Müzesi'nin önündeki alanda da bir dere olduğunu gördüm. Bomonti'deki Feriköy Pazarı'nın olduğu yerde de bir derenin kolu var. Ama şu an binalar var üstlerinde. Bu üçboyutlu topografik rölyefin üzerinde işaretlediğim derelerin hiçbiri şu an akmıyor.[22]

Şehrin selleri

Bizim sığınacağımız yer köprü altlarıdır.
Cengiz Çelik, İstanbul evsizlerinden

Elmas Deniz'in de işaret ettiği gibi tarih bize İstanbul'un aslında bir su şehri olduğunu gösteriyor. Yoğun göç ve çarpık kentleş-

22. "İstanbul'un kayıp suları haritası çıktı", Röportaj: Seray Şahinler Demir, *Yeni Şafak*, 6 Ekim 2019.

meyle kurutulan İstanbul, yağışlarla derelerine yeniden kavuşmaya çalışıyor ve kent selleri oluyor.

Ekrem İmamoğlu yönetimindeki İstanbul Büyükşehir Belediyesi ilk sel ile 2019'un ağustos ayında karşılaştı. O gün Eminönü-Unkapanı altgeçidinde bir vatandaş hayatını kaybetti. İstanbul'un evsizlerindendi, altı yıldır sokaklarda yaşıyordu. "Cici Baba" lakaplı 59 yaşındaki Sezai Güdek uyuduğu köprü altında sel sularında boğuldu. Cici Baba gibi evsizlerle yapılan röportajda Cengiz Çelik adında bir vatandaş şöyle diyordu:

"Bu tarz afetlerde bizim en çok sığınacağımız yer köprü altlarıdır. Ağacın altında durabilir misin?... Burada yatıyoruz, bazen zabıtalar geliyor, 'Burada yatma' diyor. Neden yatamıyor muşum?"[23] Oysa yağmurdan korunmak için elbette sığınabilmeli.

O gün yağışın fazlalığından ve meteorolojinin geç uyarısından şikâyet edildi. Ertesi günün sabahında manşetler "İstanbul yağmura teslim oldu" diye çıktı. İmamoğlu o günleri şöyle anlatıyor:

> Görevimin ikinci ayı idi, dün gibi hatırlıyorum. Güçlü bir sağanağın etkisiyle çok lokal bir alanda, Eminönü altgeçidinde bir su baskını oldu. Burası aslında çok basit bir müdahaleyle giderilebilecek bir sorundu. Buna rağmen bir vatandaşın hayatını kaybetmesi çok üzücüydü. Her yağmurda insanların tezgâhlarını perişan eden bir problemle karşı karşıya olduklarını görerek de utandım. İSKİ'nin genel müdürüne, yönetimine, "İstanbul'da bu ve buna benzer kaç nokta var ise çıkartın, bunu konuşacağız, tartışacağız" dedim. İSKİ'nin geçmişini iyi bilen bir genel müdürümüz vardı ve gerçekten sağlam bir çalışma yaptı.
>
> Bir baktık ki İstanbul'a hiç yakışmayan bir fotoğrafla karşı karşıyayız. Her noktasında sel olabilir bir İstanbul'dan bahsediyoruz, aslında sel de değil tamamen altyapı eksikliğinden ve karmaşıklığından oluşan bir su baskını. Bütün bu noktalara girebileceğimizi konuştuk. Gücümüz nereye yetiyorsa ondan başlayalım, dedik; gerçekten hızla başladık.

---

23. *Cumhuriyet*, 18 Ağustos 2019.

İstanbul'da sele ve su baskınlarına sebebiyet veren 12'si Avrupa, 4'ü Anadolu yakasında en kritik 16 nokta işaretlenmiş. Bu noktalardan 14'ünde sorunlar kısa ve orta vadede İSKİ tarafından, diğer iki noktada ise orta vadede KGM ile çalışılarak çözüme kavuşturulmuş.

İSKİ Genel Müdürü Dr. Şafak Başa'nın verdiği bilgiye göre o günden sonra yapılan çalışmada İstanbul'da tam 321 noktada sorun tespitleri yapılmış. İSKİ kendisiyle ilişkili olabilecek 240 noktanın sorununu çözmeyi üstlenmiş. Eylül 2023 itibarıyla çeşitli ilçelerde kronikleşmiş 120 noktayı çözmüşler. 53 noktada çalışmaların sürdüğünü, kalan 67 noktanın ise program dahilinde olduğunu söylüyor Başa. (Eylül 2023)

Ancak esas büyük sorunun İstanbul'un yaya ve araç trafiği sebebiyle yıllarca yapımı ertelenen caddeleri, dar çalışma alanına sahip yerleri olduğu söylendi. 2020-2021 yıllarını bize kaybettiren pandemi günleri, bu sorun açısından İBB'ye fırsat yaratmıştı. Ekrem İmamoğlu pandemi günlerindeki çalışmaları şöyle anlattı:

> Pandeminin başlaması, onun etkisiyle sokağa çıkma yasaklarının ilan edilmesiyle, vatandaş yoğunluğunun olmamasını fırsat bilerek hızla işe koyulduk. Hatta bütçemizden yapılması mümkün olmayan işlere de devam edelim dedik. Çünkü belki biz hayatımızda bir kez daha –ki inşallah olmaz– Ortaköy'ü öyle boş bulamayız ya da Kartal Meydanı'nı veya Bakırköy sahilini. 100'ün üstünde noktada çalıştık. "Hayatta açamazsınız, yapamazsınız" dedikleri yerleri açtık ve açtıkça baktık ki inanılmaz karmaşık bir altyapı var.

Dün seni gördüm rüyamda
Arnavutkaldırımlı taş sokakta
Ah bir dili olsa da bir konuşsa...
Demet Sağıroğlu, "Arnavutkaldırımı"

Arnavutkaldırımlarının dili olsa da bir konuşsa, İstanbul'a yağan yağmurun akışını nasıl kesip insanları sele maruz bırakmadığını, bu suyu nasıl emip toprağa karıştırdığını anlatırdı. İstanbul bir zamanlar arnavutkaldırımlarıyla ünlüydü. Kadıoğlu bu kaldırımların asfalta çevrilmesinin sakıncalarını şöyle anlatıyor:

> Üsküdar'da mesela arnavutkaldırımı sokak ve caddeler hep asfalta çevrildi. Arnavutkaldırımı iken yağmur suları sızabiliyordu. Bu sokakları asfalt yaptılar, mazgal da yapmadılar; çünkü boru döşemek, mazgal falan masraflı işler. Hizmet getirdik diyorlar, her taraf cillop gibi asfalt; yola yağan yağmur, çatıya gelen yağmur yollara doğru akıyor; bütün yollar, sokaklar, caddeler dereye dönüşüyor. Bu dere şeklindeki yağmurlar gidip altgeçitlere akıyor ve birikiyor. Bir de meydanlara toplanıyor.

İstanbul'da 23 Haziran 2020 günü etkili olan yoğun yağış, yine Esenyurt'ta sele yol açmıştı. Haramidere taştı; Esenyurt Pınar Mahallesi'nde bir binanın zemin katını su bastı. Suriye uyruklu üç çocuk kurtarılırken bir kişi hayatını kaybetti. Bir vatandaş kömürlük olarak yapılan bodrum katlarının, konut olarak kullanılmasına izin verilmesine isyan ediyordu: "Bunlar kömürlüktür, bunlar ranttır, artık müteahhitlere izin verilmesin. Yeter artık diyoruz."[24]

İstanbul'un sele teslim olma görüntülerinin pek çoğu bodrum katlarında suların içinde kalmış vatandaşın çaresizliğidir. Evin eşyaları, çocukların oyuncakları evi dolduran çamurlu suda yüzerken, ev ahalisi bir yandan leğenlerle çaresizce su boşaltmaya çalışır. Bodrum katlarında yaşanan ölümler sonucu bir mevzuat düzenlemesi yapıldı, ancak yetersiz kalıyor. İnşaat Mühendisleri Odası İstanbul Şube Başkanı Füsun Sümer yeni yapılanlara izin verilmemesinin yeterli olmadığını, birçok eski binada bu durumun hâlâ sürdüğünü söylüyor.

Füsun Sümer bu tür insan sebepli felaketleri doğal afetlere bağlamamak gerektiğini belirterek sel konusunda su seviyesinin ulaşacağı yeri dikkate almama gibi plansız şehirleşme sorunlarına vurgu yaparak şu tarihi örneği veriyor:

> Bakın tarihi köprülere, hiç su geçmeyen yerlerde bile kemerleri var. Hem de ne kadar uzun. Neden yapmışlar? Şu anda de-

24. Özlem Güvemli, "Esenyurt'taki sel felaketinin bilançosu ortaya çıktı", *Sözcü*, 26 Haziran 2020.

renin akmıyor olması 100 yıllık ya da 500 yıllık yağış debisindeki gibi akmayacağı anlamına gelmiyor. Bunlara göre yapmıyoruz. Derelerin iki yakasında 100'er metre mesafe olması lazım konutlar için, bu mesafe korunmuyor. Akarsu havzası dediğimiz bir şey var ve orada yapılaşma olmaması gerekiyor.

Aslında geçmişte doğal afet, şimdilerde de iklim krizi dediğimiz bu insan yapımı felaketleri önlemek için, zengin bir mimariye sahip tarihimize bakmak gerek.

Köşke çıkan üç basamaklı merdivenin önünde, yasemin dallarını aşamayan küçük bir fıskiye, tatlı bir şırıltı ile mermer havuza dökülüyordu. Ihlamur, padişahın en sevdiği köşktür, burada dinlenir ve mütalaa eder.

Alphonse de Lamartine[25]

Seller konusunda çalışanlar subasman konusunu da dile getiriyor. Subasman seviyesi herhangi bir inşaatın sel ya da taşkın gibi durumlarda yaşam alanının etkilenmemesi için zeminden ne kadar yukarıda olması gerektiğini belirleyen bir ölçü. Zemin kat taban kotunun, imar planlarında aksi bir hüküm belirtilmediği sürece en düşük sıfır, yani yok, en yüksek de 1,20 metre olması gerekiyor. Fransızca "soubassement" kelimesinden geliyor.

Mikdat Kadıoğlu dünyada subasman seviyesinin bölgenin 200 yıllık yağışının neden olacağı su seviyesine göre belirlendiğini söylüyor:

> Bu seviyenin altına giriş, pencere, bodrum kat koymayacaksın. Beşiktaş'ta Ihlamur Kasrı'na bakın, o dönemde alt katı yaşam alanı yapmamışlar. Ama hemen kasrın yanında, bizim yeni binaları yapanlar subasman kullanmıyor. Sıfır giriş, bir de bodrum katı var. Zemin altı dükkânların kapılarından aşağı akıyor sular.
>
> İstanbul'da depreme karşı kentsel dönüşüm yapıyorsun değil mi? Deprem tamam, ama seli de düşün, bunu 1 metre yukarda yap.

---

25. Sultan Abdülmecid, 1846 yılında Fransız şair Alphonse de Lamartine'i Ihlamur ve çevresinde ağırlamış, şair Ihlamur ve çevresinden böyle söz etmiştir.

Şehrin yağmur suları

Ey yağmur sonraları, loş bahçeler, akşamsefaları
Söyleşin benimle biraz, bir kere gelmiş bulundum.
Edip Cansever, "Yerçekimli Karanfil"

Peki bu arada ne oluyor bizim mis gibi yağmur sularımıza?

Loş bahçeleri, akşamsefalarını sulaması gereken güzelim yağmur suları ne yazık ki yıllardan beri kanalizasyona karışıyor. İmar mevzuatında yağmur sularının yağmur kanallarına verilmesi yazılı olsa da bunun pratikteki karşılığı kanalizasyon ve yollar. "Kanalizasyona karışsın, ne olacak" diye düşünebilirsiniz. Yağmur suyu hatları kanalizasyona bağlanırsa aşırı yağışta dolup rögarlardan taşma yapıyor. Çünkü kanalizasyonun bir kapasitesi var. Taşmasa da kanalizasyon arıtmaya gittiği için temiz yağmur suları gereksiz olarak yeniden arıtılıyor. Bu da enerji kaybı. İstanbul'da kaba bir hesapla 3 milyon metreküp su tüketiliyor, yani atıksu haline geliyor; 4 milyon metreküp su da arıtılıyor. Yani 1 milyon metreküp temiz yağmur suyu, kanallar ayrılmadığı için boşuna arıtılmış oluyor. Yağmur sularının tahliye edilmesi işinin mevzuatta bir sahibi yok. Ama şimdilik Türkiye genelinde su idareleri protokollerle yapıyor. Genel Müdür Şafak Başa "İSKİ çok büyük su ve atıksu yatırımları yapmış, ama yağmur suyu yatırımları İstanbul'da yetersiz kalmış" diyor.

İmamoğlu da pandemi dönemindeki en verimli çalışmalardan birinin bu kanalların ayrılması olduğunu söylüyor: "Bunun enerji tasarrufuna, çevre sağlığına, sel ve su baskınlarının giderilmesine, Marmara'yı ve İstanbul Boğazı'nı korumaya önemli etkisi oldu. Bu süreçte milyarlarca liralık yatırım yaptık."

Son güncel rakamlara göre İSKİ dört buçuk yılda 173 km yağmur suyu hattı, 8,3 km de yağmur suyu tüneli tamamlamış. (Eylül 2023)

TBMM'de olduğum dönemde "Su Hakkı" mücadelesinde birlikte çalıştığım araştırmacı Dr. Akgün İlhan yıllardır yağmur hasadından söz eder ve şöyle derdi: "Yağmur suyu çatılardan ve geçirimsiz yüzeylerden toplanıp depolanarak park, bahçe sulama, yolların temizliği vb. faaliyetlerde kullanılırsa hem şebeke suyundan tasarruf sağlanır hem de sel denilen afet engellenmiş olur."

Ocak 2021'de İBB Meclisi'nde kabul edilen düzenlemeyle yalnızca 1.000 metrekarenin üzerindeki parsellere inşa edilecek yeni yapılara yağmur sularını toplamak ve depolamak için sarnıç veya depo yapma zorunluluğu getirildi. İBB'nin bu yönde bir karar alması için bir hayli girişimde bulunan Mikdat Kadıoğlu ise "Her hane bunu yapabilmeli, 250 km'den gelen Melen suyuyla bahçe sulayıp araba yıkayacağına, yağmur suyuyla yıkasın vatandaş" diyor.

Bedava yaşıyoruz, bedava;
hava bedava, bulut bedava;
dere tepe bedava;
yağmur çamur bedava...
Orhan Veli Kanık, "Bedava"

Bedavaların bedeli büyük...

Bunca altyapı çalışmasının ardından "Peki sonuç, ya sonuç?" diye soruyorum İmamoğlu'na:

> İstanbul'da altyapıyla ilgili sorunları sıfıra indirdik diyemem elbette. Hâlâ çalışmalarımızın devam ettiği yerler var. Ama şunu söyleyebilirim: Beş yıl bittiğinde bu şehrin on yıllardır her yağmurda sorun dediği yerlerin en az yüzde 90'ını çözdük ve "İstanbul'u bu anlamda rahatlattık" diyebileceğimiz noktaya geldik.

Daha geçtiğimiz sonbahar yoğun yağışlar defalarca Başakşehir ve civarını sular altında bıraktı. Bunu hatırlatıp nedenini soruyorum. "Dere yatağının üzerinde iki koca mahalle var Başakşehir'de. Yoğun yağışlarda yağmur suları o dere yatağını hatırlıyor" diyor İmamoğlu. Bunu çözmek için de İBB biriken yağmur sularını 5,5 kilometrelik bir tünel yaparak Ayamama Deresi'ne akıtacak. Yani yeraltında bir dere inşa edilecek.

Ekrem İmamoğlu'nun sıklıkla söz ettiği "yaşam vadilerinin" aslında en önemli fonksiyonlarından biri, bu tür işgal altında ve işgal tehlikesi olan dere yataklarının ıslahı. Yaşam vadilerinin detayını ileriki sayfalarda "Şehrin Yeşilleri" bölümünde okuyacağız.

Asla doğa bir şey, bilgelik başka bir şey söylemez.
Juvenal, Onaltı Hiciv, MS 100-127

Şehrin Denizleri

Falih Rıfkı Atay, *Çankaya* kitabında Atatürk'ün denizle ilişkisini şöyle anlatır:

> Atatürk'ün İstanbul bahtiyarlıklarından biri Florya'yı keşfetmesi olmuştur. Birkaç gidip gelmeden sonra plajı canlandırmaya karar verdi. Deniz köşkü, alaturka deniz hamamı gibi bir şeydir. Atatürk denize o kadar ihtiraslı bağlanmıştı ki yıllarca yaz aylarını adeta su içinde geçirirdi. Yüzme ve kürek idmanları yapardı. Burada da halktan ayrılmazdı.

Peki ya Osmanlı denize küskün müydü? Yoksa, üç yanı denizle çevrili olan ve nice denizlerde hüküm sürmüş bu devlet, denizleri ve okyanusları yalnızca zafer peşinde koşan kadırgaların savaş oyunları oynamasına, zaferler kazanıp ülkeler fethetmesine olanak sağlayan bir su yolu olarak mı görüyordu?

> Çarşı hamamlarının cehennemi halvet sıcaklığını, dört bir tarafını çeviren denizin o serinleticiliğine tercih eden bir toplumun, natır ve tellaklardan kurtulup gün ışığı görmeyen o beyaz tenini tuzlu suya değdirmesi için çok, ama çok seneler geçmesi gerekiyordu. Osmanlı'nın çarşı hamamlarından deniz hamamlarına geçişi, öyle sanıldığı gibi pek kolay olmadı.

Gazeteci yazar Burçak Evren *İstanbul'un Deniz Hamamları ve Plajları* kitabında böyle tarif ediyor ecdadımızın denizle ilişkisini. Deniz hamamlarına geçiş kolay olmamışsa da geçildikten sonra İstanbul'un Karadeniz kıyılarından İstanbul Boğazı'na, Marmara kıyılarından Adalara kadar her kesimden İstanbullu sevdi denizleri. Kimi piknik yaptı, kimi balık tuttu, kimi deniz havası aldı, kimi doğruca daldı. Denize girmese de, yüzme bilmese de o deniz onun deniziydi. Bazı yıllarda çok kirlendi bu denizler, girilemedi. Uzaklara gitti İstanbullular, doğa tipi sayfiyeler deniz kenarı yazlıklara döndü. Biraz da bu yazlıklar bağladı Tekirdağ'ı İstanbul'a, İstanbul'u Kocaeli'ne, Yalova'ya... Peki ya şimdi sahillerimizde durum nasıl?

Ekrem İmamoğlu 2021 Haziran başında, Karadeniz sahili Karaburun'da "Çok güzel bir yaz bekliyor burayı. Hepinizi de bekliyoruz. Ben de geleceğim. Bakarsınız beraber denize gireriz" diye müjde veriyordu.

Muhtarlara halka açık 84 plajda temizlik hizmeti verildiğini, ayrıca İBB olarak, toplam üç ilçede sadece beş noktada üretilen hizmeti 10 noktaya çıkardıklarını anlatırken kendisine "İlk defa bu sahilde bu tür hizmetler yapılıyor" diyen muhtara, "Allah'ın nimeti bu güzelliği lütfen koruyun" cevabını veriyordu.

İstanbul'un denizlerinin korunması, çöplerinden arındırılması da Çevre Koruma ve Kontrol Dairesi'nin işi. Prof. Dr. Ayşen Erdinçler'e "Denizlerde durum nasıl?" diye sorduğumda "Deniz suyunun kalitesi Çevre, Şehircilik ve İklim Değişikliği Bakanlığı'nın sorumluluğunda, ama denizin yüzeyi ve denizdeki gemilerden atık alımı bizde. Deniz yüzeyini temizleme tekneleriyle, bazen elle yani kepçelerle katı atıkları topluyoruz. Bir de derelerin Boğaz'a girdiği kısmı temizliyoruz. Bu atıkları daha sonra atık dönüşüm ya da bertaraf sürecine sokuyoruz" diye cevap veriyor. Yani yukarıda anlattığımız sürece denizin getirdiği katı atıklar da ekleniyor. Peki başka ne var?

> Gemiler geçerken bize beyan eder, der ki benim şu kadar katı atığım, şu kadar atıksuyum var. Petrol türevi atıkları da olabilir. Ben bütün bunları almakla mükellefim. Dolayısıyla onların beyanına göre gidiyoruz ve alıyoruz. Eskiden bir de denetim görevimiz vardı, yani gemiler habersiz atık bırakıyorlar mı diye. Dronlarla, teknelerle takip edip bir gemiden atık atıldığını görürsek hemen numuneler alıyorduk ki ispatını yapalım.

Kaçak atık durumunda çok yüklü cezaların alındığı bu iş, 2023 yılı itibarıyla Türkiye Çevre Ajansı'na devredilmiş. Marmara ve Haliç kirlenmesin diye yıl boyunca Haliç'te ve derelerde dip çamur tarama işlemi de Çevre Koruma ve Kontrol Dairesi'nce yapılıyor.

Marmara'da müsilaj olduğunda Bakanlık ve Valilikle birlikte çalışmışlar. Erdinçler "Tabii oranın en büyük çalışanı bizdik. Bütün Marmara yüzeyinden 6.440 metreküp müsilaj toplandı. Bunun 4.440 metreküpünü biz topladık" diyor. Bakan da teşekkür etmiş Ayşen Erdinçler'e.

Şehrin Atık Suları

Denizlerimizin katı atıktan arındırılması sürecini öğrendik. Peki ya göremediklerimiz? Bu konu da Bakanlığın sorumluluğunda, ama yıllardır İstanbul'un denizlerine ve boğazlarına atıksularımızı veren İSKİ de bu suları olabildiğince temizlemeye ve arıtmaya çalışıyor.

Acaba Marmara'ya, Karadeniz'e ve İstanbul Boğazı'na neler akıtıyor, ne kadar akıtıyoruz, bunlar ne kadar tehlikeli, akıtmasak olmaz mı? Başka çare yok mu? Bakalım.

Aslında basitçe anlatırsak İstanbul'da atıksular İSKİ kanallarıyla İstanbul'un çeşitli noktalarından İstanbul Boğazı'na ve Marmara Denizi'ne gidiyor. Arıtma teknolojisi geliştikçe, arıtılan su iyice ayrıştırılıp dışarıya sızan koku da gideriliyor ve arıtılan suyun İstanbul'un denizlerine zararı minimuma indirilmeye çalışılıyor. Eskiden ön arıtma yapılıyordu. Yani bir çeşit kabaca katı atık eleme gibi. Daha sonra biyolojik arıtma ve ileri biyolojik arıtmalara geçildi. Ancak arıtmanın kalitesi yükseldikçe tesise de daha fazla alan gerekiyor. Ama İstanbul'da yine yer sorunu var. İSKİ ve Çevre Mühendisleri Odası'ndan edindiğim bilgilerle İstanbul'daki atıksu arıtma konusunu vatandaş diline şöyle tercüme edeyim:

Evlerimizden çıkan atıksularımızın arıtılması için azot, fosfor ve karbonun giderilmesi gerekiyor. Denizlerimizi, sularımızı kirletenler bunlar. Eğer bunlar alıcı ortam denilen doğaya ve suya verilirse bulundukları yerdeki oksijeni tüketiyorlar. Yani canlıların oksijenine ortak oluyorlar. Sudaki oksijeni de tüketip havasız, yani yaşanmaz hale getiriyorlar. Bu üçü ancak ileri biyolojik arıtmayla giderilebiliyor.

Pandemi sonrası Marmara'yı bloke eden müsilaj sorunu nedeniyle İSKİ Marmara'nın temizliğine ayrı bir önem veriyor. ÇMO İstanbul Şube Başkanı Selahattin Beyaz, bu konuda en başarılı örneklerden birinin Tuzla'da yapılan arıtma olduğunu belirtti. Yine Marmara'yı korumak için Küçükçekmece'deki ön arıtma tesisi de iptal edilerek iki ayrı tünelle suyun yarısı Ambarlı ve Ataköy'deki ileri biyolojik arıtma tesislerine aktarılacak. Bir hayli yüklü bütçeler gerektiren bu işler için Dünya Bankası finansmanıyla "İklim ve Afete Dayanıklı Şehirler Projesi"nden ödenek bekleniyor.

Gelelim İstanbul Boğazı'na... Boğaz'la ilgili şöyle bir durum var. İstanbul Boğazı dibinde Karadeniz'e doğru bir dip akıntısı var. Artıma işlerinde buna güveniliyor. Çok uzun yıllardır veriyorlar Boğaz'ın dibine, haydi güle güle Karadeniz'e.

Ancak Selahattin Beyaz bunun eski ve yanlış bir mantık olduğunu belirtiyor: "Evet denizin altında akıntı var kuzeye doğru giden. Ama Karadeniz'in tam ağzında Boğaz'ın çıkışında bir tane eşik var, yani yükselti var. Marmara'dan Boğaz'ı geçip giren su, yukarıya doğru hidrolik sıçrama yapıyor ve yaklaşık yüzde 80'i Karadeniz'e girmeden geri dönüyor. Bu akıntıdan faydalanarak plan yapmak doğru değil."

Boğaz'a kaçak deşarjlar da var. Bunlar Bakanlığın denetiminde ama bazen arıtma yapmadan İSKİ'nin hatlarına kaçak bağlıyorlarmış. Genel Müdür Şafak Başa bu durumu, "Arıtmalarımızın kapasitesi artıyor, atık bertaraf etme performansımız düşüyor" şeklinde açıklıyor.

Bu alanda çözdükleri en önemli nokta, her Kurban Bayramı, Üsküdar'dan denize akıtılan kurban kanı görüntüleriyle gündeme gelen İstavroz Tüneli. Neyse ki artık yok.

Boğaz hattında, yer darlığı nedeniyle ileri biyolojik arıtma tesisi yapılamadığını söylüyorlar. Baltalimanı ön arıtmadan biyolojik arıtmaya çevrilmiş. Selahattin Beyaz ise biyolojik arıtma için "Biz buna alıcı ortama verecek kadar yüksek kalitede arıtılmış su diyemeyiz" diyor. Çevre ve Şehircilik ve İklim Değişikliği Bakanlığı da İSKİ'den bütün İstanbul Boğazı hattında ileri biyolojik arıtma talep ediyor. İSKİ de istiyor ama arazi sorunu var.

Peki bunları Boğaz'a akıtmak şart mı?

Selahattin Beyaz farklı mühendislik metotları öneriyor:

> Aslında kentin altyapısını yeniden planlamak lazım. Bunlar tabii birkaç yıllık planlamalar değil. Ülkede buna uygun merkezi bir bakış açısı lazım. İstanbul'un atıksu kanalizasyon deşarjları, atıksuların arıtımı için bu bölgelerde yer olmadığından Marmara Denizi'ne veya Boğaz'a yapılıyor. Oysa, örneğin işletme maliyeti bedeline katlanılarak pompa istasyonları kurulup, yüksek kısımlarda yapılacak atıksu arıtma tesislerine iletilmesi mümkün. Otoban kenarına küçük arıtmalar yapabilir, sulama için kullanabilirsiniz arıtılmış suyu.

İstanbul Çevre Durum Raporu 2023'te de "İstanbul'da kullanımdan kaynaklanan evsel atıksularda karbon, azot ve fosfor kirleticilerinin bulunduğu ve atıksu arıtma tesislerinin yüzde 50-55'inin "Ön arıtma", "Biyolojik Arıtma" ve "Hızlı Aktif Çamur Sistemi" olduğu, Marmara Denizi'nde kirletici baskılara karşı "ileri biyolojik atıksu arıtma" gerektiği belirtiliyor. İSKİ Genel Müdürü Şafak Başa'nın verdiği bilgiye göre, İstanbul'da İmamoğlu yönetimi devraldığında biyolojik ve ileri biyolojik arıtma yüzde 40 civarındaymış ve yapılan yatırımlarla bu oran yüzde 58-60'a kadar çıkarılmış.

Selahattin Beyaz 1000 kilometrelik Marmara kıyı şeridinde yaşayan 30 milyon insanın atık baskısına dikkati çekerek "Marmara'da 25 metreden sonra oksijen seviyesi çok düşük, yaşam belirtileri çok çok azaldı. Dolayısıyla bütün Marmara'da dün itibarıyla bütün deşarjların kesilmesi lazımdı" diyor.

İSKİ, İstanbul'da İçme suyu ve Kanalizasyon Master Planını 2023 Ağustos ayında açıkladı. 2053 hedefli bu planda alıcı ortamda "iyi su kalitesi" sağlanması için sürecin tüm alt bileşenlerini, yani yük, debi, proses, koku, enerji, çamur yönetimi, emisyon, çevresel ayak izi, geridönüşümü kapsayan bütüncül bir çalışma öngörülüyor.

Su Hakkı

> Kenti çevreleyen su borularında dolaşan, kimyasal yapısı H_2O olan, işlevsel olarak suya benzeyen o sıvının, insanın tarih boyunca su olarak bildiği, yaratılışın ikinci gününde ikiye ayrılan, Lethe'de belleği silen, Mnemosyne'de mutlak bilgiyi içinde toplayan, vaftiz eder ve abdest alırken ruhu arıtan, antik felsefede tözlerden biri olan, uzamı sınırlayan, pınarlardan çağlayan, ırmaklardan akan ve meydanlardaki ortak köy veya mahalle çeşmelerinden kap kacağa doldurulan; yani temizleyen ve arıtan o şey ile aynı olduğuna emin misiniz?[26]

Ivan Illich'in konuşmalarından derlenen *H_2O ve Unutmanın Suları* kitabındaki su tanımı bizi çocukluğumuza götürebilir. Kaynaklardan su içebilen son şanslı nesiller olmalıyız. Anadolu'nun köylerindeki, kasabalarındaki, şehirlerindeki çeşmelerde avuçlarını doldurup kana kana su içen, kafasını sokup ıslatan, yanında getirdiği kabı kacağı, damacanasını dolduran nesil, çok hızlı bir süreçte evindeki musluklara gelen suyu artık içemediğini, yalnızca kaynatmalı işlerde ya da temizlikte kullanabileceğini gördü.

---

26. Ivan Illich, *H_2O ve Unutmanın Suları*, çev. Liz Behmoaras, İstanbul: Yeni İnsan Yayınevi, 2007, s. 14.

Yine de bir yerlerde hâlâ buz gibi akan kaynaklar, İstanbul gibi büyüyen şehirlerin nüfusunun hafta sonu gezilerinin ya da piknik eğlencelerinin öznesi olabiliyordu. Evdeki cam damacanaları arabalara yükleyip şehir ormanlarından süzülerek gelen o güzelim kaynaklarla doldurabiliyorduk.

Sonra gün geldi, o sulara adını veren kaynakların isimlerini soluk mavi, plastik bir şişenin üzerindeki etikette gördüler. Su, şişenin içine hapsedilmiş, bir de fiyat etiketi konmuştu. Akışkan hayat sıvısı durgundu artık.

Illich'in ifadesiyle "yaratılışın ikinci gününde ikiye ayrılan su" artık içme suyu-kullanma suyu diye ikiye ayrılmıştı. Suyun bir hak olmaktan çıkıp bir ticari ürüne dönüşmesini izledik son 40 yılda. 21. yüzyılda "mavi altın" diye tanımlanan su "petrol" ihtimamı görmeye başlıyordu. *Mavi Altın* kitabının yazarlarından Tony Clarke "Su yalnızca satın alabilenlere ayrılırsa ne olacak?" diyerek "su baronları" olarak tanımlanan küresel su şirketlerini eleştiriyordu.[27]

2007 yazında *Fortune Türkiye* dergisi için "Suların özelleştirilmesi" konulu bir dosya haber yapıyordum. O yazın en çarpıcı fotoğraflarından biri iki güvercinin çeşme başında bir damla su kapma kavgasıydı. Susuz bir yazdı.

Türkiye ise son 20 yıla damgasını vuracak olan, kamuoyuna "nehirlerin satışı" diye yansıyan o tehlikeli adımı atmak üzereydi: Dönemin Enerji Bakanı Hilmi Güler'in "Su kaynaklarını özelleştireceğiz" sözü, ileride çok derinleşecek bir travmanın ilk adımı oldu.

Suya dayalı kalkınmanın ömrü elbette daha eski ama 2000'lerle yaygınlaşan "su kullanım hakkının devri" ülkeyi HES yani Hidroelektrik Santral hafriyatına çevirdi. Akarsuların HES kanallarına ve tünellerine hapsedilmesi, siyaset ve bürokrasi tarafından "Su akar Türk bakar ama biz seyretmeyeceğiz" denilerek savunuldu. TBMM'de olduğum günlerde, bir gün Genel Kurul'da dönemin Orman ve Su İşleri Bakanı Veysel Eroğlu'nun "Bu HES'ler Türki-

27. Maude Barlow, Tony Clarke, *Blue Gold: The Fight to Stop the Corporate Theft of the World's Water* [Mavi Altın: Dünyada Suyun Kurumsal Hırsızlığını Durdurma Mücadelesi], 2005.

ye için olmazsa olmaz, elektriğin sigortası, kendi milli kaynağımız. Bunların belki otuz kırk yıl önce tamamlanması lazımdı. Su akmış, biz bakmışız" ifadelerini kullanması üzerine, BDP Milletvekili Sırrı Süreyya Önder, bana Ivan Illich'in sözlerini hatırlatan bir konuşma yapmıştı:

> Bir Türk olarak bu nefsime ağır geldi. Su akar Türk bakar, Türk'ün alıklığına, aptallığına delalet etmez. Türk'ün kadim tabiatla kurduğu ilişkideki hürmetine, dikkatine ve rikkatine delalet eder. [...] Su aktığı zaman bunun bir dünya sistemi olduğunu, bunun çocuklarından miras olduğunu, geleceğe korunarak bırakılması gereken bir şey olduğunu bildiği için Türk bakmış...

Nehirler bilirdim bu dünya kadar kadim,
İnsanoğlunun damarında akan kandan eski.
Bu nehir gibi derin akar ruhum benim.
Fırat'ta yıkandım, tazeyken henüz dünyanın şafağı.
Kongo kıyısına kurdum kulübemi ve seslendi bana ninnisiyle.
Nil'e baktım uzun uzun ve piramitler diktim üstüne.
Şarkısını duydum Mississippi'nin...

Langston Hughes, "Nehirlerden Bahsediyor Zenci"

Şehrin su hakkı

Çeşmelerden şişelere hapsettiğimiz, barajlarda biriktirip akışkanlığını durgunlaştırıp borularla, sayaçlarla mutfaklarımıza, banyolarımıza getirdiğimiz suyu eski aziz günlerine döndürmek çok zor ama suyun bir hak, bir insan hakkı olduğu mücadelesini diri tutmak da hayati öneme sahip. Sağlıklı, güvenli, ulaşılabilir ve ödenebilir su talebi hep gündemde.

2012 yılında Su Hakkı Kampanyası "Su politikalarında köklü bir değişim yaratmak, toplum için su hizmetlerinde kaliteyi artırmak ve adaleti yerleştirmek, herkesin temel ihtiyaçlarına yetecek miktar ve kalitede suya erişimini sağlamak, sosyal-ekolojik yıkımların önüne geçmek" amacıyla başladı. Kampanyanın esas hedefi "Su hakkının anayasal güvenceye alınmasıydı."

Su Hakkı Kampanyası ile 2016 yılı başında Türkiye'nin nüfus bakımından en büyük dört şehri olan İstanbul, Ankara, İzmir ve Bursa'da su faturalarına eklenen maliyet unsurlarındaki artışlarla ilgili bir çalışma yapmıştık. Kurumların kısıtlı verilerine ulaşmaya çalışırken, 2011, 2012 ve 2013 yıllarında İSKİ'nin gelirlerindeki artış ve elde ettiği kârı gösteren tabloda İSKİ'nin bütçesinden İBB'ye kaynak aktarımı yapıldığını görmüştük. O zaman da sormuştuk: "Vatandaştan su hizmetleri için alınan paralar başka belediye hizmetlerine mi aktarılıyor?" diye. İSKİ'den İBB'ye aktarılan pay bu yeni dönemde kesildi. Ekrem İmamoğlu'nun seçim vaatlerinden birisi de "İstanbullunun suya harcadığı parayı azaltmak"tı.

Peki sözünü ne kadar tutabildi? Ya da İstanbul Türkiye'nin neresinde, bir görelim:

İSKİ'nin 2023 Eylül verilerine göre İstanbul 30 büyükşehirle kıyaslandığında 16. sırada görünüyor. Konutlar için belirlediği 1. kademe, yani en düşük su ve atıksu ücretinin metreküpe İnsani Su Hakkı indirimi de uygulanınca İstanbul bu sıraya oturuyor.

Şafak Başa su fiyatını belirlerken uluslararası standartların bulunduğunu belirterek "Öncelikle 'su faturasının ödenebilirliği ilkesi' var. Asgari ücretin belli bir oranını geçmemesi gerekiyor. İstanbul'da meskenlerin yüzde 79'u 1. kademeden, yani 15 m^3 ve altı su kullanıyor. Mevcut su tarifesiyle 15 m^3 su tüketim faturası asgari ücretin yüzde 2,65'ine tekabül etmekte olup su faturasının ödenebilirliği seviyesinin altında bulunuyor" diyor. (Eylül 2023)

Ekrem İmamoğlu yönetime geldiğinde başlayan İnsani Su Hakkı Kullanımı indirimi, 16 Ekim 2021'de Sayıştay Başkanlığı raporuna istinaden durdurulmuştu. Ancak daha sonra Cumhurbaşkanı kararıyla yeniden uygulanmaya başlandı.[28]

Yani İnsani Su Hakkı durdurulamaz.

Müslümanlar üç şeyde ortaktır. Ot, su ve ateş

Hz. Muhammed (S.A.V.)

---

28. 16.12.2021 tarihli ve 31691 sayılı *Resmi Gazete*'de yayımlanan 15.12.2021 tarihli ve 4920 sayılı Cumhurbaşkanı kararı.

Şehrin musluk suları

İmamoğlu'nun İstanbullulara bir diğer vaadi de beş yılın sonunda altyapı çalışmaları tamamlandığında İstanbulluların musluktan temiz su içebilmesiydi.

Su yönetimi uzmanı Akgün İlhan'a, evdeki musluktan su içip içmediğini soruyorum. "Güvenle içiyorum" diyor. Hayatını "su" konusuna adamış biri olarak onun referansı önemli. "İSKİ'nin konutunuza kadar getirdiği suyu içebilirsiniz ama deponuz ya da musluğunuza kadar gelen borulardan, tesisattan emin olmanız lazım" diye ekliyor. İşte İstanbul gibi bir şehirde önemli bir sorun bu. Pek çok hanede depo temizliğinin düzenli yapılmaması, tesisatın eskiliği ve güvensizliği nedeniyle içilebilir suyu diğer işlerde kullanıyor; damacana su ya da arıtma cihazlarıyla içme suyu temin ediyoruz.

İSKİ Genel Müdürü Dr. Şafak Başa da "suyun başındaki kişi" olarak İSKİ'nin sağladığı içme suyuna güveniyor. "Elbette suyun tadı konusunda kişiler arasında ağız tadı farkı var" diyerek bana masasında içine limon dilimleri atarak zenginleştirdiği İSKİ suyundan ikram etti. Ancak İSKİ'nin verdiği güvence, suyu teslim ettikleri noktada bitiyor.

Acaba İstanbul'daki hanelerin yüzde kaçının tesisatı İSKİ suyunu güvenle içmeye müsait? Bu konuda İSKİ'nin elinde bir araştırma ve oran bulunmuyor. Peki İSKİ bu tarama ve bakım işini yapamaz mı? Başa bunu hem mekân sayısının belirsizliği hem de hukuki sorunları olabileceğinden şimdilik mümkün görmüyor. Bu konuda yapılması gereken çok şey var:

> Yapılması gereken, valiliğin bir hıfzıssıhha kararı alması. Bir kere kesinlikle kamu okullarında, kamu hastanelerinde depoların yenilenmesi ve periyodik olarak temizlenmesi zorunlu hale getirilmeli. Valilik de denetlemeli; bu görevlerinin bir parçası olmalı. Yine aynı şekilde Hıfzıssıhha Kurulu kararıyla apartman yönetimleri için de bu bir sorumluluk haline getirilmeli. Periyodik olarak halk sağlığı birimleri nasıl bizi denetliyorsa onları da denetlemeli. Bu da bir nevi güvenlik hizmeti. Otopark hizmeti gibi, park bahçe hizmeti gibi depoya da bakacaksınız. Bu bir halk sağlığı konusudur.

İstanbul Kent Konseyi dahilinde bir Çocuk Konseyi oluşturulduğunu önceki bölümde anlatmıştım. Çocukların saha çalışmasında hazırladıkları sorun-talep raporunda ilk dikkatimi çeken taleplerden biri bu konu olmuştu. Çocuklarla belediye yetkilileri arasında çok hoş bir diyalog var:

Çocuklar: Evlerimizde musluklardan su içmek istiyoruz. Su satın almak istemiyoruz.

Belediye Temsilcileri: Filtre istiyorsunuz ama bu uğraştırıcı olur, ayrıca bütçe ister. Ayrıca bazı evlere filtre veririz, veremediklerimiz itiraz etmeye başlar. Sorun yaşarız.

Çocuklar: Filtre yerine binalara giden boruları yenileyebilirsiniz. Aynı sonucu alırsınız. O kadar gökdelen yapacağınıza onların yerine bunu yapabilirsiniz.

Belediye Temsilcileri: Filtrelerin maliyeti çok düşük, herkes kendi alabilir. Ayrıca İstanbul'da çok ev var, belediyenin bütçesi buna yetmeyebilir.

Çocuklar: Belediyenin bütçesi tam olarak ne kadar? Filtre takamıyorsunuz, diğer bazı isteklerimizi de yapamıyorsunuz, bunu hiç anlamadık...[29]

Şehrin çeşmeleri

Dün Fenerbahçe'de gördüm,
İri bir zümrüt içindeydi bahar...
Çağlayanlar dökülür yüksekten,
Çeşmelerden su akar rengârenk...
Yahya Kemal Beyatlı, "Fenerbahçe"

İSKİ, İstanbul'un 63 memba alanına bağlı toplam 131 adet çeşmesinden kaynak suyu akmasını sağladı. Ayrıca İBB Miras ile yapılan ortak çalışmayla 163 tarihi çeşmeye şehir şebeke suyu bağlanarak hem çeşmelere tekrar işlev veriliyor hem de İSKİ güvencesiyle su akıtılıyor, düzenli temizlik ve bakımları yapılıyor, vatandaş da buralardan ücretsiz su içebiliyor.

29. İstanbul Kent Konseyi, İstanbul Çocuklara Soruyor Proje Raporu, 2022.

Tarihi III. Ahmet Çeşmesi'nin suyu yıllar sonra yeniden akıtılmaya başladığında Ekrem İmamoğlu "Ecdadımızın bize bıraktığı, akmayan çeşme kalmasın. Herkes oradan faydalansın. Turistler de içsin" demişti. İmamoğlu'na akan çeşmeleri sorduğumda da gülerek "Çeşmelerin akması lazım, akmayan çeşme çalışmayan belediye gibi oluyor" diyor ve ekliyor:

> Bakımsızlıktan ne yazık ki metruk hale gelmiş ya da başkalarının kullanımına geçmiş çeşmeleri bildirmek için insanlar arıyor. Ekiplerimiz de bu ihbarlara gidiyor ve restore ediyoruz. İBB Miras yapıyor bunu. Bu bize inanılmaz moral veren bir şey. Çünkü o sokakta oturan bir insan, yıllardır bakımsız bir köşe olarak gördüğü, ecdadından kalan tarihi yerin pırıl pırıl hale geldiğini görmekten mutlu oluyor, o mahallede yaşayan herkesi mutlu ediyor bence.

İSKİ, İBB Miras ile birlikte İstanbul'da su tarihini açığa çıkaracak çalışmalar da yapıyor. II. Abdülhamid döneminde yapılan, Hamidiye Su Tesisleri'nin terfi istasyonlarından biri olarak 1902 yılında hizmet vermeye başlayan Cendere Pompa İstasyonu bir su müzesine dönüştürüldü. Şafak Başa şöyle anlattı:

Tarihi su yapılarını ayağa kaldırıyoruz. Kemerleri restore ediyoruz. Genel müdürlüğümüzün bahçesinde Fransızlardan kalma bir su yapısı ve pompa istasyonu vardı. Titanik'in pompalarını yapan firma kadar eski. Orayı Su Kafesi yaptık. İstanbul'un Su Kültürü ve Medeniyeti birimi kurduk. Arzu eden gruplara tur yapıyoruz burada. Buradan alıyor ve su yapılarını gezdiriyoruz. Elde nerede bir su yapısı varsa ayağa kaldırmaya çalışıyoruz.

Atatürk, su idaresini 1933 yılında millileştirmiş. İSKİ'nin özellikle Atatürk'ün kurduğu bir kurum olduğunun altını çiziyoruz. Biz geldiğimizde yeterince vurgulanmıyordu bu. Aslında İSKİ bir millileştirme projesinin ürünü. İsmet İnönü Başbakan, Şükrü Kaya İçişleri Bakanı iken 27 Mayıs 1933'te İstanbul Sular İdaresi Kanunu çıkarılıyor. Fransızlardan kalma Terkos ve diğer su şirketleri millileştiriliyor. Bunun bir millileştirme, bir ulus devlet yaratma projesi olduğunu hep vurguluyoruz. İSKİ bu yıl 90 yaşında. Geçtiğimiz yıllarda hizmet etmiş eski su yöneticilerini bulup getirdik İSKİ'ye. Onlara plaket ve hizmet edenlerin isimlerini tesislerimize verdik.

Şehirde susuzluk

Sularımız çok bolmuş gibi söz ettik ama son yıllarda gözümüzün yağacak yağmurda, karda olduğunu, Türkiye için susuzluğun önemli bir risk olduğunu da unutmayalım. İstanbul'un gözü ise başka sularda, nehirlerde...

> Düzce'den doğan ve Sakarya üzerinden Karadeniz'e dökülen Melen Çayı, çevresindeki ağaçlarla bölge sakinlerine her mevsim farklı manzaralar sunuyor. Sonbaharın gelmesiyle çay çevresinde yükselen ağaçlarda yeşil, sarı ve kahverengi renkler hâkim olmaya başladı. Farklı tonlarıyla sonbaharı yansıtan ağaçlar, nehirle bütünleşince bölgeye ayrı bir güzellik kattı. Ortaya çıkan güz manzarası, havadan görüntülendi.

Bu alıntı Anadolu Ajansı'nın 3 Kasım 2022 tarihli fotoğraflı haberinden. Dronla çekilen fotoğraflarda güneşli bir sonbahar günü Melen Çayı göz alıcı menderesleriyle 2.317 kilometrekarelik havzasında kıvrıla kıvrıla iki yakasındaki yaşama can vererek ilerliyor.

Ama Melen Çayı'nın, İstanbul'a su sağlaması buradaki havzayı ne şekilde etkileyecek, bunun gerçekçi bir ekolojik ve sosyal etki değerlendirmesi yapılmadı. Ama bir kez başlandı ya bu Melen işine, artık dönüş de yok. 35 yıl geçti, proje de yılan hikâyesine döndü.

1 Ağustos 2022 tarihinde Ekrem İmamoğlu, çalışmaların durduğu Melen Barajı için "İstanbul'un neredeyse bir yıllık suyunu garanti altına alacak bir barajdan bahsediyoruz. Gününü ve saatini vererek, '2016'da bunu açacağız' diye taahhüt etmişti o dönemin bakanı. O günden ve saatten bu yana, tam 6 yıl geçti. Ve şu anda akıbeti belli olmayan, geleceği belli olmayan, çatlamış bir barajla karşı karşıyayız" demişti. İBB Meclisinde İyi Parti üyesi Oğuz Sarul tarafından 14 Ekim 2020 tarihinde verilen "Melen Baraj inşaatı esnasında yapılan yanlış uygulamalar neticesinde oluşan su kıtlığının sorumlularıyla alakalı önerge" ise iktidar ittifakı oyuyla reddediliyordu.

İstanbul'da esas sorunun su biriktirme kapasitesinin azlığı olduğu belirtiliyor. Mevcut durumda Melen Çayı'ndan gelen su barajlarda tutularak su temini yapılıyor. Melen Barajı'nda da su depolanamadığı için İSKİ alabildiği kadar suyu alıp tutmaya çalışıyor;

bu da ciddi enerji maliyeti demek. İstanbul'un su kaynaklarının çok önemli bir kısmı Asya tarafında ama nüfus yoğunluğu Avrupa yakasında. Bu yüzden Asya'dan Avrupa'ya her gün 1.200.000 metreküp su transfer ediliyor. Susuzluğa karşı mevcut barajların kapasitesi artırılıyor, arıtmalar iyileştiriliyor, tüneller yapılıyor, ama sonuçta varsa yoksa Melen Barajı deniyor. Zira suyu depolayamazsanız değişken olan yağış rejimine mahkûm kalıyorsunuz.

"Daha ne kadar büyüyebilir bu İstanbul?" sorusu da soruluyor bir yandan. İstanbul Trakya'dan Batı Karadeniz'e kadar neredeyse bütün suları topluyor ya da toplayacak. Bunun sürdürülebilir olmadığı aşikâr. Çünkü bu bölgelerde yaşayan insanların da suya ihtiyacı var ve su tükendiğinde, yaşam alanı kalmadığında onlar da yaşamak için İstanbul'a gelecekler.

"Yine de susuz kalır mıyız?" sorusuna Şafak Başa şu yanıtı veriyor:

> Geldiğimiz günden beri İSKİ'nin 2053 yılına kadar master planını yapmış durumdayız. İSKİ'nin potansiyel bütün su kaynakları çalışılmış vaziyette. Suyu nereden alacağız, Istıranca'dan mı alacağız, belki Meriç Suyu gelecek, projeksiyonların hepsi hazır.

Yani yine gözümüz Trakya sularında. İstanbul büyüdükçe Trakya'nın sularını çekecek, Trakya'nın suları İstanbul'a aktıkça nüfusu da akacak.

Doğal Hayatı Koruma Vakfı havzalar arası su transferinin çevresel sakıncalarını şöyle sıralıyor:

> Nehir sistemlerinin bağlantılarının kesilmesi, yapısının değişmesi; balık göçlerinin kesintiye uğraması, üremelerinin azalması; sucul canlıların yaşam alanlarını kaybetmesi; deltanın yapısının bozulması, kıyı erozyonu ve tuzlanma ile istilacı türlerin artması. Tabii buna su havzasında yaşayan canlıların suyunun azalmasından doğacak sorunları da ilave etmek gerek.

Yani taşıma suyla İstanbul dönmüyor anlayacağınız, İstanbul dönse bile doğaya, canlılara zarar vererek dönüyor. Ama İstanbul'un taşı toprağı dert. Bir de su havzalarına kondurulan kaçak yapılar var...

Su havzaları

Su havzalarına kaçak yerleşim de yıllardır İstanbul'un en önemli sorunlarından biri. Bazen bu yerleşimler villa bile olabiliyor. Suyun güvenliğini korumak için bu yapılaşmayla da mücadele ediliyor. İSKİ'ye ait Büyükçekmece, Terkos ve Ömerli havzalarında kaçak tarım faaliyeti olabiliyor. Milyonlarca metrekare bir yeşil alanın kontrolü de güç.

İBB Kentsel Ekolojik Sistemler Müdürlüğü ile başlatılan yeni bir çalışmayla su havzalarının etrafının "insanla korunması" hedefleniyor. İBB Başkan Danışmanı Yüksek Mimar Prof. Dr. Yasin Çağatay Seçkin İSKİ'yle birlikte "Su havzalarının yakın çevresinin yeşil alana dönüştürülmesi projesini" bu amaçla hayata geçirdiklerini söylüyor: "Dünyada insanla koruma, kullanarak koruma diye bir kavram var. İSKİ'ye dedik ki 'biz burayı yürüyüş ve bisiklet rotasına çevirirsek güvenliğimiz gelir, alanı kontrol ederiz, insanları bilgilendiririz'. Geldiler gezdiler ikna oldular. Suyu korumak için yürüyüş ve bisiklet parkurları dışında her türlü işlev 300 metre sınırının dışında olacak. Sürekli su testleri yapılacak. Koru izcilerimiz de alan boyunca varlıklarını sürdürecek ve hem halkı uyaracaklar hem de bilgilendirecekler. Tabelalarımızla, totemlerimizle birlikte tam bir bilgilenme alanı olacak aslında." Tüm bu çalışmalar bittiği zaman İstanbul'a yaklaşık 25 milyon metrekare yeşil alan ilave edilmiş oluyor.

Şehrin Yeşili

Baş döndüren caddelerin yanı başında öyle parklar var ki, insana Londra içinde bulunduğunu tamamen unutturuyor. Üzerine binlerce, evet binlerce sandalye, şezlong, sıra serpilmiş olan bu geniş parklarda halk hiç bir ücrete tabi olmadan dinleniyor, öğle uykusu uyuyor, gazetelerini okuyor ve eğer varsa güneş banyosu yapıyor. Yani insanın şehir içinde bir köy hayatı yaşaması bu parklar sayesinde mümkün olmuş. Parklarda gölcükler yapmışlar, buralarda da Taymis kenarlarına gitmeğe vakti olmayanlar için kürek çekme imkânları sağlanmış.[30]

30. Mübeccel Argun, "Londra İntibaları", *Arkitekt*, 10.09.1947, cilt 1947.

Türkiye'nin ilk kadın atletlerinden ve radyo spikeri Mübeccel Argun, 1947 yılında Londra'ya yerleşerek BBC Radyosu Türkçe Servisi'nde 25 yıl görev yaptı. Dönemin *Arkitekt* dergilerine Londra yazıları yazan Argun'u en çok etkileyen, şehrin devasa parkları olmuştu.

Dünya şehirlerinde herkesin rahatlıkla ulaşabileceği mesafe ve imkândaki büyük yeşil alanlar genellikle şehirlerin de sembolleri haline gelir.

Uçak alçalırken kenti çevreleyen tarım arazileri, çiftlikler, bahçeler, göller, ağaçlar ve kırların genişliğinden belli eder kendini şehirler. Ya da şehre inerken toprağın bağrını deşen maden alanları, taş ocakları, çarpık yapılaşmalar, yeşilsiz kalmış alanlar, fabrika bacalarından çıkan dumanlar görürsünüz. İstanbul uçaktan inerken çekilen fotoğraf karelerine bir yandan Kuzey Ormanları'nın parçalanmış yeşili, seyrek de olsa göletler ve akarsular, Karadeniz boyunca taş ocakları, yoğun bir inşaat dokusu, çatılarında demir filizleri bırakılmış, yarım kalmış evleriyle yansır. Ama İstanbul şanslıdır, o küçük pencereden aşağıya bakanlar, İstanbul Boğazı'nı ve şehrin tarihine doğru uzanan Altın Boynuzu görmeyi beklerler.

İstanbul'un güzelleri, çirkinlerini kapatıyor şimdilik.

Ekrem İmamoğlu İstanbul'da doğal ve yeşil alanların giderek azalmasını "İstanbul'un bir diğer önemli sorunu" olarak her ortamda dile getiriyor ve şu sözü veriyordu: "Yeşil alanı imara açan bir yönetim olmak gibi büyük bir ihaneti kimseye yaşatmayacağız."

Şehrin ekolojisi

İyi edebiyat doğaya aittir; dağların, ırmakların yanına eklenir.

Latife Tekin

Normalde büyük şehirler için çok romantik bir birim Kentsel Ekolojik Sistemler Müdürlüğü. Zira Park ve Bahçeler Müdürülüğü'nden beklenen "ağacı budasın, kessin, diksin." Biz dedik ki hayır, ekosistem böyle bir şey değil. Değişen dünya düzeninde bizim mutlaka kenti başka bir yerden okumamız lazım. Kent ekosisteminin ne olduğunu anlatmamız lazım.

İBB Kentsel Ekolojik Sistemler Müdürlüğü'nün kuruluş vizyonunu İBB Başkan Danışmanı Çağatay Seçkin böyle tarif ediyor. 2019 yılında Park Bahçe ve Yeşil Alanlar Dairesi Başkanı olarak göreve geldiğinde yapmak istediği bu işi önce Başkan Ekrem İmamoğlu ile paylaşmış. "Şanslıydık, çünkü İBB'de her alanda uzman vardı, yeni bir istihdam yaratmadan yeni bir şey yapma şansımız oldu. Yurtdışında yerel yönetimlerde bu konuda komisyonlar oluyor. Ama biz bunu ilk defa bir müdürlük seviyesine getirdik. Bu, belediyenin bakış açısını farklılaştırmak bakımından önemliydi" diyor.

Bundan sonra okuyacağınız her türlü yeşilde bu ekolojik bakış açısını az ya da çok ama mutlaka göreceksiniz. Bu bakış açısının içinde uzmanlarla, inisiyatiflerle, bölge halkıyla birlikte karar vermek ve çalışmak da var.

Şehrin yaşam vadileri

Ekrem İmamoğlu'nun Beylikdüzü Belediye Başkanlığı döneminden beri dilinden düşmeyen, İstanbul için bir yeşil alan alternatifi olan yaşam vadileri var. Bu vadilerin en önemli özelliği dere yatak ıslahında kullanılması. İSKİ ile gerçekleştirilen bu ıslahın ekolojik boyutunu Seçkin şöyle anlatıyor:

> Yaşam vadilerinin amacı kanalın iki yanında kamulaştırılan alanları yeni bir işgale uğramadan, yine insanların yararlanacağı bir hale getirmekti. Dereler normalde birer mavi-yeşil koridordur. Yaşam vadileri ile dere kanalları ve çevresinin İstanbullular için birer yaşam koridoru haline gelmesini hedefledik. Yalnızca insanlar için de değil, hayvanların da rahatça yolculuk edebildiği, birçok tehlikeden arınarak bir hayat kurabildiği bir koridor haline gelmeye başladı. Bunların sayısı arttığı zaman daha anlamlı olacak.

İklim krizi açısından konuyu değerlendiren Ümit Şahin ise, İBB'nin bu dönem gerçekleştirdiği en önemli çalışmalardan birinin yaşam vadileri olduğunu vurguluyor. Şahin "İSKİ'nin derelerini kanala alıp akıtan klasik yaklaşımın dışında, gerçekten seli ve taşkınları engelleyebilecek bilimsel yöntemlerle gerçekleştirilen bu altyapı çalışması, iklim krizine karşı kentsel uyum ve dayanıklılık için de çok önemli" diyor.

Bu çalışmayla şu ana kadar (Eylül 2023) 21 tane koridorun tasarımı tamamlanmış. Bu koridorlardan birinin de Haliç olduğunu belirten Seçkin, "Bu koridorların hepsi tamamlandığı zaman kuzey ile güney arasında yaban hayatı için kesintisiz ulaşım aksları oluşurken, ekosistem sürekliliği de sağlanmış olacak. Amacımız da buydu" diyor. Yaşam vadilerinin yapım kısmında da şu anda Ayamama, Pendik, Tuzla, Kurbağalıdere, Çamaşırcıdere var. Haliç'in bir yakası tamamen bitmiş. Diğer yakası üzerinde de çalışılıyor.

Böyle bir çalışmada ilk akla gelen bu alanlara kaçak yerleşmiş olanlar. "Ne yapıyorsunuz o zaman?" diye soruyorum Seçkin'e:

"Hak iddia ediyorlar elbette, ama onlarla anlaşarak oradan çıkmalarını sağlıyoruz. İşgal aslında konut anlamında değil, ama dere yatağına bir bahçe yapmış mesela. Bu insanlara durumu anlatarak, yeni yapılacak düzenlemenin ortamlarına daha fazla değer katacağını söyleyerek, mümkün olduğu kadar diyalogla bu işleri çözdük" diye cevaplıyor.

Bu tür projelerde kimi zaman yerel inisiyatiflerle ve ilçe sakinleriyle de oturup karar vermek gerekiyor. Seçkin bu ortaklaşmaya da özen gösterdiklerini ifade ediyor.

Örneğin, İstanbul'un farklı ilçelerini kapsayan projelerden biri olan Kurbağalıdere Yaşam Vadisi 14 kilometrelik alanda Kurbağalıdere'nin koku ve taşkın sorunlarını ortadan kaldırmayı amaçlıyor. Ancak proje kapsamında olan Kuşdili Yeşil Otopark Projesine Kadıköy'ün sivil inisiyatifleri itiraz etmişti. Sonrasını Seçkin şöyle anlattı:

> İlk hazırladığımız proje için Ulaşım Dairesi 'Mevcut otoparkı koruyarak bir şey yapabilir misiniz?' diye sordu. Biz biraz daha küçülterek bir şey yaptık. Ama inisiyatiflerle bir araya geldiğimiz zaman çok sert bir tepkiyle karşılaştık. 'Kadıköy'e zaten yeterince toplu taşıma var, bu otoparkı buradan kaldıralım' diyorlardı. Sonunda 'Tarihi Kuşdili Çayırı' olarak yeniden projelendirilmesi

karara bağlandı, bu sırada Koruma Kurulu da alanda arkeolojik sondaj kararı aldı. Biz de yeni yaptığımız ve Koruma Kurulu'na sunacağımız projede otoparkı kaldırdık.

Özelikle Fenerbahçe maçlarında yoğun çalışan bu otoparkı kullananlar açısından ilk akla gelen "yeraltına otopark olmaz mı" sorusu oluyor. "Ama o zaman üstteki yeşil alan olmuyor işte, sahte bir şey oluyor" diyor Seçkin.

Şehirde yeşil rekabet

> Bizim yaşam vadisi örneğimizden sonra "millet bahçelerinden" söz edilmeye başlandı. Biz İstanbul'da 15 yeni yaşam vadisi oluşturacağımızı açıkladık. Aradan birkaç gün geçti, rakibimiz de bu vadileri keşfetti.

İmamoğlu'nun söylemine "rakibimiz" kelimesiyle yansıyan, AK Parti iktidarı ile İBB arasında her alandaki karşıtlık, özellikle yeşil alan yaratma konusunda da yüksek gerilimle devam ediyor. Cumhurbaşkanı Recep Tayyip Erdoğan'ın büyük bir sahiplenmeyle her yerde anlattığı millet bahçeleri ile İBB Başkanı Ekrem İmamoğlu'nun yaşam vadileri arasında kaldı vatandaş. Bu kez de "kimin yeşili daha güzel" tartışmasında yine siyaseten bölünmeye zorlandı İstanbullular.

Osmanlı döneminde 1860'larda ilk millet bahçeleri Anadolu yakasında Çamlıca'da, Avrupa yakasında Taksim'de, yani bugün Gezi Parkı'nın olduğu yerde kurulmuş. Etrafı duvarlarla çevrili ve içinde çok çeşitli eğlence birimleri bulunan bu millet bahçelerine parayla girilirmiş. AKP iktidarının İstanbullu ile karşı karşıya gelişinin ve ülkeye yayılan park direnişinin sahnesi olan Gezi Parkı'nın Osmanlı'nın ilk millet bahçesi olması da kaderin bir cilvesi olmalı.

İstanbul Üniversitesi Cerrahpaşa Orman Fakültesi Orman Botaniği Anabilim Dalı Başkanı Prof. Dr. Ünal Akkemik, adına ne denirse densin bir yeşil alanın "ne için olduğunun" bilinmesi gerektiğini söylüyor ve yeşillendirme anlamında bir ormancı olarak bu tür yeşil alanlarda karşı çıktıkları şeyleri şöyle sıralıyor:

Tek sıra dizilmiş ağaçlar, yapay bir görüntü sergileyen çalı ya da çiçekler, geniş geniş beton yollar, çok geniş boşluk alanlar, büyük kafeler, lokantalar olmamalı. Örneğin ağaçlar çok az ve küçük oluyor. Oysa park ya da bahçe dediğiniz yerde ağaç örtüsüyle kaplı alan daha fazla olmalı. Bazen hiç uygun olmayan ve kuruyacağı belli ağaç dikimleri görüyoruz. Öte yandan yurtdışından getirilmiş pahalı ağaçlar da kullanılıyor. Bu masrafa da gerek yok. İstanbul ağaçları zengin, doğal bitki örtüsü yeterlidir. Yani daha az beton, yağan yağmur sularının toprakla buluşabildiği daha fazla yüzey, biraz daha sık ağaçlar ve daha az tesis.

Ormanın bir bölümünü çevirip oraya "orman millet bahçesi" deyip rekreasyona gidilmesine de "Orman ormandır, bahçe bahçedir. Bu yapılan orman alanını daraltmış oluyor" diye itiraz ediyor. "Amaç şehirde yaşayan ve ormana uzak olan insana ormanı, orman serinliğini getirmek" diyor.

Şehir Ormanları

İBB Kentsel Ekolojik Sistemler Müdürlüğü kent ormanlarını bu bakış açısıyla tasarlıyor. Kemerburgaz Kent Ormanı, Atatürk Kent Ormanı, Rahmi Demir Kent Ormanı gibi Kuzey Ormanları'ndan kopmuş ormanlar da yapıları bozulmadan mümkün olduğunca insanların faydalanacakları bir hale getirilmiş. Betonlaşma olmadan sadece dişli kum, yani geçirgen bir malzeme denilen yollar yapıyorlar. Bunun dışında oldukça düşük oranda oturma grupları bulunuyor. İnsanlar gezip dolaşsın, sadece doğada vakit geçirsin ve aynı zamanda da orada yaban hayat korunsun isteniyor.

İmamoğlu Atatürk Kent Ormanı'nı keşfettiği günü şöyle anlatıyor:

> Burası açıkçası benim de gözümden kaçmış, üstelik tamamen mülkü de İBB'ye ait. Bu sahayı yine o bölgeyi kullanan vatandaşlarımızın tavsiyesi doğrultusunda görevimin ilk aylarında ziyaret ettim. Gerçekten görünce çok şaşırdım.

Atatürk Kent Ormanı, 1960'lı yıllarda bir hayvanat bahçesi projesi oluşturma amacıyla yapılan ağaçlandırmayla doğmuş. Sonrasında içinde göletler oluşmuş. Kendi haline bırakılmış ormanın küçük bir bölümünde İBB'ye ait bir fidan satış yeri ve Park Bahçeler Müdürlüğü'nün bir şubesi dışında bir şey yokmuş. İBB burayı "içine hiç beton sokmadan" insanların yürüyüş, koşu yapabilecekleri, nefes alabilecekleri bir ormana dönüştürmüş.

Çağatay Seçkin de "Yaban hayatın yoğun olarak yaşadığı, ciddi bir flora ve fauna çeşitliliği devam eden, üçte ikisi halka kapalı, mucize gibi bir yerdi. O üçte ikiyi koruma altına alıp geri kalan kısmında 'doğruları nasıl yaparız' diye başladık. Fazla ayak izi oluşturmadan birkaç noktada seyir terası ve kot arası geçişlerde tasarlanan basamaklar dışında bir dokunuş yapmadık. Doğayı koruma konusunda bilinçlendirmek için alandaki birçok bilgilendirme çalışmasının yanı sıra, oryantiring,[31] doğa dedektifi gibi aktivitelerle birlikte yaşayarak, deneyimleyerek doğaya sahip çıkma duygusunu artırmayı düşündük" diye anlatıyor.

Atatürk Kent Ormanı'nın planlanmasında bulunan Ünal Ak-

31. Oryantiring: Yön bulma sporu.

kemik, bu tür yaşam alanlarının yenilenme sürecinde çoğunlukla "düzgün görünsün" ya da "tesis olsun" isteyen bakış açılarıyla mücadele ettiklerini ifade ediyor:

> Kesinlikle herhangi bir yapılaşma olmayacaktı. Bir tek girişe yani hemen metro çıkışına bir Beltur büfesi; insanların ihtiyacını gidermesi için birkaç tuvalet-lavabo gibi yerler kondu. Hatta insanlar orada koşu yaptıkları için duş yeri bile kondu. Bir vadi boyunca büyük bir kısım da koruma alanına çevrildi. Burası yaban hayatı için ayrılmış bölge; mutlak koruma zonu. "Aman etrafı temizleyelim, aman yamaçları temizleyelim" gibi yaklaşımlarla biraz mücadele edildi tabii. Çünkü biz "bırakın doğal kalsın" diyoruz.

Yani ormanın peyzaja ihtiyacı yok.

Atatürk Kent Ormanı'nda aydınlatmalar da çok özenli düzenlenmiş. Çok fazla aydınlıktan kaçınılmış, özellikle geceleyin hayvanlara zarar vermeyen, bitkilerin sürekli fotosentez yapmasını engelleyen bir aydınlatma yapılmış. Sürekli yoğun ışığı bitki güneş gibi algıladığı için devamlı fotosentez yapıyor ve bu da bir müddet sonra o bitkinin ölmesine neden oluyormuş.

Sloganı "Biz ormanı gezmeye gitmiyoruz, biz orada yaşayan canlıların evini ziyarete gidiyoruz" olan Atatürk Kent Ormanı, World Urban Parks tarafından 2022 yılında dünyanın en iyi beş yeşil alanından biri ödülünü aldı.

AK Parti iktidarı ile İBB arasında polemiğe neden olan Kemerburgaz Kent Ormanı konusunda iktidar, İmamoğlu'nu eski dönemden kalan projelerin üstüne konmakla suçlamıştı. İmamoğlu şöyle anlatıyor:

> Kemerburgaz Kent Ormanı, Orman Bakanlığı'ndan 10 yıllığına tahsis edilmiş. Biz geldiğimizde 7 yılı dolmuş, 3 yılı kalmış ama hâlâ halka sunulamamış bir orman alanıydı. Gelir gelmez kenarda unutulmuş gibi duran bu ormanı hızlıca toparlayarak halka açtık. Şu anda neredeyse 3-3,5 milyon metrekareye yakın bir alanda insanlar doya doya Kemerburgaz Kent Ormanı'nı yaşıyorlar. Ama buranın tahsisi doldu. Uzatmayla ilgili yazıla-

rımızı yazdık. Henüz bir cevap alınamadı; bir çıkartma işlemi de henüz olmadı ama bir yanıyla da tahsisimiz uzatılmadı. Biz açtıktan sonra "Orada zaten orman vardı" dediler. Biz ormanın olduğunu biliyoruz. Ama buralara girilemiyordu bile. İşte biz bu zihniyet dönüşümünü gerçekleştirdik.

"Florya Atatürk Ormanı'nın Atatürk'ün özellikle Cumhuriyet'in ilk yıllarında yaptığı tarım ve ormancılık faaliyetleri içinde kıymetli bir yeri var. O nedenle oraya sahip çıkmamız gerekiyordu" diyen Çağatay Seçkin İBB Kent Ormanlarında vatandaşı yaban hayatı koruma konusunda da bilgilendirdiklerini belirterek şu örneği veriyor:

> Örneğin Çekmeköy'de yaptığımız Rahmi Demir Kent Ormanı'nın içinde bir alan belirledik ve burayı sınırlandırdık. Çünkü orada kayalıkların içinde sadece o bölgede yaşayan Hazer Yılanı var. Zehirli bir yılan değil. Takibini yapıyoruz ve sonradan gelenler olarak mevcut kullanıcıların yaşamlarının sonlanmamasını sağlamaya çalışıyoruz. Bu konuda da uyarıyoruz halkı. Yine, Çekmeköy Kent Ormanı'na, biz çalışmalara başladığımızda olmayan canlı türleri gelmeye başladı, öyle bir doğal hayat oluştu ki örneğin sincaplar geldi. Demek ki, sincap kendini güvende hissediyor orada.

Ekrem İmamoğlu Beylikdüzü Belediye Başkanı'yken çok isteyip alamadığı ama şimdi İBB'nin olan Yakuplu Kent Ormanı sevincini de "Orada da 150 bin metrekarelik bir ormanı insanların yaşamına sunduk" diye paylaşıyor.

İstanbul'un bir de tarihi koruları var. Çağatay Seçkin, "Bir Emirgan Korusu'nun nitelik olarak, New York'taki Central Park'tan farkı yoktur aslında" diyor. Koru bakımı da ayrı bir alan. Ünal Akkemik koru bakımı konusunda da doğal olana bırakılmasının önemini şu örneklerle anlatıyor:

> Örneğin Emirgan Korusu'nda kuzeyde tabakalı bir yapı var, kuşlar, sincaplar, kelebekler için güvenli bir yaşam alanı oluşturuyor. Ama tabakalı yapı olmazsa kediler sincaplara saldırıyor-

lar. Doğal yaşamın devamı için insanların kullanmadığı belli bölgelerde çalılar dikilsin, boyu birkaç metreyi geçmeyen odunsu bitkiler dikilsin istedik. Bu otlara da dokunulmazsa, tozlaştırıcılarla birlikte burada bir yıl içinde yaşam alanı doğabiliyor.

Roma'da Collesium'un yamaçlarına bakın. Kimse "aman çevresini güzelleştirelim, düzenleyelim" dememiş. Fıstıkçamlarını dikmişler, aşağısı ot. Bizde genelde parklarda İngiliz tarzı çimler görürüz; ama İngiltere soğuk ve nemli, hiçbir sorunu yok bu açıdan, ama biz Akdeniz ülkesiyiz. Bırakın doğal otlar gelsin, yaza doğru da biçmeyin. Önce karahindibalar gelir sapsarı, sonra ballıbabalar gelir. Rengârenk bir hale bürünür doğa kendiliğinden.

Şehrin ağaçları

Goethe'nin, ölümünden az önce, 82. yaş gününde,
kentin yakınındaki ormana üst üste iki defa gitmeyi isteyerek,
ulu bir meşenin önünde dalıp düşündüğünü
ve bu eski tanıdığına veda ettiğini bilir miydiniz?[32]

Çelik Gülersoy, *İstanbul'un Anıtsal Ağaçları*

Avukat, turizmci, yazar Çelik Uygur Gülersoy, İstanbul'un anıtsal ağaçlarını fotoğraflarıyla anlattığı aynı adlı kitabında "İstanbul'un ağaçlarının toplu bir tarihini bugüne kadar bir kişi çıkıp yazmadı" demiş.[33]

İstanbul'da 1000'in üzerinde anıt ağaç var ve İBB'de de sadece anıt ağaçları takip eden bir ekip bulunuyor. Bu ekip, anıt ağaçların sağlık durumlarının takibinin yanı sıra restorasyonlarını yönetiyor. İstanbul anıt ağaçlarını gösteren bir web sayfası var. Ayrıca parklarda ve korulardaki anıt ağaçların altında tabelalarda kimlerle tanıştıklarının, neler yaşadıklarının hikâyeleri var.

Eyüp Camii'nin avlusundaki çınarların bir kısmı ile dış avludakiler Fatih'in buraya yaptırdığı ilk camiyle yaşıttır. İç avludaki

32. Çelik Gülersoy, *İstanbul'un Anıtsal Ağaçları*, İstanbul: Turing, 1984, s. 17, Orijinal kaynak: Prof. W. Schoennichen, 1950.

33. a.g.e, s. 17.

çınarları III. Selim diktirmiştir. İlk Eyüp Camii, Fatih Mehmet tarafından 1458 yılında yaptırıldığına göre dış avludaki çınarların 565 yaşında olması gerekir.[34]

İstanbul'un ağaçları hukuksuzluğa karşı bir kent direnişinin de sembolü artık. Mimar Mücella Yapıcı'nın ağaca sarılarak korumaya çalışmasını hangi yargı kararı hafızalardan silebilir?

Ağaçların da kimsesi olmak demektir elbette yerel yöneticilik. "Bir insana yaklaşır gibi ağaca yaklaşıyor arkadaşlarımız" diyor Çağatay Seçkin İstanbul'un çınarlarını nasıl iyileştirdiklerini anlatırken. Peki ne olmuştu Dolmabahçe'nin o güzelim çınarlarına?

"Çınar kanseri" diyor ve anlatmayı sürdürüyor:

> Dolmabahçe'deki ağaçlarımızda var. 2007'den beri var ve ithal ağaçlardan gelmiş. Bu işlerde ithal bitkinin belli zararları var. Başka bir coğrafyadan, başka bir ekosistemden geldikleri için orada dayanıklı oldukları hastalıkları ya da böcekleri kendileriyle getiriyorlar. Buradaki türler de bu hastalık ya da böceklere dayanıklı olmadıkları için hastalanmaya başlıyor. 2007'de mücadeleye başlıyor ekipler. Fakat Gezi'den sonra ağaç kesmekten çekinerek

34. a.g.e., s. 151.

mücadeleyi bırakıyorlar. Böylece hastalık kökten köke ve hızlı yayılıyor. Hastalık tespit edilen ağacın sağındakini ve solundakini kesiyorsunuz ki hastalık yayılmasın. Mücadeleye ara verilince tabii, 2019'da geldiğimizde gördük ki bu ağaçlar yıkılmaya başlıyor.

İktidar medyasında, Gezi Parkı'nda ağaçların kesilmesine engel olunmasına atıfta bulunularak çınarların kesilmesi günlerce işlenmişti. Oysa birbiriyle hiç ilgisi olmayan iki konu. Çınar kanseriyle mücadele ederken bir de inanılmaz bir dezenformasyonla mücadele edilmiş:

"Biz bu konuda çok inceleme geçirdik ama hepsinde bilimsel verilerle anlattık yaşanan durumu" diyor Seçkin. "Mümkün olduğunca yerli türlerle gitmek lazım. Yerli türün su ihtiyacı, bakım ihtiyacı daha az. İthalatla birlikte başka coğrafyalardaki zararlılar da geliyor" diye ekliyor.

Ünal Akkemik de yerli ağaç türlerinden yana. Şöyle bir örnek verdi:

> Mesela çitlembik diye bir ağaç vardır. Çitlembiğin meyvelerini kuşlar çok fazla yer. İstanbul'da da çok kuş türü var. Türkiye'deki kuşların yüzde 75'i İstanbul'da bulunuyor. Bir kısmı yaşıyor, bir kısmı da geçiyor üzerinden. Bu ağaçlar belki de eski zamanlarda bilinçli olarak dikilmiş. Biz de bunların dikilmesini öneriyoruz. Mutlaka devamlılığının sağlanması gerekiyor.

Tabii şöyle de bir durum var: Park-bahçe işinde doğal ve yerli olan rant yaratmıyor. Çünkü suni peyzajda çok boyutlu gelir alanı var, işin içine ithal bitkiler, pahalı ağaçlar, sayısı belirsiz ve kontrol edilemez dikimler girdiğinde ihalelerle büyük bir bütçeye ve kazanca dönüşüyor. Ancak İBB üzerinde her alanda olduğu gibi bu alanda da yoğun bir denetim var. Örneğin bir yere 100 adet ağaç dikilecek. Deniyor ki ihalede "şu boyutlarda 100 tane ağaç dikilecek." İçişleri Bakanlığı'nın denetçileri gelip tek tek o ağaçları buluyor ve çaplarını da ölçüyorlar, gerçekten ölçüye uyuyor mu, dikilmiş mi diye.

Ama alanda sayılamayacak bitkiler de var. Örneğin lale soğanı. Zira "10 milyon lale soğanı diktim" diyebilirsiniz. Kim sayacak?

İnsan işin içine girince kent yönetiminin ne denli karmaşık olduğunu anlıyor. Bilimle el ele gitmesi gereken bir sürü konuda işin içine rant giriyor. O zaman anlat anlatabilirsen ormanda beton olmayacağını, anlat anlatabilirsen kuşları, sincapları...

Bir bakarsan bataklıkta çok güzellik var.
Swamp Thing **(Bataklık Canavarı)**

Şehrin florası

Türkiye'de 10 bine yakın bitki türü var ve 5'te 1'i, yaklaşık 2.200 bitki türü İstanbul'da bulunuyor. Ancak yaşam alanları hızla daralıyor. Bazı türler yavaş yavaş İstanbul'dan çekiliyor. Uzmanlık alanı bitki bilimi olan Prof. Dr. Ünal Akkemik iki örnek veriyor:

> Marmara Emzik Otu diye bir ot var, bu otun tanımlandığı yer Başakşehir ilçesinde bir nokta. O noktayı Doğa Koruma Milli Parklar İl Müdürlüğü izlemeye aldı ama gidip görüyorlar ki orada bir bina yükselmiş, bitki yok. Bu yıl sadece bir tane görüldü, belki seneye o da yok olup gidecek. Oysa bir şeyi izliyorsanız yaptırımınız da olmalı.
>
> Yine Sultan Pelemiri sadece İstanbul'da, Başakşehir'de dokuz ayrı noktada var, ama üç dört tanesi gitti. Buraya Başakşehir Çam ve Sakura Şehir Hastanesi yapılırken bizden rapor istediler. Biz de "Alan çok büyük, bitkilerin içinde olduğu bir dönümlük yeri ayırın, dünyada yalnızca burada yetişen bu bitkiyi burada alanıyla beraber koruyalım" dedik, olmadı. Bu endemik tür şimdi Nezahat Gökyiğit Botanik Bahçesi'nde çoğaltılıyor ve yetiştiriliyor.

Osmanlı bitkibilimci Jorj Vensan Aznavur 1800'lü yıllarda İstanbul çevresinin bitki çeşitliğine dair araştırmalar yapmış, İstanbul florasını yazmaya başlamış ama bitirememiş. Topladığı koleksiyon Cenevre'deki Konservatuvar ve Botanik Bahçesi'nde muhafaza ediliyor. Aznavur özellikle bugün Kanal İstanbul için seçilen bölgedeki endemik türlere dikkat çekerek buraların korunmasını istemiş. Zira bu bölgeler biyolojik çeşitliliğin en zengin olduğu yerler.

Şehrin Fidanlığı

İBB'nin belki de en önemli kurtarma çalışmalarından biri de 1928 yılında Atatürk'ün talimatıyla kurulan Büyükdere Fidanlığı oldu. Bu fidanlığın ne olacağı yönündeki tartışmalar 2005 senesine kadar gidiyor. O günlerde Büyükdere Fidanlığı'na otel yapılacağı iddiaları vardı ve dönemin İBB Başkanı Kadir Topbaş, "Bu alan yeşil kalacak. Atamızın mirasına sahip çıkacağız" demişti. Topbaş, Bahçıvan Okulu'nu yeniden yaşatmak, çiçek ve fidan üretimi ve organik tarım için İstanbul Valiliği'nden fidanlığı istediklerini de söylemişti.[35] Topbaş bu hayalini gerçekleştiremedi.

Geçtiğimiz kasım ayında açılan Büyükdere Fidanlığı'nın çalışmaları yürütülürken Ekrem İmamoğlu çok heyecanlıydı:

> Burada çalışmış ve emekli olmuş, hatta orada çalışan ailelerin orada doğmuş, çocukluğunu ve gençliğini orada geçirmiş çocuklarının bilgilerine ulaşarak anılarını, nasıl yaşamlar sürdüklerini, deneyimlerini toplayarak projelendirdik.

Çağatay Seçkin ise İBB'de çalışmaya başladığında orman mühendisi olan babasına tavsiyelerini sormuş. Babası da Atatürk Fidanlığı'nın önemini anlatarak buranın kurtarılması gerektiğini söylemiş:

> Cumhuriyet kurulduktan sonra Atatürk'ün ilk yaptığı işlerden biri meyve fidanlığı kurulması. Kendi türlerimiz vardı. Orada çaprazlamalar yapılıyordu. Budamayı doğru bilen bahçıvan yetiştiriliyordu.

Fidanlıkta 1935-1936'da kurulan yetiştirme yurdu ve bahçıvanlık okulu öğrencileri özellikle ekonomik açıdan durumu çok iyi olmayan ailelerden seçilirmiş. 1930'lu yıllardan itibaren gelen İtalyan uzmanların da birçoğu İstanbul'da yerleşmiş, kalmış. 1997'de özelleştirilen fidanlıkta sorunlar başlamış. Teknik okul 8 yıllık eğitime geçişin ardından eğitim süresi uzatılamayarak kapatılmış. Topraktaki hastalıkla mücadele etmek zor gelmiş. Civardaki araziler satılmaya başlanınca iyice yok edilmeyi bekler olmuş.

35. *Hürriyet*, 12 Aralık 2005.

Ziraat Mühendisi, İstanbul Milletvekili Gökhan Günaydın ise Büyükdere Fidanlığı'nda artı 4 ve eksi 12 derecede tohumları koruyacak ve saklayacak bir gen bankasının oluşturulması projesinden söz ediyor. Bu aynı zamanda saklanan tohumları Büyükdere Fidanlığı'nda yeniden üretecek ve çoğaltacak bir uygulama. Günaydın, tohumları üreticiye dağıtacak bir mekanizmayı kuracaklarını da ekliyor.

Şehrin botanik bahçesi

Yok.

"Bütün Avrupa kentlerinde küçüklü büyüklü bir botanik bahçesi vardır ve kurumsaldır" diyen Ünal Akkemik ekliyor: "İstanbul Üniversitesi'ne ait bir tane var, o da tehlikede. Nezahat Gökyiğit Botanik Bahçesi özel bir bahçe. Ama ne Valiliğe ne de İBB'ye bağlı kurumsal bir botanik bahçesi yok." İBB'ye önerisi ise Büyükdere Atatürk Fidanlığı'nın içerisinde yalnızca beş dönümlük bir yer ayrılarak İstanbul Bitkileri Botanik Bahçesi yapılması.

Bu arada yukarıda adı geçen Üniversite Botanik Bahçesi ise yine Atatürk'ün talimatıyla 1935 yılında kurulan İstanbul Üniversitesi Alfred Heilbronn Botanik Bahçesi. 1995'te SİT alanı ilan edilmişti. 2015 yılında ise eskiden şeyhülislamlık evi bulunduğu gerekçesiyle Diyanet'e verildi. Buradaki hassas arşiv de Vezneciler'e sevk edildi. Belgrad Ormanları'nın doğal bitki örtüsü içinde yer alan Atatürk Arboretum'u ise bir botanik bahçesi değil, odunsu bitkilerin bilimsel amaçlarla bir araya getirildiği bir çeşit açık hava müzesi.

Şehrin Faunası

1989'da Çakır Gazinosu'nda Ahu Tuğba'ya eşlik eden Gümüş adlı ayı sık sık gazetelere haber oluyordu. Her gece üç dakikalık gösteri için sokakta kazandığından çok daha fazlasını kazandığını söyleyen Gümüş'ün sahibi Erol Görmez hayatından memnundu.

Murat Toklucu tarafından yazılan "Ayıların başına gelenler" başlıklı makaleyi[36] okuyan genç nesil, İstanbul'un köle ayılarını belki de bilmez. Ya da eski Yeşilçam filmlerinde rastlamıştır belki.

İstanbul'un florasından, yani yeşil canlılarından çok söz ettik. Ama havada uçanı, karada koşanı ya da sürüneni, denizde yüzeniyle şehir zengin bir faunaya da sahip. Bu triatlonda karga, kedi, köpek ipi göğüslemiş olabilir, ama şehrin bahçelerinde, parklarında, korularında, vadilerinde, ormanlarında yaşama tutunmaya çalışan diğer canlılar da şehrin insanları gibi kimi zaman şehrin keyfini, kimi zaman kederini yaşıyor. Keyiflenilsin diye keder içinde yaşayan ayılar sokaklardan çekildi ama kentleşmeyle keyfi kaçanlar geldi bu kez.

2013 yılının Ekim ayında bir grup yaban domuzunun İstanbul Boğazı'nı yüzerek geçtiği takıldı kameralara. Daha sonraki günlerde de yaban domuzları şehre inmiş, hatta şaşkın bir yavru domuz Bebek'te trafik kazasında yaralanmıştı. Tüm bu olaylar tam da üçüncü köprü için inşaat makinelerinin Kuzey Ormanları'na girdiği döneme tekabül etmişti.

Bu şehrin yaban domuzları en azından Saraçhane mozaiklerindeki zamanlardan beri insanlarla bu şehri paylaşıyor. Ormanlarda piknik yapanların kimi zaman rastladığı, orman içlerinde yer tutmuş, yeme içme mekânlarının kapısına dayanıp toprak sahibi olarak haklarını isteyen, bölgenin av düşkünlerinin de hedefi olan bu hayvanlar artık daha çok şehre yanaştılar. Yoksa şehir mi onlara yanaştı?

Dönemin Orman ve Su İşleri Bakanı Veysel Eroğlu domuzların zaman zaman Boğaz'da yüzebildiğini söylemişti. Domuzların yüzüşünü sorduğum Orman Fakültesi, Orman Entomolojisi ve Koruma Ana Bilim Dalı akademisyenlerinden Prof. Dr. Zeynel Arslangündoğdu "Yaban domuzu yüzsün de niye o kadar mesafe yüzsün? Köprü çalışmasından rahatsız oldu çünkü. Karasal memelilerin işi daha zor, çünkü gittikçe daralan yaşam alanları var, habitatların parçalanması, bölünmesi var" diye yanıt veriyor.

---

36. *İST Dergi*, Ağustos 2021, sayı 007.

İBB Kentsel Ekolojik Sistemler Müdürlüğü'nde İstanbul faunasını takip eden ekipler oluşturulmuş. Düzenli kuş gözlemleri yapılıyor, verileri tutuluyor. Artık yunus gözlemleri de başlamış. Çağatay Seçkin, "İstanbullunun hemşerisi olan üç tane farklı yunus türü var. Yunus gözlemleri bilinçlenmenin yanı sıra türlerinin devamlılığına yönelik birçok veri sağlıyor bize" diyor.

Doğa Koruma ve Milli Parklar Genel Müdürlüğü'nün de ciddi çalışmaları olduğunu biliyorum. Türkiye'nin dört bir yanında vurulan, yaralanan, zor durumda olan türlerin doğaya kazandırılmasına her gün şahit oluyoruz. Benim de bizzat kendilerine köstebekten güvercine dek canlı teslim etmişliğim var. Ama şöyle de bir sorun var: Devlet, korurmuş gibi gösterdiklerinin yaşam alanlarını vahşice yok etmekten hiç geri adım atmıyor. Zira İstanbul çevresindeki yaban hayat ve özellikle de memeli tür popülasyonu şehrin çeperine doğru kentleşme ve Kuzey Ormanları'nı daraltan "çılgın projeler" yüzünden tehdit altında.

Arslangündoğdu "Korumak demek onu anlamaya çalışmak aslında. Bazı alanlara da hiç dokunmamak. Neyi koruduğumuzu bilmemiz gerekli, kentin sahip olduğu hayvanları tanıyabilirsek bu korumanın ilk adımıdır. Çünkü bu bir sistem ve biz bu yabanıl hayatı korumak istiyorsak bu sistemi bilen, tanıyan kişilerin bir masa etrafında oturup ortak bir koruma geliştirmesi gerekiyor" diyor.

> Anaakım (şehir) kuramında, şehirleşme "boş" alanları, "kalkınma" adı verilen bir süreçle "gelişmiş alanlara" dönüştürür. Bu dil yanlıştır: Yabani topraklar "boş" değildir, insan-olmayanların evidir. "Kalkınma" çevrenin doğadan uzaklaştırılması anlamına gelir, "geliştirilmiş alanlar" da toprak kalitesi, sulama, bitki örtüsü bakımından epey yoksullaşmıştır. "En yüksek verimle" ve "en iyi" gibi yargılar da yalnızca kâr odaklı değerleri ve beşeri çıkarları yansıtır.[37]

Üçüncü havalimanı yapılırken, özellikle kuş yolları üzerinde olması nedeniyle çok yoğun tepki almıştı. Uçuş güvenliği için de

37. Sue Donaldson, Will Kymlicka *Zoopolis, Hayvan Haklarının Siyasal Kuramı*, s. 187.

tehditti. Uçakların göç eden leylek sürülerine çarpmaları haberlere de yansıdı. Arslangündoğdu bu konuyu şöyle anlatıyor:

> Bizden çok önce başlamış, binlerce yılık bir göç yolu var ve onu tehdit ediyor. Onlar zaten gidip geliyordu ama biz onların yolları üzerine bir şeyler inşa ediyoruz. Belki biz bilmiyoruz ama bu rotadan nesli tükenen hayvanlar da geçiyor. Öğrencilerim var bunu gözleyen, leylek uçağı gördüğü anda kanat çırpmayı kesip kendisini korumak için bir süre boşluğa bırakıyor ve sonra kanat çırpmaya devam ediyor. Bu davranışlar hayvanda sıkıntı ve stres yaratıyor. Leylek sürülerine, martı sürülerine çarpıyor uçaklar ve bunlar gizleniyor.

Tabii bu alanda çalışanların tümünün gözü Kanal İstanbul'da. Arslangündoğdu "Kanal yapılsın ya da yapılmasın biz bunun olumsuz etkilerini mutlaka göreceğiz. Çünkü bazı değişiklikler yapıldı. Kanal yapmadınız, ama oralar yeni yerleşim alanları olarak gösterildi. Buralarda bir yabanıl hayat yokmuş gibi düşünüldü, ama var" diyor.

> İstanbul'da tür çeşitliliğinin ne ölçüde azaldığını sorduğumda ise şöyle bir yanıt alıyorum: "Tür çeşitliliğinden çok bir türün buradaki popülasyonunun azalıp azalmaması önemli. Ya da çoğalıp çoğalmaması. Çünkü bazı türlerin azalıp bazı türlerin çoğalmasını da istemiyoruz. Denge değiştikçe fırsatçı türler ve insana daha yakın olanlar çoğalıyor. Örneğin yeşil papağan ya da omuzunda kırmızısıyla İskender papağanı görmek güzel. Bir de mesela çiğdeci dediğimiz sığırcık türleri var. Onlar da yerel tür değil ama bir şekilde gelmiş, kafes kaçkını olarak çoğalmış. Bunlar çoğalıp diğer türlerin yaşam alanlarını işgal etmeye başladığı zaman aslında sorun oluyor. Güçlü olunca örgütleniyorlar, çünkü bunlar sosyal hayvanlar. Kargalar mesela, tek değiller, işbirliği yapıyor, toplu halde mücadele ediyorlar. Çiğdeciler de keza öyle. Bir süre sonra hayvanların nüfusu arttıkça davranış değişiyor. Savunma, alan geliştirme, yuva rekabeti... Bunları da göreceğiz, değişen İstanbul'da bunlarla da yüzleşmek zorundayız.

İstanbul'da yaban hayatı en çok tehdit eden sorunlardan biri ise sahipsiz sokak hayvanlarının yani kedi ve köpeklerin orman girişlerine bırakılmaları. Arslangündoğdu bu hayvanların buralara alıştırılmasının da doğal hayata aykırı olduğunu belirtiyor.

Kent ormanları açısından da benzer bir konuyu Çağatay Seçkin dile getiriyor:

> İstanbul'un kedileri, köpekleri ve kargaları artık kentli, bizim gibiler. Bu türler diğer hayvan türleri ve ekosistemi tıpkı insanlar gibi tehdit edebiliyor. Bu nedenle de özellikle orman içerisinde çöp üretmemek gerekiyor. Çünkü çöp kediyi, köpeği ve kargayı çekiyor.

Şöyle bir bilgi de veriyor Seçkin:

> Çocuk oyun parklarını kum yapalım dedik. En sağlıklısı o, ama kedi ve köpekler nedeniyle her yerde yapamadık. Çünkü bu hayvanlar farklı amaçla kullanıyor kumları. Ama bir şey bulduk: Zeytin çekirdeği ile yapılan bir malzeme. Zeytin çekirdeği işlendiği zaman kedi ve köpek kesinlikle gelmiyor. Uyguluyoruz şimdi.

Demek doğa her şeyin bir çözümünü sunuyor.

Bütün doğa hisseder; ormanlar, kırlar, dereler,
ebedi yaşamdır: Ve onlar sessizce
mutluluğu konuşur, derelerin eriştiği yerin ötesinde;
Yeşil yaşamıdır değişimin: Yok olup gitmek
Ve sonra çiçekler açıp, dirilip yeniden gelmek.
John Clare, "Bütün Doğa Hisseder"

Şehrin Toprakları

İstanbulluların popüler kültür diline yer etmiş "buralar hep dutluktu" sözünün gerçekliğini İstanbul'un tarihine yolculuk ederek, yabancı seyyahların yazdıklarından da okuyabiliriz. 1500'lü yılların gezgini Petrus Gyllius şöyle anlatmış:

> Boğaz'ın boyunca aktığı vadiden daha güzel bir vadi seyretmedim. Her iki taraf da koruluk ve üzüm bağlarıyla kaplı, meyveliktir. Bir bölümü de çiçekler, otlar, meyvesi olan ağaçlarla kaplıdır. Bunlar arasında Sultan'ın bahçeleri özellikle göze çarpar.[38]

Şimdi bir de sanat tarihi uzmanı Profesör Nurhan Atasoy'dan okuyalım:[39]

> İstanbul'da Roma ve Bizans dönemlerinde bahçe, bağ ve bostan alanları hayli yer tutar. Bu durum Osmanlı hâkimiyeti zamanında da devam etmiştir. Bizanslıların birçok semte verdikleri adlar bahçe kültürüyle ilgiliydi ve Türkler de bu geleneği sürdürdü. Bostancı, Fenerbahçe, Yeşilköy, Bahçekapı, Çınardibi, Çamlıca, Ihlamur, Fulya, Dolmabahçe, Çubuklu gibi yer isimleri yanında selvi, sümbül, çiğdem, nilüfer, yasemin, müge, gül, lale, menekşe, nergis gibi bitki adları bu durumu ortaya koyar.
>
> Bizans yazılı kaynakları, bugün Sultanahmet semtinde, Hipodrom'dan deniz kıyısına kadar inen meyilli geniş arazide yer alan büyük Bizans sarayının asma bahçeleri, çiçek tarhları, su kanalları, havuzları, çimenlikleri, gül bahçeleri ve bahçe köşklerinden, hatta içindeki çiçeklerden söz eder ve manastır bahçelerinde ilaç olarak kullanılan bitkiler, sebzeler, meyveler ve çiçekler yetiştirildiğini anlatır. Osmanlı dönemi İstanbul'unda ise her sınıf halkın evi ister büyük ister küçük olsun, bahçeliydi. Ayrıca kentin sebze ve meyve gibi yiyecek gereksinimini karşılayacak bahçe ve bostanlar da mevcuttu.[40]

Peki bugün durum ne? Bağ, bahçe, bostan şehri İstanbul'da tarım ve hayvancılık faaliyeti ne ölçüde yapılabiliyor? Kentsel genişleme bu alanları tehdit ederken köylü ve çiftçiyi üretimde tutabilmenin yolu var mı?

---

38. Petrus Gyllius, *İstanbul Boğazı*, çev. Erendiz Özbayoğlu, İstanbul: Eren Yayıncılık, 2000.

39. Nurhan Atasoy, "İstanbul Bahçeleri", *Büyük İstanbul Tarihi*, İstanbul: Kültür A.Ş. Yayınları, 2016.

40. ag.e.

Şehirde Tarım ve Hayvancılık

Kurtarın yeryüzünü bu salgından!
Öyle bir düzenleme yapın ki, çiftlikleri ve köyleri yıkıma uğratanlar ya bunları yeniden inşa etsinler ya buraları inşa edecek olanlara devretsinler. Arazilerin zenginler tarafından satın alınmasını ve bunun tekel haline gelmesini kısıtlayın!
Thomas More, *Ütopya*

> Toprak gördüğünde onu sadece bina olarak gören insanlardan kurtulacağız. Toprak görünce böyle güzel insanlara nefes katan, kuzular ve koyunların olduğunu bu ülkeye tekrar göstereceğiz, hissettireceğiz.

Seçim çalışmaları kapsamında gittiği Silivri'de, kucağına verilen bir kuzuyla bu sözleri söyleyen İmamoğlu tarım konusuna ilgisini her fırsatta belirtiyordu. Tarımı yerel yönetimin gündemine sokmaya kararlıydı. Her gittiği yerdeki konuşmasında tarım topraklarının binalarla kaplanmasını işaret ediyor ve vatandaşa geçmiş yönetimleri şikâyet ediyordu:

> Çiftçimiz, son yirmi yıl içinde iki Trakya büyüklüğündeki toprağı ekmekten vazgeçti. Köylerimiz boşaldı, gençler çiftçilikle uğraşmaz oldu. 21. yüzyılda bunun kıymetini bilmeyen, bu üretimi yapmayan hiçbir toplum ayakta kalamaz. Biz, tarıma öncelik vereceğiz. Çiftçiyi yaşatırsan, çiftçi üretirse, insanlar da yaşar. Herkes kente giderse, insanlar üretmezse, topraktan ürün çıkmazsa, oradan hayvan yetişmezse biz neyle besleneceğiz? Bu olmaz.

Bu durumun herkesi mutsuz ettiğini belirten İmamoğlu "İlk defa İstanbul'un gündeminde, İstanbul'un tarımı var. Sizin topraklarınız, sizin üretiminiz var. Bu başlangıç, bunu büyüteceğiz. 'Köylü, milletin efendisidir' diyen Mustafa Kemal Atatürk'ün sözünün bize emaneti gibi, sizleri tekrar milletin efendisi yapmak zorundayız. Yoksa aç kalırız" diyordu.

Tarım ve hayvancılıkla ilgili projelerini de "İstanbul'un en önemli mega projesi" olarak adlandırıyordu:

İstanbul çevresi, Trakya ve Marmara Bölgesi için "Bölgesel Ölçekte Tarımsal Koruma ve Üretim Planı" hazırlayarak, tarımsal üretimi verimli hale getirip artıracağız. Tarım topraklarımızı kesinlikle koruyacağız. Bölgedeki üretici birliklerini ve kooperatifleri destekleyeceğiz. Böylelikle, içerisinde esnafın, pazarcının, manavın, kooperatiflerin ve belediyenin yer aldığı bir "Üreticiden Tüketiciye Gıda Zinciri" oluşturacağız.

İmamoğlu, İstanbullu ailelerin ucuz ve güvenli gıda hakkının da öncelikleri olduğunu belirtiyordu.

İBB tarihinde ilk kez bu dönem bir Gıda Strateji Belgesi hazırlandı. Peki bu strateji doğrultusunda neler yapıldı? Bu belgenin hazırlanması ve uygulamaya konmasında bizzat çalışan ziraat mühendisi ve İstanbul Milletvekili Gökhan Günaydın yapılan çalışmaları şöyle özetliyor:

Kemerburgaz'da atıl durumda bulunan bir serayı çok modern bir fide serası haline dönüştürdük. Ertesi yıl ikinci serayı bunun yanına yaptık. İstanbul'un bütün yazlık ve kışlık fide ihtiyacını üretebilecek duruma geldik. Tarım Dairesi Başkanlığı yoktu İBB'de. Gıda ve Muhtarlıklar Dairesi Başkanlığı vardı. Bunun önce adını, sonra yapısını değiştirdik. Ziraat Mühendisleri Odası'ndan çok sayıda nitelikli arkadaşımızı buraya yönetici olarak aldık. Bu arkadaşlar üretimi yönlendirme konusunda aktif rol almaya başladılar. Bugüne kadar seralarımızda üretilen 40 milyon fideyi bu arkadaşlarımız aracılığıyla köylere dağıttık. Bu köyler aşağı yukarı 11-12 ilçenin köyleri anlamına geliyordu. Buralardan elde ettiğimiz ürünleri üretebilmeleri için onlara gübre verdik. Ziraat teknik bilgileri sunduk.

Sonra üretilen ürünler için Kadıköy'de tarihi Salı Pazarı'nı ve Beşiktaş'ta bir başka pazarı üretici pazarı olarak açtık. Bunlar hiç kolay olmadı çünkü pazarcı esnafı buraların açılmasına başlangıçta karşı çıktı. Ama arkadaşlarımızla onları da ikna süreçlerine katarak bir yol yürüdük ve bu pazarlar etkinlikle çalışmaya başladı. Bu pazarlara üretici kendisi ürününü getiriyor. Bunu çok sıkı bir şekilde denetledik. Şunu keyifle görüyorum ki İstanbul'un her yerinden bu pazarlara gelip alışveriş yapmak isteyen ve İstanbul'un kendi ürününü satın almak isteyen bir üretici-tüketici kitlesi de oluştu. Bunu da sürdürülebilir kılmak çok önemli.

Dört yıllık bir uygulama soncunda, Türkiye genelinde çiftçi kayıt sistemine kayıtlı üretici sayısı düşer ve tarım yapılabilen alan sayısı azalırken, İstanbul'da İBB İstatistiklerine göre, destek verilen çiftçi sayısı 12 kat, tarımda işlenen arazi miktarı da 50 bin dekar artmış.

İstanbul gibi bir metropolün bütün ihtiyacını öz kaynaklarından üretmek mümkün değil elbette ama yine de İstanbul'un dışa bağımlılığını azaltan, sağlıklı gıdaya erişimi kolaylaştıran bir zinciri kurmak önemli. İBB Tarımsal Hizmetler Dairesi Başkanı ve Ziraat Mühendisi Ahmet Atalık 2019 yılının sonbahar-kış aylarında, İstanbul'un tarım, hayvancılık ve balıkçılığa uygun mahalle ve köylerinin potansiyelini açığa çıkaran kapsamlı bir tarama yaptıklarını anlatıyor.

650 sayfalık rapora göre bakalım İstanbul hâlâ bir tarım ve hayvancılık şehri mi?

İstanbul'un pazarlarını lezzetlendiren sebzelerin ve yeşilliklerin pek çok çeşidi, geniş tarım arazileri olan Şile, Sarıyer, Beykoz ilçelerinden ya da Başakşehir, Sancaktepe, Çekmeköy, Eyüpsultan gibi aslında tarıma elverişli topraklara sahip ama yoğun yapılaşma nedeniyle giderek azalan tarım köylerinden/mahallelerinden geliyor. Çatalca'nın geniş arazilerinde ise hayvancılık, sulu ve kuru tarım yapılıyor. Çatalca'nın Çakıl Mahallesi'nde oraya özgü 80 yıllık yerel bir domatesin tohumu üretiliyor. Kalfa Mahallesi'nde ise Boncuk Ayşe fasulye çeşidi önceleri ticari olarak üretilirken şu an sadece aile içi tüketim amaçlı yetiştiriliyor. Ormanlı Mahallesi'nde 1960'lı yıllardan bu yana üretimi devam eden Ormanlı pirinci, mahalle çiftçisi için ciddi bir gelir kaynağı, aynı ad altında markalaşma kapasitesi bulunuyor. Orman alanı olan ilçelerde köylüler mangal kömürü işiyle de gelir elde ediyor. Akören Mahallesi'nde kış karpuzu olarak bilinen içi sarı yerli tohum kullanılıyor. Yine Silivri'nin Bekirli Mahallesi'nde uzun yıllardır kavun ve karpuz ekimi yapılıyor. Burada Kırkağaç kavunu atalık tohumlarla üretiliyor.

Arnavutköy geniş topraklarıyla hem kuru tarım hem de hayvancılığa müsait. İlçe İstanbul Havalimanı ve Kuzey Marmara Otoyolu ile çok ağır bir habitat kaybı yaşadı. Ancak tarımla geçim hâlâ devam ediyor. Yeniköy Mahallesi çapraz bulmacaların olmazsa olmazı bir bezelye türü olan araka bezelyesiyle ünlü. Sarıyer ve Beykoz gibi Karadeniz'e kıyısı olan ilçelerde balıkçılıkla geçinen çok sayıda hane ve birçoğunda kooperatifleşme var. Sarıyer'in iç mahallelerinde ise sulu tarım ve hayvancılık yapılıyor. Gümüşdere seracılıkla geçinen bir köy. Ancak Sarıyer de üçüncü köprü yollarından dolayı habitat kaybeden ilçelerden biri.

Kuzey ilçelerinde fındıklıklar var mesela. Yemyeşil kırlar ve çam bolluğunda çiçekten çiçeğe konan arılar, birçoğu hobi olarak kalmakla birlikte, arıcılık işini yaygınlaştırmış ve arıcıları kooperatifleştirmeye başlamış. Bir de artık kaybedilenler var. Kuru tarım yapılan Büyükçekmece'nin Ahmediye köyünde eskiden bağcılık ve çeltik üretimi yapılırmış, artık yok. Şile'nin Karakiraz Mahallesi ise adından da anlaşılacağı üzere daha önceleri kiraz yetiştiriciliği yaparmış o da yok, ama Şile'nin Karmandere Mahallesi'nde 60 senelik pembe domates tohumundan hâlâ üretim yapılıyor.

Özyeğin Üniversitesi Gastronomi ve Mutfak Sanatları Öğretim Üyesi Candan Türkkan İstanbul'un mahalle ve köylerindeki tarım ve hayvancılık faaliyetleri konusunda bir taramanın yapılmış olmasını çok önemli buluyor:

> Akademisyen olarak en büyük sıkıntımız ülkede veri olmaması. Olan veriye de güven yok, sağlamasını yapamıyorsunuz. Akademisyenlerin işi aslında veriyi analiz etmek, oysa bizler veri toplamakla uğraşıyoruz. Ben ne ürün gamındaki değişimi takip edebiliyorum, ne çiftçilerin iklim değişikliğine nasıl uyum sağladıklarını takip edebiliyorum. Bugün tarım çalışan herkese sorabilirsiniz. En büyük ortak sorunumuz ortada veri olmaması. Kim üretiyor? Ne üretiyor? Ne kadar üretiyor? Hal fiyatları açıklanıyor da meyve sebzeyi bir nebze takip edebiliyoruz. Keş-

ke satış verisini daha düzgün bir şekilde görebilsek mesela. Ne, nerede, kaça satılıyor; en azından belli ortalamalar yayınlanabilir. Zayiat verisi ise hiç yok. Suyla ilgili veriler yok. Mesela ne kadar gübre satılıyor? Ne kadar gübre kullanılıyor? Ne kadar pestisit satılıyor ve kullanılıyor? Domatesin üzerindeki kalıntı ne kadar?

Ekrem İmamoğlu'na tarımla ilgili soru sorduğunuzda yüzüne bir tebessüm oturuyor. İstanbul'da tarım ve hayvancılık faaliyetinin yapılmasını da bir mutluluk konusu olarak görüyor:

> Elbette ki İstanbul'un tarım alanları İstanbul'un gıda ihtiyacını çözebilecek kapasiteye sahip değil. Böyle bir alanı yok. Keşke olsa. Bir de nüfus çok büyük tabii ki. Her ne kadar resmi nüfus 16 milyon dense de 2,5 milyona yakın mülteci, sığınmacı ya da oturma iznine sahip yabancı. Ayrıca üniversite öğrencilerinin yarısından fazlası Anadolu'dan İstanbul'a gelen ve burada ikameti olmayan öğrenciler. Bu da nüfusu 20 milyona yaklaştırıyor. Bu bakımdan İstanbul'da üretilen gıdanın buraya yetmeyeceği ortada. Ama yine de verdiğimiz destekle İstanbul'un üreten çiftçi sayısının bir anda 700-800 kişiden 8-9 bin kişiye ulaşmasını, ziraat odalarına kayıtlı etkin üretici haline gelmesini görmek mutluluk verici. İstanbul'un topraklarını ürün veren tarlalara dönüştürme konusunda yaptığımız tarım desteğinin aynı zamanda İstanbullu için bir moral kaynağı, bir yaşam kaynağı haline döndüğünü de düşünüyorum. Herkesin sofrasına oradan salatalık veya domates gitmese de herkesin bundan çok mutlu olduğunu görüyorum.

Candan Türkkan'ın "İstanbul'da her yer meyve ağacı dolu. Bu ağaçlara bakım verlirse ürünleri toplanıp değerlendirilebilir. Bu anlamda meyvelerin heba olmasını önleyen bir proje yapılabilir. Toplanıp ihtiyacı olanlara dağıtılabilir. Ağaçların yalnızca aşılanmaya ihtiyacı var" önerisini de buraya ilave etmeden yeni başlığa geçmek istemedim.

Şehrin Sütü

Erken yatarım erken kalkarım
Bir yumurtayı sütle çırparım
Kızarmış ekmek biraz da peynir
Aman efendim ne güzel yenir

İştah kabartan bu çocuk şarkısını dinleyip de sabah kızartılmış ekmeğin kokusunu hissetmeyen yoktur. Şarkının devamında "sabah olunca / karnım doyunca / çantama kitap kalem koyunca" der çocuk. Şarkı güzel ama gerçekler öyle mi? Kaç çocuğun karnı doyuyor okula gitmeden önce evinde?

Avrupa Konseyi Parlamenterler Meclisi Sosyal İşler, Sağlık ve Sürdürülebilir Kalkınma Komitesi'nin 2022 Mart raporuna göre, pandemiyle birlikte artan çocuk yoksulluğu konusunda Ermenistan, Romanya, Sırbistan ve Türkiye en endişe verici ülkeler. Derin Yoksulluk Ağı'nın (DYA), "Türkiye'de Çocuk Yoksulluğu" 2021 raporuna göre, görüşülen ailelerin yüzde 74'ü bebek maması almakta zorlanıyor, 0-3 yaş çocuklarını hazır çorba, şekerli su, pirinç lapasıyla besliyor. Gıda alanında çalışanlar gıda krizinden en çok etkilenen kesimin çocuklar olduğunu belirterek; yerel yönetimlerin bu alanda desteklerinin önemine işaret ediyor.

İBB'nin sosyal politikaları içinde yer alan iki gıda maddesi gündemi bir hayli meşgul etmişti: Süt ve ekmek. Her çocuğun her gün sağlıklı ve ücretsiz süt içebilmesi için "Halk-Süt" hayata geçirildi. Bu sütün her gün çocuklara ulaştırılabilmesinin ardında üreticiden tüketiciye bir organizasyon ve tabii bir de iktidar müdahalesi var.

Gökhan Günaydın bu süreci şöyle anlatıyor:

> Yaptığımız her işte olduğu gibi Halk Süt uygulamasında da hem üretici hem tüketici ayağını organize ettik. Tekirdağ Büyükşehir Belediyesi'nin Malkara'da bulunan yem fabrikasında doğrudan ürettirdiğimiz küçükbaş ve büyükbaş hayvan yemlerini İstanbul'un hayvancılık yapan köylerindeki üreticiye ücretsiz olarak verdik. Böylece hayvancılığın can çekiştiği bir alanda onlara bir can suyu sağladık. Sonra bu üreticilerin sütlerini rekabet-

çi fiyatlarla satın aldık. Bu çalışmada işbirliği yaptığımız İstanbul Damızlık Sığır Yetiştiricileri Birliği'ni bir paydaş üretici örgüt olarak kullandık. Üreticilerden satın alınan sütler UHT edilerek uzun süre dayanıklı hale getirildi. Çünkü İstanbul gibi bir metropolde sütü birkaç gün içerisinde tüketilmesini garanti edecek şekilde pastörizasyon tekniğiyle ya da çiğ süt olarak dağıtabilmek doğru değildi. Sonra da 3-6 yaş arasında olup da ailesinin geliri günlük 1 bardak süt içmesine yetmeyen çocuklara ayda 8 litre olmak üzere süt dağıttık. Bunu İBB'nin kamyonlarıyla, minibüsleriyle yaptık.

Bu dağıtımda da Sosyal Hizmetler devreye giriyor. Her dağıtım minibüsünde bir şoför ve yanında bir sosyolog kadın görevli yer almış. Günaydın, "Bu bağlamda bu iş yalnızca bir süt dağıtma işinden öte aynı zamanda bir sosyolojik gözlemdi; örneğin aile içi şiddet var mı, örneğin yoksulluğun kaynakları nedir ve nasıl çözülebilir, İBB'nin burada yapacakları neler, gibi birçok konuda önemli çalışmaların yapılmasına vesile oldu" diyor.

Halk Süt dağıtıma başladıktan sonra, 2020 yılı Denetim Raporunda Sayıştay'a takıldı. Sayıştay İBB'nin birer litrelik paketlenmiş haldeki sütlerinin ihalesiz olarak İstanbul İli Damızlık Sığır Yetiştiricileri Birliği İktisadi İşletmesinden satın alınmasını "işlenmiş olduğu ve ihale gerektirdiği için" mevzuata aykırı bulmuştu. Peki sonra ne oldu? Gökhan Günaydın süt dağıtımına devam ettiklerini belirtiyor:

> Biz bunu ihaleyle satın almaya kalksak bir kooperatiften, bir üretici birliğinden almak mümkün mü? Şirketten almak gerekir. Oysa biz bunu üretici birliği ve doğrudan üreticiden alarak yapmak istiyoruz. Dolayısıyla yasa buna açıkça izin verdiği halde üzerimize geldiler. Biz de Sayıştay raporunun çıktığı gün "Bu uygulama aynen devam edecektir" diye açıklama yaptık.

Ekrem İmamoğlu'yla görüşmemde bu konu da gündeme geldi. Sevkiyatı aksatmadan sürdürmeye çalıştıklarını belirterek Günaydın'ın sözlerine şunu ilave etti:

> Sayın Cumhurbaşkanı'nın "Hani seçimden önce süt dağıtacaktınız, ortada süt müt yok" diye bir demeci oldu. Oysa süt dağıtmaya başlayalı bir buçuk sene olmuştu bunu söylediğinde. Ben de "Sayın Cumhurbaşkanı haklı, çünkü biz insanların gözüne sokarak süt dağıtmıyoruz. Göstermeden sütleri çocuklarımıza ulaştırıyoruz" diyerek bir yardımın nasıl yapılacağı konusunda da prensiplerimizi, onun attığı gollük pası gole çevirerek ifade etmiştim.
>
> Benim en çok hoşuma giden, pazara çarşıya çıktığımda bir annenin, bir anneannenin, bir babaannenin çocuğunu göstererek kulağıma eğilip "Bu sizin sütlerle büyüdü" demesi oluyor.

Tüm insanlar havayı soluma konusunda eşit haklara sahip oldukları kadar, toprağı kullanma konusunda da eşit haklara sahiptirler. Bu, onların varoluşlarından doğan bir haktır. Zira, bazı insanların bu dünyada var olma hakkına sahip olduğunu, bazılarının ise olmadığını varsayamayız."

Henry George, *İlerleme ve Yoksulluk*

Şehrin Ekmeği

Pandemi günlerinde İstanbullular Halk Ekmek büfeleri ile bazı ilçe zabıtaları arasındaki kovalamacayı izlediler hayretle. Peki ekmek kavgası nereden çıkmıştı, onu da hatırlayalım:

Önce Halk Ekmek'in kısa tarihinden başlamak gerekiyor: İlk Halk Ekmek fabrikasının temeli dönemin İstanbul Belediye Başkanı Ahmet İsvan tarafından 1977'de atıldı.

Halk Ekmek Yönetim Kurulu Başkanı Özgen Nama 1970'li yıllarda böyle bir girişimin kamucu-halkçı belediyeciliğin başlangıcı olduğuna vurgu yapıyor. O yıllarda yoğun göç almaya başlayan İstanbul'da fırın sayısı azdı ve ekmek fiyatları yüksekti. Ahmet İsvan belediyenin ekmek üretmesi için uzmanları yurtdışına göndermiş ve Almanya'dan teknoloji alınarak bugün Edirnekapı'da hâlâ çalışan Halk Ekmek Fabrikası kurulmuştu. Nama hâlâ o zaman alınan makinelerle üretim yapıldığını söylüyor. Fabrika kurulurken de tehditler ve engel olmak isteyen mafya yapılanmaları olmuş. Bu nedenle üretime başlanması gecikmiş, 26 Ağustos 1978'de, İstanbul Belediye Başkanı Aytekin Kotil döneminde başlanmış. Bu tesise daha sonra Kartal ve Cebeci fabrikaları eklenmiş.

Özgen Nama, önceki yönetim döneminde Edirnekapı Fabrikası'nın depreme dayanıklı olmadığı ve makinelerinin eskidiği gerekçesiyle, dördüncü bir fabrikanın gündeme geldiği ve makine alımları yapıldığını belirtirken, artık İstanbul için değerli bir arazi haline gelmiş olan Edirnekapı'daki tesisi de kentsel dönüşüm bahanesiyle iktidarın ranta açma niyetinin olduğunu anlatıyor: "Zira Haliç kıyısında, inanılmaz güzel bir tarihi İstanbul manzarasıyla Boğaz, Marmara ve Adaları tepeden görüyor. Oysa fabrika eskiydi, ama güçlendirilebilirdi. Makineler iyileştirilebilir dedim ve işe koyulduk."

Ahmet İsvan'ın adı verilen dördüncü Halk Ekmek fabrikası Ekrem İmamoğlu döneminde açıldı. Açılış öyküsünü de İmamoğlu şöyle anlatıyor:

> Bizden önce "başlattık" dedikleri, bizden önce başlatılan ama hiçbir şey yapılmayan bir tesisi aldık. Geçen dönemden bizle devam eden bir müdürümüz vardı. Bir brifing sırasında bana "Sayın Başkan, böyle bir tesisi konuştuk, projelendirdik, yeri belirlendi ama başka hiçbir şey yapılmadı. Hatta makinelerin bir kısmını sipariş ettik. Ne yazık ki bina olmadan makineyi aldığımız için o makineler de depoda çürüyor" dedi. Biz de bu tesisin yapılmasına karar verdik.

Halk Ekmek için unlar da yine üreticiden tüketiciye bir sosyal organizasyonla yürütülmüş. Bu süreci de Gökhan Günaydın anlatıyor:

> İstanbul ekolojisi için en uygun buğday tohumunu bulmak üzere araştırma enstitülerinde deneme ekimleri yaptık ve burada başarılı olan tohumları üreticiye tavsiye ettik. Yani verim değerleri yüksek, hastalığa ve zararlıya dayanıklı, İstanbul'un ekosistemine uygun tohumlar. Bu tohumları saptadıktan sonra bunları üreticiye tavsiye ettik ve "Ben sana bu tohumu ücretsiz vereceğim, ekmek istiyorsan buyur kullan. Başka bir tohum ekeceğim diyorsan sen bilirsin, dilediğini yapabilirsin" dedik. Çok büyük bir keyifle söylerim ki, üretici bize güveniyor, ne yapmaya çalıştığımızı biliyor. Geniş oranda bu hibe tohumdan yararlandılar ve vaat edilen özellikleri gerçekleştiren bir üretim sezonu yaşadık.

Üreticilerin ürettiği ürünlerin alıcısı belliydi: Halk Ekmek. Toprak Mahsulleri Ofisi'nin açıkladığı fiyattan 1 lira daha fazla olmak üzere garanti fiyat üzerinden 10 bin ton buğday alınmış. Bu buğdayları Halk Ekmek işlemiş ve böylece tüketiciye ulaştırılmış. Peki TV haberlerinde hayretle izlediğimiz Halk Ekmek büfeleri ile ilçe belediye zabıtaları arasındaki köşe kapmaca da neydi?

Özgen Nama göreve geldiği günlerde büfelerle ilgili de ayrıntılı bir çalışma yapmış:

> O gün büfe sayısı 537 görünüyordu. Ama en az 40-50 tanesi atıl ve atık durumdaydı. İstanbul'un mahallelerinin üçte ikisinde Halk Ekmek büfesi yoktu. Olanların da dağılımı dengesizdi. Örneğin İstanbulkartına günde üç ekmek tanımlanmış 50 vatandaşın yaşadığı mahallede Halk Ekmek yoktu. Dolayısıyla bu vatandaşlara haklarını kullandırmak için bu büfeleri yaygınlaştırmak gerekiyordu. Halk Ekmek büfesi kurmak için belirlenen yerler çalışılıp İBB Meclisine sunuldu ancak İBB Meclisi izni vermedi.

Bundan sonrası Aziz Nesin'lik bir hikâye: Büfe izni çıkmayınca Halk Ekmek mobil araçlarla mahallelerde ekmek satmaya başlamış. Tarım Bakanlığı bunun hijyene aykırı olduğu ve durdurulması gerektiği konusunda bir genelge çıkartmış. Halk Ekmek ekmek dağıtımının devam edeceğini, dilerlerse polis marifetiyle engelleyebileceklerini söyleyince, genelgenin "yanlış anlaşıldığı" söylenmiş.

Daha sonra Belediye Meclisi'nde belirli sayıda büfenin açılması için oybirliğiyle bir karar çıktı. Özgen Nama bu iznin çıkmasında, vatandaşın Halk Ekmek büfelerine sahip çıkmasının önemine işaret ediyor. Büfelerin öncelikli olarak şehit ve gazi yakınları ile yoksul kadınlara verilmesi şartı da konmuş. Hangi ilçede kaç tane ekmek büfesi kurulacağı belli ve zaten kurulmaya çalışılıyor. Ama bu sefer ilçe belediyeleri, siyasi parti yöneticileri ve İBB zabıtası arasında Halk Ekmek büfesinin yerleştirilmesi konusunda engellemeler ortaya çıkmış. Özgen Nama "Bu görüntülerin hepsi duruyor ve Türkiye'de siyaset tarihinin acı görüntüleri olarak tarihe geçti" diyor.

Halk Ekmek büfe sayısı 500'den 700'e çıkmış durumda; Eylül 2023 itibariyle İstanbul'un mahallelerinin yarısında Halk Ekmek büfesi bulunuyor.

Aslında tüm bu tartışmalar İstanbul'un toplam ekmek ihtiyacının yüzde 10'unun altındaki bir üretim için yapılıyor. Zira özel fırıncılar İstanbul'un ekmek ihtiyacının halen yüzde 90'ını karşılamaya devam ediyorlar. Günlük 700-800 bin olarak devralınan üretim günlük 1,8 milyon somun adete çıkmış. Klasik somun dışında 50 çeşit lüks ürün üretiyor. Esas para kazandıkları ürünler bu ambalajlı ürünler. Somun ekmeğin finansmanını da bu ürünlerin satışından sağlıyorlar.

İBB'nin bu dönemde bir diğer sağlıklı ve ucuz gıda uygulaması da Kent Lokantaları oldu. Bu kitabın verilerini toplarken görüştüğüm pek çok kişi Kent Lokantalarının sayısının artırılmasının belediyenin çalışmaları açısından hayati önemde olduğunun altını çizdi. Ekmek aslanın midesine inmişken, Kent Lokantaları kent yoksulları için çok önemli bir hizmet. Umarım İstanbul'un her yerinde sosyal belediyecilik anlayışının bu izlerini daha çok görmeye başlarız.

Şehrin Çevresi

Herkes, sağlıklı ve dengeli bir çevrede yaşama hakkına sahiptir. Çevreyi geliştirmek, çevre sağlığını korumak ve çevre kirlenmesini önlemek devletin ve vatandaşların ödevidir.

T.C. Anayasası, Madde 56

Özellikle Gezi'ye kadar kent meseleleri, çevre meseleleri, sol siyasi ya da muhalif siyasi arenada çok fazla dikkati çekmiyordu. Hiçbir zaman kent mücadelesi ile emek mücadelesinin o bir aradalığına bakan yoktu. İstanbul dışında yükselen çok önemli çevre ve ekoloji mücadeleleri vardı ama yine kentsel mekâna dair mücadeleler sadece kentsel dönüşüm alanlarında, mahallelerdeki hak talepleriyle sınırlı kalmıştı. Onun dışındaki mücadeleler ise köprü, orman, su havzaları gibi daha çok meslek odaları üzerinden yürüyordu. Partiler bile bunları pek programına almıyordu. Ama Gezi'de ilk defa şöyle bir şey oldu, kent halkı ilk defa bütün sıkışmışlıkları da düşünerek şunun farkına vardı; kendi mülkiyetiyle ilgili olmayan, herkesin ama hiç kimsenin olmayan bir park alanı savunuldu ve onu diğer hak talepleriyle birleştirebildi.

Bu analiz, Mimar Mücella Yapıcı'nın Gezi direnişinin dördüncü yıldönümünde *Evrensel* gazetesinden Cansu Pişkin'e verdiği röportajdan alındı.[41]

Dünya yakın tarihinin tanık olduğu, en sivil ve eşsiz[42] yaşam alanı mücadelesi olan Gezi Parkı direnişi döneminde 24. Dönem İstanbul Milletvekiliydim. Mücella Yapıcı'yı daha önceden, kent savunması çalışmaları içerisinde tanımıştım. Benim de gözlemim benzerdi:

Daha önceleri anaakım siyasetin gündemine giremeyen, "marjinal" damgası vurulan ve yalnızca toplumun bir kesimini ilgilendirdiği düşünülen ve bu yüzden sorunlarıyla baş başa bırakılan kesimler ya da konular Gezi ile anaakımın gündemine girdi; istemese de siyasetin sorunu ve gündemi haline geldi. Çevre konuları, ekolojik sorunlar, kent ve kırsaldaki yaşam hakkı ihlalleri bu gündemin başını çekti ve Gezi Parkı direnişinin de işaret fişeğini yaktı. O günden beri ne iktidar ne muhalefet bu direnişe kayıtsız kalamıyor. Dönemin iktidarının dış dünyaya yansıyan özgürlükçü ve demokrat-muhafazakâr iktidar görünümünü yaralayan Gezi Parkı direnişi, çevre konularının bir kısım beyaz yakalının oyalanma aracı değil, acılı bir yaşam hakkı savunusu ve yaşam alanı mücadelesi olduğunu ana muhalefetin de yüzüne tokat gibi çarptı.

41. Cansu Pişkin, *Evrensel*, 31 Mayıs 2017.

42. David Harvey'in TMMOB'un 2015 yılı panelindeki ifadesi.

İklim Krizi

İklimi Değil Sistemi Değiştir!
İklim aktivistlerinin küresel sloganı

Çevre meselelerini anaakım siyasetin gündemine sokan bir diğer neden dünyanın da gündemi olan iklim krizi konusu elbette. Yıllardır "İklim değişikliği ile mücadele" adı altında yürütülen kampanyalar, bir buzul üzerindeki kutup ayısının çaresizliğini gösteren fotoğrafla sunuldu. İnsanlar iklim değişimini kutup ayılarının sorunu zannettiler yakın zamana kadar. Ta ki Greta Thunberg'in kitabın girişinde kullandığımız sözünü algılayana dek. Yani ormanlar, yerleşimler cayır cayır yanmaya başlayıp, şehirleri seller götürünce; yazın sıcaktan hayatımız durma noktasına gelip, kışın kar beklemeye başlayınca... Artık iklim krizi herkesin dilinde ama şöyle de bir durum var: Evimiz yanıyor ama öyleymiş gibi davranmıyoruz.

Ekrem İmamoğlu'nun seçim kampanyası sürecinde üzerinde en çok durduğu konulardan biri de çevre ve iklim krizi olmuştu:

> Son çeyrek yüzyılda betonlaşmanın sınır tanımaz şekilde (şehirleri) ne kadar tahrip ettiği malumunuz. İnsanlarımız, gençlerimiz, çocuklarımız nefes alabilecekleri 1 metrekare yeşile muhtaç... Hiçbir şehir bu şekilde yoluna devam edemez. Biz bu gidişatı durduracak ve insanlarımıza yeniden yaşayabilecekleri bir şehir armağan edeceğiz. Hedefimiz karbon nötr İstanbul. (28 Şubat 2019)

Çevre kirliliğinin bütün türleriyle mücadele edecekleri vaadinde bulunan İmamoğlu, "Dünyanın bütün kentleri çevresel bir yıkıma doğru giderken, bu konuyu kesinlikle öteleme şansımız yok. Havamız, suyumuz, toprağımız temiz olacak. İklim değişikliğinin etkilerini minimuma indirecek, İklim Değişikliği Eylem Planı'nı hayata geçireceğiz. Risk azaltma yaklaşımıyla İstanbul'un 'kentsel dayanıklılık' faktörlerini artıracağız" diyordu. (13 Haziran 2019) 2019 Ekim ayında Kopenhag'da C40 toplantısına katılmış, şu hedefin altına imza atmıştı: "Ben İstanbul şehrini 2050 yılında karbon nötr ve iklim değişikliğinin etkilerine dayanıklı şehir yapacağım." Bu cümlenin kaçınılmaz gereği olarak önce bir İklim Değişikliği Eylem Planı yapılması gerekiyordu.

Şehrin iklim eylem planı

İstanbul'un ihmal edilmiş (çevre) sorunlarını çözerek, İstanbulluları daha mutlu, daha huzurlu, daha keyifli yaşam alanlarına kavuşturacağız.

Ekrem İmamoğlu, 19 Eylül 2023

Kitabın "Şehrin Sağlığı" bölümünde sırayla, İstanbul'un hava, su, toprak sağlığına baktık. Şimdi de bu sağlığı korumak için hazırlanan plana bakalım: İBB'nin İklim Değişikliği Eylem Planı'nın hayata geçirilmesini üstlenmiş olan Çevre Koruma ve Kontrol Dairesi Başkanlığı'na 2020 yılında gelen Prof. Dr. Ayşen Erdinçler'in ilk gündemi bu olmuş. Daire Başkanlığı altında İklim Değişikliği Şube Müdürlüğü kurulmuş. 2021 sonunda tamamlanan plan 2022 başı itibarıyla uygulanmaya başlanmış. Erdinçler bu plan için kendi ekibini kurmuş ve İmamoğlu'nun İklim Eylem Planı taahhüdü verdiği C40'tan teknik destek almış.

Peki plan nasıl işliyor, diye soruyorum Erdinçler'e: "İBB'de herkes üzerine düşeni yapıyor, biz de izliyoruz" diyor.

Özellikle takip edilen üç sektör var: Enerji, Atık ve Su-Atıksu. Erdinçler, "İlk çıkan sonuçlara göre sürdürülebilir enerji planına ihtiyaç olduğunu tespit ettik ve yeni tamamladık. İstanbul'da atık yönetim planı yoktu, onu da yaptık. Ulaşımın da bir kentsel mobilite planı var. Orada da hangi yıllarda ne yapılması gerektiğini söylüyoruz. Yani çok iddialı bir senaryomuz var. Koşar adım gidiyoruz" diyor.

İBB Çevre Koruma ve Kontrol Dairesi'nin hazırladığı plana, ilgili web sayfasından ulaşabilirsiniz ama ben birkaç konuyu çekip buraya getirmek istiyorum. Planın beşinci bölümünde, yani 67. sayfasında Eylem Yol Haritası var. Azaltım Eylemleri ve Uyum Eylemleri hedefleri bulunuyor. Bunlar aslında İstanbulluyu da en çok ilgilendiren ve kendisinin de plana katılabileceği bölüm. Azaltım eylemlerine, vaatlere ve yapılanlara satır başlarıyla bakalım:

Net Sıfır Binalar: Yani tüm binalarda enerji verimliliğini artıracak önlemlerin teşviki. Bu konuda kentsel dönüşüm faaliyetleri iyi bir fırsat olarak görülmüş. Erdinçler "2050 planının gerçekleşmesini garanti etmek için daha yakın bir tarih hedefi koymak gerekti" diyor. Şehirlerin 2030 yılı iklim nötr hedeflerine ulaşmalarına yardımcı olmayı amaçlayan Net Zero Cities'e müracaat edip 23 proje içine girmiş ve pilot şehir olmuş. Erdinçler "Bu proje rehberliğinde kentsel dönüşüm sırasında binaları yeşil binalar haline getirmeyi hedefliyoruz. Bu konuda KİPTAŞ ile protokol yapıldı" diyor. Yeşil bina, yaşam döngüsü boyunca çevreyle uyumlu olan ve doğal kaynakları verimli kullanan bina anlamına geliyor.

Yenilenebilir elektrik kullanımının artırılması: Bu konu İmamoğlu'nun vaatlerine "enerji tedarikinin yüzde 55'inin yenilenebilir kaynaklardan sağlanması" olarak yansımıştı. Erdinçler kolay inşaat süreci ve düşük/işletme bakım maliyetleri faydaları ile güneş enerjisinin ön plana çıktığını söylüyor. İBB atıl vaziyetteki bina çatılarına güneş enerji santralleri kuruyor.

Elektrikli otobüsler: İmamoğlu 2040 yılında tüm İETT filosunun yüzde 100 elektrikli olmasını hedef koymuştu. İETT elektrikli araçlarla şimdilik yalnızca İstanbul'un Adalarında toplu taşıma hizmeti veriyor. Öte yandan ulaşım araçlarında elektriğe dönme çalışmaları da var. İBB toplam 75 adet elektrikli taksiyle 40 adet elektrikli otobüs alımı yapmış. (Eylül 2023)

Bisiklet kullanımının artırılması: İmamoğlu'nun 2040 hedeflerinde günlük yolculukların yüzde 50'sinin yürüme ve bisikletle gerçekleşmesi var. Eylem Planı'nda bisiklet yolculuklarının türel dağılımdaki payının yüzde 5 ila yüzde 10 arasında artışı öngörülüyor. Bisiklet kullanıcılarının motorlu taşıtlar tarafından taciz edilmemesi için eğitime de bir fon ayırmak iyi olabilir bence.

Araç kullanımının azaltılması: İklim Eylem Planı'nda 2040 yılı itibarıyla yaya yolculuklarının türel dağılımdaki günlük payı yüzde 45 olarak hedeflenmiş. Zor mu? Ne dersiniz. İlerleyen sayfalarda bu konuya değineceğiz.

Daha fazla toplu taşıma kullanımı: İmamoğlu şehir genelindeki yolculukların yüzde 35'inin toplu taşımayla gerçekleştirilmesini hedeflemişti. Bu oran da yüzde 35 olarak İklim Eylem Planı'na yansımış.

Gıda ve bahçe atıklarının geridönüşümü: Burada yüzde 50 geri kazanım öngörülmüş. Erdinçler farklı hedef kitlelere yönelik atıkların azaltımı, israfın önlenmesi, yeniden kullanımı, geridönüşümü ve geri kazanımı konusunda eğitim ve bilinçlendirme çalışmaları yaptıklarını söylüyor. 2021'e kadar ilçeler bu atıkları katı atıklarla karışık topluyorlardı ama artık ayrıştırıldığı için bir kısmı biyogazla elektrik enerjisine dönüşüyor. Aslında evsel atıkların da yüzde 48'i bunlar. Evde gübre olarak değerlendirmek çocuklar için de etkinlik olabilir.

Daha fazla çöp gazının yakalanması: Burada katı atık depolama sahasından çöp gazının havaya karışmadan yakalanarak atmosfere direkt metan salımının önlenmesi ve bu gazdan elektrik, ısıtma veya ulaşım yakıtı olarak yararlanılmasından söz ediliyor. Bir teknolojiyle birikmiş çöplerin içindeki gaz çekilerek enerjiye dönüştürülüyor. İstanbul'da Odayeri, Kömürcüoba ve Seymen'de bu yakalamalar yapılıyor.

Daha verimli araçların kullanılması: Bu konu atık toplama işiyle ilgili. Çöp kamyonlarının rotaları, toplama saatlerinin optimizasyonu. Yani çöp deyip geçmeyin, çok detaylı ve önemli konular.

Atıkların düzenli depolama sahalarından uzaklaştırılması: Bu atıklar ayrıştırılarak, geri dönüştürülerek ve yakılarak atık depoları, yani çöp yığınları azaltılmaya çalışılıyor. Bu konuyu katı atık yakma tesisi hakkındaki karşıt görüşlere değinirken anlatmıştım.

Atıksuların yeniden kullanımı: İklim Eylem Planı'nda 2030 yılı için hedef yüzde 72 görünüyor. İSKİ, 2022'de atıksulardan yaklaşık 30 milyon metreküp geri kazanım suyu sağlandığını bildirmişti. Bu rakam henüz yüzde 3 civarında. Daha alınacak çok yol var.

Su kaybının azaltılması: Yani suyun size ulaşırken yolda kaybolmasının önlenmesi. İSKİ'den verilen bilgiye göre 2019'dan önce fiziki kayıplar yüzde 23'ün üzerindeyken dört yıl sonra, bu yıl ilk defa kayıp-kaçak oranı yüzde 20'nin altına, yüzde 19,45'e inmiş. Şafak Başa bunun şu anda Türkiye'de yakalanmış en iyi oran olduğunu söylüyor. Yüzde 1 azalması bile 10 milyon metreküp suya denk düşüyor. Bu da üç yılda neredeyse bir baraj boyutunda suyun kurtarılmış olması demek. İSKİ'nin hedefi bu kayıpları yüzde 15'lere çekmek.

Su kullanımının azaltılması: İSKİ bu konuda eğitim gezileri, seminerler, yarışmalarla bilinçlendirme çalışmaları yapıyor. Öte yandan üç kademe fiyatlandırma hem düşük gelirli kesimi kollayan hem de suyun tasarruflu kullanımını özendiren bir uygulama. Bir de yağmur sularının depolanarak kullanımı konusunda yapılan düzenleme bu anlamda önemli. İSKİ bölümünde bundan söz ettik.

Bir de Uyum Eylemleri var ki, "Şehrin Sağlığı" başlığı altındaki konularla tamamen ve tesadüfen uyumlu oldu:

Kuraklık: Kuraklığa karşı kentsel su depolama kapasitesinin artırılması ve sızıntı nedeniyle işlev kaybının önlenmesi gerekiyor. İSKİ'nin bakımları önemli, suyu maksimum depolayabilmesi şart. Ama yalnızca böyle mi mücadele edeceğiz? Bunca nüfus artışı, kontrolsüz göç, vahşi kentleşme. Yalnızca kendi kaynaklarını değil, bütün bölgesindeki kaynakları emip sömürmeye doymayan bir İstanbul var elimizde. Gözler de Melen'de...

Aşırı sıcaklık: Yani kitabın girişinde uzun uzun anlattığımız, bizi kavuran sıcaklar. Artan kentsel ısının etkisinin azaltılması gerekiyor. Bunun için de daha az beton, daha çok yeşil alan gerekiyor. Bu yüzden yaşam vadileri, kent ormanları, planlı şehirleşme, hava koridorları çok önemli. Kuzey Ormanları'na ise gözümüz gibi bakmalıyız. Hepsini anlattık.

Sel-deniz seviyesi yükselmesi: Yine kitabın başında anlattığımız, kent selleriyle mücadele. Dere yataklarına yerleşimi önlemek ve ıslah etmek. Yaşam vadileriyle, drenaj çalışmalarıyla kentsel su birikimlerini engellemek.

Gıda güvenliği: Yani İBB'nin tarım ve hayvancılık faaliyetleriyle çiftçiyi desteklerken çocuklara süt, vatandaşa ucuz ve sağlıklı ekmek temin etmesi. Kent tarımının desteklenmesi.

Yıllar değil binlerce yıllık birimlerle tanınan sürede yaşam uyum sağlamış ve bir dengeye ulaşmıştır. Zaman temel bileşendir, ancak modern dünyada artık hiç zaman yoktur.

Rachel Carson, *Sessiz Bahar*

Şehirde iklim adaleti

"İklim adaletinin sağlanması" İmamoğlu'nun sıklıkla vurguladığı vaatler arasında. Peki bir yerel yönetim iklim adaletini nasıl sağlar? Araştırmacı yazar Dr. Ümit Şahin, iklim adaletinin toplumun kırılgan gruplarına ayrı ilgi gösterilerek sağlanacağını belirtiyor ve yapılabilecekleri şöyle anlatıyor:

> Kırılgan grupların şehirdeki haritasını çıkarıp buna göre politika ve çözüm üretmek iklim adaleti sağlar. Örneğin dere yatağında, taşkın alanlarında yaşayan insanların tahliye edilerek başka yerde konut sahibi yapılmaları gerekir. Aynı şekilde sıcak dalgalarına karşı uygun olmayan binalarda yaşayanlar, yalnız yaşayanlar, yaşlılar, kronik hastalığı olanlar var. Nasıl soğukta, kar yağdığında evsizleri bir yere alıyorsak, sıcakta ve selde de almak lazım. Örneğin Unkapanı Köprüsü altında 2019'da ölen evsiz vatandaş tam da kırılgan grup tanımına giriyordu. Gıda ve su konusunda yapılanlar, çeşmelerden su akması hep iklim adaleti açısından olumlu işler. Kırılgan grupların tespit edilip bu tür afetler karşısında korunması iklim adaletidir.

Aslında kırılgan dediğimiz grupların sınıfsal bir yanı var ve iklim adaletinin sınıfsal adaleti sağlayıcı bir yönü de var.

İstanbul'un ve dünyanın ilk kalıcı İklim Müzesi de İBB Miras tarafından Kadıköy Müze Gazhane'de hayata geçirildi. Tüm içeriği ve hazırlıkları araştırmacı yazar Dr. Ümit Şahin ile iklim bilimci Prof. Dr. Levent Kurnaz tarafından yapılan İklim Müzesi'nin oluşumunda geniş bir mimari ve görsel tasarım ekibi çalıştı. Bu müze ziyaretçilerine, "İklim nedir; tarih boyunca iklim nasıl değişti; bugünkü küresel iklim değişikliğinin tarihteki iklimsel değişikliklerinden ne farkı var; iklimin gelecekte ne ölçüde değişeceğini nasıl anlıyoruz; iklim değişikliğinin toplumsal ve ekonomik etkileri neler; bu değişimi olumlu yönde nasıl durdurabiliriz?" vb. sorulara cevap veren yazılı ve görsel bir içerik sunuyor. Beş katlı, yedi salondan oluşan müzeyi dikkatlice gezmek, üç saat kadar sürüyor. Yani dünyanın bu büyüklükteki ilk ve tek kalıcı müzesi.

Şehre hançer

İBB Başkanı Ekrem İmamoğlu'nun ve yeni yönetimin İstanbul'da iklim krizinin olası etkilerine karşı mücadeledeki en esaslı adımı Kanal İstanbul'a karşı koyuşu olmuştu. Oluşturduğu kamuoyu ve gördüğü büyük destekle itirazından asla vazgeçmeyişi İBB başkanı olarak beş yıllık karnesinin pozitif hanesinde hâlâ birinci sırada duruyor.

Bu, görüştüğüm akademi ve meslek odası çevrelerinin ortaklaştığı bir nokta. Ayrıca Kanal İstanbul karşısında İmamoğlu'na destek, seçimde aldığı oy oranının çok üzerinde seyretmişti. Bu kitapta Kanal İstanbul konusuna uzun uzadıya girmek istemedim. Çünkü her adımı, her aşaması kamuoyu önünde gerçekleşti ve bu şehre ihanet süreci hâlâ sıcak tutulmaya çalışılıyor. Öte yandan zaten kitabın çeşitli bölümlerinde sık sık söz ediliyor, ilerleyen bölümlerde de rastlayacaksınız.

Ancak bu konuda merak ettiğim bir şey vardı. İmamoğlu 2023 Genel Seçimleri öncesi iktidar değişimini işaret ederek Kanal İstanbul'un yapılmayacağını söylemişti. Ancak iktidar değişmedi ve Kanal İstanbul tehdidi hâlâ İstanbul'un üzerinde duruyor.

"Peki bundan sonra ne yapacaksınız, nasıl mücadele edeceksiniz?" diye soruyorum kendisine. Şöyle yanıtlıyor:

> Ben bunu İstanbul'un varlık-yokluk meselesi olarak görüyorum. İktidar açısından kanal işin basit kısmı, çünkü orada yaklaşık üç milyonluk bir kent tasarlandı. Kanalın yanı sıra çok vahşi bir kentleşmeyle de karşı karşıyayız. Bu boyutuyla bunu ben başaramayacaklarını hâlâ düşünüyorum. Ama hem konumum gereği hem de kişisel olarak, bir İstanbullu olarak sonuna kadar bu mücadelenin içinde olacağım ve sürdüreceğim. Bazen koşullar da kötü aklın karşısına dikilebiliyor. Bugün iklim değişikliğinin

yarattığı travmalar, kuraklık, yağışın olmaması, bir damlaya bile ihtiyaç duymamız ve o sahalardaki sudan bu sene maksimum derecede faydalanıyor olmamız –ki bunun ölçüleri var– insanların dikkatini çekiyor. Dolayısıyla dillerinden bile bu kadar uzaklaştırdıkları bir meseleyi gerçekleştirme şanslarının olmadığını düşünüyorum. 2024 Yerel Seçimlerinin de, 2028 Genel Seçimlerinin de mücadelemizin bir parçası olacağını hatırlatmak isterim.

Atalarımıza, çocuklarımıza ve doğmamışlarımıza yanıt veriyormuşuz gibi ve yalnızca onlara yanıt veriyormuşuz gibi davranmalıyız.

Amilcar Cabral

Şehirde Yaşam

Konut Hakkı

Nobel Barış Ödülü sahibi ve yoksullukla mücadele araçlarından biri olan mikrokredi sistemini kuran ekonomist Muhammed Yunus'un şöyle bir hak listesi vardır: Beslenme hakkı, barınma hakkı, sağlık hakkı, eğitim hakkı... "Bunlar insanlara temin edilmelidir" der.

Muhammed Yunus'un da öncelikli hak listesine koyduğu barınma ya da konut hakkı, 1996 yılında İstanbul'da gerçekleşen HABITAT II toplantısından bu yana bir insan hakkı olarak bütün evrensel metinlerde yer alır. Öte yandan bu konutun ya da barınılan yaşam alanının "elverişliliği" onu hak konusu yapar. Çünkü dünyanın büyük bir bölümünde insanlar bir şekilde bir "konutta" yaşıyor; ancak dünya nüfusunun sadece yarısına yakın kısmının yaşadığı konutlar ya da ortamlar "elverişli" sayılabilecek niteliklere sahip.

Uluslararası insan hakları hukuku referanslı yorumlarda, konutun yalnızca bir çatı ve dört duvardan oluşan fiziksel bir yapıdan ibaret olmadığı net olarak belirtilmiştir. Konut, güvenli bir yaşam alanının oluşturulması için gerekli olan çeşitli maddi ve manevi elverişlilik unsurlarını içeren çok daha geniş bir kavram.

BM Özel Raportörü, elverişli konut hakkını şöyle tanımlıyor:

> Her kadının, erkeğin, gencin ve çocuğun, barış içinde ve onurlu bir şekilde yaşayabileceği güvenli ve korunmalı bir ev ve toplumu edinme ve sürdürebilme hakkıdır.

TMMOB Mimarlar Odası Ankara Şubesi tarafından 2013 yılında gerçekleştirilen *Uluslararası Konut Hakkı Sempozyumu* kitapçığı ise Ekonomik, Sosyal ve Kültürel Haklar Komitesi'nin yorumuna atıfla konut hakkını şöyle tanımlıyor:

> Konutun elverişli olması için, en azından şu yedi temel unsura sahip olması gerekmektedir: Kullanım hakkının yasal güvenliği, hizmetlerin kullanılabilirliği, ödenebilirlik, erişilebilirlik, oturulabilirlik, konum, kültürel elverişlilik. Bu elverişlilik unsurları, sivil toplum örgütleri ve elverişli konut BM Özel Raportörü tarafından şu unsurları kapsayacak şekilde geliştirilmiştir:
>
> Fiziksel güvenlik; katılım ve bilgi; toprak, su ve diğer doğal kaynaklara erişim; kamulaştırma, zarar ve yıkıma maruz kalmama; yeniden iskân, mülkün iadesi, tazminat, geri gönderilmeme ve geri dönüş; yasal başvuru mekanizmalarına erişim; eğitim ve haklara erişimin güçlendirilmesi; kadınlara karşı şiddet olmaması.

Evlerimiz

Ev! Ev!
Tatlı, tatlı evim!
Ev gibisi yok
Home Sweet Home[43]

Şair "tatlı evim, ev gibisi yok" derken, evinden uzaklarda olmanın öyle göründüğü gibi cazip bir şey olmadığını söyler: "Ah bana yine sazdan damlı kulübemi ver / Çağrıma gelen kuşlar neşeyle şarkı söyler / Bunlar bana her şeyden daha çok gönül rahatlığı verir."

İnsanın anılarını biriktirdiği evinin değeri neyle ölçülebilir? Elbette bir mahalledeki her hane için durum farklıdır. Kimisi her çocuğuna bir ev ya da kendine gelir getirecek ikinci ev ister. Kimisi de iyi bir fiyata satıp güneye gidecek mali imkân bekler. Elbette konut her zaman bir gelir aracıydı. Ama bu kadar maddiyat hep var mıy-

43. Amerikalı aktör ve oyun yazarı John Howard Payne'in 1823 tarihli *Clari, or the Maid of Milan* operasından uyarlanan şarkı.

dı? Anılarımızı biriktirdiğimiz evler, ne ara rant amaçlı ruhsuz konutlara dönüştü? Ekonomist Mustafa Sönmez, yanıtı şöyle veriyor:

> Konut daha önce metalaşmamış mıydı? Bu kadar değil. Konut, daha önce insanların başlarını sokacakları bir barınaktı ve ticaret için değil, daha çok "kullanım değeri" için üretilirdi. Nüfusun ağırlığı köylerde iken herkes dayanışmayla konutunu kendi üretirdi. Kente göçle birlikte "gecekondu" ya da bahçeli evleri, küçük aile apartmanlarını üretmenin biçimi yine geleneksekseldi. Küçük müteahhitlerin, yap-satçıların geleneksel kâgir binaları, konakları yıkarak yerlerine yaptıkları çok katlı binaların satılık daireleri, konutta ilk metalaşmaydı, ama yine de büyük sermaye işi değildi. AKP iktidarında yükselen inşaat, özellikle de konut üstünden sermaye birikimi, önümüzdeki on yılların da vizyonu. [...] Türkiye kapitalizmi, tıpkı bir dönem, her eve beyaz eşya, TV, otomobil satmayı nasıl hedef haline getirdiyse, şimdi de [...] konutu bir dayanıklı tüketim malı, bir "meta" haline getirmenin çabası içinde. Bunda epeyi yol alındı da.[44]

Mustafa Sönmez, konutu metalaştırmanın, konut üstünden birikim yaratmanın gerekçesi olarak "deprem"in gösterildiğini belirterek, "Konutu bir dayanıklı tüketim malı haline getirmek yetmiyor, beyaz eşya, otomobilden farklı olarak, onu almak, yenilemek neredeyse bir mecburiyet haline getiriliyor" diyor.

Harita mühendisi ve akademisyen Prof. Dr. Erol Köktürk, "Mecburiyeti yaratan, edinme eğiliminin pompalanması"diyor:

> Barınma denilen olgu, "elverişli konut" ölçütü bağlamında ele alındığında neredeyse bir "minimum"u tanımlıyor ya da "olmazsa olmaz"ı. O ölçütlerden bazıları eksildiğinde, barınma mekânı insani uygunluğunu da yitirmeye başlıyor. Ama barınma sorunu, bu minimumdan ucu açık maksimuma doğru giden bir aralıkta karşımıza çıkıyor. Yani çeşitleniyor. Ekonomik bir boyut kazanıyor. Talep bağımlı duruma geliyor. Giderek de eşitsizliğin göstergesine dönüşüyor.

44. Mustafa Sönmez, "Kenti Yık, Konut Yap Biriktir, Biriktir", *Cumhuriyet*, 24 Ekim 2012.

Şehrin Dönüşümü

"Kentsel dönüşüm" sözünü her duyduğunuzda titreyiniz, kendinize geliniz ve tedbirlerinizi alınız. Kulak dolgunluğu ile öyle deniyor diye, âdettendir diye kabul ederek bu kavramı kullananları ise nazikçe uyarınız, hatasından dönmeye çağırınız: "Sanırım depremde ölmememiz/ yaralanmamamız için yapılması gerekenlerden, afet riski ile ilgili alınması gereken önlemlerden söz ediyorsunuz."

Can Atalay, *Birgün*, 4 Mart 2023

Gayri resmi tahminlere göre nüfusu 20 milyona dayanmış, Avrupa'dan Asya'ya hem Karadeniz kıyılarında hem de Marmara kıyılarındaki diğer komşu şehirlerin yakasına yapışmış İstanbul megapolünde konut denince deprem, deprem denince dönüşüm konuşulur. Aslında yalnızca o da değil, bu zinciri şöyle de kurabiliriz: "Konut deyince rant, rant deyince kentsel dönüşüm konuşulur. Konut-deprem ilişkisi 1999'dan beri gündemde iken, buna 2010'lardan itibaren "kentsel dönüşüm" de eklendi.

Bu dönüşümün yasalarından en ünlüsü, 6306 sayılı Afet Riski Altındaki Alanların Dönüştürülmesi Hakkında Kanun diye yazılan, ancak Kentsel Dönüşüm Yasası diye okunan ve bütün ülkeyi bir şantiye cumhuriyetine çeviren heyula. Kentsel dönüşüm, AKP'li yılların en çok tartışılan uygulamalarından biri oldu. Şehirlerin dönüşümü görüntüde güvenli konutlar içindi. Ama rant transferi ve soylulaştırma, güvenli konut hedefini aştı. Vatandaşın önüne "kırk satır mı kırk katır mı" kabilinden çıkışsız seçenekler kondu. Bu dönemin en ünlü siyasetçisi, Çevre ve Şehircilik Bakanı Erdoğan Bayraktar, *Şehirlerin Dönüşümü* adlı kitabında dönemin Başbakanı Recep Tayyip Erdoğan'a "5 senede 50 bin konutu rahatlıkla yapabiliriz" dediğini, Erdoğan'ın ise "Beş senede değil, yılda 50 binlerden, 100 binlerden bahset" diye talimat verdiğini ve bu şevkle çalışmaya giriştiğini yazıyor.

Milletvekili olduğum döneme denk gelen bu çılgın dönüşüm yıllarının başlangıcında bir gün Bakan Bayraktar, üyesi olduğum TBMM Çevre Komisyonu'nu kahvaltıya davet etmişti. Kentsel dönüşümü anlatırken coşkuyla ayağa kalkmış, heyecanlanmıştı. Anlattı, anlattı... Sonra bir an "Ben bu işin hastasıyım" diye hafifçe bağırdı hararetle, hiç unutmam. Samimiydi de...

Bayraktar, 6 Haziran 2012 günü Teke Tek programında Fatih Altaylı'ya şöyle yakınıyordu: "Biz ne yaptıysak bu yasaya kamuoyunda 'kentsel dönüşüm' yasası demekten kurtaramadık. Bu bir kulvar. Tüm kentsel dönüşümü kapsamıyor. Bu yasa diğer kentsel dönüşüm yasalarından değişik, afet riski taşıyan binaların dönüşümüdür."

Erdoğan Bayraktar burada özellikle "afet riski" vurgusu yapıyordu. İstanbul gibi yakın bir tarihte büyük bir deprem geçirmiş ve zaten deprem kuşağında kurulu bir şehir için elbette afet riskine karşı önlem alınmalıydı. Ama acaba bu yasa ne ölçüde afete karşı güçlendirme amaçlı kullanılacaktı?

Şehir Plancıları Odası (ŞPO) İstanbul Şube Başkanı Doç. Dr. Pelin Pınar Giritlioğlu "6306 sayılı kanunun içinde iki kez afet lafı geçer. Afetle ilgili bir kaygısı yoktur. Yıkıp yeniden yapmayı kurgulayan bir müteahhitlik yasasıdır" diyor. Gerçekten de yasanın üst başlığı afet olmasına rağmen afet kelimesi eser miktarda geçiyor.

Köktürk de "Ama daha ilginci, herkesin 'Kentsel Dönüşüm Yasası' dediği yasanın içinde 'kentsel dönüşüm' nitelemesinin de bir kez geçmesidir" diye ilave ederek şu izahı yapıyor:

> Çünkü bu yasa, terminolojiye uygun bir kentsel dönüşümü değil, en iyimser ifadesiyle "kentsel yenileme"yi hedefleyen bir yasadır. Terminolojik olarak kentsel dönüşüm, "çökme ve bozulma olan kentsel mekânın ekonomik, toplumsal, fiziksel ve çevresel koşullarını kapsamlı ve bütünleşik yaklaşımlarla iyileştirmeye yönelik olarak uygulanan strateji ve eylemlerin bütünü" olarak tanımlanabilir. Bu pencereden bakınca deprem riski olan yapıları, yalnızca yıkıp yeniden yapmak, kentsel dönüşümün yalnızca bir öğesini yaşama geçirmektir.

Kentsel dönüşüm yıllarında, İstanbul ve Türkiye'nin diğer şehirleri pek çok sınır tanımazlığa tanık oldu. Çevre ve Şehircilik Bakanı'na sınırsız yetki verildi. Kentsel dönüşüme vatandaşı razı etmek için Türkiye'nin önemli gazetecileri Bakan Bayraktar'la toplantılar yaptılar. "İstanbul yıktıkça güzelleşir" manşetleri atıldı.[45] Dönüşüm için sınır tanımayan yetkilerin ardından itirazlara da engelleme başladı. Evine el konulan vatandaş itiraz edemez oldu, giderek kentsel adı altındaki dönüşümün ağır bilançosu görünür hale geldi.

Erdoğan Bayraktar, *Şehirlerin Dönüşümü* kitabında "sağlam, güvenli, altyapısı tamamlanmış, sosyal, çevreye uyumlu, doğadan kopmamış konut" diyordu.

Ama bugün geri dönüp bakıldığında yalnızca muhalif kesimin değil, iktidar kesiminin de hoşnutsuzluğunu dikkate alırsak, bir şeyler yanlış gitmiş gibi görünüyor. Ekrem İmamoğlu bir konuşmasında "Kentsel dönüşümde tabiri caizse çuvallamış alanlar var" ifadesini kullanmıştı.[46]

Çuvallama ifadesine neden olan yanlışların ne olduğunu sorduğum İBB Genel Sekreter Yardımcısı Buğra Gökçe, öncelikle eski Başkan Kadir Topbaş döneminde yapılan ve "İstanbul Anayasası" diye tanıtılan İstanbul 1/100.000 ölçekli Çevre Düzeni Planı'na tamamen aykırı hareket edilmesini işaret etti. Ne vardı o planda? İstanbul nüfusu 16 milyonu aşmamalıydı, İstanbul'a yeni nüfus taşıyacak iş alanları, lisans eğitimi veren yeni üniversiteler açılmamalı, İstanbul üzerindeki nüfus baskısı azaltılmalıydı:

> 1999'da yaşanan deprem felaketi sonrası İBB, 2009 tarihli İstanbul Çevre Düzeni Planı ve 2015 tarihli İstanbul Kentsel Dönüşüm Stratejik Planı ve Master Planı gibi iki önemli plana imza atarak, kâğıt üzerinde süreci nasıl yöneteceğini kurgulamıştı. Ancak aynı yönetim bu iki plan kararıyla tamamen çelişen uygulamaların altına imza atarak Cumhurbaşkanı Erdoğan'ın 2017'de söylediği gibi "Biz bu şehre ihanet ettik, hâlâ da ihanet ediyoruz" noktasına geldi.

Gökçe, riskleri azaltmak, olası bir afette can kaybını en aza indirmek amaçlı bir dönüşüm yapmak yerine, deprem bahane edilerek rant alanlarının imara açıldığını, gecekondu halkının yerinden

45. *Sabah*, 16 Ağustos 2013.

46. Deprem Seferberlik Planı Konuşması, 25 Ocak 2020.

edilerek bu bölgelere yüksek yoğunluklar verildiğini söylüyor. Gökçe'ye göre işin "çuvallanan" kısmı da bu ve çuvallanmış resim, rant dolu bir resim anlamına geliyor.

Sonuç olarak adına ne derseniz deyin "kentsel dönüşüm" başta İstanbul olmak üzere çarpık yerleşimli ve ranta susamış tüm şehirlerin sokaklarında, evlerinde, işyerlerinde, en çok konuşulan konu haline geldi. Bugün riskli ya da risksiz hangi konut sahibine sorsanız kentsel dönüşümle ilgili bir hayali ya da planı vardır. Daha konforlu yaşamak için konutunu yenileme, bütün çocuklarına bir yaşam garantisi olsun diye konutunu çoğaltma veya konutunu daha iyi fiyata satıp başka yerlere gitme planları...

Şehirler insanların yaşadığı değil
zenginlerin rant elde ettiği yerler haline geldi.
David Harvey

Şehirde dönüşüm

5393 sayılı Belediye Kanunu'nun Kentsel Dönüşüm ve Gelişim Alanı başlıklı 73. maddesi, belediyelere, konut alanları, sanayi alanları, ticaret alanları, teknoloji parkları, kamu hizmeti alanları, rekreasyon alanları ve her türlü sosyal donatı alanları oluşturmak, eskiyen kent kısımlarını yeniden inşa ve restore etmek, kentin tarihi ve kültürel dokusunu korumak veya deprem riskine karşı tedbirler almak amacıyla kentsel dönüşüm ve gelişim projeleri uygulayabilme yetkisi veriyor. Bu yasa maddesiyle birlikte dönüşüm çarkının içine giren yerel yönetimler "şehir yaşamından ne anladıkları" ölçüsünde ilçelerini dönüştürüyorlar.

6306 sayılı Kanun ise, "zemin yapısı veya üzerindeki yapılaşma sebebiyle can ve mal kaybına yol açma riski taşıyan, Cumhurbaşkanlığınca kararlaştırılan riskli alanları" kapsıyor ve bu alanlarda tüm faaliyetleri yürütme yetkisi, Çevre, Şehircilik ve İklim Değişikliği Bakanlığı'nda. Yasaya göre, "Büyükşehir Belediyesi" de "İdare" kapsamında yer alsa da Bakanlık yetkilerini paylaşmada, özellikle muhalefet belediyelerine karşı pek de hevesli değil. İBB, bu zeminde çalışmaya çalışıyor diyelim.

Tam da bu kitabın son düzeltmelerini yaparken TBMM'den bir yasa geçti. Yasanın tam adı "Afet Riski Altındaki Alanların Dönüştürülmesi Hakkında Kanun (6306) ile Bazı Kanunlarda ve 375 sayılı Kanun Hükmünde Kararnamede Değişiklik Yapılmasına Dair Kanun".

6306, zaten çok güçlü bir yasa, neye yetmemişti de böyle bir düzenlemeye ihtiyaç duyulmuştu?

Şehre özel yasa mı?

2023 yaz aylarında Çevre, Şehircilik ve İklim Değişikliği Bakanı Mehmet Özhaseki'den "Kentsel dönüşüme ilişkin bir yasa çıkarmayı düşündükleri" açıklaması geldi. Özhaseki şöyle diyordu: "Şu ana kadar 11 yıldır devam eden İstanbul'daki kentsel dönüşüm işinde ne tür engellerle karşılaşmışsak bunları bertaraf edecek, bir an önce işi hızlandıracak tedbirleri alıp bu yasayı da çıkarmak istiyoruz." "İstanbul için özel deprem yasası" olarak lanse edilen bu düzenleme kimi kesimlerde endişe, kimilerinde iştah yarattı. Çünkü her ne kadar bahane deprem ise de gideceği yerin yukarıda anlatıldığı şekliyle yeni bir kentsel dönüşüm faaliyeti olacağı tahmin ediliyordu.

Doğrusu ben de vatandaşın "İstanbul Yasası" adını taktığı, bu beklenen düzenlemeyi yaşadığım sitenin dönüşüm meraklılarından duymuştum. Yasa fikrinin kaynağını ararken, İBB kaynaklı bir talepten yola çıkıldığını anladım; zira İstanbul'da kentsel dönüşümün tıkandığı yönünde şikâyetleri vardı İBB'nin. Başkan Ekrem İmamoğlu ve konuyla ilgili yöneticiler bu konuda Bakan Özhaseki ile görüşmüş, İstanbul'da kentsel dönüşümün sıkıntılarını anlatmış ve İstanbul'a özel bazı taleplerini dile getirmişlerdi. Ben de daha yasayla ilgili söylentiler sürerken İmamoğlu'na İstanbul'a özel böyle bir yasayı gündeme getirmek istemelerinin nedenini sormuştum. Zaten yerel yönetimlerin yetkilerini almakta sınır tanımayan bir iktidar vardı. Bir de İstanbul Yasası çıkarıp ellerine teslim etmenin riski yok muydu? İmamoğlu şöyle yanıtladı:

Ortada bir İstanbul Yasası talebi yok. Yalnızca "İstanbul ile ilgili özel bir düzenleme" teklifimiz tamamen kentsel dönüşümle ilgili. Kentsel dönüşümü kolaylaştıran, hızlandıran bir yöntem arayışı. Önerdiğimiz bu düzenleme İstanbul Deprem Konseyi'nin nasıl olması gerektiğini de tanımlayacak. O konsey tarafından yönetilen merkezde kimler olmalı? Örneğin İstanbul Valiliği, İstanbul Büyükşehir Belediyesi, ilçe belediyeleri, ilgili bakanlıklar, meslek odaları, sivil toplum, sektör temsilcileri... Böyle bir mekanizmanın varlığını tarif eden güçlü bir oluşumdan bahsediyoruz ve bunun nasıl işletileceğinden. İstanbul'da bir yapının dönüşümü ile ilgili düğmeye basıldığı andan itibaren oradaki insanların tartışmaları, kimi uyumsuzluklar, bazı kötü niyetlerin ardından bu işe siyasetin müdahalesi ve karar alma mekanizmalarındaki siyasi egoların da eklendiği bir zamanlamayla beraber iş nereye varıyor biliyor musunuz? Beylikdüzü'nden bir örnek vereyim: Görür görmez insanların tepesine yıkılacak dediğim bir sitenin dönüşümünü tamamlamak için bütün iyi niyetli çabalarımıza rağmen 11 yıl uğraştık.

Şimdi bu şekilde İstanbul'u dönüştüremezsiniz. Birbirimizi aldatırız. Peki ne diyoruz? Allah korusun deprem olur da İstanbul'un başına bir şey gelirse, bu ülkemiz için bir milli güvenlik tehdidine dönüşür. Ekonomik olarak da sosyolojik olarak da psikolojik olarak da böyle. Çünkü 100 binin üzerinde yapı tehdit altında. Bu yüzbinlerce insanın ölümü anlamına gelebilir. Bu kadar büyük bir faciayı konuşuyorken, eğer bunu önleyecek çalışmaları bir kanunla kolaylaştıracaksak, bundan hiç kimse şüphe duymamalı. Tabii ki şeffaf, katılımcı, fikirlerin bir araya konduğu, bütün partilerin buna evet diyebildiği bir mekanizmayı kurabilmektir marifet.

İmamoğlu'na ısrarla tekrar soruyorum, "Bu yasa bir fırsat yaratmaz mı, kötü niyetle kullanılmaz mı?" diye. Çünkü bu konuyla ilgili görüşmelerimde, "Her şeyin merkeze çekildiği bir ortamda, İstanbul ile ilgili çıkan yasanın İstanbul'un yerelliğine zarar vereceği çok ortada" yorumları yapılmıştı. "Yasa kötü niyetli bir yere evrilmek istenirse hep beraber mücadele ederiz" diyor İmamoğlu. İstanbul'un ve hatta Türkiye'nin kaderi bu galiba. İşler o kadar çığrından çıkmış ki, bir şeyleri düzeltmek için çıkardığınız yasa da başka sorunlara yol açıyor. Bir sorunu düzeltmek için çıkarılan yasanın kötüye kullanımı için hep tetikte olmak, bitmeyen bir mücadele döngüsüne hazır olmak. Evet, galiba coğrafya kader.

Derken ekim ayı ortasında bir "Kentsel Dönüşüm Başkanlığı" kurulduğu haberi çıktı. Bu başkanlık Çevre, Şehircilik ve İklim Değişikliği Bakanlığı'nın altında özel bir birim olarak faaliyet gösterecekti. Bu birim İmamoğlu'nun bana tarif ettiği, İstanbul'u depreme karşı güçlendirme çalışmalarını hızlandıracak olan, tüm tarafların katılarak kararların alınacağı İstanbul Deprem Konseyi olmasa gerekti. Ama Çevre, Şehircilik ve İklim Değişikliği Bakanlığı bu arada kendine bir başkanlık kurmuştu.

Derken yasa taslağı ekim ayı sonunda TBMM'de komisyondan geçti. Tam bu günlerde Mimarlar Odası İstanbul Şube Başkanı Esin Köymen'le görüşmeye gitmiştim, taslağı şöyle yorumladı:

> Bir merkezi otoritenin mıknatıs gibi bütün yetkileri kendine çekme, yereldeki demokrasinin bir parçası olan yerel yönetimleri baypas etme, hatta kendinden olmayan yerel yönetimlerin yetkilerini alıp öbürlerine yetki dağıtma düzenlemesiyle karşı karşıyayız. Bunu böyle görerek değerlendirme yapmak lazım.

İBB Kentsel Dönüşüm ve Deprem Risk Daire Başkanı Murat Yün'ün verdiği rakamlara göre İstanbul'da bakanlık tarafından ilan edilmiş toplam 70 tane risk alanı, 152 tane rezerv alan bulunuyor. İstanbul'da toplam 1 milyon 200 bin yapı var ve bu yapıların 800 bini 2000 yılı öncesi inşa edilmiş. 6306 sayılı yasa çıktığından beri 800 bin eski yapının sadece 84 bini dönüşüme uğramış. Dolayısıyla eski yapı stoku hâlâ çok fazla. Murat Yün, "Bakanlıkla yapılan toplantılarda da biz bu sayıları, nasıl bir yöntem izlenmesi gerektiğini paylaştık. Hız kazanması için gereken çözümleri de onlara ilettik. Ama gelen yasa değişikliğinin sadece inşaatın önünü açan, hızlandıran bir metin olduğunu görüyoruz" diyordu.[47]

47. Meltem Suat röportajı, *Daktilo 1984*, https://daktilo1984.com, 19 Kasım 2023.

Sonunda beklenen yasa, TBMM'den 8 Kasım Dünya Şehircilik Günü arifesinde, 7 Kasım 2023 günü akşamı, yalnızca İstanbul için değil, Türkiye geneli ve özellikle 6 Şubat depremleri bölgesindeki dönüşüm için de çıkarıldı. Ancak yeni yasa 6306 sayılı yasanın uygulanmasını uygulayıcılar lehinde kolaylaştıran, ancak vatandaşın mülkiyet hakkını ve bazı diğer anayasal haklarını tehdit eden yeni ifadelerle tahkim edilmiş bir içeriğe de sahipti.

Kent hakkı alanında çalışan Sosyal Hukuk avukatlarından Ozan Örsel bu yeni yasal düzenlemeyle belediyenin yetkisinin nasıl daraltıldığını şu sözlerle ifade ediyor:

> Belediyelerin yetkisinin daraltıldığının, yalnızca buradaki rezerv alan tanımının değiştirilmesi üzerinden görülmesindeki eksikliğe de değinmek isterim. [...] 5393 sayılı Belediye Kanunu'nun 73. maddesindeki kentsel dönüşüm ve gelişim alanı ilanına ilişkin gerekli hazırlık işlemlerini yürütme yetkisi Kentsel Dönüşüm Başkanlığı'na verilmiş. Böylece kentsel dönüşüm uygulaması yapmak için tüm yollar Kentsel Dönüşüm Başkanlığı'na bağlanıyor. Kentsel dönüşümde yerel yönetimlerin etkisini göz ardı eden, kanunun bütününe uygun bu merkezci bakış yurttaşların sorunlarının ve kentsel dönüşüm kavramının zehirlenmesinin asıl sebebi olmasına rağmen aynı yoldan yürümeye devam ediliyor hem de yol genişletilerek ve başka kimsenin de oradan geçmesine izin verilmeyerek.[48]

Şehrin rezervleri

Yeni yasanın meslek odalarınca en çok tepki çeken maddesi rezerv alanlarla ilgili oldu. Bir yerin rezerv alanı olabilmesi için "üzerinde yapı olmaması ve meskûn mahal dışında yer alması" şartı kalkmıştı. Peki bunun anlamı neydi? Yasaya gösterilen tepkilerde belirtildiği gibi, şehir merkezlerinde üzerinde yapı bulunan alanlar, özel mülkiyetler, parklar ve askeri alanlar da "rezerv alan" ilan edilebilecek miydi?

Son dönemde "rezerv alan" tanımı Cumhurbaşkanı Erdoğan'ın

48. Ozan Örsel, "Kentsel Dönüşümün Evreleri", www.sosyalhukuk.org.

Kanal İstanbul bölgesini bu şekilde tanımlamasıyla kamuoyunun gündemine girmişti. ŞPO İstanbul Şube Başkanı Giritlioğlu bu tanıma şiddetle itiraz ediyordu:

> Buradaki rezerv alan tanımına bakın, içinde hiçbir bilimsel kriter yok. İki parsel üç parsel bazında rezerv alan kararı var, bu kadar yer depreme çare mi olur? Kanal İstanbul dediğiniz kamu arazisi olmayan bir yerde nasıl rezerv alan ilan ediyorsunuz? Rezerv alan dediğiniz kamu arazisi olacak ki, gerçekten kamu orada bir tasarrufta bulunabilsin. Bu sadece belli kesimlere orada ayrıcalıklı imar hakları vermek ve dağıtmak için uydurulmuş bir kılıf. Dünyada rezerv alan bir inşaat alanı olarak kullanılmıyor. Kentlerin korunacak alanları bunlar.
>
> Şu amaçla olmalı rezerv alan: İstanbul'un riskli alanlarında yaşayan insanları risk derecesine göre parça parça taşıyabileceği bir kamu arazisi olmalı. İnsanlar bu rezerv alanda hafif sistemli yapılarda kısa süreli ve geçici olarak barınabilmeli ve evleri yenilendiğinde geri dönebilmeli; sonra öbür etap oraya taşınmalı. Hepsi bittiğinde de rezerv alan tekrar sökülüp eski vasfına kavuşturulmalı. Burada ise rezerv alan dedikleri tarla vasfı olan ve Kanal İstanbul planlarının olduğu bölge. Şimdi siz burayı bir kerede inşaat yapıp bitiriyorsunuz. Bitti artık. Orası bir rezerv alanı olmuyor.

Bu gerçekleşirse kentin insanının bir daha merkezde yaşayamayacağını, mahallesine geri dönemeyeceğini belirten Giritlioğlu şöyle devam etti:

> Kanal İstanbul için "rezerv alan" denen bir alanda bir "kentsel gelişme" planlanıyor. Plancıların lejantında buna "kentsel gelişme" denir. "İstanbul'dan bir kısım insan buraya taşınacaktır" diye cümleler geçiyor, Kanal İstanbul projelerinde. Üniversite birinci sınıfta yazsak bunu, sınıfta kalırdık. İstanbul'un neresinden hangi kriterlerle ne kadar insan oraya taşınacak? Sonra geri gelecek mi, o gittiği yer ne olacak? Burada İBB'ye çok görev düşüyor. İnsanlara merkezde yaşayabilme teminatı verebilmek; "Siz İstanbul'dan gitmeyeceksiniz" diyebilmek.

Gaziosmanpaşa Barınma Hakkı Meclisi Sözcüsü Korkmaz Aslan ise bir süredir Kanal İstanbul bölgesinde Şahintepe Barınma Hakkı Meclisi'nde yer alıyor. Bölgedeki durumu şöyle anlatıyor:

> Açtığımız davaları kazanarak tahliyeleri kısmen durdurduk. Ama orada zaten taşınmaz transferleri olmuş bitmiş, birileri zenginleşmiş. Yeni yeni lüks konutlar, AVM'ler yapılacak. Aldığımız duyumlara göre otel, motel vs. her şey var ama mahalle yok. Projede mahalle yok! Buradaki parselasyonun üç ayağı var: Hacımaşlı'ya sürgün, Kanal İstanbul Projesi, Kanal İstanbul yapılacak diye kentsel dönüşüm.

Harita ve Kadastro Mühendisleri Odası İstanbul Şubesi ise Şubat 2022'de bölgede arazi satın almış yabancılar olduğuna dikkat çekerek, askıya çıkarılan dağıtım cetvellerindeki malik bilgilerinin gizlendiğine işaret ederek şu açıklamayı yapmıştı:

> Mülkiyet bilgilerinin gizlenmesi, "kişisel verilerin gizliliği kuralı"na dayandırılıyor. Ülkemizde 1972 yılından beri uygulanan arsa düzenlemelerinde askıya çıkarılan bilgiler kişisel bilgiler değil miydi? Kanal İstanbul'a özel bu malik gizleme esaslı askı uygulamasında gizlenmek istenen çıkarlar kimlerindir? Bu gizliliğin de gün ışığına çıkarılması gerekiyor.

Rezerv alan deyince konu nereden nereye geliyor, düşünün. İBB'nin konut şirketi KİPTAŞ'ın Genel Müdürü Ali Kurt'la görüşmemde de rezerv alan konusu gündeme gelmişti. Onun önerisi de şöyleydi:

> Nüfus kayıt sistemine göre İstanbul'da 1 milyon 800 bin boş konut olduğu söyleniyor. İstanbul Planlama Ajansı, İSKİ'den su kullanımı, İGDAŞ'tan da gaz kullanımı verilerine bakarak bu rakamı 750 bine düşürüyor. Bu konutların ne kadarı sağlam, hangisi yönetmeliklere uygun yapılmış bilinmiyor. Ama 500 bin sağlam konut olduğunu varsayalım. 4'le çarpın. 2 milyon insanın hayatını 1 günde kurtarırsınız. İstanbul'da bu boş konutları kamunun kendi mülkiyetine alması, rezerv konut olarak kullanması çok önemli. Vatandaş evi yenilenene kadar bu konutta makul

bir kira ile kalır, bitince evine taşınır, diğerleri gelir. Bunu yaparsak İstanbul kurtulur.

İBB İmar ve Şehircilik Dairesi Başkanı Gürkan Akgün, 6306 sayılı yasanın rezerv alanı "dönüşüm için kullanılması gereken veya ekonomik getiri sağlamak için ilan edilen alanlar" olarak tanımladığını ve şimdiye değin hep ikinci amaçla kullanıldığını belitti:

> Şimdi bunun tanımını genişletiyor, içerisinde bina olsa da rezerv alan ilan edebiliyor ve siz onu plan yapıldıktan sonra görebildiğiniz için, mahkeme süreçleri de geride kalmış oluyor.
>
> Bunu Kemerköy'de gördük. Kemerköy'ün içindeki yeşil alanlar rezerv alan ilan edildi ve imara açıldı. Ama mahkeme "Burası rezerv alan kriterlerini karşılamıyor" gerekçesiyle durdurdu. Bu uygulama o zaman olduğu için durdurulabildi. Ama bugün olsa, çıkan bu yasayla kriterleri karşılar durumda.

Yasaya gösterilen tepkinin bir diğer nedeni de kolluk kuvvetleriyle eve girebilme yetkisini sağlaması. Bu durumun Medeni Kanun'da tapu ve mülkiyet dokunulmazlığına aykırı olduğu belirtiliyor. Ayrıca kentsel dönüşüm uygulamalarında yıllardır tanık olduğumuz şiddeti artırabileceği endişesi de var.

Dönüşümün şiddeti

"Zorla tahliye" koşulları 6306 sayılı yasanın en çok tartışılan ve eleştirilen yönüydü. Mahallelere zorla girilip insanları evlerinden çıkarma görüntüleri hâlâ zaman zaman gündemi tutuyor. 6306 sayılı yasa daha yeni çıktığında Anayasa'ya aykırılığına işaret eden Çağdaş Hukukçular Derneği İstanbul Şubesi, 28 Haziran 2012 tarihinde bu zorlamalara dikkat çekiyordu: "Riskli yapılarda uygulama sırasında elektrik, su ve doğalgaz gibi kamusal hizmetlerin verilmemesi şartı, bu yapılarda yaşayan yoksul halk ve kiracıların barınma haklarını ortadan kaldırır. Barınacak yeni yer imkânı yaratmadan evlerini terk etmeye mecbur bırakılmaları ve zorunlu tasfiyeler, Anayasa'nın 2. maddesindeki 'sosyal devlet' ilkesiyle çelişir."

Yeni düzenlemenin 6306 sayılı yasayı aratacak bir maddi ve manevi şiddeti kanunlaştırdığını söylemek mümkün.

6306 sayılı yasaya dayanarak uygulanan zorla tahliyelere karşı mahalleler direnirken, yanlarında olup, teknik ve hukuki destek veren meslek odaları temsilcileri, İBB'den de bu ortamlarda vatandaşa destek olmasını bekliyor.

İnşaat Mühendisleri Odası (İMO) İstanbul Şube Başkanı Füsun Sümer'e "Peki ne yapsın İBB, mevcut mevzuat müdahale etmesine engel değil mi?" diye sorduğumda, engel bir mevzuat olduğunu düşünmediğini belirterek şöyle cevap veriyor: "İlçe belediyesinin keyfiyetine kalmamalı. İlçe belediyeleri sonuçta büyükşehire bağlı. Buradaki muktedir baskısının azaltılması için orada olup, 'Arkadaşlar bunu bu şekilde yapmamalısınız' demesi bile iyi olur. Sosyal belediyecilik orada olmak demek aynı zamanda."

Bu tür tahliyelere tanıklık edenler, "Koçbaşlarıyla evlere giriliyor. Kentsel dönüşüm çocukların, gençlerin kâbusuna dönüşüyor. Aileleri onların gözü önünde dövülüyor" yorumu yapıyorlar.

Füsun Sümer de "Yapısal kısmı, en kolay çözülecek kısmı; esas olan, insani kısmı çözmek. Çünkü bugün kentsel dönüşüm bir hüsran. Bunun eylemsel ve mücadele kısmında birçok şeyi deneyimledik ve gördük. Belki daha yetkili bir otoriteyi orada görmek, halkı rahatlatabilir" diyor.

Bu zorla tahliye şiddeti benim de milletvekili olduğum dönemde sıklıkla tanık olduğum bir durumdu. Sağlık sorunu nedeniyle cihaza bağlı insanların elektrikleri kesilmiş, evlerinden çıkarılmışlardı. Ayvansaray'daki dönüşümde bu zor kullanımı bir kişinin intihara teşebbüsüne neden olmuştu. "Bu konuda İBB'nin yapabileceği bir şey yok mu?" diye Ekrem İmamoğlu'na sordum. "Somut haksız müdahalelerin olduğu yerlerde vatandaşın yanında olmaktan geri durmadık" dedi ve şu açıklamayı da ilave etme ihtiyacı hissetti:

> Bu tür riskli alanların dönüşümünde vatandaş o bölgeyi boşaltırken, bazen belli bir grubun belki bilgi eksikliğinden, belki farklı beklentilerinden, işi engellediği yerler de oldu. Bu tür yerlerde haklı gerekçeleri olan insanlar da var, haksız olan insanlar

da var. Bu bir gerçek. Tabii bunun bir terazisi de yok, bir noktadan sonra sizi bağlayan kanun. Ona karşı gelemiyorsunuz. Bir memura diyeceksiniz ki "Bunu yapma!" O da bir yere kadar engelleyebiliyor, ondan sonra işlemi yapmak zorunda. İşte bu nedenle bu meselelerin birlikte oluşturulacak bir konseyle kararlaştırılması gerekiyor. Hepimizin bir arada olduğu modelde, kimin haklı kimin haksız olduğunu da çok kolaylıkla tespit edebiliriz.

İmamoğlu'nun burada işaret ettiği konsey, yukarıda da sözünü ettiği İstanbul Deprem Konseyi. Bu konsey çaresizlikten riskli konutundan çıkamayan vatandaş ile daha çok rant bekleyerek riski yükselten vatandaşı birbirinden ayırabilecek mi, bilemiyorum. Ama mevcut düzenlemeyle kurulan Kentsel Dönüşüm Başkanlığı'nda böyle bir beklenti bile yok. Zaten yeni yasayla her türlü engellemeye karşı kolluk kuvvetleriyle kapıları kırıp girme hakkı var artık.

İstanbul Kent Savunması'nda sahada çalışan arkadaşlarım, KİPTAŞ'ın da 6306 sayılı yasadaki yaptırımları uyguladığını belirterek, "Neden İSKİ ya da İGDAŞ suyu kesme, doğalgazı kesme gibi Anayasa'ya aykırı işlemler yaparak iktidarın hukuksuzluğuna alet oluyor?" diye soruyorlardı. Ben de bu soruyu KİPTAŞ Genel Müdürü Ali Kurt'a sordum. Şu yanıtı verdi:

> Merkeze can güvenliğini oturtacaksınız ve kararlı olacaksınız. Evet Eyüp'te yaptığımız işte benim de başıma geldi. Çok da üzerime gelindi. Mecazen söylersek "çok dayak yedim" o süreçte. Ama düşünün ki riskli ilan edilmiş bir yer ve o gün onların çıkmasını beklerken deprem olsa ne olacak? Ama o gün karşımıza dikilenler, şimdi anahtarlarını aldılar, bizi kahveye çağırıyorlar.

Dönüşüme katılım

Yasanın bu yeni hali, dönüşüme katılım süreçlerini nasıl etkileyecek? Daha doğrusu öyle bir süreç var mı? Aslında herkes katılımcılık iddiasında. Ama acaba katılımdan ne anlamak gerek? Giderek şiddeti artan kentsel dönüşümde ilk üstü çizilen kalemin "katılım" olacağını tahmin etmek güç değil.

Ekrem İmamoğlu'nun da seçim kampanyası sürecinde en çok dile getirdiği konulardan biri, kentsel dönüşümün katılımcı süreçlerle yapılmasıydı. Peki İBB bu dönüşüm sürecinde nasıl bir katılım organize etmişti? Katılım süreçlerinin dönüşümün tüm taraflarınca farklı algılandığını bir tarafa koyarsak, İBB'nin, vatandaşı yoğun bir bilgilendirmeyle sürece dahil etmeye çalıştığını görüyoruz. İBB Kentsel Dönüşüm Müdürlüğü'nün verdiği bilgilere göre süreç şöyle ilerledi:

İstanbul'da 2019 sonrasında 6 tane Katılım ve Çözüm Ofisi, 7 tane İmar Mülkiyet ve Çözüm Ofisi, 1 tane Bilgilendirme Ofisi, 1 tane Planlama İletişim Ofisi, 3 tane Kentsel Dönüşüm Ofisi açıldı. Bu ofislerde, kentsel dönüşüm ve mülkiyet konulu sorunlar hakkında 36.326 kişi ile (Eylül 2023) birebir görüşmeler yapıldı. 2 adet Mobil İletişim Ofisi de İstanbul'un ilçelerinde vatandaşlara kentsel dönüşüm, mülkiyet ve imar sorunları hakkında bilgi verdi.

İBB'nin ilgili web sayfasında "inşaat öncesi süreçlerin zorlayıcı-baskıcı ve vatandaşı mağdur ederek değil, barışçıl-dürüst, etkin ve katılımcı bir yönetimle sağlanmış olması"na vurgu yapılıyor. "Katılımcılık ilkeleri doğrultusunda çalışma alanlarında vatandaş görüşmeleri ve mahalle toplantıları gerçekleştirerek, muhtar, sivil toplum kuruluşları, derneklerle işbirliği yapıyoruz" diyorlar.

Buğra Gökçe, riskli alan çalışmalarıyla ilgili olarak, "Bu süreçte ihtiyaçları gözden geçirerek Türkiye'de ilk defa kiracıya da kira yardımı vermeye başladık. Riskli binalardan çıkmak zorunda olan kiracılara 12 ay süreyle kira yardımı ödüyoruz. Bu yardım bizim mevzuatımızda yoktu, ancak ısrarcı olduk ve İBB Meclis'ten çıkardık" diyor.

Öte yandan katılımcılık konusunda farklı görüşler var. Bunların bir kısmına önceki bölümde değindik. Erol Köktürk ise katılımcı dönüşüm konusunda şunları söylüyor:

> Katılımcılık, ikna süreçleri, sabırlı olmayı gerektiren süreçler. Oysa 6306 sayılı yasanın acelesi var. Bazı süreçlere itiraz edenlere, "Çekil Önümden!" diyor. İkna etmeyi hedeflemiyor. Katılımcı dönüşümü konuşmak için, kentsel dönüşümün aktör-

lerini doğru tanımlamak, bu aktörlerin görevlerini, yetkilerini, ilişkilerini, karar süreçlerindeki rollerini net biçimde ifade etmiş olmak önemlidir.

Peki nasıl olmalı? Barınma hakkı mücadelesine Gaziosmanpaşa'daki kentsel dönüşüme karşı mahalle savunmasıyla başlayan ve bugün Şahintepe için benzer bir mücadeleyi sürdüren GOP Barınma Hakkı Meclisi sözcüsü Korkmaz Aslan şöyle diyor:

> Mahalle temsilcilerini çağırmak, görüşmek önemli. Ama bunu AKP'li belediye de yapıyor, sonra da fotoğrafı yapıştırıyor Facebook'a. İşte katılımcılık. Şimdiki İBB yönetimi ise biraz daha demokratik bir yöntemle, Kent Konseyleri aracılığıyla yapıyor ve meseleye daha makul ve insani bir şekilde yaklaşıyor. Ama biz sürecin en başından itibaren, içinde meslek odalarının temsilcilerinin bulunduğu, hukukçuların bulunduğu daha geniş katılımlı bir süreçten yanayız.

İmamoğlu'nun oluşturulmasını istediği İstanbul Deprem Konseyi bu katılımcılığı sağlar mıydı, bilemiyorum. Ama mevcut haliyle Çevre, Şehircilik ve İklim Bakanlığı'na bağlı bir Kentsel Dönüşüm Başkanlığı, "Herkes bana katılsın" sloganıyla yürüyecektir.

"Yerinde" dönüşüm

Bakan Mehmet Özhaseki yasayı tanıtırken 6 Şubat depremlerinin ardından yeni yapılan konutlarla ilgili olarak "yerinde dönüşüm" vurgusu yapıyordu. Bu "yerinde" kelimesini özellikle tırnak içine aldığımı not edip, "yerinde dönüşüme" nasıl geldik buna bir bakalım:

2010'lu yılların kentsel dönüşümlerinde vahşi kent sürgünleri yaşandı. Bunlardan en ünlüsü Sulukule oldu. *Hürriyet* gazetesinin 19 Mart 2009 tarihli "İşte Sulukule'nin Rantsal Dönüşümü" başlıklı haberinde şöyle deniyordu:

> AKP'li Fatih Belediyesi'nin Sulukule'de kentsel dönüşüm çerçevesinde kamulaştırma ve yıkım kararı alması sonrası, iki mahalledeki konutların yüzde 50'si el değiştirdi. "Romanlar" borçlandırılıp TOKİ'nin yaptığı dairelere taşınırken, başkan da-

nışmanı ve bazı aracılar, değerleri katlanacak daireleri, belediyenin gösterdiği emsal fiyatın biraz üzerinden, üçüncü kişiler adına toplamaya başladı.

Dönüşüme karşı açılan dava kazanıldığında, tıpkı tekerlemedeki gibi "yandı bitti kül oldu" diye özetlenebilecek bu vahşi dönüşüm şekli hafızalarda tazeliğini koruyordu. Oysa Sulukule'deki kentsel dönüşüm, oradan yeni Pavarottiler çıkarmayı hedeflemeliydi.[49] Sulukule insanının, çocuklarının beceri ve yeteneklerinin değerlendirilmediği, oradaki yerleşik kültürün darmadağın edildiği bir kentsel dönüşüm örneği oldu.

Küçük şeyleri sevmeliyim (...)
Simit yemeyi yürürken,
Sevdiğimi sokakta öpmeyi,
Bir çiçek duruşunda dimdik,
Kavgada ön safta gitmeyi...
Ali Cengizkan, "Yaşamak Gibi"

6306 sayılı yasa çıktığı andan itibaren huzursuz edilen mahalleler, eski yerleşimlerin İstanbullu olmuş sakinleri doğduğu evi, büyüdüğü sokağı, âşık olduğu parkı, evlendiği düğün salonunu, konusunu komşusunu, bakkalını berberini bırakıp şehrin uzaklarına gitmek istemedi. "Kırk katır mı kırk satır mı" yasasına karşı bir direnç gösterdi. Altında ne aranırsa aransın Gezi Parkı direnişinin en büyük ve yaygın bileşeni mahalle dayanışmalarıydı. Aylar öncesinden her pazar kentsel dönüşüme karşı mahalle buluşmaları olurdu parkta; her gün bir imza masası dururdu. Mahallelerin mücadeleleri ve onlara destek veren sivil toplum sayesinde kent sürgünleri azalmaya başladı. Artık "Yerinde Kentsel Dönüşüm" yılları başlayacaktı.

Hem vahşi dönüşüme hem de yerinde dönüşüme tanık olan Korkmaz Aslan, Gaziosmanpaşa dönüşümü penceresinden kent mücadelesinin son on yılını şöyle özetledi:

49. Nihat Kandaloğlu, *Kentsel Dönüşüm*, 2016.

GOP'taki barınma hakkı mücadelesi, 2013 Ocak ayında ilçenin 1/3'ünün Bakanlar Kurulu kararıyla Riskli Alan ilan edilmesi ve Çevre ve Şehircilik Bakanlığı'nın kentsel dönüşüm uygulama yetkisini ilçe belediyesine devretmesi sonrası başladı ve çok çetrefilli bir mücadele yürüdü. Riskli Alan Kararı, Danıştay tarafından mahalle bazlı olarak iptal edildikten sonra tekraren aynı mahallelerde bu sefer parça parça Riskli Alan Kararları alındı ve ilçenin 3'te 1'inde, yani 120 bin insanın yaşadığı binlerce parselde, 2016 Nisan ayında acele kamulaştırma kararı alındı. Bunun üzerinde Gaziosmanpaşa'nın bütün mahallelerinde binlerce dava açıldı.

Ancak 15 Temmuz 2016'daki "darbe girişimi" sonrası, davacıların yarısı davalarından geri çekildi. Çoğu AKP'ye ya da MHP'ye gönül vermiş vatandaşlardı; Gaziosmanpaşa'daki mücadeleyi sıçratan klasik muhalif CHP'li seçmen değildi. 15 Temmuz'dan sonra çözülen AKP seçmeni partisine geri döndü ve barınma hakkı mücadelesi daha zorlu bir sürece evrildi.

Yine de mahallelerin yerinde kalma mücadelesi karşılık bulmuştu. Aslan "Artık herkes bizim dediğimize geldi, 'Yerinde dönüşüm'ü AKP de söylemeye başladı. Aslında başlarda öyle bir niyetleri yoktu, çok tepki ve direnç olunca, onlar da yerinde dönüşüme geldi" diyor.

Öte yandan Gaziosmanpaşalılar ya da başka mahallelerde açtıkları davaları kazanıp yerlerinde kalabilmeyi başaranlar için sorunlar bitmemişti. Zira yerinde dönüşüm ne kadar "yerinde" idi? Erol Köktürk, "Yerinde dönüşümü artık herkes söyler oldu. Aslına bakılırsa, dönüşümün zaten yerinde olması gerekiyor. Bu, kentsel dönüşümün özüyle ilgili bir konu" diyor ve bu terimin yerine, "yerinde yer vermeyi" öneriyor. T. Gül Köksal ise artık "yerinde yerlisiyle dönüşüm" demek gerektiğini söylüyor. Çünkü mevcut düzenlemeler, vatandaşın yaşadığı yerde kalmasını güçleştiriyor.

Maliyetine dönüşüm

2016 sonrasını "yeni bir dönem" olarak tanımlayan Korkmaz Aslan, durumu şöyle izah ediyor:

> Eskiden vatandaş diyordu ki, "Benim arsamın, tapu tahsisli arazimin üzerine bir sürü kat dikiyorsun, bana da bundan pay ver." Biz de şuna zorluyorduk: "15 kat dikme kardeşim. Bu, kent suçudur." Tabii bunu söyleyince hemen radikal gibi görünüyorsun. Biz, o bölgede bulunan herkesi bu mücadelenin içine katmaya çalışıyorduk ama zordu, alıcısı da çok fazla olmuyordu. Ama ne oldu? Zaten "kırıntı" veriyorlardı, yıllar geçtikçe o kırıntıdan da vazgeçmeye başladılar. 2013-2016 arası vatandaşı borçlandıran bir model uygulanmıyordu. Vatandaşa az veren, borçlandırmadan metrekaresini azaltan bir model vardı. Vatandaş bunlara kendince itiraz ediyordu. Ama artık kentsel dönüşümü vatandaşı maliyetine ortak ederek yapıyorlar.
>
> Diyor ki, "Burayı dönüştürüyoruz, değer katıyoruz, inşaatın maliyeti var, 300-500 neyse sen de bu maliyete ortak olacaksın." Peki ama şu sıkıntı var: Vatandaşın bugüne kadarki birikimine çöküyorsun. Böylece yoksullaşıyor. O yoksullaşırken inşaat şirketleri sermayesini büyütüyor. Vatandaştan inşaat şirketlerine sermaye transferi yapılıyor aslında. Adamın bir dairesini alıp 15 kat yapıyor, satıyor ve para kazanıyorsun. Gecekonduyu yıktın, yerine çok katlı bina yaptın, bana bir tane evimi geri verirken borçlandırma bari. Bana evimi yeniden satma. Bütün birikimin gitmediği bir formül yok mudur?

İşte en can yakıcı soru buydu. Bu soru aslında yalnızca Gaziosmanpaşalılar değil, tüm İstanbul'da, hatta tüm Türkiye'de, yıllarca birikimiyle edindiği tek bir evi ve kenarda bir miktar, hani kefenlik dediği parası olan ve bir gün kapısı çalınıp "Evini yıkacağız, parasını da ödeyeceksin, ama evinin değeri de artacak, hadi yine iyisin" dendiğinde "Ben evin değerini ne yapayım? Buradan çıkmayacağım ki, burada ölmek istiyorum. Kenardaki param da bana ömrümün sonuna kadar bir garanti" diye düşünen herkesin sorusu.

Bu sorunun esas muhatabı bakanlık olurdu. Ama yine de İBB'nin bu alandaki en kritik üç ismine sordum. Buğra Gökçe'ye dedim ki, "Evi riskli ilan edilen vatandaş, o güne kadarki tüm birikimini vermek zorunda kalıyor. Yok mu bunun çaresi?"

> Var elbette. Şimdiki dönüşümde gökten üç elma düşüyor. Biri hak sahibine, ötekisi müteahhide, diğeri ise bu işi kolaylaştıran kuruma, yani belediye ya da TOKİ'ye. Peki burada kim olmamalı? Araya giren tabii ki. Niye bundan kâr sağlasın? Üçüncü elma bir kere bu aracı kurumun başına düşmesin, kurum bunu kaynak geliştiren bir iş olarak görmesin. Devlet o bölgedeki yapılanmadan sonra oluşacak kümülatif değeri ortaya çıkartsın; bazı hizmetler, altyapısı, yolu bunun içinden çıksın, bunlarla bu işler yapılsın. Ama geri kalanın tamamı burada oturan hak sahibiyle inşaat yapan arasında bölüşülsün. Devlete kalacak kısımla da kiracıya daha fazla destek olunsun. Bu kamucu bir bakış açısıyla böyle tarif edilse, vatandaşın hiçbiri itiraz etmez.

KİPTAŞ Genel Müdürü Ali Kurt ise vatandaşın kendi evini kendi kaynaklarıyla yenilemesi gerektiğini savunuyor. Ancak esas yapılması gerekenin, bu yenileme esnasında devlet tarafından vatandaşa sağlanması gereken kolaylıklar olduğunu söylüyor: "Vatandaş borçlanmayı kabul ediyor aslında, ama borçlanma maliyetleri çok arttı. Haklı olarak uygun ödeme planı istiyor. Devletin görevi ise bu mülkü yenilerken vatandaşa kolaylık sağlamak."

İBB Başkanı Ekrem İmamoğlu'nun ise bu konudaki görüşleri şöyle:

> Elbette bu durumun tek sorumlusu vatandaş değil, sistem sorunu var. Ancak bütün riskli konutların devlet tarafından yenilenmesinin maliyeti çok büyük. Vatandaş kullanım ömrünün sonuna gelmiş konutunu yenilemekle yükümlü. Ama devlet de bunu mümkün olduğunca sübvanse etmek, sıfır faizle kredi imkânı bulmak, belki bir bölümünü teşvik olarak vermek gibi kolaylıklar sağlayabilir. Kişinin geliri asgari ücretin altında ise ve yenilenecek tek bir evi varsa "şu kadarını biz karşılayacağız" diyebiliriz. Hepsi mümkündür ve konuşulabilir. Ama diyelim ki

vatandaşın İstanbul Göztepe'de evi var. Evin maliyeti 1 milyon TL, evin riskli haliyle değeri 4 milyon TL, evini sıfırlayıp tertemiz bir ev yaptığında 10 milyon TL. Kirası 50.000 TL olacak. Devlet ona 1 milyon TL maliyet için uygun kredi bulacak, bunu sağlayacak.

Bu cümleyi duyduğumda, içimden ister istemez şöyle bir itiraz yükseliyor: "Ben oturduğum ve mutlu olduğum evimin değerinin 4 milyon TL ya da 10 milyon TL olmasıyla ilgilenmiyorum ki. Ben o evi satmayacağım da... Orada, mahallemin doğal dokusu fazla değişmeden yaşayıp gitmek istiyorum. Ayrıca evimi 50.000 TL kiraya verip, tanımadığım, bilmediğim başka bir semtte daha ucuza mı kiraya çıkayım?"

Kafamda bu sorular dönerken, genel olarak vatandaşın da konutun kullanım değeriyle değil, dönüşüm değeriyle çok ilgilendiğinin farkındaydım. Zaten ben bunları düşünürken İmamoğlu da o konuya gelmişti:

> Vatandaş dönüşümde hep bir daire daha, bir kat daha istiyor. Ama olmaz artık. Her yerde bir kat versen, İstanbul 20-25 milyon olur. Eskiden oluyordu. Mesela Bakırköy'de evi olanlar müteahhide verir, oradan kendisine kalan dairelerden birini satar, Beylikdüzü'nde geniş eve çıkar, diğerini kiraya verir, geçinirdi. Artık öyle bir ortam yok.
>
> O nedenle biz de kamu olarak kat vermek ya da evin maliyetini karşılamak gibi konular yerine, evinin değeri maliyetinin altında olan vatandaşa ne yapacağız onu konuşmalıyız. Bunlar da ancak dengeli politikalarla aşılabilir. Ekonomisi berbat oldu ülkenin. Türkiye'de şu anda enflasyon yüzde 15'in altında seyretseydi, biz İBB olarak bu işin altından kalkardık İstanbul'da.

Özetle şuradayız: Tatlı evimizin ortamında yaşamak giderek güçleşiyor. Çünkü evimizin değerlenmesi için hayatımızın birikimini veriyoruz. Elde avuçta bir şey kalmıyor. Ama bize çok değerli bir ev veriliyor. Evimiz bu kadar değerlendiğine göre o bölgede de fiyatlar arttı. Satıp aynı mahallede daha ucuz başka bir ev bulup kalan parayla yaşamak mümkün görünmüyor. O halde satıp daha uzakta, uygun fiyatlı bir ev alıp orada yaşayacağız. Ya da daha uygun fiyata kiraya çıkıp kendi evimizi daha yükseğe kiraya vereceğiz. Yani bu haliyle "yerinde dönüşüm" denebilir mi buna, bilemiyorum. Artık "yerinde yerlisiyle dönüşüm" deme vakti geldi de geçiyor.

Tüm anılarınıza iyi bakın. Çünkü onları yeniden yaşayamazsınız.
Bob Dylan, "Open the Door Homer"

İMO İstanbul Şube Başkanı Füsun Sümer bu konuda acil olarak insani bakışa dönülmesi gerektiğini söylüyor. Çünkü sonuçta vatandaşın evini yenilerken onu, örneğin 10 yıl sürecek bir kiraya bağlıyor sistem. Sümer bu durumun bize özel ve dünyada pek görülmemiş bir uygulama olduğunu da belirtiyor. Türkiye'de vatandaş yıkım için bir müteahhitle anlaşıyor, evini yeniden yapmak için de başka bir müteahhitle anlaşıyor.

Örneğin Yeni Zelanda'da yetkili kurum sizi müteahhitle masaya oturtuyor. Müteahhide çerçeveyi çiziyor, bunun dışına çıkılmıyor. Türkiye'de ise diyor ki, "evini yıkmalısın", o kadar. Bu dayatmaya karşı vatandaşın haklarını koruyan kimse yok. Bu süreci denetleyen bir mekanizma yok. Evinizin yıkılması için bir raporla karşı karşıyasınız. Ama ne yapacağınıza dair çoğu zaman yalnız bırakılıyorsunuz.

Sosyal Konutlar

"İlle de konut edinmek gerekir mi?" diye soruyor Erol Köktürk. "Ortalama 25 yıllık bir süreçte finanse edilebilen konut için, bu kadar yaşamsal fedakârlığa gerek var mı? Üzerinde düşünmek gerekiyor. Edinme dışında bir alternatifin sunulmaması ya da cazipleştirilmemesi bunun önemli bir nedeni olabilir." Şehirdeki yaşam açısından, edinmenin koşulları zorlaştıkça, hatta olanaksızlaştıkça, barınma sorunu daha kritik hale geliyor. Bu noktada "sosyal konut," "kiralık konut", "devlet desteği", "kamucu yaklaşımlar" gibi seçenekleri tartışmak gerek.

Önce sosyal konutun tanımına bir bakalım: Şehir planlamada kabul gören tanımıyla sosyal konut belediye veya başka bir kamu kurumuna ait olan, gerektiğinde vatandaşa uygun fiyata kiraya verilen, hatta bazen bedelsiz barınmayı sağlayacak olan konutlar. Londra, Berlin, Rotterdam'da yaşayan arkadaşlarım var sosyal konutlarda kalan. Gezmiştim. Mesela Londra'da gördüğüm engelliler için özel yapılmış bir sosyal konuttu. Peki Türkiye için bugün yapılamaz mı?

Ekrem İmamoğlu seçim kampanyası döneminde İBB'nin şimdiye değin dar gelirlilere yönelik somut bir konut politikası bulunmadığını belirtmiş ve sosyal konut vurgusu yapmıştı: "Bu şehrin yoksullarının barınma sorununu çözeceğiz. Küçük metrekarelere sıkışmış, üç nesil bir arada yaşayan ailelerimize geniş alanlı sosyal konutlar inşa etmeye başlayacağız. Nitelikli sosyal konut olgusunu geliştireceğiz. Sadece kentin dış bölgelerinde değil, merkezi bölgelerinde de sosyal konutlar inşa edeceğiz."

İmamoğlu konutların üretimini İBB'nin konut şirketi KİPTAŞ'ın yapacağını söylüyordu. Giritlioğlu ise bu tür konutlar için "Üretilenler sosyal konut değil, *affordable house* denilen erişilebilir, ucuz konut, ama satılık sonuçta. Sosyal konut kamunun elinde kalır; sigortasız, işsiz, çocuklu olma ya da engelliliğe göre sosyal konutta oturma hakkı kazanırsınız" diyor.

Erol Köktürk sosyal konutu bir yandan da yaratılan rantın kamuya döndürülmesi olarak tanımlıyor: "Kentsel dönüşüm sürecinin en önemli aktörü kamu, belediye. İmar haklarını veren o. İşin bürokrasisini üstlenen o. O zaman yaratılan değerden bir pay isteme hakkı var. Ülkemizde ise yaratılan değer, mal sahibi ile yüklenici arasında paylaştırılıyor."

Türkiye'de sosyal konutun, TOKİ ve yerel yönetimlerin borçlandırmayla sattıkları konut anlamına geldiğini ifade eden Cihan Uzunçarşılı Baysal ise şu yorumu yapıyor:

> Sistem, mülkiyetin özendirilmesi ve borçlanma teşvikiyle yürümektedir. Vatandaşlar, 15-20 yıl boyunca önemli borç yükleri altına sokulmaktadır. Yani aylık taksitler, aylık apartman aidatları

ve doğalgaz, elektrik, su gibi hizmetler de toplandığında, bu nüfusların gelirlerinin çok üzerinde bir meblağla karşılaşmaktayız. Uzun yıllar boyunca açlık sınırında yaşayarak taksitlerini ödemeye çalışanlar eğitim, sağlık gibi diğer haklarından da mahrum kalmaktadırlar. Ya TOKİ'ye mahpus yaşamlara ya da borcuyla satıp elverişsiz kiralıklara, kentlerin çeperlerine, depreme ve diğer afetlere dayanıksız konutlara mecbur bırakılmaktadırlar.[50]

O günlerde orada (mahallede) orta sınıf otururdu, bunların arasında yüksek devlet memurları vardı. Mesela Derviş Paşa Çapa'da otururdu, Maliye Nazırı da. Demek istediğim, o zamanlar İstanbul sınıflara bölünmemişti. Alelade halkın arasında büyükler de bulunurdu.

Alan Duben, Cem Behar, *İstanbul'un Haneleri*

Ekrem İmamoğlu'na sosyal konut konusunu açtığımda ise bu konuyu karma konut yerleşimi açısından değerlendiriyor:

İstanbul gibi karma toplum yapısının bozulmamasını önemsediğiniz birtakım semtlerde ve ilçelerde dar gelirli insanları koruyan sosyal konutlar elbette gerekir. Çünkü farklı gelir gruplarının birlikte yaşamalarının toplumsal bir ihtiyaç olduğunu düşünüyorum. Ama İstanbul'un en büyük sorunu zaten merkezde arsa üretememek. Yani şu anda İBB dese ki, ben İstanbul'un merkezinde sosyal konut yapacağım, arsa yok.

Şu anda dünyada da bu tartışılıyor, karma konut yerleşimi, aynı semtte dar gelirlinin de, orta sınıfın da, varlıklı insanların da yaşaması. Ama bunu dört dörtlük çözdüm diyen megapol de yok dünyada. Örneğin 500 bin nüfuslu küçük ölçekli illerde olabilir, oysa İstanbul 20 milyon. Dünyada bazı yerel yönetimler temelinden sağlam tedbirler alarak bunu yapıyorlar. Ama İstanbul bu konuda talan edilmiş.

Ekrem İmamoğlu'na İstanbul dışında dünyada en sevdiği şehrin hangisi olduğunu soruyorum. Hayatının bir döneminde yaşa-

50. sendika.org, 18 Eylül 2021.

maya karar verdiği Viyana olduğunu söylüyor. Şehrin kendi kurgusunun hayatı kolaylaştıran, sosyal yaşamı da o anlamda güçlü tutan bir disipline sahip olduğunu belirtiyor ve en çok da sosyal konuta vurgu yapıyor: "Sosyal konut açısından da en zengin belediyedir Viyana Belediyesi. Örnek bir sosyal demokrat belediyedir. Her üç konuttan birinin sosyal konut olarak kullanıldığını okumuştum."

Karma konut yerleşimini Baysal'ın şu sorusuyla daha net izah edebiliriz:

> Kentin içinde bize öğretmen lazım, bize hemşire lazım, doktor lazım. Şimdi bu insanlar kentin içinde barınamayıp çok uzaklara gittiğinde, oradan gelip gittiğinde ne olacak o kent?

Yıllar önce ailecek Venedik'e gitmiştik. Bir şehir klasiği olan gondola bindik. Kanalları gezerken gondolcu da ünlülerin evlerini gösteriyordu. Kendisine nereli olduğunu sordum, Venedikli olduğunu söyledi. Ben de "Sizin ev nerede?" diye sorunca, "Burada nasıl olsun, Venedikliler Venedik'te oturamaz ki, çok uzakta, Venedik'in dışında bir banliyöde oturuyorum" demiş ve "Venedik'te ancak ünlü yıldızlar, yazarlar, zenginler oturabilir, fiyatlar çok yüksek" diye izah etmişti.

O yıllarda "İstanbullu İstanbul'da oturabiliyor mu" diye sormuyordum henüz.

Mimarlar Odası İstanbul Şube Başkanı Esin Köymen ise sosyal konut konusunda şu yorumu yapıyor:

> İBB olarak KİPTAŞ eliyle konut üretebiliyorsunuz. Bu yetkinizi sosyal belediyecilik anlayışıyla dar gelirlinin rahatlıkla erişebileceği sağlam konutlar üretmek için kullanın. Bunları kiralık konutlar haline dönüştürmek mümkün. Böylece iktidarın sürekli mülkiyet üzerinden bir konut hakkı ya da barınma hakkı savunusu yerle bir edilebilirdi. Ama öyle bakılmadı. Bu, biraz yapılan işlerde iktidarın kötü yaptıklarının daha iyisini yapmak gibi. Oysa nelerin olması gerektiğine dair TMMOB'un, meslek odalarının şimdiye kadar söylediği pek çok şey var.

KİPTAŞ Genel Müdürü Ali Kurt ise doğrudan "Türkiye'de bundan sonra sosyal konut üretilemez" diye söze giriyor: "Bırakın kiralık sosyal konutu, satılık sosyal konut da yapılamaz hale geldi. Konutun metrekaresi 40 bin TL, asgari ücret 11 bin TL. Kim alacak bu konutu? Siz diyorsunuz ki, 'ürettiğiniz stokunuzda kalsın, kiralayın.' Sürdürülebilir değil."

Ali Kurt sosyal konut olarak, yine daha önce söz ettiği kamunun elindeki boş konut stokunu işaret ediyor: "Piyasadaki en büyük kiracı kamu olunca kiralar da regüle edilir. Biz niye bu şehre daha çok konut yükü getirelim?"

İnsanoğlu binaları yaptığında,
Hapsetti kendini odacıklara

...

Hangi fedakârlıkla, ne pahasına doğabilir bir kent?
Dağın eteklerinde dans eden çılgın bedenlerden,
karanlığın içinde bakan bir çift göze dönüşüyoruz.

Jim Morrison

Şehirde Deprem

Bütün bu kentsel dönüşüm furyasının esas nedeninin İstanbul'un afet riskine karşı güçlendirilmesi olduğuna ne kadar inanıyorsunuz? Kentsel dönüşümün yarattığı sürgünler, soylulaştırmalar, bunun üzerinden sağlanan rantlar, servet artıran müteahhitler, dönüşen kentlerin çehrelerinin birbirlerine benzemeye başlaması... Tüm bunlar olurken afetle mücadelenin neresindeyiz?

Sismoloji ve jeofizik mühendisi Prof. Dr. Haluk Eyidoğan bir sohbetimizde bana İPA'nın bir çalışmasından söz etmiş ve "2012'den bugüne kentsel dönüşüm yasası kapsamında afet riskli ilan edilen 1500 hektara yakın alanın, yaklaşık yüzde 1'i gerçekten riskli olan alana tekabül ediyor" demişti. Gürkan Akgün'e bunu nasıl hesapladıklarını sordum:

> İlan edilenler ile gerçekten riskli olanlar arasında müthiş bir tutarsızlık var. İstanbul'un yapı stoku kötü, yüzde 60'ı mühen-

dislik hizmeti almamış. Gecekondulardan dönüşerek kentleşmiş bir şehir burası. Biz, "İstanbul'da en riskli alanlar neresidir?" diye bir analiz yaptık. Buradaki en temel girdi, tabii zemin durumu. Bu zemin durumu üzerine yapıların durumuna baktık. Ne zaman yapılmış, ruhsatlı mı yapılmış, 2000'den önce mi sonra mı? Bu bilgileri de üst üste koyarak risk haritası çıkardık. Acil olarak müdahale edilmesi gereken yerler ile riskli alan ilan edilmiş yerleri çakıştırdık.

Bazen tek katlı gecekondu alanları daha riskliymiş gibi görünebilir. Ama aslında bu tarafa baktığınızda Zeytinburnu daha riskli. 8-10 katlı binalar yıkıldığı zaman çok daha fazla nüfus etkilenecektir. Sarıyer'de Derbent riskli alan ilan edildi. Oysa Derbent'in zemini gayet iyi, zaten binalar iki üç katlı. Bir deprem anında o kadar büyük zarar görmeyecek. Ama Derbent'e projeler yapıldı, planlar çizildi, imar hakları artırıldı. Kadir Topbaş döneminde Cannes'daki konut emlak fuarlarında gösterildi. Çünkü Boğaz görüyor, rant değeri çok yüksek. Ama esas riskli bölgelere kimse bakmadı.

Yani "Afet bunun neresinde?" diye soruyorsunuz ister istemez. Türkiye'nin ve İstanbul'un depremleri üzerine yapılmış sayılamayacak kadar çok çalışma, rapor, strateji belgesi bir kenarda beklerken, hâlâ bir arpa boyu yol almış olmamız, imar faaliyetlerinin depremi odağına almadan yapıldığını gösteriyor. Hani önceki bölümlerde de dedik ya, bazı başlıklar tek bir politika konusu değil, bütün politikalarınızın üzerine oturduğu bir temeldir diye. Deprem de öyle. Türkiye gibi bir ülkede yaşıyorsanız sizin hiçbir politikanız depremden ayrı düşünülemez. Konut da, eğitim de, gıda da, sağlık da... Depremin kadını, çocuğu, engelliyi nasıl etkileyeceği de... Yalnızca deprem de değil, heyelan var, sel var, sıcaklıklar var.

1940'tan beri deprem yönetmeliği çıkarmakta olan bir ülke olarak, bugüne kadar yaşadığımız 6'dan büyük depremlerin yarattığı hasarlara baktığımız zaman, yönetmelik değiştirmek, yeni yasalar çıkarmak, bu kayıpları tam olarak azaltmıyor. TBMM'nin deprem araştırma komisyonlarının yüzlerce sayfalık raporları da çare olmuyor.

Prof. Dr. Haluk Eyidoğan, ülkenin yakın dönem deprem tarihinin yazılı ve sözlü kaynaklarına büyük emeği geçmiş ve uygulamaların tanığı olmuş bir bilim insanı olarak söylüyor bu sözleri. Deprem konusunda çok sayıda uzmandan, çok sayıda tahminden, pek çok araştırmadan elde edip aktardıklarını şöyle özetleyebilirim:

Türkiye'nin en son Deprem Haritası 1 Ocak 2019'da yürürlüğe girdi. Yani bir hayli güncel. Geçmiştekilere nazaran oldukça ayrıntılı bir deprem tehlike haritası olduğu belirtiliyor. Şehirler ve kurumlar da çalışmalarını bu haritaya dayandırıyor. İBB eski yönetimi bu doğrultuda bir çalışma başlatmıştı. 2019'da gelen yeni yönetim de bu çalışmayı Boğaziçi Üniversitesi ve Ortadoğu Teknik Üniversitesi'le revize ederek tamamladı ve çok kapsamlı bir analiz çıkardı. Çünkü İstanbul'da sürekli nüfus ve bina sayısı artışı, düzenli revizyonu gerekli kılıyor.

Aslında daha öncesine yönelik çalışmalar da var. Geçtiğimiz yıl hayatını kaybeden Prof. Dr. Murat Balamir'in çok önemli katkılarıyla hazırlanan, üniversitelerin ve çok sayıda akademisyen ile uzmanın katkı sunduğu, 2003 yılında İBB tarafından oybirliğiyle onaylanmış 1400 sayfalık bir İstanbul Deprem Master Planı var elde. Bu raporda neyin nasıl yapılması gerektiği yazılmış. Örgütlenme nasıl olacak, merkezi ve yerel yönetimler nasıl işbirliği yapacak, finans modelleri nasıl oluşturulmalı, alternatifli kentsel dönüşüm modelleri dahi hepsi çalışılmış durumda. Hatta Zeytinburnu bu iş için pilot bölge olarak seçilmiş, kentsel dönüşüme örnek olsun diye.

Zeytinburnu'nda deprem için pilot bölge çalışması yapıldı ama İstanbul'un siluetine darbenin pilot bölgesi oldu. Sonrası da geldi zaten. 1999 yılı için milat denip, 2001'de Yapı Denetimi Yasası çıkarıldı. Bugün İstanbul'da bulunan yapıların kaçta kaçı 2000'den sonra yapılmış derseniz, yaklaşık 900 bin eski binaya karşılık 300 bin yeni bina var.

Öncelikle İstanbul depremi değil, İstanbul'un da içinde olduğu bölge depremi demek gerekiyor. 1766'da yaşanan büyük depreme neden olan ve Marmara'yı boydan boya geçen geçen o fayda bugüne değin başka bir hareketlenme yok. Şimdi hep beraber o parçanın kırılmasını bekliyoruz. 2016'da yapılan bilimsel çalışmalara göre 30 yıl içinde yani 2036'ya kadar olma olasılığı yüzde 50, büyüklüğü de 7 veya daha fazla.

Gelelim öngörülen hasara. 2019 çalışmasında 5 çeşit senaryoya göre il ve ilçe bazında deprem ve tsunamiyle beklenen kayıplar iyi ve kötü ihtimallerle hesaplanmış. 48 bin bina yıkılacak ya da ağır hasar alacak. En ölümcül sonuçların bu binalarda olacağı belirtilmiş. Toplamda 194 bin binada orta ve üstü hasar olacak ve kullanılamayacak duruma gelecek. Zaten kayıpların bu binalarda olabileceği öngörülüyor. İyimser senaryoya göre can kaybı 14 bin, ağır yaralı 8 bin, hastanede tedavi olacak 40 bin kişi öngörülüyor. Kötümser rakamlara göre ise can kaybı 53 bin kişi, ağır yaralı 31 bin kişi, hastanede tedavi görecek kişi sayısı 140 bin olacak. Eyidoğan bu rakamların yalnızca İstanbul için olduğunu hatırlatarak, bunun bir Marmara depremi olacağının unutulmaması gerektiğini söylüyor. Marmara Denizi'ne kıyısı olan ve hem depremden hem de tsunamiden etkilenecek olan 7 il ve çok sayıda ilçe var. Bu nedenle bu tür çalışmaların diğer illerde de yapılması gerekiyor.

Haluk Eyidoğan "Yani tarih, saat ve büyüklük veremiyoruz. Ama risk büyük" diyor.

Şehrin güçlendirilmesi

Depremin yaratacağı tahribat yalnızca insan kaybı ve konut hasarından ibaret değil. 2019 raporu, yolların yüzde 30'unun kapanacağını, 463 noktada içme suyu hasarı, 355 noktada doğalgaz hasarı, 1.045 noktada atıksu hasarı olacağını söylüyor.

Bu tablo İBB açısından bir çalışma planı gerektiriyordu. İBB bunun üzerine bir Deprem Çalıştayı yaptı ve Deprem Bilim Kurulu oluşturdu. Güçlendirme, depreme hazırlık, deprem sonrası yapılacaklarla ilgili bir plan dahilinde çalışmalara başladı. Rapordaki öngörülere göre İGDAŞ ve İSKİ altyapısında, raylı sistemlerde, tünellerde, alt ve üstgeçitlerde, köprülerde güçlendirme yapılıyor. Marmara'da 100 kadar erken uyarı algılayıcısı, bu sistemlere entegre edildi.

Haluk Eyidoğan bazı mevzuat eksikliklerinin de tamamlanması gerektiğine işaret ediyor:

> Türkiye'de bir "yapı müteahhitliği yasası" yok. Herkes müteahhit olabiliyor, inşaat yapabiliyor. Depremle ilgili tüm mühendislik dallarının bir profesyonel mühendislik kanunu da yok. Batıda yüzyılın başında bu mesleklerin yasaları çıkmış vaziyette. Her gelen bakan vaat ediyor ama yapmıyor. Mevcut İmar Kanunu da dahil, tüm mevzuatın, başta deprem olmak üzere tüm afet risklerini azaltacak içerikte olması gerekiyor. Türkiye'nin Anayasası'nda "deprem", "afet riski azaltma" ve "risk" kavramları yok.

"Dünyada var mı?" diye soruyorum, "Tabii, Ekvador Anayasası'nda bile var" diyor.

Türkiye'de bina güvenliğinden söz edilirken çoğunlukla göz ardı edilen bir iş tanımı var: İnşaat mühendisi şantiye şefi. İnşaatların yapım sürecini denetlemesi gereken bu mühendisin demir bağlamadan beton dökümüne kadar inşaatınızın sürekli başında olmasını beklersiniz değil mi? Ama şantiye şefi o sırada dördüncü inşaatıyla ilgileniyor olabilir. Yani mevzuata göre dört şantiyeye bir inşaat mühendisi şantiye şefi yeterli oluyor. İstanbul gibi mesafe ve trafiğin ulaşımı imkânsızlaştırdığı bir şehirde bir şantiye şefinin aynı gün iki inşaatta olabilmesi bile güç. Bir süre öncesine kadar beş şantiye iken İnşaat Mühendisleri Odası'nın itirazlarıyla bu sayı dörde indirildi. İstanbul Şube Başkanı Füsun Sümer anlatıyor: "Üç yıldır sürdürdüğümüz 'Her şantiyeye bir şef olsun' kampanyasının sonucunda çıka çıka bu çıktı. Sürekli anlatıyoruz, herkes 'Haklısınız' diyor. Ama bakanlık hayata geçirmiyor."

Bu uygulamaların geri planında meslek odalarının etkisizleştirilme çalışması da var şüphesiz. Mevzuatta önerilenlerin pek çoğu gönüllülüğe bırakılıyor. İnşaat mühendisleri ile meslek odası ilişkisi koptuğu zaman, denetim güçleşiyor ve sahtecilik başlıyor. "Sahte mühendis kol geziyor" diyor Sümer. "Bunun da doğrudan kamu sağlığına etkisi var. Hem iş kazaları açısından hem de sonrasında can-mal güvenliği açısından. Meslektaşlarımız işsiz, şantiyeler de inşaat mühendissiz. Mühendisler kötü yaptığı için bu kadar kötü değil yapı stokumuz, bu sürecin dışında tutuldukları için. Bile isteye tutuldukları ve bir maliyet kalemi olarak görüldükleri için" diyor haklı bir serzenişle.

Ama 18 yaşını bitirip Çevre, Şehircilik ve İklim Değişikliği Bakanlığı'na başvuran herkes de müteahhitlik yapabiliyormuş! Engelleyici hiçbir şey yok yani...

"Bana bir ev yap" dedi üstat,
"Ama değişen kumların üzerinde değil,
Enkazın ve fırtınaların uğultusunun ortasında,
Sağlam bir şekilde ayakta kalacak bir ev."
Frances Ellen Watkins Harper, "Building"

Şehrin Konutları

İBB'de 2019'da Deprem Risk Yönetimi ve Kentsel İyileştirme Dairesi Başkanı olarak göreve başlayan ve Gezi Parkı'nın hukukunu savunduğu için tutuklu bulunan Şehir Plancısı Tayfun Kahraman, cezaevinden verdiği bir röportajda, İstanbul'da depremle mücadelede öncelikli dört başlık belirlediklerini; bunlardan birincisinin, konutlar olduğunu belirtiyordu:

> İlk olarak yapısal riskleri tespit etmek ve müdahale önceliklerini belirlemek üzere bir hızlı bina tarama yöntemi için laboratuvar çalışmalarına başladık. Bir yıl sonunda karot alım yöntemiyle yapılan risk tespitine yüzde 97 doğruluk oranında yaklaşan bir yöntem belirledik ve uygulamaya başladık. Amacı İstanbul'da depremle yıkılması muhtemel binaların en risklilerini hızla tespit etmek olan bu çalışmamız, ben cezaevine girdikten sonra da devam ettirildi ve Kahramanmaraş depremleri sonrasında büyük ilgi ve talep gördü.

Kahraman'ın sözünü ettiği bu uygulama "konutlar için hızlı tarama" olarak biliniyor. Bu hizmet İstanbullu tarafından çok ilgi gördü ve başvuru sayısı 160 bini buldu. İMO İstanbul Şube Başkanı Füsun Sümer bu uygulamayı, "Bu bir yaşam hakkı. Nereden başlanacak olması gerektiğini işaret edebilmesi için bu bilimsel tarama çalışması çok değerli ve mutlaka yapılması gerekiyor" diye yorumluyor. Hızlı tarama vatandaşa durumunu bilip önlem alma şansı tanıyor.

Füsun Sümer'e, "Elinizde bütün imkânlar olsa, İstanbul için ne yapmak isterdiniz?" diye sorduğumda, "Bir bina envanteri çıkarmak isterdim" diyor ve devam ediyor:

Çünkü yaklaşık olarak biliniyor, ama tam sayısı belli değil. Her bir binaya ait tüm bilgilerin olduğu bir envantere çok ihtiyaç var. Üstelik de kurumlar bir araya gelse, çıkmayacak bir şey değil. En acili bu. Bir bina envanteri yapıp, ivedilikle iyileştirilmesi gereken binaların doğru tespit edilerek güçlendirilmesi ve yenilenmesi; böylece de başta deprem olmak üzere tüm afetlere hazırlıklı olunması, can kayıplarını önlemek için çok önemli. Bu çalışmayı yapmak isterdim.

Kentsel dönüşümle afet riski arasındaki bağı çoktan koparıp atmış olan iktidar kanadı ise, 6 Şubat depremleri sonrasında Ekrem İmamoğlu'nu "kentsel dönüşüm uygulamalarına son verilmesi gerektiğini savunduğu" iddiasıyla "kentsel dönüşüme karşı olmakla" suçlamıştı. Sözü edilen konuşma 13 Haziran 2019 tarihli "Kentsel Gelişim Çözümleri" sunumuydu. Oysa şöyle demişti İmamoğlu:

> İstanbul'un her noktasında türlü türlü mağduriyetler söz konusu. Artık insanlarımızın birçoğu kentsel dönüşümün adını bile duymak istemiyor. Vatandaşımızın bu tedirginliğini ortadan kaldıracağız. İstanbulluya yerinde yaşama garantisi vereceğiz.

İmamoğlu kampanya döneminde, İBB'nin mülkiyetinde olan yerlerde 15 bin konut sözü vermişti. Daha sonra İBB Meclisi'nde sunduğu Deprem Seferberlik Planı'nda ise "1 yıl içinde 20 bin bağımsız birim, 5 yılda 100 bin, 10 yılda tüm bu nitelikteki bağımsız birimler afetlere karşı güçlendirilecek" dedi. İktidar medyası bu rakamları "gerçekleşmeyen konut vaatleri" olarak eleştiriyordu. Ali Kurt'a bu rakamları ben de sordum:

15 bin konut sözünde biz şu anda 18 bin rakamlarındayız. Bunun yarısını teslim ettik, diğer yarısı devam ediyor. Diğer sözünü ettiği 100 bin rakamı ise, güçlendirme anlamında, dönüşüm çözümü üretme anlamında. Sunumunda aslında "üreteceğiz" diye bir cümle geçmedi. "Biz İstanbul Yenileniyor'da 470 bin rakamındayız" dedi. Ama eğer İBB'ye mülklerini düzgün tasarruf etme hakkını verilseydi, 100 bin konut da üretebilirdik.

Ali Kurt daha 42 yaşında. Yani hayatının yarısından fazlasında AKP iktidarı var. 2005 yılında TOKİ'de işe başlamış, ta ki 2019'da İBB'nin yeni yönetimiyle birlikte KİPTAŞ Genel Müdürü oluncaya dek. Bundan sonraki açıklamalarını bu tecrübe üzerinden okuyun diye bu CV'yi özetledim. Anlattıkları yerel-merkez kıyasıya mücadelesi için okumaya değer bir örnek:

KİPTAŞ benden önce 25 yıl yönetildi. TOKİ'nin en etkili dönemlerinde bile KİPTAŞ çok daha yetkiliydi. İBB'den istediği yeri alıp planını yapıyor, değerini birden ona katlıyor, ruhsatını İBB'den alıyor, projeyi yapıyor, satamazsa malı İBB'ye veriyor. Böyle bir yetki bakanlıkta yok. Buna rağmen borç içinde bir KİPTAŞ devraldığımızda, iş yapmak için kasada para yoktu. Bulunduğumuz binayı ipotek ettirmek zorunda kaldık. Atıl mallarımız vardı, satıp para kazanalım, dedik. İhaleye giremiyorduk, müzayedeye çıkalım dedik. Her şey hazırdı ama müzayedeye bir hafta kala İBB Meclisi müzayedeye çıktığımız tüm gayrimenkulleri plansız alana çevirdi. Geçmişten kalan 7-8 proje vardı. Ruhsatı yanlış, müteahhidi batmış, tapusu olmayan işler. Yani sıfırdan yapsak daha kolay. Bari konut satıp para kazanalım da projeleri tamamlayalım, dedik. Tapu alamadığımız için konutu da satamıyoruz. Peki tapuyu niye alamıyoruz? Çünkü Hazine'ye borcumuz var. Bakanlar Kurulu Kararı, Cumhurbaşkanı Oluru... Derken bunların hepsini aştık. KİPTAŞ'a kalacak konutları iskontolu önden devlete vermek zorunda kaldık. O borcu da sıfırladık. Elimizde çok az bir konut kaldı. Olanları satarak o projeleri tamamladık. Bu süreçte pandemi yaşadık, deprem yaşadık, ekonomik kriz yaşıyoruz.

Ali Kurt, KİPTAŞ'ın, tarihinin en başarılı dönemini yaşadığını iddia ederek "Hiç bu kadar kamu menfaatine görev yaptığımız bir dönem olmadı" diyor. İmamoğlu da yukarıda bahsi geçen sunumda şöyle diyordu:

> Sözün özü KİPTAŞ, bizim dönemimizde yapması gereken asli görevine dönecek ve dar gelirli İstanbulluya mahalle kültürü içerisinde; otoparklarıyla, sosyal alanlarıyla, afet toplanma alanlarıyla, yeşil alanlarıyla huzurlu ve nitelikli yaşam alanları üretecek.

İBB ile iktidar arasında rakamsal polemiğe neden olan konut güçlendirme projesi İstanbul Yenileniyor ise kısaca şöyle: Vatandaşlar, binalarında yeterli oranda anlaşma sağlamaları durumunda, İBB'ye başvuruyorlar. KİPTAŞ da bu binaları maliyetine yeniliyor. Proje başladığından itibaren 451.393 bağımsız birim için başvuru yapılmış. 70.202'si için teklif formu düzenlenmiş. 18.186 adet bağımsız birim için uzlaşı sağlanarak yenileme süreci başlamış. Ali Kurt bu projeye çok güveniyor: "Biz kamu olarak özel sektöre rol model olmak istiyorduk. Ama bu dönemde kamuya rol model olduk. Çünkü seçime az kala hükümet 'Yarısı Bizden' diye bir kampanya çıkardı. O kampanyayı inceleyin, İstanbul Yenileniyor ile bire bir aynı."

Ali Kurt'a her şey normal olsa, iktidarla uyum olsa, İstanbul için ne hayal ettiğini soruyorum. Hayalinin İstanbul'u komple yıkıp yeniden yapmak olduğunu söylüyor. Bu bana, *Sabah* gazetesinin "İstanbul yıktıkça güzelleşir" manşetini hatırlatıyor dehşetle. Tam itiraz edecek oluyorum ama o devam ediyor: "Çünkü her yıktığınız yapıda dört kişinin hayatını kurtarıyorsunuz. İki bin yapı yıkmak 11 bin insan demek. Depremde ise bir insanı enkazdan çıkarmak için 100 kişi başında bekliyor."

Ali Kurt, İBB'nin Hatay'daki çalışmalarında depremin yarattığı tahribatı incelemiş. İstanbul'un doğru bir planlamayla kurtulacağına inanıyor. Peki onca insan nereye gidecek? Bu konuda da İstanbul için çözümün boştaki yapı stoku olduğunu söylemişti.

Deprem

Piknik yapmak için mükemmel bir bahar günüyü. O gün herkes önlüksüzdü. Annelerin yaptığı börekler, kurabiyeler küçük beslenme çantalarında, sıraların üstündeydi. Birinci sınıf öğrencileri çok neşeli ve heyecanlıydı. Sabah erkendi, ilk dersti. Öğretmen sınıfa hitap etmeye çalışıyor, sabırsız miniklere o gün yapılacakları anlatıyordu.

Pırıl pırıl bir sabahtı Burdur'da. Tarih 12 Mayıs 1971, saat 8.25'ti.

Ahşap sıra üzerime doğru devrilirken, oyuk kalemlikteki kalemlerin kucağıma düşüşü, sınıftan yükselen "deprem" çığlığıyla aynı anda oldu. Öğretmen çocukları çıkarmak için pencereyi açmıştı. Ben ise sıkışan kapıya koşanlardandım. Emektar bir müstahdem açtı kapıyı. Geniş okul merdivenlerinden kolayca kaçtık. O güzelim bahar havası toz bulutuna dönmüştü. Etrafımda ağlayanlara, bağıranlara, kaçışanlara bakarken, karşıdaki ortaokuldan koşarak ablamın geldiğini gördüm. Beraber eve doğru yürüdük. Çevredeki paniği hiç unutmadım. Bir de annemin geceliğinin üzerine geçirdiği sabahlığı ve terlikleriyle okula doğru koşuşunu.

1971 Burdur Depremi bir veriye göre 5.9, bir başkasına göre 6.3 büyüklüğündeydi ve 57 kişi hayatını kaybetti. Daha sonrası her yerde gördüğümüz Kızılay çadırları, vatandaşın 59. Tugay'daki kışlalara, barakalara yerleştirilmesi ve çöken binalar hakkındaki konuşmalar oldu. Bir süre ranzalı barakalarda kaldık. Artçılar olduğunda çok ses çıkar, çocuklar korkardı. Ablam o günden beri deprem konusunda çok okur, haberleri takip eder. Hayvan davranışlarını izlemeyi de o gün öğrendik biz. Belki ondandır, 2017'deki Ege depremi öncesi yaptığım yılanlı tahminin denk düşmesi.

Ama o gün bugündür, çocukluk anılarıma kazınan şu cümleyi hiç unutmadım: "Hamamcının kendi yaptığı dört katlı apartman çöktü, herkes öldü." Burdur depremini analiz eden akademik bir çalışmada sözü edilen binanın depremde önemli hasar alan iki özel binadan biri olduğu görülüyordu. İzmir İnşaat Mühendisleri Odası tarafından hazırlanan "12 Mayıs 1971 Burdur Depremi" başlıklı raporda, hafızamdan gitmeyen o apartman hakkında şu not vardı:

Veysel Hamamcı Binası: 4 katlı yığma, tamamen göçmüş. Temelde ve bodrumda kurna taşı kullanılmış.

18 Ağustos 2013 tarihli *Burdur* gazetesinde aynı bina işaret edilerek, "Kurna taşlı temeller depremde riski artırıyor. 1971 Depremi'nde en fazla yıkılan binaların temelleri kurna taşı denilen yumuşak tür taşlarla yapılmıştı. O binaların pek çoğu depremde yıkıldı, hasar gördü" deniyor. Depremin değil binanın öldürdüğünü öğrenmiştim daha ilkokulda.

Ulaşım Hakkı

Yaşam eve dönmekten ibarettir.
Satıcılar, sekreterler, kömür madencileri, arıcılar, kılıç yutanlar, hepimiz. Dünyanın tüm huzursuz kalpleri, hepsi eve dönüş yolunu bulmaya çalışıyor.
Patch Adams **(Film)**

Bu kitabın üstünde çalışırken her bir bölüm diğerini hatırlatsın, bölümler arası geçişkenlik olsun istedim. Haklardan ve hak öznelerinden söz ettiğiniz zaman ister istemez bu oluyor. Hele ki konu başlığınız tüm haklara ulaşabilmenizin temelinde yatan bir hak ise. Yani ulaşım.

Kitabın başından beri ulaşımdan ve ulaşım hakkı ihlallerinden dolaylı ya da dolaysız söz ettik. Örneğin çarpık kentleşmenin sebep olduğu sorunların iklim krizinin olumsuz etkileriyle kentleri felç etmesi, bir ulaşım sorunu olarak karşımıza çıkıyor. Kent selleri bir yandan konutları yaşanmaz hale getirirken, öte yandan o konutlara ulaşımı sağlayan yolları bloke ediyor. Ya da insanların okula, işe, hastaneye gitmelerine engel oluyor. Yağmur sularının toprağa ulaşmasının önünü kesiyor. Demek ki artık ulaşım planları ya da yeni tabiriyle kentsel hareketlilik planları yapılırken iklim krizinin, buradan doğan maruz kalma ve etkilenebilirliğin iyi hesaplanması gerekiyor. Şunu da öğrendik ki, şehrin katı atıklarının taşınması da şehir ulaşımının içinden mümkün olduğunca çekilmeli. Zira ne kadar uzağa giderse, o kadar havamızı kirletiyor. Yani atık ve ulaşım planlarının entegre yapılması gerekiyor.

Yalnızca insanların ulaşımı da yetmez. Hayvanların yaşam alanlarını hızla daraltan şehirlerde, onlara da bir yaşam ve ulaşım koridoru oluşturmak gerekiyor.

Şehrin içinde gıda üretimini yaşatmak gerekiyor ki, kriz dönemlerinde uzak ulaşımlara ihtiyaç azalsın. Şehrin içinde ve çeperlerindeki tarımı desteklemek, vatandaş için daha ucuz ve güvenilir ekmeğe, çocuklar için güvenilir ve sağlıklı süte ulaşmayı kolaylaştırmak gerekiyor.

Ve tabii kırılgan gruplar... Çocukların güvenli ve sağlıklı ulaşımının sağlanması, anne çocuk ulaşımının kolaylaştırılması ve yine önceki bölümde "Nasıl engelsiz şehir olunur?" sorusuna verilen yanıtın ulaşım politikalarının temel meselelerinden biri haline gelmesi şart.

Ulaşım, insan hakları ve kent hakları kapsamında giderek önem kazanan bir alan. Ulaştırmanın sosyal boyutunun en fazla algılandığı alan da kentler. Bu nedenle de kent hakları içerisinde yer buluyor. Ulaşım hakkı da çok boyutlu bir alan. Ulaşım planlaması ve politikaları üzerine uzun yıllardır çalışan Prof. Dr. Haluk Gerçek'ten edindiğim bilgiler ışığında, çok boyutlu bir hak olan ulaşım hakkının temel girdilerini şöyle özetleyebilirim:

Ulaşım sistemi kentlilerin diğer kentsel haklarına (iş, sağlık, eğitim, sosyal ve kültürel faaliyetlere katılma gibi) erişimini doğrudan ve dolaylı olarak etkiler. Ulaşım hakkı, bu bakımdan, diğer haklara erişmeye aracılık eden temel bir insan hakkıdır. Bu yüzden, ulaşım sistemi ödenebilir, erişilebilir, güvenli ve konforlu olmalıdır. Ayrıca, ulaşımdan kaynaklanan dışsallıkların da (trafik tıkanıklığı, kazalar, hava ve gürültü kirliliği, iklim etkileri gibi) azaltılması da bireylerin ve toplumun ulaşım hakkı kapsamında düşünülmesi gerekir.

Öte yandan toplumsal kapsayıcılık ve cinsiyet eşitliği yeni nesil ulaşım haklarının en önemli ve belirleyici unsurlarıdır. Kapsayıcılık, öncelikle kırılgan grupları içine almak zorundadır. Yani kadınlar, çocuklar, engelliler, yaşlılar, göçmenler, sığınmacılar ve tabii yoksullar... Özellikle de kentin çeperlerinde yaşayan ve özel aracı olmayan kent sakinleri için de erişilebilir, ödenebilir ve güvenli bir ulaşım hizmeti sağlanmalıdır. Kapsayıcılık kavramı içinde ulaşım alanında çalışan emekçilerin hakları da vardır.

Böylece karşımıza megakente yaraşır bir ulaşım hakkı külliyatı çıkıyor. Prof. Dr. Haluk Gerçek bütün bu hassasiyetleri dikkate alan bir ulaşım planlaması yaklaşımının artık günümüzde çok önem kazandığını belirtiyor. Literatür böyle, peki bizde durum ne?

Şehirde ulaşım

Ulaşımı para kazanmak için değil,
halkın ihtiyaçlarını karşılamak için yeniden düzenleyeceğiz.
Ekrem İmamoğlu, 13 Haziran 2019

> Trafik ve ulaşım sorunları, İstanbulluların İstanbul'dan en çok şikâyet ettiği konu. İstanbulluların yarıya yakını kente dair en önemli sorun olarak trafiği belirtirken, trafiğin hemen ardından da İstanbul'un çok kalabalık olmasından şikâyet ediyor. [...] Hangi ulaşım türü kullanılırsa kullanılsın, İstanbul trafiğinden şikâyetçi olmayan küme yok. Motosiklet ve bisiklet kullanıcılarının daha yüksek oranda şikâyetçi olmaları ise, kullandıkları araçlarla sıkışık trafikte kendilerini daha da kırılgan bir konumda bulmalarından kaynaklanıyor olabilir.

KONDA'nın 2018 yılı barometresinden alınan bu paragraf, İstanbul'da yaşayanları mutsuz ve tahammülsüz kılan en önemli sorunların başında trafiğin olduğunu gösteriyor. Ekrem İmamoğlu'nun da seçim kampanyası döneminde en çok vurguladığı başlıklardan biri ulaşım olmuştu:

> Ulaşım sorunu her geçen gün daha kötüye gidiyor. Sokakta kime sorarsanız sorun, aynı cevabı alacaksınız. Ekibimizin bu konuda bilgi birikimi ve deneyimi son derece yüksek. Zaten, sorunu doğru tespit ederseniz, konuya bilimsel yaklaşırsanız, çözümleriniz de doğru olur. İstanbul'da ulaşım sorunu ile baş edecek enerjimiz var.

İBB'nin ulaşım faaliyetleri deyince havayolu hariç ulaşımın her alanı var. Bu alanları da yukarıda tanımladığımız ulaşım hakkı temelinde bir plana oturtmak gerekiyordu. Hazırlanması tam 2,5 yıl süren bir "İstanbul Sürdürülebilir Kentsel Hareketlilik Planı" yapıldı. Bu planın oluşturulmasında emeği geçen Prof. Dr. Haluk Gerçek'in de belirttiği gibi, "Bu plan Türkiye'de yapılan ilk sürdürülebilir kentsel hareketlilik planı. Aynı zamanda dünyada da 16 milyonun üzerinde nüfusu olan bir megakentte yapılmış ilk kapsamlı plan olma özelliğini taşıyor."

İstanbul ulaşım sistemi deyince, içinde neredeyse eşit ağırlıkta yerel ve merkezi yönetim, bu güç dengesi içinde duruma göre pozisyon alan bir de ulaşım esnafı var. Altyapı müteahhitlerini de sayarsanız, iş iyice karmaşık bir yapıya dönüşüyor. 2019'daki yönetim değişikliğinden beri, en az kentsel dönüşüm konuları kadar ulaşım da merkez–yerel kentsel çatışmasının yoğunlaştığı alanlardan biri oldu. "Dünyada durum nasıl?" diye soruyorum Haluk Gerçek'e:

"Günümüzde yerel yönetimin ulaşım konusunda görev ve sorumlulukları neler olmalı ve kentsel ulaşım nasıl bir yönetim anlayışıyla yürütülmeli? diye dünya kentlerine baktığımızda, farklı politikalar ve uygulamalar görüyoruz. Ama bana göre ulaşım hizmeti, her şeyden önce kentsel bir insan hakkı olarak ve bir kamu hizmeti olarak görülmelidir. Bu bağlamda, toplu taşıma hizmetinin de kamu tarafından sağlanması bana uygun geliyor. Fakat dünyanın birçok kentinde özel sektör işletmeci olarak hareketlilik pazarına girmiş durumda. Bu durumda, toplu taşıma hizmetinin sağlanmasıyla ilgili kuralları ve sınırları kamunun koyması, hizmet standartlarının çok iyi tanımlanması ve denetlenmesi gerekiyor" diye cevaplıyor. Çünkü özel toplu taşıma işletmelerinin çalışma koşulları ve hizmet standartları kamu yönetimi tarafından toplumsal yarara göre belirlenip iyi denetlenmezse, toplu taşıma kullanıcılarını zor durumda bırakan keyfi uygulamalar ortaya çıkabiliyor.

İBB'nin ulaşım hizmetlerinin pek çok alanında söz sahibi olduğunu ve faaliyet gösterdiğini belirttik. Şimdi de bu ulaşım alanlarını tek tek gözden geçirerek, son beş yılda neler yaşandığına, eksiklere, fazlalara, memnuniyetlere, eleştirilere bir göz atalım.

Şehrin Faytonları

İBB'nin yeni yönetiminin yaptığı en cesur hamle, Adalardaki atlı faytonları kaldırmak oldu. Bu süreci, şehrin emekçi sakinleri olarak görmemiz gereken atların durumu açısından ilk bölümde anlattım. Ancak konunun ulaşım boyutuna burada değinmek isterim.

Adalarda faytonların yasaklanmasının ardından bir "oh" çekildi. Ama İBB tarafından yurtdışından getirtilen 60 adet elektrikli araca Adalar Kaymakamlığı'ndan izin çıkmadı. Adaların faytonsuzlaştırılmasının ardından, iklim planı da dikkate alınarak, elektrikli araçlar sipariş edilmişti; ancak araçlar bekliyordu. Sonunda İBB Başkanı Ekrem İmamoğlu konuyu çözmek için Ankara'ya giderek İçişleri Bakanı Süleyman Soylu'yla görüşmek zorunda kaldı. Görüşme sırasında medyanın "sürpriz bir gelişme yaşandı" diye sunduğu, aslında çoktan olmuş olması gereken gelişmenin haberini, iktidar medyası şöyle verdi:

> İçişleri Bakanı Süleyman Soylu, elinde telefon "Sayın Cumhurbaşkanı konuşacak" diyerek herkesin duyması için diafonu açtı. Cumhurbaşkanı Erdoğan, İmamoğlu'na kendisini çok mutlu eden müjdeyi verip, "Oldu bu iş, mesele çözüldü" dedi. İmamoğlu da telefon görüşmesinde Cumhurbaşkanı'na bu konuyla ilgilendiği için teşekkürlerini iletti. 10 dakika süren sohbet sonrasında, karşılıklı iyi niyet dilekleriyle telefon kapatıldı.

Hayvan hakları mücadelesinin yılmaz aktivistlerinin ve gönüllülerinin, Adalarda yaşayan vatandaş profilinin farklılığı üzerinden bu kamu spotu tadındaki çözüm üretme şeklini değerlendirmek gerek. Çünkü böyle bir sevkiyatı geciktirmek iktidar kanadına yaramayacağı gibi, bu şekilde bir iznin çıkışının sempatik sunumu da bir avantajdı. Ama aynı zamanda bundan sonra ulaştırma alanında okuyacağınız her türlü İstanbul-Ankara çatışmasının fragmanı da bu 60 araçlık izindir. O nedenle konuya Adaların faytonlarıyla başlama nedenim yalnızca en eski ulaşım aracı olması nedeniyle değil.

Adaların faytonsuzlaştırılması konusunda hem Adalar sakinleri hem hayvan hakları platformları hem de kamu vicdanı açısından genel bir uzlaşı oldu. Ancak bir karşı görüşü, haklı bir uyarıyla ilave etmek isterim:

Adalardan atlarının gönderilmesine karşı çıkan Adaların Atları platformu, şu görüşü savunuyor:

> Bu araçlar, merkeze daha uzak veya yokuş üstünde olan, dolayısıyla ev fiyatlarının/kiraların daha düşük olduğu mahallelerin cazip hale gelmesine neden oldu. Adalardaki ev satış ve kira bedellerinin artış hızı, İstanbul'daki artış hızını aşıyor. Yıllardır Adalarda yaşayan insanlar evlerinden çıkmak ve taşınmak zorunda kalırken, yerlerini daha zengin insanlar alıyor.[51]

Yani Adaların Atları platformu bu değişimin rant tehlikesine dikkat çekiyor. Atlar kurtarılırken, Adalarda böyle bir dönüşümün olmaması konusunda bu eleştirinin bir kenara not edilmesi ve dikkate alınması gerekiyor.

Şehrin Denizyolları

İstanbul'un vapurları, şiirden resme, edebiyattan sinemaya dek sanatın her alanında İstanbul'la özdeşleşen en önemli sembollerden biri olmuş. Ahmed Rasim, *Musavver Malumat* dergisindeki yazılarının bir araya getirildiği, ilk baskısı 1896 yılında yapılan *Şehir Mektupları*'nda, İstanbul yaşamının genel görünümünü samimi bir üslupla anlatır. İstanbul yazılarında "vapur havadisleri" de verir. Ahmed Rasim'in vapurların adlarını vererek ve onlara canlılık kazandırarak bilgiler aktarması, o dönemde İstanbullular için vapurların ne kadar önemli olduğunu ve vapurların herkes tarafından tanındığını gösterir:

> Havadis-i Mahalliye Kadıköy'üne amed ü şüd eden (gidip gelen) Ferah vapurunun tek silindirli bulunması hasebiyle bir çift makinist vasıtasıyla hareket ettirildiği ve makinistlerin de silin-

51. "Adaların Atlarına Ne Oldu? Neden Artık Ada'da At Göremiyoruz?", *https://adalariatlari.org*, 18 Aralık 2022.

dirle beraber gidip gelme suretiyle işledikleri re'y-ül ayn (kendi gözüyle) görülmüştür.[52]

O yıllarda vapurlar böylesine popüler iken, 21. yüzyılda İstanbul'da denizyolunun ulaşım pastasındaki payı yüzde 1 bile artsa, sevinecek hale gelmiş durumdayız.

Ekrem İmamoğlu, seçim kampanyası döneminde AK Parti iktidarının uzak durduğu denizyolu ulaşımına da projektör tutuyor ve yıllardır ihmal edildiğini söylüyordu:

> Deniz ulaşımını, Marmara Denizi'ne paralel, hızlı araçlar ile destekleyeceğiz. Atıl olan tüm iskelelerle birlikte yeni iskeleler açacak ve bunları raylı sistemle entegre hale getireceğiz. Fünikü-ler hatlarla İstanbul'un tepelerini deniz iskelelerine indireceğiz. İstanbul'da yüzde 3'lere kadar gerileyen deniz ulaşımının payını büyütmek için insanları denize ulaştırmamız lazım."

İBB Şehir Hatları İşletmesi tarihinde ilk kez bir kadın genel müdür oldu. Gemi Mühendisi Sinem Dedetaş, aynı zamanda oda başkanlığı da yapmış, işine âşık genç bir kadın. Haliç Tersanesi'nden

52. Haluk Öner, "Bir İstanbul Mekânı Vapur ve Türk Edebiyatı", *Sosyal Bilimler Dergisi 4*, sayı 11, Haziran 2017, s. 209-219.

içeri girdiğinizde sizi 567 yıllık bir tarih karşılıyor. Tarihi yapıları, havuzları ve önünde selfi çekmeye doyamayacağınız "Haliç Tersanesi 567 Yıl" yazısıyla görülmeye değer bir miras. Randevuya azıcık gecikmeyi göze alarak fotoğraf çeke çeke ilerledim tersanenin içinde. Genel Müdür ofisinin kedisi Neşe beni karşılayanlar arasındaydı. Sinem Dedetaş'ın sokaktan sahiplendiği köpeği Köpük de vardı o gün karşılama kadrosunda. Daha ne isterim?...

İmamoğlu'nun denizyolu ulaşımı vaatlerinde gözü çok yükseklerdeydi. İstanbul bir deniz şehri, ama deniz ulaşımının oranını yükseltmek hiç de o kadar kolay değil. Aşağıda nedenlerini sıralayacağız. Ama önce beş yılda neler yaptıklarını sordum. "Çok yoğun çalıştık" dedi ve devam etti:

> 13 tane yeni hat açıldı. Seferlerimizi ortalama 700'den 1000'e çıkardık. 7/24 seferlere başladık. 28 vapurumuzu 30'a çıkardık. Üç tane Haliç motoru var. Deniz taksilerini filomuza kattık. Bir de tabii ihaleyle çalıştırılan özel motorlar var hatlarımızda.

Bu hatların çoğalması ve İstanbul Boğazı vapurlarının daha görünür hale gelmesi yeni hat taleplerini de getiriyor. Zira bana gelen birkaç talebi Dedetaş'a iletmeye hazırlanırken, Şehir Hatları konusunda çeşitli kanallardan ve özellikle sosyal medya üzerinden çok yoğun yorum ve talep geldiğini, bunları mümkün olduğunca bizzat takip ettiğini söylüyor:

> Özellikle tekil talepler, insanların Şehir Hatlarına kendi hayatları üzerinden bakışını bize gösteriyor. Biz genellikle sefer değerlendirmelerini taleplerde bir yoğunluk hissettikten sonra yapıyoruz. Şehir Hatları 170 yıllık bir kurum ve bu sefer planlaması tamamen kullanıcılar dikkate alınarak yapılıyor. Eksikleri de yolcudan gelen taleplere göre tamamlıyoruz.

Dedetaş'ın sözünü ettiği 7/24 vapur seferleri de özelikle gece süren iş ve sosyal hayat açısından iyi oldu. Gece çalışanlar var, mesai yapanlar var, gece gezenler var, gece hayatı yaşayanlar var. Bu insanların hepsi İstanbullu. Hizmetleri tüm bu kesimler için genişletmek bir megapol için kapsayıcı bir politika.

Öte yandan filoya kattıkları iki gemiden biri 70 yıllık *Paşabahçe* gemisi. Söküme gitmek üzereyken, yoldan geri çevirmişler. İstanbul hafızasının yeniden İstanbul ulaşımına kazandırılması çok değerli bir iş. Diğer vapur da *Kızıltoprak*. Tabii bu vapurları bize yeniden kazandıran yerin, o 567 yıllık tersane olması da ayrıca söz edilmeye değer. Tersanede üretilen bir diğer ulaşım aracı ise deniz taksileri oldu. Dedetaş, deniz taksileri hakkında şu bilgileri veriyor:

> Deniz taksileri, seferlerden bağımsız deniz ulaşımını artırmak içindi. Yalnızca 50 tane ürettik. Mühendisliğini hep beraber yaptık. Hocalarımızdan destek aldık. Düşük yakıtla yüksek sürat, bir mühendislik işidir. İmalat bütçesi gerekir sonuçta. Kamusal bir hizmet, ama toplu taşıma da değil. O yüzden hepimiz emeğimizi koyarak yaptık.
>
> İskeleler arasında, tarifeden bağımsız 7/24 bir uygulama üzerinden çalışıyor. Deniz taksilerle tespit de yapıyoruz, sefer taleplerini takip ediyoruz. Düzenli gidip gelinen yerler var mı, bu yönde toplu taşıma için ilave edilmesi gereken hatlar var mı, diye yoğunluğa bakıyoruz. Çünkü deniz taksilerini, insanlar ortak kullanıyor.

"Peki beş yıla yaklaşırken, gerçekten yoğun denebilecek bu çalışma İstanbul ulaşımının içindeki denizyolu payını artırdı mı?" diye soruyorum:

> Oranda önemli bir değişiklik olmadı. Toplu taşımada denizin payı yüzde 3-3,5 arası değişiyor. Ancak benim bu istatistik yöntemine bir itirazım var. Bu oran hesaplanırken, içinde yalnızca İstanbul'da denizyoluna rakip olan karayolu ya da raylı sistem hatlarının bulunması gerek. Denizden uzak ve yalnızca İstanbul'un tek yakasında ulaşım araçlarını kullananların bu istatistiğe dahil olması doğru değil. Örneğin Ataşehir'de çalışan ve Çekmeköy'de oturan birini düşünün, denizyolunu niye kullansın? Bizi gösteren oran içinde köprü hatları, Avrasya Tüneli, Marmaray olsun tamam, ama diğerleri rakip değil. Örneğin, iki yakada İstanbul Boğazı'na paralel giden kara trafiğinin yoğunluğundan biz yolcu alabiliyor muyuz, bunu görebilmemiz lazım. İstatistiğin içine girmesi gereken rakamlar bunlar.

Çok haklı... İstatistikler Ataşehir-Çekmeköy arasında gidip gelen 100 kişiden üçünü vapura bindirebiliyor bazen. İstanbul Planlama Ajansı'na bu yönde çalışma yapma talebinde bulunmuş. İstanbul gibi bir megapolde hızlı hareket etmenin önemine de işaret ediyor Dedetaş. Bir de tabii denize yakın mesafede oturan kişi sayısı İstanbul geneline göre çok az.

İPA'nın yaptığı bir çalışmaya göre, İstanbul'da evinden çıktığı zaman 500 metre yürüme mesafesinde 15 milyon kişi İETT durağına ulaşabiliyor; 13 milyon kişi metroya ulaşabiliyor; bir iskeleye yürüyerek ulaşabilen insan sayısı ise 900 bin kişi. Haluk Gerçek "Çünkü on yıllardan beri İstanbul'un nüfus artışı, plansız kentleşmesi, buna bağlı kurulan ulaşım hatları, karayoluna yapılan yatırım, İstanbul'u deniz şehri olmaktan uzaklaştırdı" diyor.

Hatta bırakın denize herhangi bir vasıtayla ulaşabilmeyi, örneğin Zeytinburnu-Ataköy hattında onlarca yıldır deniz kenarında oturanlar yeni yapılan lüks siteler nedeniyle yürüyerek denize ulaşamıyor.

Dedetaş, bir yandan da geldikleri günden itibaren yalnızca vapurlara dönük değil, diğer bazı yeniliklerle de Şehir Hatlarını İstanbullunun hayatına katmaya çalıştıklarını anlatıyor:

> Vapur içindeki büfe alanlarını üstümüze aldık ve Vapur Kafe yaptık. Çocuk oyun alanları koyduk. (Bu konuyu "Şehirle Oynamak" bölümünde anlatmıştık). İskelelere ciddi bakım yaptık, güzelleştirdik. İlk geldiğimde dikkatimi çekmişti: Kadıköy İskelesine giriyorsunuz, bütün camların önüne ATM'ler konmuş, onları kaldırdık, ortaya aldık, ki insanlar denizi görsün. Yürüme yolu yaptık, kişi iskeleye girdiğini hissetsin diye. İskelelere Vapur Kafelerimizi açtık. Tüm bunları yaparken, "Bu şehir İstanbul, deniz kenti farkındalığını artırmalıyız" diye düşündük.

"Gelelim tersaneye" diyorum. Gözleri parlıyor Sinem Dedetaş'ın "tersane" deyince. Zaten *Paşabahçe* vapurunu tarihi tersanede Şehir Hatlarına kazandırmak onu en sevindiren işlerden biri olmuş:

> *Paşabahçe* gibi İstanbul'a mal olmuş tescilli bir vapuru yeniden ve daha güzel bir hale getirerek "Biz varız. Buradayız. De-

niz var hâlâ" demek istedik. Bizden önceki yönetimin Şehir Hatları'nın vapurlarını iyice azaltmak ve taşıma işini özele vererek, Şehir Hatları'nı bir ulaşım alternatifi olarak değil, yalnızca bir düzenleyici olarak tutma planı vardı. Bu tersane de zaten müze olacaktı. Tersane olmayınca vapur bakımları da yapılmazdı. Çünkü bu vapurlar 30 yaşında. Bunları başka tersaneye götürseniz, bakımı çok maliyetli. Sonuçta Şehir Hatları da bitsin, tersane de kapansın. Senaryo buydu.

Sinem Dedetaş'ı Haliç Dayanışması döneminden tanıyorum. Camialtı ve Taşkızak tersanelerinin kapatılarak, alanlarının özelleştirilmesine karşı direnen gruptaydı. Hatta o zamanlarda tersaneye girmesi yasaklı kişiler arasındaydı. "Peki ne oldu diğer iki tersanenin içindeki teçhizata?" diye sordum. "Bilmiyoruz ne yazık ki" dedi ve tersane faaliyetlerini anlatmayı sürdürdü:

> Deniz ulaşım kısmı tamam. Ama ben tersaneyi çok önemsiyorum. Çünkü burada bir başka değer var. Denizcilik tarihimizin çıktığı yer, ecdat mirası, kültür mirası, endüstri mirası bir üretim. Burada bir katma değer yaratabiliriz. Gelir getiren bir alan. Biz burayı özel tersane mantığıyla işletebiliriz. Onu da gösterdik. Benim burayla ilgili hayalim buydu. Geldik ve burayı tersane olarak işletmeye başladık. Kendi gemilerimizin bakımları yanında, kamu gemilerine ve özel gemilere, özel yatlara da bakım yapıyoruz. Kıyı emniyeti, Ulaştırma Bakanlığı gemileri, Adalet Bakanlığı'nın teknesinin bakımlarını biz yapıyoruz. Üç havuzda ortalama yüzde 95 dolulukla çalışıyoruz.

Haliç Tersanesi'nin kullanım değeri konusunda bir kentsel çatışma noktası var. Bunu bir sonraki bölüme bırakıp, Şehir Hatları'nın 2040 hedefine bakalım: Karbonsuz İstanbul için yeni yeşil filo çalışmaları var. Tek tip ve daha küçük boy bir vapur belirlenip birlikte çalıştıkları özel taşımacılarla filo birliği ve iskele birliği oluşturmayı hedefliyorlar. Dünya Bankası da bunun fizibilite çalışmasını yapıyormuş.

Şehrin Otobüsleri

İstanbul bir deniz şehri olmasına ve toplu taşıma ilk raylı sistemle başlamasına rağmen, hâlâ karayolu taşıması birinci sırada. İstanbul'da şehir içi toplu taşımalarda otobüsler hâlâ önemli yer tutuyor. Vapur gibi o da İstanbul'un sembolü oldu, ama daha çok sinemada.

Kimler binmedi ki ona, kimlerin yolu kesişmedi ki... Cahide Sonku, Ayhan Işık, Türkan Şoray, Zeki Müren, Belgin Doruk, Sadri Alışık, Hülya Koçyiğit, Ediz Hun, Selma Güneri, Tarık Akan, Çolpan İlhan, Zeki Alasya, Metin Akpınar, Kadir İnanır, Fikret Hakan, Muhterem Nur...[53]

İBB'nin otobüsler konusundaki en başarılı hamlesi İETT, yani belediye otobüsleriyle halk otobüslerini birleştirmek oldu. Şehir içi ulaşımda bazı ücretsiz ya da indirimli tarifeyle seyahat eden yaşlı, engelli ya da çocuklu annelerin masrafı olarak, Aile ve Sosyal Politikalar Bakanlığı, halk otobüslerine bir miktar sübvansiyon yapsa da bu yeterli olmuyordu. Son dönem yakıt ve diğer işletme gideri artışları sonucu bu durum ciddi sorun teşkil eder olmuştu. İBB, bu sorunu çözmek için, bütün halk otobüslerini İETT çatısına aldı.

Artık İstanbul'da, siz İETT otobüsüne ilerlerken onu sollayıp, yolcuların da duraktakilerin de can güvenliğini tehlikeye atarak müşteri kapmaya çalışan halk otobüsleri kalmadı. İBB, halk otobüslerine gittikleri mesafe başına para, ayrıca yakıtlarını ödüyor. Böylece otobüse daha fazla yolcu bindirmeye ya da ücret ödemeyen yolcuları görmezden gelmeye çalışmıyorlar.

İBB'nin 0-4 yaş arası çocuklu anneleri ücretsiz taşıma hizmetinin de Sayıştay'a takıldığını hatırlatalım. Ama İBB bu uygulamaya devam ediyor. 500 binden fazla anne bu hizmetten yararlanıyormuş. Öte yandan bu anneler Marmaray ya da TCDD banliyö treni gibi Ulaştırma Bakanlığı'na ait araçlara binerse, yine para ödemiyorlar. Ancak İBB, kaç çocuklu anne biniş yaptıysa, onun bedelini Bakanlığa ödüyor.

53. Nebil Özgentürk, *Türk Sinemasında İETT Serüveni*, Belgesel Film, 2003.

İBB Genel Sekreter Yardımcısı Buğra Gökçe'ye, "İETT otobüsleriyle ilgili zaman zaman medyaya yansıyan kazaları" da sordum.

> İETT çatısı altına giren halk otobüsleri ne yazık ki eski ve bakımsız. Eskiden İETT bünyesinde olmadığı için yaptığı arızalar bilinmiyordu, şimdi İETT olduğu için, kaza oranları nispeten yüksek görünüyor. Bu otobüslerin yenilenmesini kooperatiflerle konuştuk, aracını yenilerse mali destek sağlayacağımızı söyledik, eğitim almalarını şart koştuk. Ancak pandemi ve üstüne ekonomik kriz bu işi biraz sekteye uğrattı.

Metrobüs arızaları konusunda da geçmişteki arızalardan daha fazla bir olay yaşanmadığını, araçların yaşlandığını ve yenilenmesi gerektiğini söylüyor. Ankara'dan destek almadan metrobüs ve otobüs alımlarını gerçekleştirdiklerini her fırsatta belirten Ekrem İmamoğlu, ulaşımla ilgili her etkinlikte durumu vatandaşa anlatıp Ankara'yı şikâyet etmekten hiç geri durmuyor, bunu yaparken arızalardan da söz ediyordu:

> Bakın geçmiş yıllardan daha az arıza çıkmasına rağmen, her arızayı kendi sistemlerini ve medyalarını kullanarak, sizi millete şikâyet ediyorlar. Haksızlık yapıyorlar. Rakamlar belli, sayılar belli. Sizin kurumunuzu, bizim kurumumuzu kötülüyorlar.[54]

Ekrem İmamoğlu, iktidarı vatandaşa şikâyet ederken, buraya ben de iki sivil toplum temsilcisi vatandaştan iki şikâyet ilavesi yapayım.

İETT ve halk otobüsleri arasındaki yenilik-eskilik farkının vatandaşı çok da ilgilendirmediğini söylemeliyiz. Sonuçta hepsi İETT çatısı altında olduğuna göre, vatandaş İBB'yi sorumlu tutar. Hele ki bu vatandaş engelli ise. Hele ki hayallerde Engelsiz İstanbul varsa.

Şikâyetin sahibi, görme engelli Avukat Hüseyin Varol, İstanbul Barosu Engelli Hakları Merkezi sözcüsü. Kendisiyle İBB'nin Engel-

54. İETT konulu basın açıklaması, 30 Temmuz 2022.

li Hizmetleri Müdürlüğü sonrası görüşmüştüm. Açıklamalarının bir kısmını "Şehrin Engelleri" bölümünde kullandım. Diğer kısmını ulaşım başlığına sakladım. Varol, engellilik konusunda iki ana sorundan birinin erişilebilirlik, diğerinin ayrımcılık olduğunu ifade etmişti. Burada erişilebilirliğe bakacağız. Varol'un İstanbul'da engellilerin sorunlarını kendi örnekleriyle anlattığı başlıklardan biri ulaşımdı. Kendi cümleleriyle verelim:

> Otobüslerin dış ve iç anons sistemleri ya da bilgilendirici görseller vardır. İlki görme, diğeri işitme engellilerin bağımsız hareket edebilmeleri için hayati öneme sahip. Eğer bu dış anons sistemi çalışmıyorsa, hangi otobüsün geldiğini göremeyen engelli kişi bağımsızlaşamıyor. Hadi yardımla bindik, peki ya nasıl ineceğiz, iç anons sistemi çalışmıyorsa yine yardım almadan inemeyiz. Aynı durum otobüste olan işitme engelli birey için de geçerli. Onlar da otobüslerin bir sonraki durakları gösteren görselini takip ediyorlar. Çalışmıyorsa onlar da bağımsızlaşamıyor.

Hüseyin Varol, İBB'nin eski dönemlerinden kalan bu sorunun yeni dönemde de çözülemediğini söylüyor. "Sistemlerin çalıştığı otobüsler de var. İç anonslar daha çok çalışıyor. Ama dış anonslar çok eksik. Yani çalışmayana çok sık denk geliyoruz, otobüs meselesi ortak yaramız" diyor.

Avukat Sedef Erken ise, uzun yıllar otizmle ilgili derneklerde faal oldu, kimi zaman da sözcülük yaptı. Sedef Erken, diğer engellilerle ortaklaşa yaşanan şu soruna işaret ediyor:

> En basitinden otistik bir çocukla toplu taşıma yoluyla bir rehabilitasyon merkezine eğitime gitmek bile büyük bir mesele. Çünkü toplumun bu yönde bir eğitimi ve bilinci söz konusu olmadığı gibi, otobüs şoförlerinin de böyle bir eğitim almadığı çok açık. Bu durumda ebeveyne yaşayabileceği zorluklarda kimse destek olamıyor. İBB'nin kendi içinde bu konuda bir eğitim çalışması yapması gerekiyor.

Şehrin Rayları

Eski İstanbul tramvaylarını hatırladıkça, yüreğim oynar. Hani öyle fazla duyarlı olduğum için falan değil... O tramvaylar içinde yıllarca ömür geçirdiğim için... Birkaç kuruşa bütün İstanbul şehrini dolaşabildiğim için...

Aydın Boysan-Burak Boysan, *İki Nesil Bir Şehir*

İstanbul'da ilk tramvay seferi 1871'de Azapkapı-Beşiktaş arasında başladı. İlk metrosu ise 1875'te açılan ve hâlâ hizmet veren Karaköy-Tünel hattı. İstanbul'da modern zamanların ilk metro hattı ise 2000 yılında açılan Levent-Taksim hattı oldu.

Buraya kısa bir kişisel tarih yazmadan geçmek istemem:

Taksim-Levent hattını daha açılmadan ilk kullananlardanım. O yıllarda arkadaşım gazeteci ve yazar Şaziye Karlıklı ile kurum tarihi çalışmaları yapan küçük bir şirketimiz vardı. Bir tanıdık tavsiyesiyle İstanbul Metrosu gibi büyük bir açılış organizasyonunun içinde bulduk kendimizi. Balondu, süslemeydi, kurdeleydi, ikramdı... Klasik işler. Hepsi geldi geçti ama oraya bir şey bıraktık. İçine bizden bir şey katamadığımız organizasyon içimize sinmiyordu. Açılış yaklaşmıştı. Biz de yalnızca açılış için peron yürüyüş güzergâhına İstanbul'da ulaşım tarihi fotoğraflarından bir sergi önerdik. "Bari bir hafta kalsın, insanlar baksın, sonra alırız" dedik, kabul edildi. Eski otobüs, tramvay vb. fotoğrafları temin ettik, taradık, temizledik, altlarına bilgi notları yazıp ahşap çerçevelerle yürüme yoluna taktırdık. Ara boşluklara ise, bugünü simgelesin diye, aynalar önerdik. Açılıştan itibaren o kadar ilgi gördü ki, o dönemin yönetimi "Bu sergi burada kalsın" diye haber gönderdi. "Size yaptık zaten" dedik. Sonraki yıllarda Taksim'e her metroyla gidişimde fotoğrafları inceleyenleri ben de keyifle izler oldum.

Bu da böyle bir anıydı. Dönelim bugünlere.

Ekrem İmamoğlu adaylık sürecinde İstanbul'da ulaşım konusunda özellikle metro yatırımlarını önceleyeceğini söylüyordu. İsraf vurgusu yapmayı ihmal etmiyordu: "Halkın sorunlarını dikkate almayan, israfa yönelik projelere değil, metroya öncelik vereceğiz. Söz verilip de tamamlanmayan hatları bir an önce bitireceğiz." (28 Şubat 2019)

Yeni yönetim geldiğinde raylı sistemde ne umdu ne buldu, bir bakalım:

Üzerinde pembe tişörtü, kot pantolonu, renkli spor ayakkabılarıyla sanki ağır bir toplantıdan değil de son derece keyifli bir etkinlikten çıkmışçasına pozitif bir enerjiyle beni gülümseyerek karşılayan ufak tefek kadın, İBB Genel Sekreter Yardımcısı Doç. Dr. Pelin Alpkökin inşaat ve ulaştırma mühendisi ve İstanbul Raylı Sisteminin, yani İstanbul'un mega projelerinin başındaki isim. Bunu şu tanımdan dolayı yapıyorum: Akademik literatürde, gelişmekte olan ülkelerin şehirlerinde 500 milyon dolar ve üstü olan projelere mega proje deniyormuş. Doğrudan sordum: "Ne umdunuz, ne buldunuz?"

"Daha iyi bir durum bekliyordum ama öyle değildi maalesef" dedi ve şöyle anlattı:

> Raylı sistemde birçok projeyi neredeyse tamamen durmuş ya da durdurulmuş olarak devraldık. Bunun da en önemli sebeplerinden bir tanesi, finansal planlamaydı. Yani metroların finansal

sürdürülebilirliğini sağlayamazsanız, bunlar bir yerde durur. Bazısı daha başlamadan durmuştu. Hatları çeşitli yüzdelerde devraldık. Yüzde 0'dan yüzde 60'a kadar farklı seviyelerdeydi. Birkaç tanesinin finansmanı vardı. Teknik konularda birikmiş çözülemeyen sorunlar vardı. Bütün bunlara baktığınız zaman inanılmaz büyüklükte de bir bütçe gerektiriyordu. Manzara buydu. O nedenle Başkan Ekrem İmamoğlu'nun "Aynı anda 10 metro yapıyoruz" sözü doğrudur.

İmamoğlu da çeşitli ortamlarda sıklıkla şu vurguyu yapıyordu: "Bazen şöyle bir imada bulunuyorlar: 'İhalelerini biz yaptık.' İhale yapmak ne yazık ki iş değildir. Keşke ihale yapıldığı gibi, bu işler yapılıp bitirilseydi de, biz bugün böyle bir başlangıç yapmak zorunda kalmasaydık."

Pelin Alpkökin, yedi yıl Japonya'da okumuş ve çalışmış, alanında bilinen bir isim. İBB'de göreve başlar başlamaz yarım kalan hatları bitirmeye girişmiş.

"Peki gelir gelmez yeni bir hat açmayı düşünmediniz ve bunlara devam ettiniz öyle mi?" diye sordum. Çünkü iktidar medyası "yeni bir şey yapmadılar" eleştirisi yapıyordu. Şöyle izah etti:

> Bizim için en önemli konu, bu hatları ayağa kaldırmaktı. Bunların finansal sürdürülebilirliğini sağlamak gerekiyordu. Çünkü para yoktu. Müteahhitlere borç vardı, kaçmış müteahhitler vardı. İşin bir diğer kötü tarafı da, bunların çoğunun kazıları yapılmış ve bırakılmış olmalarıydı. Bunlar şehirde bir tehlike arz ediyordu. Yolu kapatmış, etrafı çevirmiş, insanlar sanıyor ki aşağıda kazı var. Yapmamız gereken iş bu dağınıklığı toparlamaktı. Zaten geçmişten kalmış iş o kadar büyüktü ki, ben bugün bunları ihale etmek istesem, hepsini aynı anda ihale etmem. Bu kadar metroya aynı anda çıkmam. Finansal olarak da teknik olarak da bu ekonomik şartlarda zor. Yeni ihalelerimizi ancak yapıyoruz. Çünkü daha elimizdekileri eritemedik. Belediyenin de bir borçlanma kapasitesi var.

Şöyle çok da çarpıcı bir örnek verdi gülerek:

Metroyu, sadece yapım olarak düşünmeyin. Araçlarını da alıyoruz biz. Bir metro vagonu bugün 2 milyon euro. Önünüzden dört set geçince 8 milyon euro geçer. Elektriği var, bakımı-onarımı var...

Alpkökin bir işi sıfırdan yapmanın bazen devralmaktan daha avantajlı olduğunu belirterek şöyle diyor:

> Teknik, finansal ve insani olarak her anlamda bana bir hattı ihale et deyin, daha kolay. Durdurulmuş, hatta bankalar kredi vermiyor. Taşeronlar çalışmak istemiyor. Geçici yapılar ömürlerini tamamlıyor, bunları yeniden yapmanız lazım. Bakıyorsun gece beni arıyorlar, "Hocam üç sene önce kazıp bırakılan şaftı kazarken yol geldi, bina çıktı" diye. Tabii tasarımların hepsi 2010'lardan. Yıl olmuş 2023. İstanbul değişmiş on yılda. Ama şunu da ilave edeyim. Eski yönetimden alıp da, "Bunlar gerekli değil" dediğimiz olmadı. İhale paketinden çıkarmadık, ama ihtiyaç sırasına göre etaplandırdık. Hâlâ hepsi aktif.

Alpkökin geldiklerinde iyi yetişmiş bir teknik ekip bulduklarını da ilave ederek bu açıdan şanslı olduklarını kaydediyor.

Prof. Dr. Haluk Gerçek, İBB'nin raylı sistem projelerine ağırlık vermesini doğru buluyor. Şöyle bir değerlendirme yapıyor:

> En pahalı yatırımlar onlardır. Eskiden gelen bazı planlama yanlışlıklarını da devralmak zorunda kaldılar. Çünkü raylı sistem ya da genelde ulaşım yatırımları öyledir ki, bir yere yanlış bir şey yaptığınız zaman, kendisinden sonra yapılacakları, gelecekteki sistemin yapısını da etkiler. Hattın bir bölümü yapılmışsa, onu ortadan kaldırmanız kolay değil, çok maliyetli. O yüzden burada daha yüksek maliyetlerle de karşılaşılmıştır.

İnsan yaptığı işlerden bazılarıyla daha fazla duygusal bağ kurar ya, Alpkökin ve birlikte çalıştığı ekibin de böyle duygu yüklü zamanları olmuş, şu örneği hâlâ aynı heyecanla anlatıyor:

> İstanbul'da bugüne kadar tek sözleşmede açılan, yani parasal olarak ve iş hacmi olarak açılmış olan en büyük iş, Dudullu-Bos-

tancı hattı idi. 14,5 km, 13 istasyonu ve bir tane de büyük yerleşkesi vardı. Çok büyük bir işti. Biz orayı yüzde 60 seviyesinde aldık. Kredilendirmekte en çok zorlandığımız hat oldu. Öyle ki, krediyi bulduklarında arkadaşlarımız sevinçten ağlamışlardı. O kadar zor bir süreçti ve biz o hatta öyle duygu yoğun bir çalışma yaptık ki... Başkana söz verdik. Dedik ki, "2022'nin sonunda açmaya hazır olacak." Yurtdışından birtakım sertifikalar almamız da gerekiyordu. Aralık'ta bir Noel döneminde bir yabancıyı çalıştırmak çok zordur. Ama çalıştırdık. 28 Aralık gece saat 10'da bana sertifikalar geldiğinde, sevinçten yerimde zıplamaya başladım. Söz verdiğimiz gibi yetiştirmiştik. 2023 başında açtık.

Bu arada bekletilen hatlar da var tabii. Örneğin İBB tarafından projesi ve finansmanı hazırlanan, 18,4 km'lik Sefaköy-Beylikdüzü-Tüyap Metrosu, Cumhurbaşkanlığı tarafından Kamu Yatırım Programı'na dahil edilmemişti. İmamoğlu "Bütün metrobüs duraklarına, üstgeçitlerine yazdıracağım. 'Ey halkımız! Sizin metroyla buluşmanızı engelliyorlar!' diye" demişti.

Alpkökin'e zaman zaman iktidar medyasında manşetlere çıkarılan metro ya da yürüyen merdiven arızalarını da soruyorum. "Her metro arıza yapar, her metroda olabilecek kadar arızalardır bunlar" diyor ve sözlerini şöyle sürdürüyor:

> Şu anda metrolarda İBB'nin bir başarı hikâyesi var. Çünkü bir önceki yönetimin, son üç yılında en başarısız olduğu konu metroydu. 2016 ve sonrası ihalelerin hepsi durmuştu. Bunların finansmanını bulamamışlar. Sadece mali sorunlar da değil, bence vizyonlarını da yitirmişler. Başarısızlığa düştükleri bir alan olduğu, karşılıklı polemiklerde de çok kullanıldığı için oluyor bu. Bence güzel açılışlar yaptık. Şu ana kadar 48 km açtık, 2024'ün Mart ayına kadar da 65 km açacağız. (Eylül 2023). Bugüne kadar, senede 13 km'yi geçen açılışıyla İmamoğlu'nun rekoruna kimsenin ulaşabileceğini düşünmüyorum.

Alpkökin'e, elindeki bütün mevcut hatlar ve projeler tamamlanmış olsa, ilk ne yapmak isteyeceğini soruyorum. Haliç kıyısını boydan boya geçen Eminönü-Alibeyköy tramvayını örnek göstererek, "Karşıda, Cevizli-Kadıköy-Üsküdar'a, yani minibüs caddesine bir tramvay koymayı çok isterim" diyor.

Alpkökin'in bir hayali daha var. Ama artık hayal olmaktan çıkmış, proje aşamasında. Adı HızRay. Ekrem İmamoğlu'nun sıklıkla andığı ve iktidar medyasında "Hani nerede?" sorularının sorulduğu HızRay'ın tüm projeleri hazır. Alpkökin, HızRay'ın kısa hikâyesini şöyle anlattı:

> Projenin fikir ve isim babası iş insanı Başar Arıoğlu. İstanbul'a normal metrodan daha hızlı ve şehri boydan boya geçen bir sistem önerdi. Aklımıza yattı. Güzergâhı ve projeyi çalıştık. Arıoğlu'ndan ismi kullanma iznini aldık. "Yeter ki yapın" dedi. Daha pandemi başında bu işi ele aldık, o gün bugündür de projeyi çalışıyoruz.

HızRay, Sabiha Gökçen Havalimanı ve Beylikdüzü arasını yani 74,5 kilometreyi 55 dakikada gidecek. Boğaz'ın altından, D100 ile TEM arasından, yapı stokunun yoğun olduğu bölgelerden geçecek. 13 istasyonu var ve 10'lu setler halinde, 2-2,5 dakikada bir gelerek, günde 1,5 milyon yolcu taşıyacak. Alpkökin, HızRay'ı 5 milyar euro üzerinde bütçesi, yüksek teknolojisiyle kentsel ölçekte dünyanın ilk 5'ine girebilecek bir mega üstü mega proje olarak tanımlıyor. Hız avantajının yanı sıra duraklarındaki otoparklarla özel araçtan raylı sisteme yolcu aktarabilecek; durakları diğer raylı sistemlerle entegre olacak; çevreci olacak; erişebilirliği nedeniyle şehrin kuzeye ilerlemesinin önüne geçecek bir proje olarak anlatıyor.

Alpkökin projeyi İngiltere'den Japonya'ya dek her yerde anlatmış, 4. Seviye toplu taşıma olarak büyük ilgi görmüş. Tasarımı da dahil her şeyi hazır, yurtdışından firmalarla görüşülüyor. "Ne bekliyorsunuz?" diye sorduğumda artık duymaya alıştığımız bir cevap geliyor: "Bakanlığın, Cumhurbaşkanı'nın izinleri gerek."

Hani sosyal medyada bir ifade var ya, "twit bu kadar" diye. Doğrusu son cümlede "hayaller bu kadar" hissine kapılmadım değil. Ama görünen o ki, İmamoğlu ve Alpkökin merkezi yönetimi beklerken HızRay'ı tam hız hayata geçirmenin adımlarını atıyorlar.

Bakalım neler olacak?

Gelelim Avukat Hüseyin Varol'un kendi erişebilirliği konusuna. Sıra raylı sistemde:

> Metrolarda hissedilebilir yüzeyler, yani sarı çizgilerin çoğu işlevsiz. Eskiden beri böyleydi, yeni yönetim de düzeltemedi. Bastonu içine takabileceğiniz çizgilerin olduğu hatlar vardır. Onlar da sizi merdivene ya da asansöre götürür. Sürekliliği olması gerek, sürekliliği yoksa bu kez arıyorsunuz takip için. Bir keresinde U dönüşü yapıp metroya geri yürürken vatandaş uyardı da yolumu buldum. Ben İstanbul'da en kolay ve hızlı, onca kalabalığına rağmen, İstiklal Caddesi'nde yürüyebiliyorum, bastonumla rayları takip edebiliyorum çünkü.

Şehrin Taksileri

İBB 5 yıla yaklaşırken Ekrem İmamoğlu her ne kadar şehrin metrolarından ya da vapurlardan daha çok söz etmek istese de, ister istemez en çok "taksi" demek zorunda kaldı. Peki niye böyle oldu, kısaca hatırlayalım:

Tartışma, Ekrem İmamoğlu'nun beş bin taksi plakası verme konusunu UKOME'ye getirmesiyle başladı. UKOME, İstanbul Büyükşehir Belediyesi'nin Ulaşım Koordinasyon Müdürlüğü. Başkanlığını İBB Başkanı yapıyor. UKOME'ler büyükşehir belediyeleri sınırları içinde kara, deniz, göl, nehir, kanal ve demiryolu üzerinde her türlü taşımacılık hizmetlerinin koordinasyonuyla görevli. Bir caddenin trafiğe kapatılması, duraklar, taşıma ücretleri, yeni ulaşım hatları açılması gibi yetkiler UKOME'de bulunuyor. Ulaşım altyapı ve trafikle ilgili servis, toplu taşıma araçları, taksi sayıları, ücret tarifeleri, güzergâh belirleme; otopark ilan etme gibi görevleri var.

Ekrem İmamoğlu yönetime gelir gelmez ilk UKOME'de 500'ü engellileri taşımaya tahsis edilmek üzere, beş bin yeni taksi plakası satma teklifini toplantıda sundu. Zira 20 milyona dayanan nüfusa, İstanbul'daki 17 bin taksi yetmiyordu.

Aslında beş bin taksi konusu AKP döneminde hazırlıkları yapılan bir konuydu, ancak mevcut piyasa yapısıyla satılması ve trafiğe çıkması isteniyordu. İmamoğlu ise bunların İBB'nin taksileri olmasını ve plakaları kiralamasını öneriyordu. Durumu şöyle izah ediyordu:

> Kiralama modelini getiriyoruz. Taksinin sahibi İBB olacak. Prensipleri var; elbise tek tip olacak, üç vardiya çalışacak. Herkes istediği gibi hareket edemeyecek. Elektronik sistemle donatıyoruz bu beş bin taksiyi. QR koduyla, İstanbulkart'la beraber taksi paranızı ödeyeceksiniz. Hem taksi eksiğini gidereceğiz hem de bir taksi modeliyle aslında piyasayı dengede tutacağız. Bir nevi İstanbul'a özgü taksi üretimine de start vermiş olacağız bu çalışmayla...

Kızılca kıyamet bu ayrımda koptu.

2023 Temmuz ayına gelene dek İBB tarafından 15 kez UKOME'ye getirilen bu teklif, 15 kez reddedildi. Peki UKOME Başkanı'nın İBB Başkanı olduğu bir yapıda nasıl olur da İmamoğlu bu teklifini kabul ettiremez derseniz, UKOME karma bir üye yapısına sahip. İlk başlarda çoğunluk İBB'de idi, ancak iktidar bir hamleyle Şubat 2020'de UKOME'lerin yapısını değiştirdi ve büyükşehir belediyelerini azınlığa düşürdü. UKOME toplantıları, pandemiyle evlere kapandığımız ayların ve sonrasının kamuoyundan eksilmeyen gündemi haline geldi.

Vatandaş taksi bulamamaktan şikâyetçiydi, üstelik de buldukları taksiler güzergâh seçiyor, istemediği yere gitmiyordu. Bu sebeple İstanbul'un taksi kullanan vatandaşı büyük oranda İmamoğlu'nu destekledi ama işin bir de taksici boyutu vardı. Orada ise İmamoğlu hedefteydi. İyice siyasileşen tartışmada ilişkiler neredeyse tamamen kopma noktasına geldi.

Bu süre zarfında taksisi olan bir arkadaşımla konuşurken onun da bu meselede taksicilerin çok yıpratıldığı, hedef gösterildiği yönünde şikâyetlerine tanık oldum; görüşlerini bu bölüme almak istedim.

Bu arada kamuoyunda sürekli "taksi baronları" lafı dönüp duruyordu. Söylendiğine göre AKP yönetimi devam etseydi bu beş

bin taksi plakasının alıcıları büyük galeri sahipleri olacak, hem taksi plaklarını işletecek hem de o plakaların takılacağı araçları satacaklardı. İBB'de yönetim değişimi ve İmamoğlu'nun beş bin taksiyi İBB işletsin teklifi ortalığı karıştırmıştı. İBB taksi sürücülerine net 6.622 lira maaş vereceklerini de söylüyordu.

"İstanbul trafiğine 5 bin araç değil 15 bin araç da çıkarsanız fark etmez. Yine taksi ihtiyacı olacak. Sorun yalnızca insanların taksi bulamaması değil, trafiğin rahatlaması da önemli. Mesafeler uzun, trafik çok." Bu sözlerin sahibi taksi sahibi arkadaşım Cem Kılıç. İtirazını şöyle anlattı:

> Taksici terörü algısı oluştu. Oysa taksilerin denetlenmesi İBB'ye bağlı. Denetleme konusunda daha çok aksiyon alınabilirdi. Yeni taksilere eğitim vereceksiniz, peki ya geride kalan 17 bin taksinin eski şoförlerine neden bu düzenli eğitimi vermiyorsunuz? Öyle sebeplerden arabalar 10-15 gün bağlandı ki... Beş bin plakayı sıra sıra dizseniz 13,5 km yol yapar. Maaş, özlük hakkı, servis, yemek, 8 saat mesai, üç ya da dört şoför çalışacaktı. Piyasadan toplayacağı para maaşlarına yetmez. Bu parayla 3,5 km yol yapın, daha çok denetleyin, eğitim verin.

Bu eleştirileri sorduğum Buğra Gökçe şu bilgileri verdi:

İBB'ye 2022 yılı içerisinde taksilerle ilgili iletilen şikâyet sayısı 80 binin üzerinde. Bu şikâyetlerin yarıdan fazlası yol ve yolcu seçmekle ilgili. Yolcuya kaba davranılması ve fazla ücret alınması şikâyetleri ise ikinci ve üçüncü sırada. Tüm bu şikâyetler doğrultusunda yapılan denetimler sonrası, her 100 taksiden 64'üne yaptırım uygulamak zorunda kalındı.

İstanbul'un taksiye ihtiyacı olup olmadığı yönündeki görüşler hakkında da şöyle diyor Gökçe:

Yeni taksilerin hizmete girmesiyle birlikte, bugün İstanbul'da 18.773 taksi vatandaşlarımıza ve misafirlerimize hizmet veriyor. Dünya üzerinde New York, Londra, Paris, Moskova, Berlin'in içinde olduğu on önemli şehirde taksi başına düşen kişi sayısına baktığımızda, New York'ta bu rakam 623, Londra'da 615, Paris'te 560, Moskova'da 171 ve Berlin'de 471 iken, İstanbul son sırada; taksi başına 847 kişi düşüyor.

UKOME toplantısında beş bin taksi için sürekli reddedilen İBB, atıl durumda kalan minibüs hatlarındaki minibüs ve taksi-dolmuşları taksiye dönüştürmeye karar verdi. Bu operasyonu gerçekleştiren Buğra Gökçe projeyi şöyle anlatıyor.

Şöyle bir plan önerdim: Raylı sistem paralelinde çalışan minibüs hatları atıl kalmıştı. Sayı azalmıştı ve nitelik sorunu vardı. Bunları taksiye dönüştürelim dedik. Minibüs esnafına şöyle dedik: "Senin minibüs plakanı taksiye döndürdük. Bir gecede plakan değer kazandı. Şimdi arabanı iyileştirmen ve eğitim alman gerek." Onlar da bir miktar yatırım yaptılar. Biz de araç satıcılarıyla görüşmelerine yardımcı olduk, garantör olduk. Araçlarını yenilediler, eğitimlerini de alıyorlar. Böylece yüzde 10'luk bir taksi potansiyelini yenilemiş olduk, minibüslerin 1280'i dönüştü. 400'ü direniyor eski usule dönmek için. Ancak dönüşenler gayet sağlıklı ve güvenli koşullarda çalışıyor.

Öte yandan UKOME'ye götürülen taksi teklifleri bitti sanmayın. Gökçe sözlerini şöyle sürdürüyor:

İki ay önceki UKOME'ye bu kez üç bin tane taksi plakası satışı getirdik. Dedik ki "Bundan kazanılacak parayı İBB almasın, taksi plakalarının getirisini, İstanbul'un ulaşım altyapısını depreme dirençli hale getirmek için kullanalım, derdimiz para kasamıza girsin değil, hatta bu kararı UKOME vermiş olsun, beraber açıklayalım." Yine kabul etmediler.

Ekrem İmamoğlu'nun bu süre zarfında taksicilerle arası açılmış görünüyordu. Bu durumu kendisine sordum, açılmış mıydı gerçekten? Şöyle yanıtladı:

İnşallah denk geliriz bir gün, siz de görürsünüz. Yolun kenarında yürürken geçen taksicilerden kimse bana olumsuz bir harekette bulunmamıştır. Hep selamlaştım. Korna çalıp beni tebrik eden taksiciler oldu. Tabii burada çok derin bir anti propaganda yaptı İstanbul Taksiciler Odası Başkanı ve Heyeti. Bir kısım medya da bunu yaydı. Ama şimdi görüyorum son on aydır ilginç bir şekilde, hatta genel seçim öncesi başlayan bir propagandayla hükümete yakın basının bile en çok yazdığı konuların başında taksi azlığı sorunu geliyor. Oysa hiç bahsetmiyorlardı o dönemde. Aklın yolu bir.

Biz hiçbir zaman taksici esnafını konuşmadık ve suçlamadık. Tam aksine bir disiplin getirme arzusunda olduğumuzu, bir gelir garantisi getirme arzusunda olduğumuzu, insanların belli bir saatin üzerinde çalışmamaları gerektiğini anlattığımız bir süreçti. Burada korudukları kişi sayısı, üzülerek söylüyorum ki, 1000'i geçmez. 50-60 bin civarında taksici esnafı var oysa. Onların korudukları ise 50 tane, 100 tane, 200 tane taksi plakası olanlar. Bizim derdimiz plakası olan insanlar da değil aslında, bu gömleğin düğmeleri zamanında yanlış iliklenmiş. Yani şehre ait olması gereken bir ulaşım sistemi, kişilere ve ömür boyu devredilmiş. Dünyada böyle değil. Bu durum yönetilemez bir hale geliyor. Düşünsenize üçüncü nesil taksi plakası olan bir kişi, belki yüzde 20-25 hissedar olacak. Ama ne oluyor, "taksi plakası sahibi ancak taksici olabilir" kavramının dışına çıkılıyor. Artık plaka, piyasada bir emtiaya dönüşüyor.

Biz bu yönüyle bu sürecin peşini bırakmayacağız ama en başta taksici esnafın hakkını koruyacağız. Taksi plakası olan insanlarla da bir derdimiz yok, onların hakkına hukukuna asla müdahale etmeyiz. Ama şehrin kendisine ait bir taksi işletme mekanizmasını belediyede var etmek hedefimizden de vazgeçmedik. Böylece bir disiplin, bir regülasyon sağlayabiliriz. Son olarak şunu söyleyeyim: "İstanbul'da taksiye ihtiyaç yoktur" naraları biteli 1-1,5 sene oldu. İlk başta bakan bile, –şimdi ismini bile duymuyorum kayboldu gitti– "Taksiye ihtiyaç yoktur" demişti. Halbuki İBB'de bürokrat iken 10 bin taksiye ihtiyaç vardır diyen aynı kişiydi. Ama biz işimize siyaseti karıştırmadan gerçeklerle hareket etmeye devam edeceğiz.

İmamoğlu'nun, taksi plakalarının bir miras gibi devrini anlattığı cümleleri duyunca, Cem Kılıç'ın bana aktardığı taksici şikâyetlerinden biri daha net anlaşılır oldu: Daha önce CHP Genel Başkanı Kemal Kılıçdaroğlu bir il gezisinde, taksi plakasını emeklilik ikramiyesiyle kıyaslamıştı. CHP Genel Başkanı Kılıçdaroğlu'nun sözüne istinaden taksiciler "Plakalar bizim emeklilik garantimizdir, bunlara dokunamazsınız" diye itiraz ettiler İmamoğlu'na.

Gerçekten de Türkiye'de sistem taksi plakasını bir yatırım aracına dönüştürmüş durumda.

Şehirde Bisiklet

Bir adama bir balık verin ve onu bir gün besleyin.
Bir adama balık tutmayı öğretin ve ömür boyu onu doyurun.
Bir adama bisiklet sürmeyi öğretin,
balık tutmanın aptalca ve sıkıcı olduğunu anlayacaktır.
Desmond Tutu

Çok uzun yıllardan beri başta Avrupa'nın bazı kentleri olmak üzere pek çok dünya kentinde kullanılan bir ulaşım aracıydı bisikletler, buna Uzakdoğu da dahil. Ancak son yıllarda şehirlerin hava kalitesinin korunması öne çıkınca, bisiklet daha büyük önem arz etmeye başladı. Küçük şehirler bisiklet yönünden daha elverişliydiler ama megakentler de bisiklet yolları açarak bu kervana katıldı.

Ekrem İmamoğlu'nun vaatleri ve projeleri arasında bisiklet yolları vardı. Şöyle diyordu:

> Yeşil alanlarla bütünleşik 500 km uzunluğunda bisiklet yollarımız olacak. İstanbulluların hem yürüyerek hem de bisikletle bir yerden bir yere güvenli bir şekilde erişebilecekleri doğal parkurlar olacak.

İBB'nin İstanbul Bisiklet Rotaları sayfasına girerseniz İstanbul'un neresinde ne kadar uzunlukta bisiklet yolu var görebilirsiniz. İlçeleri aşan 16 parkur var. Hepsini toplarsanız 500 kilometreyi aşıyor. İmamoğlu'nun 2040 hedefleri arasında günlük yolculukların yüzde 50'sinin yürüyüş ve bisikletle gerçekleştirilmesi bulunuyor. Az kaldı, göreceğiz.

Bisiklet konusunda en önemli sorun bisikletlilere alışamayan yayalar ve araç sürücüleri. Motorlu taşıtların, bisiklet sürücülerini sıkıştırdıkları ve kazalara neden oldukları gündeme gelmişti. Benim de TBMM'de bu konuda bir önergem var. Ancak başka sorunlar da var:

Bisikletliler Derneği Genel Başkanı Murat Suyabatmaz, *Cumhuriyet* gazetesine verdiği röportajda, erişilebilirlik konusunda şöyle diyordu:

> Birçok bisiklet yolu bir yerlere ulaşmıyor. Sahile, sayfiye yerine, parkların kenarına yapılan bisiklet yolları erişilebilir olmuyor. Bizim toplu ulaşıma kadar ulaşmamıza yardımcı olamıyor. Okula, bakkala, berbere, camiye, pazara, metrobüse, toplu ulaşıma ulaşabileceğimiz güvenli bir bisiklet ağımız yok.[55]

Yani bisiklet keyifli yaşam konusu gibi görülmekten çıkıp, yaşamın içine iyice sokulmalı demeye getiriyor.

---

55. *Cumhuriyet*, 13 Temmuz 2022.

Şehrin Yayaları

İstanbul, herkes için yürünebilir bir şehir haline gelecek. Şehirde yürüyen, hareket eden İstanbulluların da teşvik edileceği bir sistem kurmak istiyoruz. Bu sayede kent hareketliliğini artıracağımıza, daha sağlıklı nesillerin gelişimini destekleyebileceğimize inanıyoruz. Bu amaçla bir mobil uygulama geliştiriyoruz. Bu uygulama tamamıyla ücretsiz ve herkesin kullanımına açık olacak: Yürü Be İstanbul uygulamasıyla İstanbullular yürüdükçe puan biriktirecek. Biriktirdikleri puanlarla Büyükşehir Belediyesi'nin ulaşım, kültür-sanat ve diğer sosyal etkinliklerinden ücretsiz faydalanabilecekler.

Bu sözler tahmin edeceğiniz gibi Ekrem İmamoğlu'na ait. Ancak şehirde yaya olmak megapollerde yaşayan kişi için oldukça meşakkatli. Küçük şehirlerde belki mümkün ama megapollerde işine yürüyerek giden kişi oranı istatistiklere bile girebilir mi bilmiyorum. Ama biz evinden çıkıp gideceği yere birkaç çeşit ulaşım aracını birbirine ekleyerek ulaşan kişiyi bile yaya olarak sayabiliriz. Zira özel ya da kiralık araba kullanmayanlar da bazen yaya kabul edilir. "Şehrin Yayaları" başlığı aslında şehrin yayalaştırılması ve biraz da bu yayalaşmanın özel araçtan toplu taşımaya kaydırılması konusuyla ilgili oldu.

Prof. Dr. Haluk Gerçek'e, "İBB'nin ulaşım konusunda yetersiz gördüğünüz uygulamaları nedir" diye sorduğumda "Özel otomobil kullanımını ve bağımlılığını azaltıcı hedeflerde yeteri kadar radikal ve birbirleriyle uyumlu politikalar izleyemediler" diyor ve şöyle devam ediyor:

Özel otomobil kullanımının ve bağımlılığının azaltılması yönünde en tipik politikalardan biri otopark yönetimi meselesidir. Bir kentin merkez bölgelerinde yeni otopark kapasiteleri yaratırsanız, insanların oralara otomobille gitmesini bir anlamda teşvik etmiş olursunuz. Bütün belediyelerin düştüğü en önemli yanlışlardan birisi budur. Genellikle, bir belediye başkanı adayı yerel seçimlerden önce "Ben kentin merkezine 10 bin araçlık yeni bir otopark yapacağım" diye söz verir. Oysa otopark ihtiyacı ve talebi kontrol edilmesi gereken bir taleptir.

Gerçekten de Ekrem İmamoğlu'nun da bir hayli otopark vaadi vardı. Gözümün önünden iklim uzmanı yazar Önder Algedik'in "Şehrin Sağlığı" bölümünde yer verdiğim örneği geçti: İstanbul'daki karayolu taşıtları tek sıra park halinde İstanbul'dan Pekin'e gitmiş dönmüş.

Haluk Gerçek'le devam edelim:

> Ne kadar çok yaparsanız yapın otomobil sahipleri daha çok otopark ister. Dünyanın birçok kentinde (örneğin Paris, Londra, Milano, Kopenhag, Stockholm vb.) kent yönetimleri kentin merkez bölgelerindeki otoparkları giderek azaltıyorlar; bu mekânları yayaların ve bisikletlilerin, kısaca insanların kullanımına açıyorlar. Kent merkezlerini motorlu taşıtlardan arındırıyorlar. Çünkü trafikten kaynaklanan hava ve gürültü kirliliği, tıkanıklık, kazalar ve karbon salımları toplum sağlığını tehdit ediyor ve kentlerdeki yaşam kalitesini düşürüyor. Otopark yönetimi politikalarını İBB yeteri kadar uygulayamadı ya da uygulamadı.

Haluk Gerçek, Kadıköy Kuşdili'ndeki otopark örneğini veriyor. Ben de daha önce Çağatay Seçkin'le konuşmama istinaden "Kuşdili Yaşam Vadisi Projesi'nde kaldırılmış" diyorum; "Yerel seçim öncesi kaldıramazlar" diye yanıtlıyor.

Bakalım. Başka bir örnek daha veriyor:

> Karaköy'deki katlı otopark yıkıldı, o binanın bulunduğu yer küçük bir meydan olarak tasarlanıyor. Ancak Galataport yönetimi bu meydanın altına bir yeraltı otoparkı yapıyor. Biz İBB'ye "Orada otoparka gerek yok, çünkü Galataport'un kendi otoparkı var, deniz ulaşımı var, tramvay var, otobüs var, metro var, toplu taşımayla çok ulaşım olanağı var. Kolayca erişilen bir yer. Bu bir fırsattır. Hazır yıkılmışken bir daha otopark yapılmasın" dedik. Ama yapılıyor yine.

Haluk Gerçek, park et-bin otoparklarının aktarma istasyonlarında olması gerektiğini sözlerine ekliyor.

Haluk Gerçek'e "Her şey elinizde olsa, İstanbul'un ulaşımında ne yapmak istersiniz, nereden başlarsınız?" diye soruyorum. "Mahalleden başlarım" diyor. "Yani büyük ölçekler, mega projeler yerine mahalle ölçeğinde, erişilebilirliği iyileştiren projelerden başlarım. Eğer mahalle ölçeğinde erişebilirliği sağlarsanız, doğru yerden başlamış olursunuz. Evinizin kapısından yola çıktığınız andan itibaren yaşadığınız erişim sorunlarını bir yerel yönetimin ortadan kaldırması lazım.

> Makro ölçekte baktığınızda doğru işler görebilirsiniz ama alt ölçekte, mahalle ölçeğinde, sokak ölçeğinde insanların şikâyetleri ve sorunları onların kent haklarına ve diğer haklara (iş, eğitim, sağlık, kültürel ve sosyal faaliyetlere katılma) erişebilirliği açısından çok önemli. Bu kişilerin belediyeyle doğrudan işi olmayabilir. Ama örneğin "Çocuğumu yuvaya götüreceğim, gidişte otobüs var, dönüşte yok" diyen kişinin sorunu tamamen belediyeyle ilişkilidir. Kilometrelerce metro yaparsınız, bir annenin çocuğuyla o metroya ücretsiz binebilme olanağı da sağlarsınız. Ama metroya uzak bir mahalledeki bir anne sabah çocuğunu yuvaya götürürken otobüs güzergâhı buna uygun planlanmamışsa ya da otobüs durağı çok uzaktaysa onun erişim ihtiyacını karşılayamamışsınız demektir. Diğer bir deyişle, o anne bir ulaşım yoksuludur. Mahalle ölçeğinde, bir otobüs durağının yerinin değiştirilmesi bile mahalleliye sorulmalıdır.

Haluk Gerçek'in bıraktığı yerden, Avukat Hüseyin Varol devam etsin. Küçük bir hatırlatma yapalım: Hüseyin Varol, İstanbul Barosu Engelli Hakları Merkezi sözcüsü, görme engelli bir avukat. Bu kitabın çeşitli yerlerinde bize eşlik ediyor. Gerçek manada bir yaya olarak kendisinin yayalık tecrübelerini paylaşalım:

> Bizde kaldırımların bir tarafına bariyerler konur. Ortaya ağaç dikilir, onu da beton bir korumayla çevirirler. Ağaçla bariyerin arasına da aydınlatma direkleri konur. Bir görme engelli açısından Survivor parkuru gibidir. Hadi biz bastonla bir gayret geçtik. Kaldırımın genişliği genelde bir tekerlekli sandalyenin geçişini engeller. Hatta pusetli bir annenin geçişini de engeller.

Kaldırımın yüksekliği mevzuata aykırı bir şekilde yüksekse, iniş rampaları düzgün bir şekilde yapılmamışsa, yaşlı, yürüme güçlüğü yaşayan biri açısından da problem teşkil eder. Veya o gün stiletto topuklu ayakkabı giymiş bir hanımefendi açısından da sorun teşkil eder.

Literatürde "evrensel tasarım" diye geçer, yani şehri öyle bir şekilde tasarlayacaksınız ki, bir görme engelli de, bir fiziksel engelli de, bir pusetli anne de, yürüme güçlüğü çeken yaş almış birisi de veya topuklu ayakkabı giyen hanım da rahat bir şekilde yürüyebilecek. Ama ne yazık ki hep şunu söylerim: Türkiye'de şehirleri genç, yetişkin, sağlıklı erkeklere göre planlıyoruz. Gençlere göre planlıyoruz, yaşlılar yokmuş gibi davranıyoruz; erkeklere göre planlıyoruz, kadınlar yokmuş gibi davranıyoruz; sağlıklılara göre planlıyoruz, engelliler yokmuş gibi davranıyoruz. Zaten çocuklar hiç yokmuş gibi davranıyoruz.

Aslında Varol'un burada sözünü ettiği şey, engelli bireylerin bağımsız hareket edebilmeleri. Yardımların ötesinde bir hak talebi. Şöyle örnek veriyor: "Ben kızımı bile kucağıma alıp elini yıkamak yerine, kızım oradan tabureni getir, çık elini yıka' diyorum. Bu bağımsızlık duygusunu artırdığım müddetçe onu bir birey kılabilirim."

Varol İstanbul'da erişilebilirlik konusunda en çok güçlük çeken kesimin fiziksel engelliler olduğunu söylüyor:

Fiziksel engelliler açısından sokağa çıkmak o kadar zor bir şey ki. Kaldırıma çıkmışsınızdır, iniş rampası yoksa inemezsiniz, kalırsınız. Binalara, engelli girişi için neredeyse 45 dereceli rampalar yapıyorlar. Oysa eğim 8-12 derece arasında olmalı. Bu konuda 10 kanun, 7 TSE standardı ve 30'a yakın yönetmelik var ama yapılmıyor işte. Hakkın tanınması yetmiyor, denetlenmesi de gerekiyor, o yok. Binada asansöre ulaşmak için dört tane de basamak oluyor. Kaldırımlardaki esnaf işgalleriyle gelişigüzel bırakılan martı araçları saymıyorum bile.

Engelli günlerinde, sakatlar haftalarında farkındalık mı istiyorlar? Öyle göz bağlamak ya da kısa süre tekerlekli sandalyede ilerlemekle olmaz. Yapılması gereken şudur: Eğer Türkiye'de herhangi bir idareci cesaret edebiliyorsa buyursun gelsin, ben bastonumu çekeceğim, koluma girsin, onunla beraber yürüyelim. Arkamızdan da kameralar çeksin. O zaman ne demek olduğunu görür kaldırım üzerindeki ağaçların, direklerin, dubaların... Göz bağlayarak değil.

Bu açık bir davet, bekliyoruz cesaretli idareciyi...

Eğitim Hakkı

Eğitim, dünyayı değiştirmek için
kullanabileceğiniz en güçlü silahtır.
Nelson Mandela

Anayasanın 42. maddesi "Kimse, eğitim ve öğrenim hakkından yoksun bırakılamaz" diyor. Ama eğitim hakkı en çok ihlal ve ihmal edilen haklardan biri. Eğitim alanının siyasetin bir aracı haline dönüşmesinin nedeni de zaten "dünyayı değiştirme gücü." Bunun kanıtlarına tarihte rastlayacağımız gibi, örneklerini yakın dönemde de ülkemizde bizzat yaşadık. 1948 tarihli İnsan Hakları Evrensel Beyannamesi, "Eğitim insan kişiliğini tam geliştirmeye ve insan haklarıyla temel özgürlüklere saygıyı güçlendirmeye yönelik olmalıdır" diyor.

Türkiye'de eğitim insan kişiliğini, insan hakları ve temel özgürlükler ekseninde ne kadar geliştiriyor sorusuna umutlu bir yanıt vermek mümkün değil. Zira eksenimiz arzu etmediğimiz bir yöne doğru kayıyor. Bu kaygan zeminin yol haritasında ise sık sık değişen sınav sistemi, yurt peşinde koşan öğrenciler, öğrenciyi mecbur bırakan cemaat yurtlarındaki tekinsiz karanlık, "hesaplı kitaplı" imam hatipleştirme, kadim okulların "proje" okullarına dönüştürülmesi, sözde parasız eğitimin sümen altı ödemeleri, özel okulların katlanılamaz masrafları, işsiz üniversite mezunları, öğretmenlerin atanamama çilesi ve neredeyse iki yılda bir değişen bakanlar var.

Anayasa'da "Devlet, maddi imkânlardan yoksun başarılı öğrencilerin, öğrenimlerini sürdürebilmeleri amacıyla burslar ve başka yollarla gerekli yardımları yapar" deniyor. İşte bu maddede yerel yönetimlere görev düşüyor. Zira bir amaca dönük eğitim

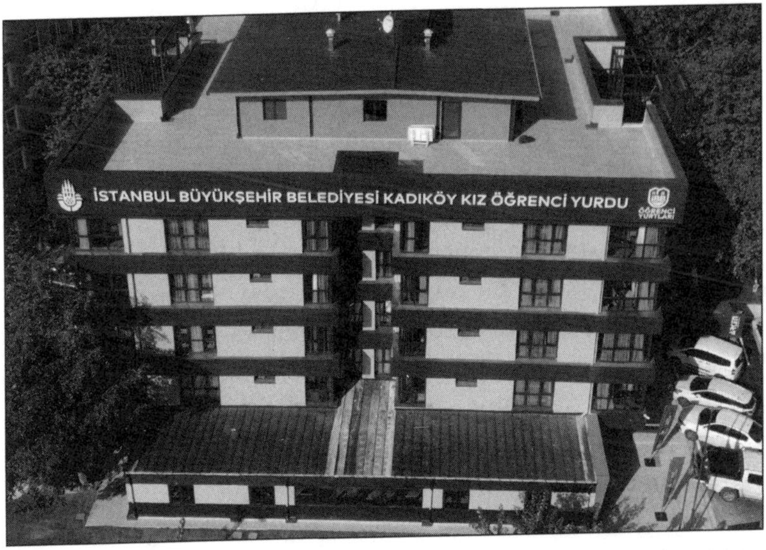

politikalarını deneye yanıla uygulayan merkezi iktidarın yarattığı bu eğitim tablosunda, yerel yönetimlerin ilkokul seviyesinden üniversiteye gelene dek, hatta iş hayatına atılma, iş bulma evrelerinde bile vatandaşın yanında olması gerekiyor. İmamoğlu'nun istihdam konusundaki soruya yanıt verirken dediği gibi, "Bu iş 'yerel yönetimlerin işi değil' deyip geçilemez" bir hal alıyor.

Eğitim deyince ilk akla gelen hak sahibi ise gençler oluyor.

Şehrin Gençleri

Genç ve radikal olanlara susmaları ve kendilerine bir iş bulmaları söylenmektedir.
Naomi Klein, *Tel Örgüler ve Pencereler*

Geçtiğimiz yaz otobüste önümde seyahat eden iki genç konuşup gülüyorlardı. Aslında biraz da siyasetçilerle alay ediyorlardı. Belli ki ya liseli ya da yeni üniversiteliydiler. Tabii kulak kesildim. Kız öğrenci "Bir de kot giyip çıkmıyorlar mı karşımıza" diye kıkır kıkır gülüyordu. Erkek olanı internet paketi vaatleriyle dalga geçiyordu. Sonra birden ciddileşti. "Tek derdimiz bunlar mı sanıyorlar?" dedi.

Gözümün önüne gençlik politikalarını anlatırken blue-jean giyen siyasetçiler geldi. Ya da grup toplantılarında konuşma metinlerine iliştirilen popüler kültür söylemleri. Aslında yalnızca siyasetçiler değil özel sektör açısından da en önemli pazarlama hedefi gençlik. Bir an bir genç gibi düşünmek için neler vermezdi reklamcılar.

Gezi Parkı direnişi döneminin sloganları ülkenin popüler kültürünü altüst etmişti. Bir reklamcı arkadaşım "Metin yazarlarının işi çok zorlaştı, Gezi'deki sözleri, Gezi'nin mizah anlayışını, Gezi'deki zekâyı arıyormuş kampanyacılar" demiş ve yeni metin yazarlarını Gezici diye tabir edilen gençlerden aradıklarını söylemişti. Türkiye'nin bir kesim siyaseti de, Y Kuşağı diye adlandırdıkları Gezi'nin gençlerini içlerine almayı çok istedi.

Gezi sonrası CHP'de de "nasıl yapsak da bu çocukları alsak" tartışmaları olmuştu. Gençler ise CHP'yi değiştirmek istiyorlardı. Gençlerin "Occupy CHP"yi gerçekleştirmek istedikleri gün oradaydım. Dünyadaki Occupy hareketinden esinlenmiş bir eylem olacaktı herhalde ama CHP Genel Merkezi "yaşasın gençler geldi" deyip, kapıları da sonuna kadar açıp, bir de ekmek arası döner ikramı yapınca eylemin Occupy'lığı kalmadı.

Bir gün TBMM'ye bir grup genç ziyarete gelmişti. Bunlardan biri bana "Duyuyoruz hep, 'Gezi'deki gençleri partiye, il-ilçe örgütlerine nasıl yönlendirebiliriz, nasıl katabiliriz' diyorlar, oysa biz böyle bir şey istemiyoruz. Biz size orada yaşamak istediğimiz, hayalimizdeki bir ülkeyi modelledik. Alın onu uygulayın; eğitimi, sağlığı, çevresi, tarımı, ekolojisi, sanatı, müziği, kadınları, gençleri, çocukları, inançları, ekonomisi ve dayanışması, birlikte yaşamıyla bir ülke, bir ütopya belki, ama nasıl bir ülke hayal ettiğimizin modeli" demişti. Hiç unutmam bunu.

Y kuşağını anlayamadan büyüttük ve şimdi onar onar, yüzer yüzer ülkeyi terk edip umudu başka ülkelerde arıyorlar. Z kuşağına bel bağladı herkes. Tam da anlaşılamadı, var mıydılar, yok muydular? Ama kesin olan bir şey var ki, onlar da bir önceki kuşağın izlediği yolu izleyip umudu ve mutluluğu başka ülkelerde arıyorlar. 2023 seçimlerinin en çok hitap edilen kitlesi olan Z kuşağına neler vaat edilmedi ki: Vergisiz telefon ve bilgisayar, bedava internet, KYK borçlarının sıfır faizle yapılandırılması, silinmesi, nakit yüklü kartlar, yurtdışına çıkış harcı muafiyeti, ÖTV'siz otomobil... Yine de bunlar gençlerin kaçışını, kaçma arzusunu durdurmuyor.

> Gençlik, mekânsal ve kimliksel olarak damgalanmaya en çok maruz kalan yaş grubudur. Bu damgalanma arasında özellikle gençliğin kaynak veya tehdit olarak görülmesi ön plana çıkmaktadır. Tehdit olarak gençlik yaklaşımı, gençlerin toplumda oluşturduğu sorunlara odaklanırken; kaynak olarak gençlik yaklaşımı gençlik gruplarının toplumsal pratiklerini önemseyen bir anlayışa sahiptir. Gençliğe kaynak veya tehdit olarak yaklaşma eğiliminin yoğun olarak görüldüğü alanlardan biri de siyasettir.[56]

Ekrem Abileri İstanbul'un çocuklarını,
İstanbul'un gençlerini asla yalnız bırakmayacak.
Ekrem İmamoğlu, 11 Haziran 2019

Şehrin öğrencileri

> İstanbul'da 15-25 yaş arası toplam 2 milyon 278 bin gencimiz yaşıyor. Hayat pahalılığının yükünü onların ve ailelerinin üzerinden alacağız. İstanbul'u gençler için yaşanması zor, pahalı bir şehir olmaktan çıkaracak, onlara her türlü eğitim, kültür-sanat ve spor imkânını sunacağız. İş olanağı sağlayıp gelecek kaygısını onların kafasından sileceğiz. (11 Haziran 2019)

Ekrem İmamoğlu İBB başkanı seçilmesinin az öncesinde gençleri yalnız bırakmamayı bu sözlerle vadediyordu. Kolay bir vaat değil. Galiba gençleri mutlu ettiğiniz zaman herkesi mutlu etmiş olursunuz. Çünkü hayatın ortasında kalmış, bir yandan büyüyüp dünden kopmaya, bir yandan günü yaşamaya çalışırken, gele-

---

56. Kaan Akman, "Türkiye'de Gençlik ve Siyaset, Gelecek İçin Nasıl Bir Katılım", *Türkiye Siyaset Bilimi Dergisi*, 2021, cilt 4, sayı 1.

cekten de endişe duyan bu kuşak gerçek anlamda mutluluk endeksini temsil ediyor. Hem kendileri hem aileleri hem de toplum mutluluğu için.

İstanbul'daki öğrencilerin iki büyük meselesi barınma ve eğitim. Bir sonraki ise istihdam. Bu üç sorunda rahatlama yaşanabilse mutlu şehre giden yoldaki önemli bir engel kalkmış olur. İBB Destek Hizmetleri Dairesi Başkanı Dr. Barış Yıldız bir eğitimci. Daha önce çeşitli ilçelerde Milli Eğitim Müdürlüğü yapan Yıldız, eğitim alanında İBB'nin üzerinde en çok durduğu konuların başında burslar ve yurtlar olduğunu söylüyor.

Ama bu iki konuya geçmeden önce eğitimde gıda desteği konusuna da değinmek gerekiyor. Zira 2020 yılında hazırlanan İstanbul Kentsel Analiz Raporu'na göre, İstanbul'da yoksul haneler aylık gelirlerinin yarısından fazlasını gıda ve barınmaya harcamak zorunda kalırken, eğitime bütçe ayırmakta güçlük çekiyor. Ancak varlıklı haneler daha yüksek oranda eğitime ve kültüre bütçe ayırabiliyor. Bu durum derin bir eşitsizliğe neden oluyor.

İBB, Okul Beslenme Desteği Projesi kapsamında öğrencilere beslenme desteği sağlıyor. 39 ilçede, 100'ün üzerinde okulda gerçekleşen dağıtımlar, yıl boyunca belirli aralıklarla devam ediyor. Ailelerin yaşamakta olduğu ekonomik zorlukları hafifletmek amacıyla ilk ve ortaokula giden öğrencilerin sağlıklı gıdaya erişimini sağlamak için okul önlerinde öğrencilere beslenme paketi veriliyor. Beslenme desteği, okulun giriş kapısına yerleştirilen dağıtım aracı ve personelince gerçekleştiriliyor. Beslenme desteğinin içerisinde taze besinlerle hazırlanmış sandviç, süt, meyve ve su bulunuyor. Bu yılın eğitim dönemi için hedeflenen çocuk sayısı 900 bin. Günlük 5 bin adet beslenme paketi dağıtılıyor.

Gelelim eğitime destek açısından önemli bir konu olan burslara. Burslar konusunda Sosyal Hizmetler Daire Başkanlığının çok çeşitli sosyal yardım paketleri var. İBB, Genç Üniversiteli Desteği'yle İstanbul'da ikamet eden ve İstanbul'a okumaya gelen, sosyoekonomik durumu destek gerektiren her seviyedeki üniversite öğrencisine yıllık burs başlattı. Bu burslardan dört yılda yararlanan kişi sayısı 200 bin kişiye yaklaşmış vaziyette. Ayrıca şehit çocukları, yetim ve/veya öksüz çocuklar, ilköğretim ve lisede okuyan engelliler, MEB tarafından ruhsatlanmış özel eğitim okulları ve rehabilitasyon merkezlerine kayıtlı engelli öğrenciler için "Sen Oku Diye" adlı altında tek defalık bir nakit desteği de veriyor. Bu kapsamda her yıl ortalama 80 bin kadar öğrenci Sen Oku Diye kapsamında eğitim desteği almış.

Okullar ve üniversiteler dışında da eğitime destek faaliyetleri var. Örneğin Ders Atölyesi ya da Ücretsiz Etüt Merkezleri öğrencilere sınavlara hazırlık için destek imkânı sağlıyor. Barış Yıldız, daha önce internet kafe olarak çalışan fakat artık birçoğu iş yapmayan mekânların, Ücretsiz Ders Atölyelerine dönüştürüldüğünü söylüyor. İstanbul'un çeşitli ilçelerinde faaliyet gösteren bu atölyelerin haftalık ders programları çevrimiçi dersler halinde sürüyor. İBB Gençlik Ofisleri ise eğitim, kişisel gelişim ve istihdama yönelik kurs ve seminer programları veriyor. Kariyer Eğitim Günleri yapılıyor, Tercih Danışma Merkezleri ve yabancı dil kursları var.

Bunların hepsini saymakla bitmez ama özet bir cümle kurmak istersem; Ekrem İmamoğlu çocuk, eğitim, gençlik, bilim, teknoloji, istihdam, kütüphane, kültür, sanat, eğitim, yaşam boyu öğrenim konularına bir yerel yönetici olmanın ötesinde meraklı biri. Örneğin her yerde bir kütüphane görmek istiyor. Buna bir sonraki bölümde daha detaylı değineceğim. Ancak şimdi eğitimin en zorlu alanlarından birine değinelim:

Anayasa'nın 42. maddesi "Devlet, durumları sebebiyle özel eğitime ihtiyacı olanları topluma yararlı kılacak tedbirleri alır" diyor. İBB'nin ÖZGEM kapsamında ücretsiz eğitimleri olmakla birlikte, bazen her sorun parayla da çözülmüyor.

Her yeni öğretim dönemi başlangıcında arkadaşım İrem Afşin, bir yanda gazetecilik mesleği gereği haber peşinde koşarken, diğer yandan da oğlu Nâzım Özgün'ün, okulunda kalabilmesi için ya da onu kabul edecek yeni bir okul bulabilmek için çabalardı. Gerçekten de düzgün eğitim kurumlarının giderek azaldığı bu dönemde, otizmli çocuğu kabul edecek bir kurumu bulmak olağanüstü bir gayreti gerektiriyor. Ve ne yazık ki bu gayrette aileler tek başlarına... Avukat Sedef Erken otizmli öğrenciler için eğitim konusunda yapılacak çok şey olduğunu belirterek şöyle diyor: "Buna ihtiyacı olan geniş bir kesim var. Ülke nüfusunun dörtte birinin İstanbul'da yaşadığı düşünülürse, toplam otistik bireylerin de aynı oranda bu şehirde ikamet ettiğini söylemek zor olmaz."

Otizmli bireylerin yaşamın normal akışına uyum sağlayabilmesi için sadece rehabilitasyon amaçlı değil eğitimin her alanında program üretmek gerekiyor. İBB'nin öğrencilere okuldaki eğitimlerin dışında ilave eğitim olanaklarını da bol miktarda sunduğu düşünülürse, oldukça kalabalık bir topluluk olan otizmli öğrencilere bir eğitim dünyası yaratmak şehrin mutluluk seviyesini artıracaktır.

Sedef Erken bu topluluğun yüz binlerce otistik birey olduğunu söylüyor. Aralarında yeni tanı alanlar var, genç otistikler var, eğitim yaşını geçmiş ergin otistik bireyler var, yaşlı otistikler var. Aileler bu konuda acil olarak bir Otizm Eylem Planı yapılması için İBB'ye çağrıda bulunuyorlar.

Şehrin yurtları

Öğrencilerin ikinci büyük sorunu barınma. Özellikle ev kiralarının artmasıyla, bırakın tek başına yaşamayı, birkaç arkadaş birleşip ev tutmaya bile gücü yetmeyen öğrenciler "Barınamıyoruz" hareketi başlatmışlar; AK Parti iktidarı ise bu çocukların yurt sorunlarını çözmek yerine pek çoğunun öğrenci olmadığını iddia ederek "Barınamıyoruz" eylemlerini kriminalize etmeye çalışmıştı.

Ekrem İmamoğlu'nun kampanya sürecinde eğitimle ilgili olarak üzerinde en çok durduğu konulardan biri de öğrenci yurtlarıydı. Ancak bu yurtlar yalnızca öğrencilerin başını sokacakları bir yer değil, eğitim süreçlerini her yönden destekleyecek ortamlar olmalıydı. Başkanlığa gelişinin ardından yurt yapım çalışmalarına başladı. Vaatleri arasında toplamda 10 bin öğrencinin faydalanabileceği, 12 kız ve 8 erkek öğrenci yurdunun derhal hayata geçirilmesi vardı. Yapılan ilk yurtlara öğrenciler yerleşirken şöyle diyordu:

Ne yazık ki yıllardır üniversite öğrencileri için yeterli yurt yapılmamış. İBB'nin de hiç yurdu yoktu. Tamamen kendimize ait, güvenli, temiz, sosyal ve sportif alanları olan yurtlarımıza ilk öğrenciler yerleşti.

İBB'nin yurtları 2021 yılından itibaren eğitim sistemine ilave oldu. Toplam 8 kız yurdu, 6 da erkek yurdu var. Gerçekten de bu yurtlar bir öğrencinin sağlıklı ve güvenli bir eğitim hayatı sürebilmesi için bütün kriterlere sahip.

Barınma hakkı, eğitim hakkının içinde önemli bir alan. Barınma ortamının erişilebilir, güvenli ve sağlıklı olması kamunun en önemli sorumluluk alanlarından biri. Öğrencilerin ve gençlerin mutluluğu için formüllerden biri bu.

Eğitim hakkının içindeki bir diğer önemli alan ulaşım hakkı. İstanbul Büyükşehir Belediyesi'nin UKOME'de toplu taşımada fiyat artışı tekliflerini uzun süre bekletmesi ama daha sonra yapılan artışlar protestoları da beraberinde getirdi.

Maliyetler çok yükselmişti, ancak hayat pahalılığına bir de ulaşım zamları eklenince vatandaşta ve özellikle de öğrencilerde yarattığı tepki aylar boyunca gündemden düşmedi. "Akbil basma turnikeden atla" ve "Ulaşım hakkı engellenemez" gibi sloganlarla tepkilerini dile getiren öğrencilerin sözcüleri "Sosyal medyada ve televizyonlarda ulaşıma getirilmek istenen zamlar bizzat İBB yetkilileri tarafından mecburi ve haklı gösterilmeye, toplumun yaşamını daha da çekilmez hale getiren zamlar meşrulaştırılmaya çalışıldı" diyordu.

İBB resmi hesapları ise elektrikteki yüzde 127 artış, akaryakıt fiyatlarının üç ayda yüzde 100 artışı ve dövizin iki katına çıkmasına işaret ediyor ve buna zorunlu kalındığını belirtiyordu. Bu konuda görüşünü sorduğum Prof. Dr. Haluk Gerçek, bu maliyet artışlarıyla ulaşımı belli bir seviyede tutmanın güçlüğünü kabul etmekle birlikte ulaşımın bir insan hakkı olarak daha çok sübvanse edilmesinin bir yolunun mutlaka bulunması gerektiğini söylüyor.

Şehirde İstihdam

KONDA'nın araştırmasında 2018 yılı sonunda İstanbullulara "Sizce İstanbul'un en önemli sorunu nedir?" diye sorulduğunda ilk üç sıra, 1- Trafik, ulaşım sorunları, 2-Kalabalık, 3- Ekonomi, geçim sıkıntısı ve işsizlik olarak sıralanıyordu. Ekonomi, geçim sıkıntısı ve işsizlik birbirini tetikleyen üç konu. Ekonominin gidişatının neden olduğu gelir kaybı ve bunun da devamı olan işsizlik.

İstanbul'daki işsizlik sorunlarını adaylık sürecinde sürekli vurgulayan İmamoğlu "İstanbul işine gücüne kavuşacak" iddiasıyla yola çıkmıştı. 27 Ağustos 2019 tarihinde, yani yeniden seçilmesinden 1 ay sonra "Biz 200 bin insana İstanbul'un kaynaklarıyla beş yıl içerisinde sistemli bir şekilde iş bulacağız" demişti.

Ekrem İmamoğlu'nun bir belediye başkan adayı olarak çözeceğini işaret ettiği konuların, neredeyse merkezi hükümetin alanına kadar uzanması dış basının dahi ilgisini çekmişti ve biz de kendisine basın toplantılarında bu yönde sorular sorulduğundan söz etmiştik. İmamoğlu "Çok mu yüksek vaatlerde bulundunuz?" sorusuna, "Gerçekçi olmayan hiçbir vaatte bulunmadığını" söylemişti. İstanbul'da işsizliği çözmenin Ankara'dan bağımsız olamayacağını biliyordu elbet. Ancak İBB'nin tüm imkânlarını bu sorunu çözme yolunda kullanacağını da her fırsatta dile getirdi. Peki neler yapılabildi?

İBB, Bölgesel İstihdam Ofisleri kurdu. İş arayan ile işveren buluşturuldu. Saha araştırmalarıyla, işgücünün güncel durumu sürekli tespit edildi. İBB'nin tüm projeleriyle genişleyen hizmet ağı için 25 bin kişiye doğrudan istihdam oluşturulması hedeflendi. Burada bahsedilen hizmet ağı kreşler, sağlık merkezleri, mahalle evleri, çözüm merkezleri ve daha birçoğu idi. İmamoğlu özellikle kadın istihdamına vurgu yapıyordu.

Kreşin rahatlattığı annelere istihdam imkânının sağlandığını da ilave etmek gerek. İBB Kadın çatısı altında çocuklarını kreşlere yerleştiren kadınların çalışmak isteyip istemedikleri kendilerine soruldu ve çalışmak isteyenler bölgesel istihdam ofisleriyle buluşturuldu. Öte yandan sığınma evlerindeki kadınlar da istihdama bildiriliyor; gizliliği dikkate alınarak bu kadınlara da iş sağlanmaya çalışılıyor.

Daha önceki yönetim döneminde açılan İSMEK'ler Enstitü İstanbul olarak yeni bir vizyonla yeniden tasarlandı. Böylece İBB'nin sanat ve meslek kursu İSMEK, yenilenerek istihdam yaratmayı hedefleyen bir eğitim kurumuna dönüştürüldü. İSMEK'teki isim değişimi İSMEK'lerin kapatılacağı yönünde birtakım haberler çıkmasına neden olunca İmamoğlu şöyle tepki göstermişti:

> Kulağımıza geliyor, İSMEK'lerin kapatılacağına dair yalan ve iftiralarla vatandaşlarımız kandırılmaya çalışılıyor. Biz, İSMEK'leri çok daha işlevli, çok daha yaygın hale getireceğiz. Aynı zamanda İSMEK'ler birer "Kariyer Danışma Merkezi" hizmeti de verecek. Üniversiteye gidememiş veya eğitimini yarıda bırakmak zorunda kalmış gençlerimiz için 'Hızlandırılmış Diploma Programları" açacağız.

Şehirde Teknoloji

İstanbul'un yeni girişimcileri için Tech İstanbul adı altında faaliyet gösteren üç adet teknoloji merkezi, girişimin farklı aşamalarında hizmet veriyor. Tech Istanbul Şişli, Ön Kuluçka Programı'yla erken aşama girişimcilere, Growth Programı'yla satış yapmaya hazır ileri aşama girişimcilere destek sunuyor. Tech Istanbul Şişhane, teknoloji alanına ilgi duyanları bir araya getiriyor ve istihdam odaklı teknoloji eğitimleri veriyor. Tech İstanbul Başakşehir ise veri bilimi alanında kariyer yapmak isteyenler için teknoloji odaklı eğitimler gerçekleştiriyor.

İBB Girişimcilik ve Teknoloji Merkezi Genel Koordinatörü Güvenç Sözen girişimcilerin asıl zorlandığı sorunlara, yani ürününü tamamladıktan sonra deneyememe, ürünü doğru pazara göre şekillendirememe ve tabii bunun sonucu olarak ürünü pazarlayamama, müşteri bulamama sorunlarına odaklandıklarını söylüyor. Belli bir aşamanın ilerisinde olan girişimler neredeyse en büyük kaybı burada veriyormuş. Bu nedenle İBB 30'un üzerinde iştirakiyle girişimciler için önemli bir fırsat alanı. Tarımla ilgili bir girişim bile gelse, ürünü denenebilmesi için bir alan bulunuyor.

Örneğin akıllı sulama sistemi kuran bir girişimci, tek bir noktadan tüm cihazların kontrolünü sağlayan bir sistem geliştirmiş. Fethipaşa Korusu'nda denenen sistem, topraktaki nemi ölçüyor ve ihtiyaç halinde o sulamayı yapıyor. Toprak çok ıslaksa durduruyor. Sulama saatlerini belirliyor. Patlak olduysa tespit ediyor. Bütün bu demo denemeleri ardından "Evet bu ürün güzel, kullanılabilir" onayı almak çok önemli. Örneğin Fethipaşa Korusu'nda denenen bu ürün beğenilirse, Park ve Bahçeler Müdürlüğü sistemi satın alabilir.

Girişimci için önemli olan İBB'ye satmak da değil aslında. Bir girişimci İBB'de denediği bir ürün için daha sonra yurtdışında "Ben bunu İstanbul'da denedim" diyebiliyor. Onlar için İstanbul'da deneyip başarılı olmak ve iBB ismini kullanmak çok daha önemli. Tabii projenin İBB'nin hizmet seviyesini karşılayabilir nitelikte olması gerekiyor.

Bilim ve teknoloji konularını şeffaflık ve özgürlüklerle birlikte anmaya özen gösteren Ekrem İmamoğlu, konuşmalarında hep şu vurguyu yapıyor:

> Açık veriler, şehrin sorunlarını çözmeye, şeffaflığı artırmaya, yerel yönetimin vatandaşla olan ilişkisini güçlendirmeye dönük de önemli bir yöntem [...] Teknoloji asla baskıcı bir ortamı kabul etmez. Orada özgür kalmalılar, üretmeliler, dayanışma içinde olmalılar, maksimum iletişimde olmalılar. Orada önyargı yoktur, orada bilim vardır, akıl vardır, başka bir şeyin devreye girmesini asla kabul edemezler.

Baskıcıların özgürleştirici bir eğitimi savunmakla kalmayıp fiilen uygulaması bir çelişki olurdu.
Paolo Freire, *Ezilenlerin Pedagojisi*

Acaba İmamoğlu'nun Esenler Otogarı yerine yapmayı hayal ettiği teknokent projesine ne olmuştu? Zira başkanlığının ilk günlerinde otogarın çehresini değiştirmiş ve burada bir teknokent vadetmişti. Ama yapılamadı. Sordum, şöyle cevap verdi:

Aslında sadece Esenler değil, aynı zamanda Harem de var. Biz iki yakada da iki yeni otogarın yapılması gerektiğini söyledik. Bu otogarların üçüncü köprü yolu, havalimanları gözetilerek organize edilmesi gerekiyor. Otobüs trafiğinin kentin içine sokulmaması, her iki otobüs terminalinin de metroyla bağlantılı olması gerektiğini dile getirdik. Ne yazık ki bu konuda kendimizde bir arazi envanteri de olmadığından, biri Anadolu yakasında Sabiha Gökçen'e çok yakın, diğeri de Avrupa yakasında İstanbul Havalimanı'na yakın ve her ikisinden de metro hattının geçtiği arazi talebimiz oldu. Bu arazilerin üzerine devletten 1 TL istemeksizin yap-işlet-devret ya da işletme mekanizmasını kurarak, finansal altlığını da oluşturarak, iki büyük terminalin yapılabileceğini ilan ettik.

İkisi için defalarca hazineden arazi tahsisi konusunda talepte bulunduk, ne yazık ki buna cevap dahi verilmedi. Biz eğer bu iki otogarı başarabilseydik, şu anda Harem'deki o çöküntü alanın olduğu yerde çok değerli bir kültür-sanat merkezi, aynı zamanda bir otopark olacaktı. Hatta orada Harem'i Üsküdar'a bağlayan bir tramvay inşaatımız var. Orayı canlı bir sosyal yaşam merkezi haline getirecektik. Esenler Otogarı'nı da bir bilim merkezine dönüştürmek için harekete geçecektik. Bunu yapamadık. Ama Esenler Otogarı'nı çöküntü halinden kurtararak, işgalleri dağıtarak, bodrumların kötü kullanımını ortadan kaldırarak düzenledik. Şu anda orası kütüphane, sahne, konaklama yeri, aynı zamanda İSMEK Enstitü, İstanbul Eğitim Merkezi gibi çok faydalı ünitelere kavuşmuş durumda. Korku tünelleri gibi dehlize dönüşmüş bütün alanlarını tertemiz, pırıl pırıl, depreme dayanıklı bir hale döndürdük.

Bu yenilemeyi yaptık ama, sözünü ettiğim makro plan konusunda ne yazık ki bu dönem hükümetle İstanbul adına adım atamadık.

İBB'deki uzmanlar teknoloji geliştirme projesi kurabilmek için çok yoğun bir prosedürün işlediğini, bu tür yatırımların çok yoğun bir onay sürecine tabi olduğunu belirtiyorlar. İçinde dört ya da beş bakanlık onayına gerek duyulduğu ve tabii en sonunda en yukarıya giden bir süreçten söz ediyoruz. Kartal ve Gaziosmanpaşa'da Bilişim ve Üretim Vadilerinin kurulması; bu vadilerin kurulduğu bölgedeki sanayi tesislerinin inovasyonla desteklenmesi; Yaratıcı Endüstriler Merkezi gibi vaatlerin akıbeti de belki bu kapsamda değerlendirilebilir.

Daha önce de belirttiğim üzere bu konular İmamoğlu'nun en keyif aldığı alanlar. Vaatlerden gerçekleşenlere ya da gerçekleşemeyenlere baktığınızda aslında bütüncül bir vizyon görüyorsunuz ama gerçekleşmeler için yerel yönetim imkânları sınırlı kalıyor.

Kendisine 2024 yerel seçimlerinde İstanbullunun onayını tekrar alırsa neler yapmak istediğini sorduğumda bu alanda arzu ettikleri ilerlemeyi sağlayamadıklarını söylüyor ve şöyle diyor:

> İstanbul'un teknolojiyi odağına koyabilen, yaratıcı sektörleri daha da büyütebilen ve o sektörlerle işbirliği yapan, start-up'ların daha çok fırsat alanı bulabildiği bir kent olabilmesini sağlayan, öncü adımları destekleyici fonları oluşturabilen bir kent olarak var olmasını istiyoruz. Ama ne söylersek söyleyelim, birçok konunun önünde engeller olacaktır. Bunlar da maalesef ancak ulusal bazı uygulamalarla aşabileceğimiz şeyler. Yani siz bu şehirde çok şey hedefleyebilirsiniz, ortaya koyabilirsiniz. Ama sizin elinizde olmayanlar var.

Türkiye'de mutlu yaşamanın çok karmaşık bir formülü yok. Açıkçası formül aslında çok basit. İnsanlarımızın, çalışanlarımızın, işçilerimizin emeklerinin karşılığını alabilmesi.
Ekrem İmamoğlu, 14 Şubat 2020, DİSK 53. kuruluş yıldönümü

Sağlık Hakkı

Çocukların sağlıklı ve gürbüz olmaları için
yaşadıkları bölgenin sağlıklı olmasını sağlamak
devlet halindeki siyasi kuruluşların en birinci görevidir.
M. Kemal Atatürk

Atatürk'ün bu sözleri, bugün Anayasa'nın 56. maddesinde yer alan "Herkes, sağlıklı ve dengeli bir çevrede yaşama hakkına sahiptir. Çevreyi geliştirmek, çevre sağlığını korumak ve çevre kirlenmesini önlemek devletin ve vatandaşların ödevidir" cümlesinin genç Cumhuriyet'teki karşılığıdır.

Cumhuriyet'in en önemli sessiz devrimlerinden biri de insan sağlığı üzerine yapılan çalışmalar olmuştur. Osmanlı dönemiyle kıyaslandığında erken Cumhuriyet döneminde sağlık hizmetlerinin yaygınlaşmasını ve toplumsallaşmasını, yani bir sosyal hak olarak filizlenmesini görürüz. Dünya Sağlık Örgütü de 1940'lı yıllarda sağlığı, yalnızca hastalık ve sakatlığın olmayışı değil, insanların bedenen, ruhen ve sosyal yönden "tam bir iyilik hali" olarak tanımlamıştır.

Sağlık hakkı, sağlıklı bir çevrede yaşama ve sağlık hizmetlerine erişebilme hakkı insani ve sosyal haklar arasında yer alır. Yerel yönetimler ve sağlık deyince ilk anda akla Belediye Kanunu'nun 14. maddesinde tanımlanan, sağlıklı kalmayı sağlayacak hizmetler gelir. Öte yandan aynı maddede "sağlıkla ilgili her türlü tesisi açabilir ve işletebilir" de der.

Şehirde sağlık

Ekrem İmamoğlu'nun gerçekleştirmekte en çok zorlandığı vaatleri arasında sağlık hizmetleri vardı. Bunu şuradan anlıyoruz. "Çok mu fazla şey vaat ettiniz?" sorusuna sağlık alanındaki vaatleriyle ilgili örnekleri vererek başlamıştı. Neydi bunlar; örneğin İstanbul'da "40 Kadın Doğumevi, 10 Çocuk Sağlığı Merkezi ve 3 Ağız ve Diş Sağlığı Merkezi" açılması gibi vaatler. Bunlar mevzuattan kaynaklanan kısıtlamalardan dolayı ruhsat alınamayacağı için hayata geçirilemiyor. Tarama hizmetleri de ancak Sağlık Bakanlığı tarafından yapılabildiği için başka hiçbir resmi kurum ya da özel kuruluş sağlık taraması yapamıyor.

Ancak elbette çareler tükenmiyor. Bu vaatlerin yerine getirilebilmesi için İBB Sağlık Dairesi Başkanlığı "Bütünleşik Halk Sağlığı Merkezleri" adı altında bir projeyi hayata geçirdi. Bu proje içerisinde mevcut tıp merkezlerinin kapasitelerinin geliştirilerek, vaat edilen Kadın Sağlığı, Çocuk Sağlığı ve Ağız-Diş Sağlığı ünitelerinin de bu merkezlerde bulunması kararlaştırıldı. Bu merkezler ayakta teşhis ve tedavi sağlayan birimlerin tabi olduğu yönetmelik üzerinden ruhsatlandırıldı. Yani tüm mevzuat imkânları kullanılarak vaatler yerine getirilmeye çalışılıyor.

İBB Sağlık Dairesi Başkanlığı bünyesinde yer alan Evde Sağlık Hizmet Birimi ise evde bakıma ve tıbbi yardıma ihtiyaç duyan hasta, yaşlı ve engelli bireylere destek vererek, sağlık durumunun ve yaşam kalitesinin artırılmasını, böylece toplumun bedensel, zihinsel ve sosyal sağlığının korunmasını amaçlıyor. Bunların yanı sıra kişinin hastalığı hakkında bilinçlendirilmesi, sağlığının daha iyi hale getirilmesi ya da belirli bir düzeyde tutulması, ev ortamında sağlık ve sosyal yönden desteklenmesi, eğitim yoluyla hasta ve yakınlarının hastalıkları hakkında bilinçli hale getirilmesi sağlanıyor. Sağlık hizmetlerinin, hastaların evlerine kadar götürülmesi sayesinde hastanelerde meydana gelebilecek yığılmaların önlenmesi, hastanede yatış sürelerinin azaltılması, bu suretle tedavi maliyetlerinin düşürülmesi de öngörülüyor.

Sağlık Hizmetleri Dairesi'nin üzerinde çalıştığı bir proje ise evsiz bireylere yılın 12 ayı mobil olarak kişisel bakım ve hijyen desteği sağlayacak olan İstanbul Mobil Banyo Projesi. Katılımcı Bütçe ile yapılması planlanan projeyle İstanbul il sınırları içerisinde yaşayan evsiz veya yardıma muhtaç kişilerin temizlik, gıda ve giyim gibi yaşamsal ihtiyaçlarının, mobil olarak hizmet sunan özel donanımlı otobüslerde karşılanması amaçlanıyor. Projenin amacı ihtiyaç sahibi vatandaşların hijyene erişimlerinin kolaylaştırılması. Proje kapsamında mobil araçlarla hijyene erişimi olmayan dezavantajlı ve ihtiyaç sahibi vatandaşların temizlik ihtiyaçlarının giderilmesi sağlanacak. İçlerine iki adet duş ve iki adet giyinme kabini yerleştirilen düşük maliyetli otobüsler kentteki evsizlere duş alabilme ve temizlenme imkânı sunacak.

Şehirde bağımlılık

Son yıllarda hem iktidarın hem muhalefetin dilinden düşmeyen, emniyet teşkilatını da en çok meşgul eden konulardan biri bağımlılık. İBB bu dönem bir ilki gerçekleştirerek Bağımlılıkla Mücadele ve Rehabilitasyon Müdürlüğü kurmuş.

Kendisi bir sosyolog olan kurucu müdür Mustafa Erata, bu konunun İstanbul için çok önemli bir sorun haline geldiğinin değerlendirildiğini, bu nedenle de bir müdürlük olarak faaliyetlere devam edilmesine karar verildiğini söylüyor. "İlk işim bu konuda mevzuata bakmak oldu" diye söze başlıyor:

> Aslında mevzuat sadece belediyelere şunu söylüyor: Bağımlılıkla mücadele alanında koruyucu, önleyici çalışmalar yapmalısınız. Eğitim vermek, seminer yapmak gibi. Ama yalnızca bu değil ki İstanbul'un ihtiyacı olan şey. Şunu görüyoruz: Farz edelim kişi AMATEM ya da ÇEMATEM'de tedavi oldu ve çıktı. Sonrası ne

olacak? Bunun sosyal rehabilitasyon, sosyal uyum ve hatta daha sonraki aşamaları var. Bu nedenle biz bunu sadece sağlık alanında değil, sosyal hizmet olarak da temellendirdik. Türkiye'de daha önce böyle bir yerel yönetim hizmeti yoktu.

Böylece, öncelik verdikleri ilçelerde Sosyal Uyum Destek Merkezleri (SUDEM) adı altında merkezler kurmuşlar. Erata amaçlarını şöyle anlatıyor:

> Tıbbi tedavisi ve rehabilitasyonu tamamlanmış kişiler gelsinler, sosyal uyumuna destek olalım. Çünkü zor olanı şudur: Kişinin hayatından bağımlı olduğu maddeyi aldınız, yerine ne koyacaksınız? Aksi takdirde geri dönüş yaşayabilir. İBB olarak buraya girelim dedik. Çünkü bu alanda hiç kimse yoktu.

Öncelikli olarak SUDEM'ler Bağcılar, Sultanbeyli ve Esenyurt ilçelerinde açılmış. Yakın zamanda Sultangazi ve Ataşehir'de açılacak. Hedefte Zeytinburnu ve Maltepe var. Erata şu izahı da yapma ihtiyacı hissetti:

> Bu ilçeler seçildi diye, sadece buralarda bağımlılık olduğu düşünülmesin. Ne yazık ki bağımlılık İstanbul'un her ilçesinde var, sadece kullanılan maddenin çeşidi ve fiyatı değişiyor. Bu ilçeleri özellikle gelir seviyesini ve sosyal durumu dikkate alarak seçtik.

Erata bundan sonra yapmak istedikleri projenin ise, kişinin bağımlı olmasına sebep olan ortama bir daha dönmeyerek yeni bir hayat kurmasını sağlamak olduğunu söylüyor.

Şehirde salgın

İnsanlar önce dış dünyadan kopuk yaşamayı kabul etmişlerdi, tıpkı yalnızca bazı alışkanlıklardan vazgeçmek zorunda kalacakları geçici herhangi bir sıkıntıyı kabullenir gibi.
Ancak, bir tür işkencenin ansızın bilincine vararak, kızışmaya başlayan yaz göğünün altında, bu hapis duygusunun tüm yaşamlarını tehdit ettiğini hayal meyal hissediyorlardı...

Albert Camus, *Veba*

Dünyayı yüzyılda bir vuran pandemi, İstanbul'un yeni yönetiminin en önemli sınavı olacaktı. Dünyada ilk kez 2019 Kasım ayında görülmeye başlanan Covid-19 vakası, Türkiye'ye de birkaç ay içerisinde girmişti. 11 Mart 2020'de ilk vaka açıklandı. Bu tarihten itibaren pandemi de merkezi yönetimle İBB'yi pek çok noktada karşı karşıya getirdi.

Pandemide yaşananlar sayfalara sığmaz ama biz çatışma noktalarına bakalım:

İlk öne çıkan konu hijyendi. Kişisel ve çevre temizliği herkesi dezenfektan ürünlerine yöneltirken temininde sıkıntılar yaşanmaması için, merkezi ve yerel yönetimler devreye girdi. Ancak çok geçmeden dezenfektan faaliyetleri adli boyuta taşındı. Eski Ticaret Bakanı Ruhsar Pekcan, eşinin sahip olduğu şirketin bakanlığa piyasanın üzerinde bir fiyata dezenfektan sattığı ortaya çıktıktan sonra görevinden alınmış, ancak hakkında kamuoyunun talebine rağmen soruşturma yapılmamıştı. Buna karşın dezenfektan alımında "devletin zarara uğratıldığı" iddiasıyla İBB Başkanı Ekrem İmamoğlu hakkında ön inceleme başlatıldığı ortaya çıktı.

Pandeminin etkileri ağırlaşırken, acil durumlar için hastane ve yatak hazırlıkları yapıldı. Sahra hastaneleri için alanlar hazır tutuldu. İBB, Gürpınar'dan Maltepe'ye, Yenikapı'dan Beylikdüzü'ne dek geniş bir alanda hastane ve sahra hastanesi hizmeti vermek üzere hazırlıklarını yaptı ve duyurdu. Ancak İBB'nin bu hazırlığı yine merkezi iktidarın hedefine kondu. Konu o hale geldi ki muhalif yerel yönetimlerin hastane çalışmaları terör örgütlerinin faaliyetleri olarak açıktan itham edildi.

Sağlık Bakanlığı ile İBB Mezarlıklar Müdürlüğü'nün verilerinin tutmamasıyla başlayan tartışmalar ölüm sayılarının saklandığı iddialarını aylarca gündemde tuttu.

İçişleri Bakanlığı, salgın yüzünden ekonomik sıkıntı yaşayan yardıma muhtaç vatandaşlara destek için İstanbul Büyükşehir Belediyesi ve Ankara Büyükşehir Belediyesi tarafından başlatılan bağış kampanyası nedeniyle başkanlar Ekrem İmamoğlu ve Mansur Yavaş hakkında soruşturma başlattı. Toplanan bağış paralarını da bloke etti.

Çok şey yaşandı. Ama o günlerden İstanbul'a güzel bir şey kaldı.

Şehirde Dayanışma

Pandemi döneminde ekonomik güçlük yaşayan, işlerin durması nedeniyle faturalarını ödeyemeyen vatandaşlara yardım etmek üzere İBB bir dayanışma modeli getirdi.

Askıda Fatura olarak başlayan bu dayanışma birden sahiplenildi. İnsanlar tanımadıkları birilerinin su, doğalgaz gibi faturalarını ödemeye başladılar. Fatura ödeyenle, faturası ödenenin birbirini görmediği bu dayanışma modeli giderek çeşitlendi ve hâlâ sürüyor.

Ekrem İmamoğlu yeni dayanışma paketleri için vatandaşa duyuru yaparken Askıda Fatura web sayfasında şu teşekkür mektubunu yayınladı:

> Sevgili Hayırsever;
>
> "Askıda Fatura" adıyla başlayan yardımlaşma kampanyamız dünyada eşi görülmemiş bir dayanışma hareketi olarak tarihe geçti. Bu, sizlerin sayesinde oldu. Milletimizin yardımseverliğini ve kardeşliğini tüm dünyaya gösterirken, ihtiyaç sahibi ailelerin mutluluğu da kalplerimizi rahatlattı. Ailelerimize sahip çıkmak ve bu süreçte kimseyi geride bırakmamak adına Askıda Fatura kampanyamızın yanına "Askıda Destek" olarak adlandıracağımız hareketi ekleyerek dayanışmayı büyütüyoruz.
>
> Vatandaşlarımızı ve kurumlarımızı, alan elin veren eli görmediği bu dayanışmaya katılmaya davet ediyor, hepinize şükranlarımı sunuyorum.

İBB, Askıda Fatura Dayanışması kapsamında, Askıda Fatura dışında Aile Destek Paketi, Anne Bebek Paketi, Anne-Bebek Destek Paketi, Eğitim Destek Paketi, Ulaşım Destek Paketi ile Destek Paketi başlıkları altında ihtiyaç sahiplerine dayanışmalardan gelen desteklerle nakdi yardım yapıyor. Toplanan yardım Kasım 2023 itibarıyla 125 milyonu aşmıştı.

Şehirde İnanç

İBB'nin yeni yönetimi İstanbul'da tüm inançların eşit hizmet alabilmesi için bir İnanç Masası kurdu. Bu kuruluşta emeği geçen İBB Genel Sekreter Yardımcısı Mahir Polat Sivil Sayfalar'dan yazar Emine Uçak'a verdiği röportajda şöyle diyordu:

> İstanbul böyle çok kimlikli, çok inançlı bir alansa, İnanç Masası da en merkezdeki inançtan, en uçtaki, çeperdeki inanca kadar kutsiyete değer veren bir anlayışla organize olmalı. [...] Küçük inanç gruplarının da ihtiyaçlarının olduğunu biliyoruz. Onlar ihtiyaçlarını belki ifade edemiyorlardı, belki farkına varılmamıştı. Biz bu çalışmamızla beraber ilk günden itibaren bunu anlamaya çalıştık: Bu şehirde nasıl bir inanç haritası var? Hiç tahmin etmediğimiz küçük yapıların varlığını gördük. Onların iletişim kurma ve kendilerini ifade etme çabalarını gördük. Biz büyük oranda İnanç Masası olarak, bu farklılıkların ihtiyaçlarını eşit yurttaşlık ve komşuluk hakkı ilkesi üzerinden görmeye çalışıyoruz.

İnanç Masası'nın ilk işlerinden biri cenaze hizmetleri için her din ve inanıştan bir kişinin istihdam edilmesi oldu. İmamoğlu'nun bu konuda söylediklerini tekrarlamak isterim:

> Artık İstanbul'da yaşayan tüm inançların, o inançlara göre hizmetini gören papazı da var hahamı da var dedesi de var melesi de var imamı da var. Yani artık sadece bir mezhep üzerinden hizmet veren bir Mezarlıklar Müdürlüğü yok, daire başkanlığı yok, tam aksine bütün inançları kapsayan bir İnanç Masası var.

Rum Vakıfları Derneği Kurucu başkanı Laki Vingas "Fonksiyonları henüz tam olarak nüfuz etmemiş olabilir, ama böyle bir kararlılık göstermek çok önemli oldu. İnsanlar arasında, kurumlar arasında diyaloğu pekiştiriyor, ortak mutabakat zemini hazırlıyorsunuz" diyor.

Sohbetimizde Vingas, İBB'nin iki başkanıyla yaşadığı anıları da anlattı:

Rahmetli Kadir Topbaş, çok değer verdiğim, çok bilgili bir İstanbul beyefendisiydi. Ama İstanbul Patrikhanesi'ne başkanlığı süresince hiç gelmedi. Ona misafir gelen belediye başkanlarını gönderdi ama kendisi gelemedi. Başkanlık sonrası, görevi tamamlandığında geldi. İmamoğlu'nun böyle bir çekincesi olmadı. Patrik Bartholomeos ile ilgili, 30. yılında sürpriz bir video hazırlandı. Dünyanın muhtelif liderlerinden mesajlar istendi. Ekrem Bey'den de istedik. Hızlı bir şekilde geri dönüş yaptı ve o filme katılım sağladı. Ekrem Bey daha o zaman iki yıllık başkandı. İçerikle ilgili fazla sorgulamadılar, güvendiler. Burada mesele katılım da değil, güven meselesi. İnsana güven, vatandaşa güven. Bunlar çok önemli.

Büyükada'daki Rum Yetimhanesi'nin 57 yıl sonra restorasyonu için Ekrem İmamoğlu ve İBB Genel Sekreter Yardımcısı Mahir Polat ile birlikte inceleme yaptıklarını belirten Laki Vingas, ilgili tüm kurumlarla ortaklaşa bir çalışma arzu ettiğini, İBB'nin de dijital röleve çalışmasını üstlenmesinin bunun ilk kıvılcımı olduğunu söylüyor. "Çünkü çok yoğun bir şekilde çare arıyorduk" diyor.

İnanç Masası ile ilgili görüş almak için bir de Okmeydanı Cemevi'ne gittim. Üç cenaze kalkıyordu o gün Okmeydanı Cemevi'nden. Başkan Zeynel Şahin "Bizde her gün böyle" diyordu, "haftada bir gün cem yaparız ama her gün cenaze kaldırırız." Geçmiş dönemde komşu ilçe belediyelerinden destek almakla birlikte, İBB'den hiç hizmet alamıyorlarmış. Zeynel Şahin, yeni yönetimle birlikte cenaze hizmetleri konusunda çok rahat ettiklerini söylüyor:

> Cemevlerine bir şoför ve bir gassal tayin ettiler. Cenazelerin hastanelerden alınması, getirilmesi, tabut, kefen ihtiyaçları, defnedilmesi, köye gidecekse araç temini, bunların hepsi sağlanıyor. Yani cenaze sahiplerinin yapması gereken işleri İBB üstlendi, bu iyi oldu. Bunun hakkını vermek lazım. Daha önceleri bu ihtiyaçlar temin edilemiyordu. Köye cenaze götürecek araç bulma sıkıntısı vardı. İnsanlar paralarıyla araç tutup götürüyorlardı. Ama bu dönem öyle değil. İnsanların acı gününde yanında olmak önemli, son bir hizmettir, maneviyat önemlidir.

Doğrusu İnanç Masası dendiğinde ilk akla gelenin cenaze hizmetleri olması dikkatimi çekiyordu. Daha önce de bu konu gündeme geldiğinde hep bir cenaze kaldırmadan söz ediliyordu. Zeynel Şahin'e "İnanç Masası hep ölümle, cenazeyle mi ilgili, yaşama dair bir talebiniz yok mu İnanç Masası'ndan?" diye soruyorum.

Gülüyor, "Olmaz mı, çok daha önemli işler bekliyoruz, anlatayım" diyor.

Şahin, İstanbul genelinde çok sayıda tamamlanmamış cemevi bulunduğunu, birçoğunun onarıma ihtiyaç duyduğunu, tapularının olmadığını söylüyor. "İnanç Masası'na bildiriyoruz, ufak tefek onarımlar yapılıyor, ama yetersiz" diyor. Ayrıca depreme karşı güçlendirme de bekliyorlar. Okmeydanı Cemevi 1995'te yapılmış, yani "milattan" önce. "Ayrıca burası çok büyük bir cemevi; çevre düzenlemesine ihtiyaç var, otopark gerek, giriş yolumuzun daha rahat olması gerekiyor" diyor.

Peki bunları İnanç Masası'na bildirmiyorlar mı?

"Bildiriyoruz ama İnanç Masası'nın güçlü bir yapıda olması, güçlü bir bütçesinin olması, yani yaptırım gücünün olması gerekiyor. Aksi takdirde bu tür temel meseleleri çözmek zor. Bunu siz de yönetime iletin mutlaka. Bir de bizi kültürle karıştırıyorlar. İnanç başka kültür başka. Bizim ihtiyaçlarımız daha farklı" diyor.

Yani inanç konusu da barınma, ulaşım gibi kent haklarından bağımsız değil, yaşamın içinde. Doğrusu ben de bir sonraki bölüme, "Şehrin Derinliği"ne bırakmıştım inanç konusunu. Zeynel Şahin'le konuştuktan sonra "Şehirde Yaşam" başlığının altına aldım.

Ah, güzel İstanbul! Nasıl da bozulmamış o bin yıllık güzelliğin.
Ey canım Boğaziçi! Bir zamanlar dedelerimiz de
içlenmişler bu güzelliğin karşısında.
Nasıldı o Bimen Şen'in eski bestesi? Aaah, ah!
Atalarımız da geçmiş bu sulardan; mağrur ve akıncı.
Nerede Orta Asya, nerede Viyana kapıları?

Atıf Yılmaz, *Ah Güzel İstanbul*

Şehrin Derinliği

Şehrin Mirası

Kentin kurulduğu alana gelince, burası sanki dünyanın başkenti olmak üzere doğa tarafından yaratılmış gibidir.
Ogier Ghiselin de Busbecq, *Türk Mektupları*

İstanbul, yaşadığı yoğun göç, çarpık kentleşme ve bu baskının yarattığı ulaşım, altyapı ve barınma gibi sorunlarının yanı sıra, bir yandan da sürekli bir "markalaştırma", bir şeylerin ya da çok şeylerin merkezi oldurmaya çalışma ve daha çok verme, daha çok alma arzularının tıkanmışlığını yaşıyor.

İstanbul'la ilgili kafa yoran pek çok yazar, araştırmacı ya da akademisyen şu soruyu soruyor: İstanbul neyin merkezi ya da ne şehri olacak? Önce buna bir karar verelim. Finansın mı, ticaretin mi, turizmin mi, sağlığın mı, sporun mu, eğitimin mi, dinin mi, kültürün mü, sanatın mı? Neyin? Hepsinin mi? Ve haklı olarak şu sorular soruluyor: Peki ya marka şehir olmak da nedir? İstanbul zaten başlı başına bir marka değil mi? Geçmişi binlerce yıla dayanan ve yüzyıllarca dünyaya nam salmış, bir çağ bitirip bir başka çağ başlatmış ve keşiflere yol açmış kadim bir şehirden marka şehir yaratmaya çabalamak da nedir?

Bu soruyu ben de hep soruyorum. Çünkü çağlar boyunca her gelen imparatoru, her gören komutanı, her gezgini, her tüccarı, her insanı mest etmiş bu güzel şehri çağın gereğine yakışır bir şekilde geliştirirken tarihi kimliğini korumaktan başka yapılması gereken ne olabilir?

İstanbul'un (İmparator) Konstantin tarafından "kurulması"ndan söz ederken, bu kurulma sözcüğünün anlamı üzerinde anlaşmak gerekir. Söz konusu olan, hiç de yeni bir yerde kurulmuş yeni bir kent değildir. Bizans'taki bu eski Megara kolonisi, daha önce de Marmara Denizi ile Haliç'in oluşturduğu geniş doğal limanın arasında yer alıyordu. Bizans'ın refahı ve aynı zamanda, geçirdiği birbirinden değişik durumlar da boğazların oluşturduğu büyük ticari yol ile Avrupa'yla Asya'nın birleştiği yerde, ilkçağın buğday yolu üzerinde bulunan bu olağanüstü konumunun sonucu olmuştur.[57]

Görüldüğü üzere İstanbul'u marka yapmak kimsenin haddine değildi. Olsa olsa İstanbul kendisini yönetebilmeyi başaranları tarihe mal ederdi.

Döneminin güçlü Roma İmparatoru Konstantin'in İstanbul'u gördüğünde büyülendiği söylenir. Aslında İstanbul'u ele geçiren fatihlerden, bugün İstanbul'u yönetmeye talip olanlara dek, tüm bu güçlü insanların ilk anda hissettikleri, bu mükemmel coğrafya üzerine kurulmuş şehri kendi tahayyülleri doğrultusunda bir cazibe merkezi haline getirmekti.

Yeni şehrin süslenmesi için, birçok büyük şehir, sanat yapılarından, sütunlarındaki anıtlardan ya da heykellerinden yoksun bırakıldı. Yeni şehre Romalı önemli kişileri çekebilmek için, onlara yepyeni saraylar bağışlandı; halkı çekebilmek için de yıllık üründen alınan vergi kolaylığı sağlandı, bedava buğday dağıtımlarına başlandı [...] Şehrin başkent olarak açılış töreni 11 Mayıs 330 günü yapıldı. Ondan sonra artık İmparator Konstantin kendi adını verdiği şehirde oturmaya başladı ve İmparatorluk Meclisi'ni de artık bu şehirde toplayacaktı.[58]

İstanbul gördüğü onca savaşa, fethe, sefahate, sefalete, felakete, ihanete rağmen hep hep gözde oldu. Hani Sevgili Mücella Yapıcı'nın "Öteden beri İstanbul'un kadın olduğunu düşünü-

57. Paul Lemerle, *Bizans Tarihi*, çev. Galip Üstün, İstanbul: İletişim Yayınları, 1994, s. 22.

58. Paul Lemerle, a.g.e, s. 24.

rüm... Hayran olunan, uğruna şarkılar, romanlar yazılan ama kişiliğine, varlığına bir türlü saygı duyulmayan" dediği gibi.[59] Bin yılların biriktirdiği bu derinlik İstanbul'a her şeyin başkenti olmayı yakıştırsa da bugün bütün bu hücumun altındaki yorgun bedenine iliştirilmeye çalışılan "marka" etiketlerini yine de fırlatıp atıyor. Bu kadim şehre "marka" demek bana ihaneti sürdürmeyi çağrıştırıyor.

Oysa İstanbul, Bizans'tan öncesi ve sonrası, nice imparatorların, imparatoriçelerin; Fatih Sultan Mehmet ve ondan sonra gelen 29 Osmanlı padişahıyla hanedanının; Türkiye Cumhuriyeti'nin tüm İstanbul yöneticilerinin bu tarihsel birikime yakışacak eserleriyle günümüze kalan ve geleceğe bırakacağımız bir mirastır. Artık İstanbul'da yapılması gereken bu derinliği gün yüzüne çıkarmak, yaralarını sarıp sarmalamak, onarmak, mirasa sahip çıkmaktır.

...Bütün yollar Venedik'e çıkardı.
Sadece Konstantinapol onunla âşık atabilirdi...
Eileen Edna Le Poer Power, *Ortaçağ İnsanları*

Müştereklerimiz

Binlerce yıldan günümüze kalan mirasa bir kurum altında sahip çıkmak, bu tarihi mirası günümüz İstanbul'una ve dolayısıyla kültürüne, sanatına, sosyal yaşamına kazandırmak için 2019 yılında Kültür Varlıkları Dairesi Başkanlığı, İBB Miras'ı hayata geçirdi. İstanbul'daki tüm kültür varlıklarının izleme envanteri çıkarıldı ve güncel halleriyle belgelendi. İhtiyaca göre basit bakım ve onarım, arkeolojik kazı ya da restorasyon uygulamalarıyla tarihi müşterek mirasımız günümüze kazandırılıyor.

İBB Miras'ın oluşumunu gerçekleştiren İBB Genel Sekreter Yardımcısı Mahir Polat, İstanbul Üniversitesi Edebiyat Fakültesi Arkeoloji ve Sanat Tarihi Bölümü mezunu. Ardından Mimarlık Tarihi, Müzecilik, Kültürel Miras, Dinsel Kültürel Miras gibi alanlarda kariyerini sürdürmüş. 2019'dan beri İstanbul Kültür Varlıklarından sorumlu bir ekibin başında.

---

59. https://bianet.org, 20 Ekim 2022.

İstanbul'un taşı toprağı altın değilse bile, her bir yanı eski eser. Bizans ve öncesi, Osmanlı dönemi, Cumhuriyet dönemi derken, her baktığınız yerde bir miras görmeniz mümkün. Göremiyor musunuz? O zaman şöyle yapın, İBB Miras'ın web sayfasına girin, orada bir harita var, size en yakın kültür mirasına ulaşmanız mümkün.

Bence İstanbul'a yapılmış en güzel hizmetlerden biri İstanbul Kültür Varlıkları Envanteri Projesi. Kültür sanat çevrelerince "Bugüne kadar İstanbul genelini kapsayan, arşivleri bir araya getiren ve sayısal veri tabanına dönüştüren en kapsamlı proje" olarak anılıyor. Bu kitabın başından beri ülkenin ciddi bir envanter sıkıntısı olduğunu farklı disiplinlerde çalışan akademisyenlerden öğrendik. O yüzden bu açıdan da çok değerli. Türkiye'deki tescilli eserlerin yaklaşık üçte biri İstanbul'da yer alıyor. 8 Kasım 2023 tarihi itibarıyla, 35.619 adet tarihi eser envantere kaydedilmiş. Güncelleme çalışmalarında, tescilli olmayan eserler de belirlenerek yasal koruma altına alınmaları için Koruma Kurullarına iletiliyor.

İstanbul'da, 182 türde kültür varlığı yer alıyor. Oluşturulan mobil ekipler sahadan elde ettikleri verileri düzenli olarak paylaşıyor, böylece eserlerle ilgili verilerin güncelliği korunuyor. İstanbul genelinde düzenli şekilde yüzlerce eserde basit bakım, onarım ve restorasyon çalışmaları gerçekleştirilmiş. Bazen vatandaş "Bizim mahallede bir çeşme var, kırık" deyip arıyormuş. Böylece çok farklı kaynaklardan veri toplanabiliyor. İstanbul'un tarihinden günümüze gelebilen bu miras yapıları İstanbulluların günlük yaşamına birer kültür-sanat alanı, hatta "yaşam alanı" olarak kazandırılıyor. Yapılan çalışmalar "Cerrahi ağır restorasyonlar yerine, tarihi yapıları düzenli izleyerek önleyici koruma" olarak tanımlanıyor.

Kültür-Sanat Hakkı

Bütün sanatlar, en üstün sanat olan
yaşama sanatına hizmet ederler.
Bertolt Brecht

Hayatın güzelliklerini tatmayı isterseniz, hem bu şehir hem bu ülke hem de bu ülkenin insanlarında tadılacak çok güzel tatlar var. Bazı insanlar bu tadı almaktansa, acıyı çekmek veya çektirmek için nasıl bir beceriye sahip, bazen şaşıyorum. Sanat ve sanatçıların ışık olduğu ve onların aydınlattığı hiçbir yerde, mutsuzluk ve umutsuzluk olmaz. Kültürün, sanatın, yaşamın sevinci ve umut kaynağı olduğunu her zaman biliyor ve hissediyoruz. Çocuklarımızın bu güzel kentte, yaratıcı bir geleceğe sahip olmaları için, en çok ihtiyaç duydukları şeylerin başında, kültür ve sanatla buluşmaları olduğunun farkındayız. Bu boyutuyla İstanbul'un hak ettiği değere, o yaratıcı insanlara fırsat tanıyan alanlara kavuşması için, çok bilimsel, teknik ve anlamlı bir süreci İstanbullulara hediye edeceğimizden hiç kimsenin kuşkusu olmasın.[60]

Brecht'in, bütün sanat dallarının yaşama sanatına hizmet ettiği sözünün, günlük yaşamda ifadesini bulduğu tariflerden biri de belki Ekrem İmamoğlu'nun bu hisleri gibidir.

İKSV Kültür Politikaları Çalışmaları Direktörü Özlem Ece, kültür-sanat konusunda yerel yönetimlerin konumunu tanımlarken çizdiği yol haritasıyla bu hislerin nasıl hayata geçirilebileceğine dair püf noktalarına da işaret ediyordu.

Yerel yönetimler, bulundukları yerde vatandaşlara en yakın olan, onların ihtiyaçlarına en hızlı cevap verebilecek kamu kurumları. Vatandaşın derdine kültür-sanatla derman olabilmek çok temel bir konu. Mahalle, ilçe veya il ölçeğinde neyi iyileştirmek, neye iyi gelmek isteniyorsa, kültür-sanat bir müdahale alanı açabilir. UNESCO'nun tanımıyla kültür geniş bir yaşam

60. Müze Gazhane Açılışı, 10 Temmuz 2021.

bilimi. Yaşatılması, geleceğe aktarılması, herkese ulaşması gerekiyor. Bu konuda yerel yönetimlerin yapması gerekenler var. Nedir bunlar? Toplulukların kendi talepleri üzerinden şekillenen, yukarıdan aşağı değil de aşağıdan yukarı tanımlanan bu ihtiyaçları, yerel aktörlerle eşit ilişki içinde, en ideal şekliyle bulup ortaya çıkarmak.

Kültürü temel bir insan hakkı olarak tanımlayan Özlem Ece, herkesin eşit şekilde kültür hakkına ulaşmasının demokratikleşme ve katılımla ilişkili olduğunu söylüyor.

İkinci Dünya Savaşı sonrası gündeme gelen sosyal hak tartışmalarıyla kültür hakkı da yerini bulmaya başladı. Bu hak konusunun iki yönü var: Kişinin kendi kültüründen gelen hakları özgürce kullanabilmesi, örneğin kimlik, anadil gibi kültürel haklar. Diğeri de kültürel yaşama erişim, katılım ve katkı sağlama hakkı. Zemine bu ikisi konuyor.

Özlem Ece şöyle devam ediyor:

> Eğitim, sağlık ve diğer sosyal politika alanları gibi, kültür politikaları da bir kamu politikası konusudur ve sadece kamuya bırakılamaz. O yüzden bizim gibi kültür kurumları bu alanda politika yapıcılara alanın ihtiyaçlarını aktarmaya da çalışıyor. Ama birçok hak ile kesiştiği noktada kültür-sanatı sadece bir etkinlik alanı gibi görmemek lazım; insan olmaktan kaynaklanan, ikinci kuşak insan hakları içinde insanın "iyi olma halini" destekleyen haklardan söz ediyoruz.

Demek ki kültür-sanatı da diğer politikalarımızın temeline koyacağız.

Ekrem İmamoğlu İBB başkan adayı olduğu dönem, çok başlıkta ve çok sayıda vaatte bulunmuş olsa da bunların hepsi beş temel vaat etrafında şekilleniyordu. Bunlardan biri de kültür-sanat başlığıydı: "İstanbul'un yaşam kalitesini yükseltmek, kültür, sanat ve spor faaliyetlerini, İstanbul'un tamamına yaymak."

İstanbul'un ve İstanbullunun kültür-sanat alandaki durumunu "yoksulluk" kelimesiyle tanımlamış ve bu konuda değişim vaatlerini şöyle sıralamıştı:

> Bir başka yoksulluk ki o da çok derin, bu kentte kültür ve sanatta yoksulluk yaşanıyor. Nitelikli kültür-sanat etkinliklerine katılmak pahalı bir uğraş olmaktan çıkmalı. Kültür, İstanbulluların bir arada, barış içerisinde yaşaması, dünyanın geri kalanıyla bağ kurması için olmazsa olmaz bir alan. Kentin farklı sosyoekonomik semtlerinde oluşan kültür ve sanat birikimini, çevre ilçelere de ulaştıracağız.

Özlem Ece de kendi alanında katılımcılığa vurgu yapıyordu. Ece'nin tanımıyla da kültür-sanat alanındaki katılımcılık, geçen bölümlerde tarif edilenlerle aynı ilkeleri içeriyor.

Ece'ye İBB'nin kültür-sanat alanında politikalarını belirleyip uygularken katılımcılığı ne ölçüde işlettiğini soruyorum:

> Son 4,5 yıl içinde katılımcılık işletilmeye çalışıldı. Ama mesele şu: Ne kadar takip ediliyor, o katılım ortamlarından çıkan öneriler düzenli bir strateji haline getiriliyor mu? Ölçülüyor mu? Bunun biraz daha geliştirilmesi gerekiyor. Bu nedenle yerel yönetimlerin sivil kültür kurumları ve sanatçılarla sürekli bir istişare halinde olması gerekiyor.

İKSV Genel Müdürü Görgün Taner yerel yönetimlerin bu alandaki işlevi hakkında şu yorumu yapıyor:

> Yerel yönetimlerin altyapıyı sağlayıp düzenleyici olması gerekiyor. Kültür yönetiminde temel olarak şehirdeki kültür-sanat aktörleriyle rekabet içinde olmaktan ziyade, ihtiyacı koklayıp bu konunun uzmanlarına alan açan mekanizmalar kurulması gerekiyor.

Görgün Taner, İBB'nin tarihi mirası koruyarak, kültür-sanata da yeni alanlar kazandırma çalışmalarını, altyapı sağlama açısından çok önemli bulduğunu sözlerine ekliyor.

İBB Miras bu faaliyetlerini hızla sürdürüyor. Mahir Polat sosyal medya hesabında bir yandan restorasyonlar hakkında bilgi verirken, İBB Miras'ın İstanbul'daki yeni keşiflerini de heyecanla vatandaşla paylaşıyor.

İstanbul'un miras alanlarını tıpkı yukarıdaki kültür tanımındaki gibi sadece kültürel etkinlik yapma anlamında düşünmemek gerek. Aslında İstanbul gibi bir şehirde her biri birer kentsel çatışma alanı; barınma, eğitim, ulaşım, emek, sağlık gibi yaşamın her alanında gelecek nesillere bırakmış olduğu maddi ve manevi mirasla, hepimizin üzerine söz söyleme hakkı bulunduğu müştereklerimiz.

360 Derece İstanbul

İstanbul milletvekili olduğum yıllarda, kentsel mağduriyetlerin ve çatışmaların bir kısmını TBMM gündemine taşımaya çalıştım. O dönem danışman arkadaşlarımla "360 Derece İstanbul" başlıklı bir rapor hazırlamıştık. Kitaba dönüştürme hayalimiz vardı ama olmadı. Şimdi ben, sevgili Hande Coşkan, Ender Doğan ve Satı Köksal'ı burada anarak, o rapordan da faydalanarak İBB Miras'ın İstanbul'daki izini sürmeye çalışacağım. Bir flanöz gibi ama bilgisayar tuşlarının üzerinde İstanbul'u gezerken kimi zaman İBB ile sivil inisiyatifler veya İBB ile merkezi iktidar arasındaki çatışma noktalarında duracağım; kimi zaman bu mirasın İstanbul'un yaşamına, üretimine, kültürüne, sanatına nasıl kavuşturulduğuna bakmaya çalışacağım. Başlayalım:

Galata Kulesi

İstanbul sanatçılara ilham vermiş bir şehir. Yüzyıllar boyunca tablolara, şiirlere, edebiyata, müziğe, sinemaya aktarılmaya çalışılmış. Nâzım Hikmet *Akşam* gazetesine Orhan Selim imzasıyla yazdığı bir makalede[61] Galata Kulesi'nin ikinci kat kemerleriyle aynı hizada bir tavan arasına taşındıktan sonra ressam olmayı arzuladığını anlatır ve şöyle der: "İstanbul havasına göre, bazen yağlıboya, bazen suluboya, bazen pastel ve bazen karakalem oluyor."

Bizim de İstanbul'u 360 derece görebileceğimiz ilk durağımız İstanbul'un simgelerinden Galata Kulesi. Siluet tahribatına rağmen İstanbul'un kalbine doğru yaklaştığınızda her noktadan görünen 1348 yılı yapımı bu kule bir zamanlar turistlerin hem seyir terası hem de her dilden şarkı söyleyen müzik gruplarıyla coştukları yemekli eğlence mekânıydı.

1990'ların ortalarıydı; sanatçı, yazar, gazeteci çevreleri Kuledibi'nde ev almaya başlamışlardı. Benim de çok gezmişliğim vardır arkadaşlarla. Evlerini satanlar yıllar önce Anadolu'nun çeşitli şehirlerinden gelip buralara yerleşmiş, artık daha geniş, daha steril uzak mahallelere gitmek arzusunda insanlardı. Evler ucuz, ama bakımsızdı. Zira o yıllarda Kuledibi gerçekten yıkık dökük, sokaklar tekinsizdi. "Kim oturur burada, bohemler oturur ancak" diyorduk. Tabii, eski yerleşimlerin dönüşüm için böyle bırakıldığını bilmiyordum o zamanlar.

Bugün Kuledibi bambaşka bir görünümde. Ama Galata Kulesi bir türlü "dönüşüme" ayak uyduramadı. 2019 Yerel Seçimlerinde iktidar İBB'yi kaybedince, iki seçim arası kayyum yönetimi döneminde Vakıflar Genel Müdürlüğü Galata Kulesi'ni İBB'nin uhdesinden çıkararak Kule-i Zemin Vakfı adına tescil etti. İddia edilen, Galata Kulesi'nin vakıf fonksiyonu taşıdığı idi. İBB daha sonra Vakıflar Genel Müdürlüğü'ne dava açtı, ama yine de Galata Kulesi, Kültür ve Turizm Bakanlığı'na devredildi. Bakan Mehmet Nuri Ersoy'un gerekçesi ise başkaydı: "Beyoğlu Kültür Yolu Projesi'nde

---

61. *Akşam*, 12 Şubat 1936.

yer alan binaların tamamı bakanlığımız ve bakanlığımıza bağlı kurumlara ait binalar ve onlarla yaptığımız yatırımları içeriyor, Galata Kulesi de buna dahil."

Aynı gün yaptığı açıklamada, İBB Kültür Varlıkları Daire Başkanı Mahir Polat ise tarihle oynanmasına karşı çıkıyordu:

> Vakıf dediğimiz kurum, Osmanlı'da şeri hükümlerle kurulan ve hayır amacı güden bir kurumdu. Oysa Galata Kulesi vakıf yoluyla ve amacıyla meydana gelmiş bir yapı değildir. Neredeyse Galata Kulesi'nin Osmanlı döneminde yapılmadığını ispat etmek gibi akıl almaz bir durumla karşı karşıyayız.[62]

Verilen demeçlere bakarsak Galata Kulesi'nin eski halinden kimse mutlu değildi.

Efsane bu ya, Galata Kulesi Kız Kulesi'ne âşıkmış. Ama bir türlü aşkını anlatacak imkân bulamazmış. Bakmış ki bir gün Hezarfen Ahmet Çelebi uçmaya gelmiş. Hemen onun kulağına fısıldamış aşk mektubunu. Hezarfen de Kız Kulesi'nin üzerinden geçerken deyivermiş mektubu. Kız Kulesi çok sevinmiş, o da âşıkmış meğer. Bakışırlarmış uzaktan öyle iki âşık yüzyıllardır.

Sevgili Mücella Yapıcı Kız Kulesi hakkında yazdığı yazıda "Kız Kulesi de tıpkı İstanbul gibi üç kuruşluk kâr uğruna rant sermayesinin kullanımına sunulmuş, her türlü tacize uğramış, üstelik allanıp pullanarak tacizcileriyle evlendirilmiş, üzerinde düğünler kurulmuştur" diyordu. Bu yazıyı okuduğumda "Kız Kulesi'nin mutsuz düğünlerinden sonra topluca gidilen eğlence mekânı ise onu uzaktan hazin hazin izleyen Galata Kulesi'nin şimdilerde lanetlenen restoranı olsa gerek" diye düşünmüştüm.

Galata Kulesi, Kız Kulesi'ni seyrederken bir yandan da mahkemesinin sonucunu bekliyor.

Haliç Tersaneleri

Galata Kulesi'nden yürüme yoluyla Haliç Tersanelerine yaklaşık 15 dakikada ulaşmak mümkün. Biraz otoyol, viyadük, zorlu geçişler var ama bir yolunu bulursunuz.

62. *Cumhuriyet*, 15 Mayıs 2020.

Haliç Tersaneleri civar mahalleli, esnaf, ilk tersane çalışanları ve vatandaşların mücadelesinin, yani Haliç Dayanışması'nın bir kentsel çatışma mekânı. Milletvekili olduğum dönemde yazılı soru önergeleriyle ben de mücadelelerini TBMM gündemine taşımaya çalıştım.

Bu mücadele tam da Haliç Tersanesi'nin "kullanım" değerinden "dönüşüm" değerine evrilme sürecine karşı yürütüldü. Ancak Camialtı ve Taşkızak Tersaneleri, tarihi Haliç Tersanelerinden koparılarak bir özel şirkete verildi ve burası Haliçport adı altında dönüştürüldü. Geriye kalan bölüm ise "Şehirde Ulaşım" bölümünde anlattığım, İstanbul Şehir Hatları'nın kalbi. Öte yandan tersanenin içerisinde bir de deniz müzesi çalışmaları var. İBB Şehir Hatları Genel Müdürü Sinem Dedetaş bu çalışmaya olan itirazını şöyle anlatıyor:

> Tersanenin yaşaması için kamuya açılması lazım. Ama tabii ki buradaki üretim faaliyetlerini durdurarak değil, çift fonksiyonlu bir şekilde. Bunun için daha atıl olan giriş kısmının, yani bir aktivitemizin olmadığı, depolarımızın olduğu bölümün çoklu fonksiyonlu bir alana çevrilme çalışmaları var, müze, sergi gibi... İBB düzenliyor, bir denizcilik müzesi olacak. Bunlar tabii tescilli binalar. Biraz bakıma ihtiyaçları var. Aslına uygun restorasyonla korunacak.

Haliç Dayanışması aktivistlerinden mimar ve akademisyen T. Gül Köksal ise bu konuda şu görüşü savunuyor:

> Haliç Tersanesi, her şeyin tüketim mekânına dönüştüğü İstanbul'da nadir üretim alanlarından bir tanesi. İBB'nin de Şehir Hatları işletmesinden kaynaklı olarak kendi denetimine ait bir yer. 2023 Genel Seçimleri öncesinde CHP Başkanı Kemal Kılıçdaroğlu'nun kentte üretimden bahsettiği bir videoda Haliç Tersanesi de gösteriliyor. Peki alanda nasıl bir üretim sürüyor diye bakarsak, *Paşabahçe* gibi kentsel hafızada çok değerli bir vapurun onarımının yapılarak sefere konulmasını elbette önemsiyoruz. Ancak orada bakım-onarım ötesinde daha kapsamlı bir üretim için bir hareket yapılamıyor. "Bunun için daha büyük bir

bütçe, daha büyük bir organizasyon gerekiyor" deniyor ama diğer yandan baktığımızda da deniz taksileri orada üretiliyor.

T. Gül Köksal, deniz taksi araçlarının bir kitle ulaşım aracı olmadığını, zenginlere hitap ettiğini ve halihazırda Haliçport ve Galataport gibi kentsel-toplumsal muhalefetin itiraz ettiği dönüştürülmüş yerlere ulaşım hizmeti verdiğini izlediklerini ifade ederek şöyle devam ediyor:

> Mesela vapur, (İmamoğlu'nun sözlerine atıfla söylüyorum) kadın dostu, çevre dostu, çocuk dostu, hayvan dostu bir kitle ulaşım aracı. Deniz ulaşımının yüzde 3'ün altına düştüğü, içinde su yollarının olduğu bir kentte, bu, tersane ulaşım politikasının bir parçası olmalı. Vizyon 2050 için çok iddialı laflar söyleniyor ama Haliç Tersanesi'nde, Tersane-i Âmire'den geriye üretimin tek kaldığı yerde, üretim mevzusu karşısında İBB'nin buradaki tutumu alanın bir kısmını müzeleştirmek ve sanat mekânlarına açmak oluyor. Bu hareket, üretim alanının bir kısmını kent muhalefetini de karşılarına alarak dönüşüme terk etmek anlamına geliyor. İBB buna tersaneyi "kamuya açmak" diyor ama tersane zaten kamuya ait bir alan. Neden ihtiyaç var ki böyle bir şeye? 600 yıldır dünyadaki tek örnek olarak üretim yapan bir alanın içine kentte başka yer yokmuş gibi neden müzeyi, sanatı sıkıştıralım?

Bunu "Haliçport'taki (yeni adıyla Tersane İstanbul) müzelerle bir yarışma çabası" olarak tanımlayan Köksal sözlerini şöyle sürdürüyor:

> Oradaki müzelerle buradaki müzelerin bir rekabet unsuru haline gelmesi bizim eleştirdiğimiz bir konu. Bir yurttaş, bir akademisyen, bir meslek insanı olarak Ekrem İmamoğlu'nun bunları yapmaya hiç ihtiyacı olmadığını düşünüyorum. İmamoğlu eğer orada hepimizin arzu ettiği bir kent yönetimini geliştirmek istiyorsa, kararların çoğulcu alınması gibi bir iddiası varsa, geçmiş İBB'den aktarılan projeyi kısmen de olsa hayata geçirmeye ve tersanenin üretim kapasitesini alanı daraltarak azaltmaya değil,

bizlerin görüşlerini dikkate alarak alandaki üretim bilgisini güçlendirmeye yönelik hamleler yapmalı.

Ben tabii bu ayrışma noktasını hemen İmamoğlu'na sordum. Şöyle yanıtladı:

> Haliç Tersanesi'ndeki üretim büyüyemez, çünkü yeni teknolojinin oraya girmesi lazım. Yeni teknolojinin oraya girmesi demek, tarihi yok etmek demek, orası Haliç, 600 yıllık tersane. Bana göre bir biblo gibi korunmalı. Orası hissettirilmeli, oranın eğitici tarafı gösterilmeli. İstanbul'un simgesi olan vapurların üretimini, bakımlarını yapan bir tersane olarak da hayatını sürdürmeli. Ama orası aynı zamanda Haliç. Ve ben Haliç'i büyük bir kültür sanat vadisi olarak görüyorum.

İmamoğlu tüm paydaşlarla bir Haliç Platformu kurulması yönünde çalışmaları olduğunu da söylüyor. "Bu paydaşlar kimler?" diye sorunca şöyle sıralıyor: "Haliç'in çevresinde 10'a yakın üniversite var. Orada eski bir direniş hareketi var, gemi mühendisleri, orada çalışanlar emekçiler vs. Tabii hepsiyle irtibat kurarak bu platformu hayata geçirmeyi düşünüyoruz."

Haliç Tersaneleri denilince aklıma hep şu cümle gelir: 27 Ocak 1873 tarihinde, tersane işçisi kadınlar, burada çalışan babalarına ve eşlerine destek vermek amacıyla, onlarla birlikte dayanışma grevine çıktılar." Hüseyin Aykol'un *Aykırı Kadınlar* kitabında sözünü ettiği bu kadınların tersanede çalıştıklarına dair detaylı bilgiye ulaşamadım ama bir kaynak şöyle diyor: "Osmanlı'da pek çok grevin yer aldığı tersanelerde kadınların işçiliğine değinilmemiştir. Bunun yerine, tersane işçilerinin eşlerinin, grevlerdeki militan rollerinden bahsedilir."[63]

Bugün Haliç Tersanelerinin başında tarihinde ilk kez bir kadın genel müdürün olması, bu tersanelerde çalışmış kadınların oradaki varlıklarını da temsil etmesi açısından bence anlamlı.

Feshane

Yine *Aykırı Kadınlar*'dan devam edelim:

> 1872-1907 tarihleri arasında örgütlenen 15 grevden 9'u kadınların çalıştığı işkollarında gerçekleşmişti. Örneğin Feshane grevinin örgütleyicisi ve yürütücüsü, Rum ve Ermeni toplumuna mensup 50 kadın işçiydi. Yüzlerce kadın, 22 Ağustos 1876 tarihinde dönemin başbakanlığı olan Babıâli'ye yürüyerek sadrazama bir dilekçe sunmuş ve uzun zamandır ödenmeyen ücretlerinin bir an evvel ödenmesini istemişlerdir.[64]

Bu grev Osmanlı tarihinin ilk bağımsız kadın greviydi. 8 Mart 1857 tarihinde New York'ta 40 bin dokuma işçisinin daha iyi çalışma koşulları için bir tekstil fabrikasında başlattığı grev büyük bir katliama dönüşmüş, her yıl anmalarla kutladığımız Dünya Emekçi Kadınlar Günü'nün tarihi yazılmıştır. Osmanlı'da da kadınlar hemen hemen aynı yıllarda benzeri bir hak arayışı içindeydiler. Kimi Tersane'de kimi Feshane'de.

İBB Şehir Hatları'nın, Haliç kıyılarında seyahat edebileceğiniz feribotlarını sefere soktuğunu söylemiştik. Yani Kasımpaşa'dan binip Altın Boynuz'u geçip İstanbul'un önemli endüstri mirası yapılarından biri olan Feshane-i Amire'ye varabilirsiniz.

Haliç kıyıları müthiş bir kentsel cazibe ve bir o kadar da kentsel çatışma alanları. Ekrem İmamoğlu da kültür-sanatla ilgili seçim vaatlerini sıralarken dikkatleri Haliç'e çevirmişti:

---

63. Hüseyin Aykol, *Aykırı Kadınlar*, Ankara: İmge Kitabevi, 2012.

64. a.g.e.

Çünkü Haliç ve İstanbul dünyada bir tane. Başka bir örneği yok. Dünyada en nadide coğrafyalardan. Bu bağlamda buraya o hak ettiği değeri hep birlikte sağlayacağız.

1827 yılında fes üretimiyle başlayan Feshane, Cumhuriyet'le birlikte birkaç kez el değiştirdi ve 1985'te İstanbul Belediyesi'ne devredildi. 1986 yılında Haliç çevresinin yeniden düzenlenmesi projesi kapsamında yapının büyük dokuma salonu dışındaki bölümleri yıkıldı; tarihi alan, 1989 yılında İBB tarafından, çağdaş sanatlar merkezi olarak kullanılması için Eczacıbaşı Vakfı'na tahsis edildi. İBB Miras ise 2022-23 yılları arasında gerçekleştirdiği restorasyonun ardından "Artİstanbul Feshane" adıyla kültür-sanat kurumu olarak hayata kazandırdı.

İktidar medyasının çeşitli sergileri ve sanatı hedef göstermesine rağmen vatandaşların yoğun ilgisini çeken Artİstanbul Feshane'de gerçekleşen 255 etkinliğe, İBB Kültür İşleri Dairesi'nin verdiği rakamlara göre 500 bin kişi katıldı, 250 bin kişi de sergiyi gezdi.

Fener-Balat

Feshane'den çıktığınızda Haliç feribotlarıyla Fener-Balat bölgesine ulaşmanız mümkün.

Fener-Balat-Ayvansaray da ne yazık ki, 2010'ların başında vahşi bir kentsel dönüşümün simgesi haline gelmişti. "Şehirde Yaşam" bölümünde Fatih Belediyesi ile mahalleliler arasındaki kıyasıya mücadeleden söz etmiştim. Buradaki insanların yerlerinde kalma çabaları bir hayli sıkıntılı geçti. Sevgili Mücella Yapıcı'yla da orada, soğuk bir günde, bir basın açıklaması sonrası mahalle kahvesinde çay içip ısınırken tanışmıştım.

Fener-Balat-Ayvansaray bölgesi yerel mücadelesinde, bölgede kurulan yıkım karşıtı iki derneğin, FEBAYDER ve Fener Balat Kültür Mirasları Derneği'nde mücadele eden akademisyen Çiğdem Şahin'in çabası unutulmaz. İstanbul 5. İdare Mahkemesi, FEBAYDER'in 2010'da projenin hukuk dışı olduğuna dair açtığı davayı haklı bulup iptali yönünde karar verdi. Şahin bunun geç ama önemli karar olduğunu söylemiş ve başarıyı "Yaptığımız halk toplantıları, protestolar, toplu dilekçe eylemleri, 'Evime Dokunma' kampanyamız, meslek odaları, akademik çevre ve ulusal, uluslararası platformlarla kurduğumuz başarılı ilişkiler, basını çok etkili kullanmamız, tüm bunlar ciddi bir kamuoyu oluşturmamızı sağladı" sözleriyle anlatmıştı.

Ama evinden giden, yerinden olan oldu elbette bu sürede. Fener-Balat bambaşka bir görünüme büründü yıllar geçtikçe.

İBB Miras da "18. yüzyıl İstanbul sivil mimarisinin en özgün örnekleri" diye tanımladığı Fener Evleri'ni, çağdaş sanat galerileri ve yaşam alanları olarak restore etti. Haliç Sanat 1, Haliç Sanat 2 ve Haliç Sanat 3 olarak adlandırılan Fener Evleri ile Cibalikapı'dan başlayıp Sveti Stefan Kilisesi'ne kadar uzanan sahil şeridi boyunca devam eden bir kültür rotasının oluşturulması amaçlanıyor.

Artık tarihi yarımadanın kalbine doğru ilerliyoruz. Fener-Balat bölgesinden yaklaşık yarım saat, kırk beş dakikalık bir yürüyüşle Süleymaniye'ye gelirsiniz.

Belki de bir bayram sabahı...

Süleymaniye

Artarak gönlümün aydınlığı her saniyede
Bir mehâbetli sabah oldu Süleymâniye`de
Kendi gök kubbemiz altında bu bayram saati,
Dokuz asrında bütün halkı, bütün memleketi

Yahya Kemal Beyatlı, "*Süleymaniye'de Bayram Sabahı*"

Yahya Kemal'in İstanbul algısının merkezine Süleymaniye Camii'ni almak gerekir. Zira *Kendi Gök Kubbemiz* kitabının, "Süleymaniye'de Bayram Sabahı" şiiriyle başlaması bir tesadüf değildir. Süleymaniye Camii, pervaneleri kendisine çeken bir ışık kaynağı gibi bütün Osmanlı-Türk toplumunu kendisinde toplar ve sonra onları yeniden görevlerinin başına dağıtır. Dili bir, gönlü bir, imanı bir insanları toplayan bu kutsal mekân; onları tekrar Üsküdar'a, Hisar'a, Kavaklar'a, Bursa'ya, Konya'ya, İzmir'e, Van'a, Belgrad'a, Budin'e, Tunus'a, Cezayir'e gönderir. Süleymaniye yalnızca İstanbul'un değil, bu anlamda bütün Türkiye'nin kalbi gibidir. İnsanları içine çeker, sonra yeniden bırakır. Bu bir med-cezir gibi, nabız atışı gibi hep tekrarlanır. Süleymaniye Camii, her yönden sonsuzluğu gören bir yapıdır ve onun inşa edildiği tepe kutsaldır. Buradan gökyüzüne uhrevi bir kapı açılmaktadır. O, yalnızca geometrik bir anıt değil; bu dünyayla öteki dünyanın insanlarının kaynaştığı bir yerdir.[65]

İşte bu kadar önemlidir Süleymaniye ve onun hâkim olduğu siluet. Oysa bakın neler oluyor birkaç yıldır Süleymaniye'de...

Süleymaniye konusu Ekrem İmamoğlu'nun en önemli gündemlerinden biri. Bir görüşmemizde kendisine "Geçmişten gelen her projeyi 'idarenin devamlılığı' mantığıyla ele alıp devam ettirdiğiniz yönünde eleştiriler var, bu konuda ne diyorsunuz?" diye sormuştum. Bunun böyle olmadığını söylerken Süleymaniye örneğini şöyle anlatmıştı:

Süleymaniye ve çevresindeki yapılaşma uzun süredir mücadele ettiğimiz bir konu. Binin üzerinde, geçmişte kayıtlı envan-

65. Oktay Yivli, "Yahya Kemal'in Şiirinde Mekân", *Türk Dili Dergisi*, Aralık 2009, s. 680-694.

teri olan ahşap yapıların bulunduğu, Türk mimarisinin en özel ve en güzel mahallesi diyeceğimiz yer, göz göre göre heba edildi, talan edildi, yıkıldı. Sanki bomboş bir arazi üretilmiş de orada bir site yapılıyormuşçasına, bir proje tasarımı üzerinden yürütüldü. Biz burada yanlıştan nereden dönebiliriz diye yaklaşık üç buçuk senedir tartışma yürütüyoruz. Katarlı firmayla tartışıyoruz, devletin farklı kurumlarıyla tartışıyoruz. 40'a yakın uzmanı, İstanbul'un saygın mimarlarını, şehir plancılarını çağırdık, toplantılar yaptık. Devletin kurumlarını çağırdık. Fatih Belediyesi de geldi. Sonuçta şu kabul edildi: Evet, burada yapılan iş yanlıştı. Şimdi Katarlı firma da dahil, bu işi nasıl doğru sürdürebiliriz, onu konuşuyoruz.

Bu süre zarfında İlim Yayma Vakfı'nın Süleymaniye'nin siluetini bozan bir bina inşaatı da kamuoyunda tartışma konusu olmuş, Ekrem İmamoğlu, Süleymaniye'nin önünde inşa edilen projenin İBB tarafından onaylanmadığını söylemişti. Vakıf da geri adım attı.

İBB Miras tarafından düzenlenen UNESCO Dünya Mirası Süleymaniye Koruma ve Tasarım Çalışma Grubu toplantısında konuşan İBB Başkanı Ekrem İmamoğlu, Süleymaniye'yi, kentin barındırdığı nitelikli insan kaynağıyla ayağa kaldırma hedefinde olduklarını vurgulamıştı:

> "Ben en iyisini yaparım" anlayışıyla yola çıkan bir kısım insan, bir anda burayı belki de yüzyılın tahrip gücünden daha büyük bir tahribatla birkaç sene içerisinde yerle yeksan etti. Geçmişte medreseleri, kütüphaneleriyle ilim yayan bu bölge, şu anda karmaşayla ve yoksullukla, hatta sonrasıyla ilgili de rantla anılır oldu. Bir site tasarlanır gibi tasarlandı.

Süleymaniye konusunda görüşünü sorduğum Mimarlar Odası İstanbul Şube Başkanı Esin Köymen genel olarak düşülen şu yanlışa işaret ediyor:

> Tarihi Yarımada'nın bir bütüncül planlamasının olması gerekiyor. Ama AKP döneminde ne yapıldı? Tarihi Yarımada parçalanarak neredeyse mahalle bazında imar planı çıkarıldı. Süley-

maniye yenileme alanı da bu parça parça planlardan biri. İBB'nin yeni yönetimi de mevcut olan o imar planlarını iyileştirmeye, iyi plan haline getirmeye uğraşıyor. Süleymaniye için bizi de davet etiler, hocalarımızla birlikte gittik görüştük. Çok da iyi ve kapsamlı bir toplantı organize etmişlerdi.

Şunu söyledik: Tarihi Yarımada'nın bütününü korumaya dönük bir imar planı olması gerekiyor. Oysa biz yine aynı batağa saplanıyoruz. Hâlâ onların kenarlarını çizdiği mahalle yenileme alanları üzerinden imar planlarını düzeltmeye çalışıyoruz. İktidarda olsanız bunları yapmaya da muktedirsiniz ama değilsiniz. Sınırlarını bakanlık belirlemiş bile olsa, siz yine de bütününü çalışın. Böylece buradaki alanda bir revizyon yapmaya çalışsanız dahi, bütüne dönük olarak çalışmış olursunuz. Sınırları değiştiremiyorsanız da bütündekini bu sınırların içine işlersiniz. Bunda herhangi bir sıkıntı yok.

Ekrem İmamoğlu'nun da Tarihi Yarımada konusunda pek çok hayali var. Örneğin Fatih ilçesi için bakın neler diyor:

Fatih mesela, Tarihi Yarımada'nın merkezindeki ilçe. Şu anda hâlâ tarihi geçmiş, miadı dolmuş ticarethanelerin işgali altında. Keşke Tarihi Yarımada, oranın kendi mukimlerinin yaşadığı, sakinlerinin olduğu ama aynı zamanda bütün tarihi eserlerinin misafirler tarafından gezilebildiği bir yer olarak kalsaydı. Burası dünyanın en eski imparatorluk şehirlerinden bir tanesi. Bahsettiğimiz şey kara surlarıyla deniz surlarının çevrelediği bir ortam. Tümden elektrikli araçların kullanıldığı, yayaların ve toplu taşımanın dışında araç girişinin olabildiğince kısıtlandığı, buradaki mülteci yerleşiminin tamamen durdurulduğu bir Fatih vadedebilsek... Çünkü burası Bizans tarihinden tutun da Osmanlı tarihine kadar hepsini içine alan, dünyanın bana göre en özel coğrafyası. Onun önüne konabilecek ben başka bir şehir daha tanımıyorum. Mesela hayalimiz bu.

Bunun gibi İstanbul'un her yerini aslında değerlendiriyoruz. İstanbul'un ışıltısı olmalı. Turizm kapasitesi İstanbul için büyük bir nimet. Bunu düzeyli ama başkalaşmadan, dünyaya bütün kaynaklarını gösteren, sunan ama bunu tahrip etmeden yapan bir plan için çalışıyoruz.

360 derecelik turumuza devam ederek Süleymaniye'den yukarı doğru Beyazıt Meydanı'na yürüyerek çıkalım. Yaklaşık 10-15 dakikalık yürüme yoludur.

Beyazıt Meydanı

Beyazıt Meydanı da İBB'nin yeni yönetiminin düzenlediği meydanlardan biri. Beyazıt Meydanı'nın düzenlenmesine önceki İBB yönetimi döneminde başlanmıştı. İBB kendi tasarımıyla tamamladı. Bu yenilemeyle tarihi Çınaraltı Kahvesi ile yazarların, şairlerin, sanatçıların bir dönem buluşma mekânı Küllük Kahvesi şehir yaşamına yeniden kazandırıldı.

İBB, İstanbul'un birçok ilçesinin meydan yenilemelerini yaptı, bir kısmı da devam ediyor. Tabii İstanbul'da meydan deyince ilk akla gelen Taksim Meydanı. Şehir turumuzun ilerleyen saatlerinde o da var. Taksim Meydanı Türkiye'nin en büyük ve dünyanın da sayılı kentsel çatışma alanlarından. O yüzden buraya sıkıştırmadım.

Ama bir meydan analizi paylaşmak isterim.

Amerikalı Gazeteci George Packer, tarihi nispeten yeni ülkelerde iki tip meydan tespiti yapıyor:

> Biri daha eski, organik, kaotik ve kalabalık olan. Bu tip meydan ulus-devletten önce ortaya çıkar ve zamanla sıradan şehir sakinlerinin başta ticari olmak üzere alışkanlık ve ihtiyaçlarını karşılamak üzere gelişir. Adları meydan, çarşı, pazardır. İkincisi, yani daha yeni olan ise, ulusun idealize edilmiş niteliklerini somutlaştıracak bir master plana göre inşa edilir ve çoğu zaman görkemli sonuçlar doğurur. Birincisi, insanları kamusal alanda, bir kovan etkinliğinde bir araya getirir. Özü tesadüfi ve kendiliğindendir. İkincisi hiçbir şeyi şansa bırakmaz. İnsanlara devlete itaat ettiklerini ve bir bakıma devletle ilgisiz olduklarını anlatır.[66]

İBB yenilediği meydanlarını tanıtırken "Bu meydanlar kütüphane ve sanat merkezleriyle çağdaş alanlara dönüştü" diyor. Şimdi tam da kütüphane konusuna geldik.

Şehrin Kütüphaneleri

Beyazıt'ta Troleybüs Kuvvet Merkezi diye bilinen 112 yıllık tarihi yapı İBB Miras'ın kapsamlı bir restorasyon sürecinin ardından Kütüphane Troleybüs olarak hizmete açıldı. Önceleri atlı tramvaylar için ahır olarak kullanılan yapı, 1914'te Karaköy-Ortaköy hattında ilk elektrikli tramvay seferinin başlamasıyla Beyazıt Güç İstasyonu olarak faaliyet göstermiş. Elektrikli tramvayların kullanımdan kalkması üzerine 1961'de troleybüsler için "kuvvet merkezi" işlevini üstleniyor.

Troleybüslerin kuvvet merkezi Beyazıt'ta idi ama sürücülerinin kuvvet merkezi var mıydı, bilmiyorum. Zira keskin virajlarda troleybüslerin çıkan boynuzlarını yerine takmak için insanüstü mücadele gerekiyordu. Neyse ki yolculardan birkaç güçlü kuvvetli delikanlı, sürücünün troleybüsün tepesine çıkıp boynuzları takmasına yardım ederdi.

---

66. Catie Marron, *City Squares: Eighteen Writers on the Spirit and Significance of Squares Around the World*, Harper Collins, 2016.

Troleybüsler seferden çekilince güç merkezi de 1980'lerin sonunda atıl kaldı.

Artık o yeni nesil bir kütüphane.

Ekrem İmamoğlu'nun kütüphane tutkusuna daha öncelerden de tanığım. Beylikdüzü Belediye Başkanı iken bir kez ziyaret etmiştim. Bana yeni yaptıkları, gerçekten etkileyici bir kütüphane gezdirmişti. Aslında yalnızca bana değil, her ziyaret edene bizzat gezdiriyordu, bir öğrenci heyecanıyla anlatarak, tek tek yenilikleri gösteriyordu.

Başkan ve kitap

Şimdi Kütüphane Troleybüs'te kısa bir kahve molası verip İmamoğlu ile kitap ilişkisinden söz edelim biraz.

İstanbul Kitapçısı'na sık sık rastlarsınız. İskelelerde, metrolarda... Burada farklı yayıncıların kitapları olur. Ancak bir de İBB Yayınları var. Bu yayınların koordinatörlüğünü yapan Cengiz Özkarabekir bir belgesel yapımcısı ve film yönetmeni. Benim de TV muhabirliğim sırasında birlikte çok habere gittiğim kameraman arkadaşım. Özkarabekir, İBB Yayınları'nı anlatmaya dergiden başlıyor:

Biz Beylikdüzü'nde iken dergi hayalimiz vardı. Ekrem Başkan ta o yıllarda bana diyordu ki, "Öyle bir dergi hayalim var ki, bütün İstanbul'u kapsasın." Buraya geldiğimizde yaptığımız ilk iş o oldu. *İST* diye bir dergi yaptık, şu anda çok popüler bir dergi. Beylikdüzü'nde de hep İstanbul'u kapsayıcı işler yapardık. Bu, Ekrem Başkan'ın vizyonundan kaynaklanıyor.

Bana bir gün dedi ki "Ben kitap işine metro kadar önem veriyorum." Hatta daima şöyle der; "Bizde bir kitap çıktığı zaman metro açılışı yapmış kadar sevinirim." Her zaman kitap düşkünlüğü vardı. Sahaflara giderdi, kitaplar arardı. Bu merakını buraya yansıttı.

Bizim burada yaptığımız kitaplar İBB Yayınları adı altında geliştirildi. Bu kitapların hepsi İstanbul'la ilgili de değil. Türkiye'yi kapsayan çok kitap var. Yola çıkış noktamız da kolektif kitap yapmak. Herkes uzmanlığına göre kısaca yazsın.

İBB Yayınları yılda 45-50 kitap çıkarıyor. Ekrem İmamoğlu bütün kitapların çıkacağı tarihi bilirmiş, beklermiş. "Dün burada olsaydın görürdün" diyor. "Ne oldu ki?" diye soruyorum.

İstanbul Haritaları diye bir kitap çıkarıyoruz, Ekrem Başkan "Ne oldu, hadi, nerede" diye geldi. İBB'den arayanlar oldu kitabı sormak için. Çıkan kitabın lansmanını bizzat yapar. Söyleşiler yaptırır, yazarlarıyla fotoğraflar çektirir, sosyal medya hesabında paylaşır. Yani kitabı şenlendiren bir başkan. Benden maket ister mesela. Müdahale amaçlı değil. Ertesi gün konuşacağı etkinlik vardır, oradan alıntı yapacaktır. Bizden çıkan kitapların yüzde 90'ını okumuştur.

"Sizden çıkan kitaplar arasında en sevdiği hangisi?" diye soruyorum. *Atatürk ve İstanbul* kitabı imiş. Bir de dizin merakı varmış. Çok iyi anlıyorum, bende de var aynı merak. Dizinsiz kitap bana kitap gibi gelmiyor. Ama dizini şöyle değerlendiriyormuş:

Örneğin Türkan Şoray'la buluşacağı bir etkinlik ya da ziyareti var. Kitapların dizinine bakar, Türkan Şoray'ın geçtiği kitapların o sayfalarını okuyup ezberler. Gidince de yanında götürür ve söyler. "Türkan Hanım, şurada sizden bahsediliyor" diye açar. Bizim bütün kitaplarda dizin vardır, çok önemlidir. Başkan buna titizlendiği için biz de ayrı titizleniriz.

Ben de bir sohbetimde İmamoğlu'na neler okuduğunu soruyorum:

> Çok kitap okuyorum, çok seviyorum. En çok tarih seviyorum. Tarihe mal olmuş kişilerin biyografileri mesela. Kendimi zorlayarak tekrar romanlara dönmeye başladım. Çünkü baktım ki çok uzaklaşmışım romanlardan. Tabii bu dönemin getirdiği de bir şey. Tarih, siyaset tarihi, yakın tarih, Cumhuriyet tarihi, politik tarih, sosyolojik kitaplar vs. bunlara çok daldım bir süredir. Tekrar roman okumaya kendimi zorlamaya başladım. Yakın dönemin süreçlerini de içine katan romanları ya da hikâyeleri okumaya gayret ettim. Hem zevkli oluyor hem de içinde tarihin izlerini de bulabiliyorsunuz. Eşimle bir seriyi bitirdik böyle; Osman Balcıgil'in yedi sekiz kitabını okudum. Hatta eşimle okuduk Cahide Sonku'nun hayatını. Önce eşim bitirdi, sonra ben bitirdim. Böyle bir seri yaptık. Amin Maalouf'u, Zülfü Livaneli'yi okuyorum. Eğer kitaptan uzaklaşırsam, çok yoksullaşmış hissediyorum.

Saraçhane

Ekrem İmamoğlu'nun gençlere vaatlerinde sıklıkla söz ettiği Saraçhane Kütüphanesi'ne ne olmuştu?

2023 yılı Nisan ayında yaptığı bir konuşmada İmamoğlu, "2019'dan önce 20 olan kütüphane sayısını, 2023'ün Nisan ayında 60'a çıkardık. İBB Kütüphane ile kentin yoksul mahallelerindeki gençleri, kentin bütün gençleriyle eşitleyinceye kadar çalışmaya devam edeceğiz" demişti. Ancak bu kütüphaneler arasında en çok söz ettiği Saraçhane Gençlik Kütüphanesi yoktu. "Bugün İBB'nin bulunduğu yerde, Belediye Başkanlığı, Meclisi ve hizmet birimleriyle dünyanın sayılı kütüphanelerinden biri olacak Saraçhane Gençlik Kütüphanesi'ni hayata geçireceğiz" sözleriyle vaatte bulunduğu kütüphanenin akıbeti neydi?

Ekrem İmamoğlu, bana kütüphane ötesi bir şey tarif ediyor. Kütüphane de bunun bir parçası, ama o ruhu yenilenmiş bir Saraçhane binası, gücü iletişiminde bir Belediye Sarayı resmi çiziyor:

"Bu süreçte yaşadığımız bazı engellemeler, projeleri zamana yaymamızı gerektirdi. Tabii yapı envanterimizle ilgili birtakım kaygılarımız oldu. Örneğin Merter'deki yapımızın, Bakırköy'deki yapının verimsizliği..."

"Ne ilgisi var?"

"Çünkü biz Saraçhane'nin önemli bir bölümünü farklı binalarımıza kaydırıp Saraçhane'yi farklı bir şekilde yenileyeceğiz. Sadece kütüphane de değil, çünkü kütüphane aslında yapacaklarımızın sadece bir boyutu" diye yanıtlıyor ve neler hedeflediklerini anlatmayı sürdürüyor:

> Biz orada başkanlığı koruyacağız, meclisi koruyacağız. Saraçhane binasındaki siyasi yönetim sahasını bürokrasiyle birleştiren, sivil toplumla birleştiren, Kent Konseyi ile birleştiren bütüncül bir yapı istiyoruz. Hayat ettiğimiz, arzuladığımız belediye binası şöyle bir belediye binası: Toplumun içine girdiği, sorgulayabildiği, analiz edebildiği bir yapı olsun dedik. Saraçhane tam bir demokrasi simgesi olsun istedik. Şu anda bu hedefimizden asla sapmadık. Hazırlıklarımız sürüyor. Zaten şunu da söyleyeyim, zamanında buraya start verebilseydik, bu olmuştu bile. Ama Saraçhane binasını birinci derecede korunması gereken yapıya çevirip, "çivi bile çakamazsınız, gelin bizden izin alın" dedikleri için, üzerinden tam 3,5 sene geçtikten sonra onayımızı alabildik. Şu an onaylı bir projemiz var. Yalnızca bu gecikmeler sonucunda bir miktar zaman kaybı yaşanmış oldu. Ama arzu ettiğimiz, o demokrasinin, yerel demokrasinin güçlü olduğunu hissettiren Kent Konseyi'nin, İBB Meclisi'nin bir arada çalıştığı, aynı zamanda güçlü bir kütüphanesi olan, halkın içine girip çıktığı, sivil toplumla buluşabildiği o Saraçhane binasını gerçekleştireceğiz.

Aslında şehrin kütüphaneleri derken yalnızca adı kütüphane olan yapıları düşünmemek lazım artık. Zira İBB Miras'ın restore ettiği hemen her kültürel miras alanı içinde bir de kütüphane olduğunu belirtelim.

Saraçhane'den yarım saatlik yürüme yoluyla eski bir arşiv binası olan Bulgur Palas'a ulaşabilirsiniz. Birinci Dünya Savaşı yılları, mütareke ve erken Cumhuriyet dönemini görmüş bu binanın bilgi-belge merkezi, arşiv, kütüphane, sergi salonu ve kafesi olan bir yaşam alanına dönüştürülmesi için bir proje yürütülüyor. Ekrem İmamoğlu İBB'nin Bulgur Palas adıyla bilinen Bolulu Habip Bey Konağı'nı satın alışını sosyal medya hesabından "Tarihi Yarımada'nın yedinci tepesinde yer alan yapı, artık İstanbullunun oldu. Şimdi bu tarihi yapıyı tüm İstanbulluların kullanacağı bir kültür mekânına dönüştüreceğiz. Şehrimize hayırlı olsun" diye duyurmuştu. Uzun yıllar arşiv binası olarak kullanılan Bulgur Palas'ın kurtarılması için çağrılar yapılıyordu.

Hipodrom bölgesi

Bulgur Palas'tan on dakikalık bir yürüme yoluyla tramvaya ulaşıp oradan Divanyolu Caddesi'ne varalım. Hayatımın pek çok kesitinin geçtiği bir bölge burası. 1980'lerde İstanbul Üniversitesi'nde yüksek lisans yaptığım yıllarda Beyazıt'tan çıkıp yürürdük. El yapımı takıcılardan küpe, baharatçılardan baharat alalım derken yürüye yürüye gelirdik Sultanahmet'e.

1988'de yüksek lisans tezimi yazarken Divanyolu üzerinde Anadolu'da bir köy evi gibi döşenmiş butik bir otelde çalıştım. O yıllarda öyle butik otel pek yoktu. Air France indiği günlerde soluğu bizim küçük otelde alan ve kapıda bir yatak için yalvaran Fransız turistlere pes edip sofada yatırdığımız olurdu. Turist profili de farklıydı o yıllar, daha çok kültüre, tarihe geliyordu.

1990'ların başında Cağaloğlu'nda *Günaydın* gazetesinde çalışırken akşamüstü sayfa bağlandıktan sonra kendimizi Yerebatan Sarnıcı'nın yanındaki kafeye atardık, bira içmeye. Diğer gazetelerden arkadaşlar çıkar gelirlerdi. Çok sıcakta serinlemek için sarnıca iner gezerdik.

2000'li yılların ikinci yarısında Sultanahmet'e yeniden döndüm. Serbest çalışıyordum. Tanınmış bir aile, soyağacını çıkarmamı istemişti. Sultanahmet'te bulunan devlet arşivlerinde neredeyse bir yıl çalıştım. İnanılmaz güzellikte bir arşivdi. Artık yok orada, taşındı. Binası da 2014 yılında otel oldu. Sultanahmet'in profili de hızla değişmeye başladı zaten.

Anılardan bugüne dönüp Sultanahmet'te mola verelim ve tarihe yolculuk edelim:

> Bizans devri önemli yapıları ve abideleri Hipodrom çevresinde inşa edilmişti. "Büyük Saray" diye bilinen İmparatorluk Sarayı, Hipodrom'un yanından başlar, aşağılara, deniz kenarına kadar uzanırdı. Hamamlar, mabetler; dini, kültürel, idari ve sosyal merkezler bu civara yerleşmişlerdi. Semt, Bizans ve Türk devirlerinde de merkezi önemini devam ettirdi. İstanbul'un en önemli abideleri Ayasofya, Sultan Ahmet Camii, Türk ve İslam Eserleri Müzesi, Yerebatan Sarnıcı burada, Hipodrom'un çevresinde bulunuyor.[67]

Osmanlı döneminde At Meydanı olarak kullanılan Bizans Hipodromu, İBB Miras tarafından hazırlanan restorasyon başvurusunun onayını bekliyor. Hipodrom'un restorasyonu konusu iktidar cenahında çok kıyamet koparmıştı. İktidar medyası restorasyona karşı çıkma gerekçesi olarak "şehrin tarihi dokusuna zarar vereceği" hassasiyetinden tutun da "İstanbul'un Bizans yapılmak istendiğine" kadar genişleyen bir itiraz yelpazesi açmıştı. Hipodrom hep fırtınaların koptuğu yerdi. 532 yılında burada yapılan bir spor müsabakası, gergin siyasi ortamda ayaklanmaya dönüşmüş, İmparator I. Justinianus kaçma noktasına gelmişti.

Ben ortaokulda iken lisede okuyan ablam, tarih dersine çalışırken kitabı bana tutturur, karşıma geçer anlatırdı. Ben de dinlerken kitaptan takip eder, hayal eder, bazılarını da ister istemez öğrenirdim. Mesela Maviler ile Yeşillerin hikâyesini hiç unutmadım. Çocukluk anılarımdan hatırladığım bu tarihi olayın Hipodrom'da başladığını ve dünya tarihinin en önemli ayaklanmalarından biri olduğunu öğrendiğimde çok şaşırdım.

Bizans tarihine Nika Ayaklanması diye geçen bu kanlı isyandan kaçmayı reddeden İmparatoriçe Theodora'nın, imparator

---

67. Vikipedi.

eşine söylediği belirtilen cümle ise özlü sözler tarihine geçti. Çok çeşitli şekillerde ifade edilir ama en güzeli şöyle: "Başında taç taşımış olanların, o tacı yitirdikten sonra artık yaşamamaları gerekir. Lâl rengi kumaşın güzel bir kefen olduğu yolundaki o eski özdeyişi severim."[68] İmparatoriçenin söz ettiği kumaş "toga"dır. Renk ise mozaiklere siklamen, mor gibi yansıyan erguvan rengi ya da morsalkımlar.

Bizans'ın rengi İstanbul'un morsalkımları ve erguvanlarıyla özdeşleştirilmekle birlikte mor rengin üretiminin uzun yıllar boyunca hep çok pahalı olması onu zenginlerin ya da asillerin rengi yapmış. İbranice İncil'deki Atasözleri 31 bölümünde tanımı yapılan "güçlü kadın" işe erkenden başlayan, hatta güneş doğmadan kalkan, ticari, idari ve kişiler arası beceriye sahip; kendisini ve evini mor ketenlerle donatacak kadar ekonomik başarıya sahiptir.

Dönelim bugüne...

İBB Başkanı Kadir Topbaş bir zamanlar yeni halk otobüsleri ne renk olsun diyerek bazı renkler belirlemiş ve anket yaptırmıştı. İstanbul rengi olan erguvan otobüsler seçilmiş, 29 Mayıs 2011 günü arifesinde de ulaşıma çıkmışlardı.[69] Bizans tarihinin müfredattan ayıklanma dönemi de aynı yıllara tekabül ediyor olabilir. Benim çocukluk anılarım 1970'lerin ortası.

Hipodrom restorasyon onayını bekleyedursun, Hipodrom bölgesini çevreleyen tarihi yapılardan birine yürüyelim:

Şehrin sarnıçları

İstanbul'a gelen bütün turistlerin önünde metrelerce kuyruğa girdiği Yerebatan Sarnıcı ikili bir kentsel çatışma noktası: Vakıflar Genel Müdürlüğü yine İBB mülkiyetinde yer alan Yerebatan Sarnıcı'nın giriş yapısı ve Talat Paşa Konağı'na herhangi bir mahkeme kararı olmaksızın 2022 yılının mart ayında el koydu. Üstelik de bu el koyma sürecinde İBB tarafından sarnıcın restorasyon çalışmasında son aşamaya gelinmişti. İBB bu fiili durumu mahkemeye götürdü. Mahir Polat, bu karara atfen İBB'nin elindeki müzele-

---

68. Paul Lemerle, *Bizans Tarihi*, s. 46.

69. *Yeni Şafak*, 28 Mayıs 2011.

rin tamamına el konulma ihtimalinin bulunduğu tehlikesine işaret etti. Mahkeme süreci devam ederken İBB Miras, restorasyonu tamamladı ve açılışı gerçekleştirdi.

Bizans İmparatoru I. Justinianus döneminde (526-565) yapılan Yerebatan Sarnıcı şehrin en büyük su mahzeniydi. Dedik ya "Şehrin Suları" bölümünde, İstanbul bir su şehriydi diye, 19. yüzyıl tarihçisi Skarlatos Byzantios da yeraltı kanallarına ve sarnıçlara atıfta bulunarak şöyle diyordu: "Eğer su yolları 'akan nehirler' ise, kentin yedi vadisinin kayda değer büyüklükte alanlarını işgal eden devasa sarnıçlar birer deniz veya göl gibiydiler."[70]

Sarnıç kanallarının İstanbul'un "müşterekleri" olduğunun da izleri var bu tarihte. "1544-1555 tarihleri arasında İstanbul'da yaşamış gezgin tarihçi Petrus Gyllius'un Yerebatan Sarnıcı anlatımındaki detaylar, sarnıcın Osmanlı dönemiyle ilgili toplumsal hafızada yer edinmiş unsurların hemen hepsini içermesi bakımından önemli. Bu anlatıya göre, sarnıcın üzerindeki mahalle sakinleri sarnıçtan "haberdardır": Kovalarla su çekerler; hatta sarnıç

70. Ayhan Han, "Osmanlı Döneminde Yerebatan Sarnıcı ve Mahallesi", İTÜ, *Annual of Istanbul Studies 1*, 2019, (Scarlatos D. Byzantios, Constantinople: A Topographical, Archaeological and Historical Description).

içerisinde kürek çekip kandillerle ışıklandırır ve balık avlarlar. Kuyulardan sarnıç içerisine hava ve ışık sızmakta, balıklar ışığın altında yüzmektedirler."[71]

1600 yıllık Yerebatan Sarnıcı'nın depreme karşı güçlendirilmesini de içeren restorasyon sonucu ilk kez 1500 yıllık tuğla döşemelerinin de açığa çıktığı belirtiliyor. Yerebatan Sarnıcı da Galata Kulesi gibi mahkeme sonucunu bekliyor ama ziyaretçileri akın akın gelmeye devam ediyor.

Gelelim Yerebatan Sarnıcı konusundaki eleştirilere. "Ben mirası tek başına yapı mirası olarak görmüyorum" diyor T. Gül Köksal:

> Bir yapıyı nasıl restore ettiğiniz kadar, kamu kullanımına nasıl açtığınız da önemli. Çünkü ele aldığınız şey, ortak değerimiz olan bir müşterek. Yerebatan Sarnıcı'nın restorasyonu yapıldı ama bir yandan da çeşitli özel etkinlikler için –parasını ödeyene– kullandırılarak bir metalaşma süreci de başlatıldı. Buralar kamu yararına elbette kullanılsın ama koruma-kullanma dengesine zarar verilmesin.

Kültür ve Turizm Bakanlığı'na ait sarnıçlarda düğünlere izin verilmesinin görüntüleri sosyal medyaya düştüğünde başlayan tartışmanın ardından, düğün olmasa bile böylesine hassas bir miras alanında defile vb. herhangi bir özel etkinliğe izin verilerek sarnıcın ziyarete kapatılmasının kültür-sanat mekânı olma konseptine aykırı olduğu eleştirileri olmuştu.

Yerebatan Sarnıcı'ndan yürüyerek Gülhane Parkı'na girince bir sarnıç daha bekliyor bizi.

İstanbul'un köklü geçmişinin sembol yapılarından biri olan Gülhane Parkı Sarnıcı da restore edilerek İstanbul'un kültür-sanatıyla buluştu. 5 ve 7. yüzyıllar arasına tarihlenen ve kimin yaptırdığına dair net bir bilgi olmamakla beraber bir manastır ya da hamamın altyapısı olduğu düşünülen sarnıç, 1910'larda Gülhane Parkı'nın halka açılması çalışmaları kapsamındaki kazılarda keşfedilmişti. Altında kaldığı toprak yığınından temizlenen Gülhane Sarnıcı, Gülhane Parkı'nda hayvanat bahçesinin bulunduğu yıllar-

71. Petrus Gyllius, *The Antiquities of Constantinople*, 1729. s. 83-84.

da, egzotik balıkların yaşatılmaya çalışıldığı bir akvaryum olarak kullanılıyordu.

Ekrem İmamoğlu, Twitter hesabından Gülhane Sarnıcı'nın haberini paylaşırken "Ben bir güzel sarnıçtım Gülhane Parkı'nda, ne sen bunun farkındaydın ne de yıllarca İBB" dedi.

Gülhane Parkı önünden tramvaya binip Karaköy'de inip oradan Tünel'le İstiklal Caddesi'ne çıkalım.

İstiklal Caddesi

1863'te inşa edilen ve Londra metrosundan sonra, dünyanın en eski ikinci metrosu olan Tünel'in, İstiklal Caddesi girişindeki bina 1875'te tek katlı bir istasyon olarak hizmete açılmış. Ardından ulaşım yönetiminin önemli merkezlerinden biri haline gelen yedi katlı Metro Han'a dönüşmüş. İstanbul toplu taşıma tarihi içinde çok özel bir yere sahip olan bu bina, İBB Miras tarafından restore ediliyor.

Ekrem İmamoğlu'nun üzerinde hassasiyetle durduğu bölgelerden biri de Beyoğlu. İBB Miras'ın İstiklal Caddesi'nde gerçekleştirmek istediği çalışma ve vizyon şöyle anlatılıyor:

Taksim Meydanı'nda tarihi Maksem'in restorasyonuyla başlayan kültür-sanat aksı Beyoğlu Sineması, Galatasaray Meydanı ve Muammer Karaca Tiyatrosu'yla devam edip şehrin yeni sanat ve tasarım merkezi Botter Apartmanı'na uzanacak; sonrasında ise Tünel Meydanı'ndaki Metrohan'la buluşacak. Bu yapıların kültür-sanatı odağına alan yeni işlevleriyle İstiklal Caddesi'ne katacakları canlılık, Galata'da yine İBB Miras'la yeni bir başlangıca hazırlanan 250 yıllık St. Pierre Han'la güçlenip Karaköy'deki Kuyumcu Han'ın enerjisiyle şehre yayılacak. Atatürk Kitaplığı ve Sevgi Soysal Kütüphanesi de farklı disiplinlerden binlerce kitabı içeren zengin arşivinin yanı sıra atölyeleri, söyleşileri ve kültür sanat etkinlikleriyle 7'den 70'e tüm İstanbullular için bilgiyi ulaşılabilir kılan yaşam merkezleri olarak İstiklal kültür-sanat aksına katkıda bulunmaya devam ediyor. Böylesi bir Beyoğlu'nun hepimize ve İstanbul'a çok iyi geleceğine inanıyoruz. Tıpkı geçmiş zamanlarda olduğu gibi.

Şehrin sinemaları

İBB Miras'ın üzerinde hassasiyetle durduğu çalışmalardan biri de Beyoğlu Sineması'nı yaşatmak oldu.

1989'da açılan Beyoğlu Sineması, ilk sezonu olan 1990 yılında, İstanbul Uluslararası Film Festivali'nin gösterim salonlarından biri oldu. Beyoğlu Sineması son yıllarda kapanmamak için mücadele veriyordu. Beyoğlu Sineması'na seyircisi hep sahip çıktı. O mücadele günlerini Biamag'da yazdığı yazıda Gözde Hatunoğlu şöyle dile getirmişti:

> Gün geldi Emek'i kaybettik. Yazmak istemediğim üzüntülü bir süreç sonunda AVM sinemasına dönüşen bir "Çakma Emek" çıktı karşımıza. Emek'i kaybederken Beyoğlu'nu, bir semtin, koskoca bir kültürün değerlerini de kaybediyorduk [...] Beyoğlu Sineması hep zorlandı, birkaç yıl önce yine kapanmanın eşiğine geldi. O zaman erteledik, kör topal da olsa idare ettik durumu. Başka Sinema çıktı ortaya, seyirci sahip çıkmaya çalıştı, festivaller canlandırdı salonu. Ama dedik ya hayat bu, düzen değişti,

çarklar başka türlü döner oldu. Biz duramadık dümenin başında. Adına ister vahşi kapitalizm diyelim, ister yeni dünya düzeni, yenildik. Biz yenildik, onlar kazandı.

Neyse ki bu kez kazanan sinemaseverler oldu. İstanbul Büyükşehir Belediyesi burayı önce devraldı, 2023 Eylül ayında açtı. Beyoğlu Sineması'nın şimdiye kadar olduğu gibi bağımsız film örneklerinin sergilendiği bir sinema salonu olmaya devam edeceği belirtildi.

İmamoğlu "Bu tür alanların topluma maddiyatla ölçülemeyecek kadar değer katacağını, moral vereceğini biliyoruz" diyor.

Beyoğlu Sineması'nı konuşurken İmamoğlu'na en sevdiği filmi soruyorum ve ilginç bir yanıt geliyor. Aslında benim de çok sevdiğim bir film, hatta son yıllarda yaşadıklarımızın bana sıklıkla çağrıştırdığı bir film, bir bilimkurgu: *Yıldızlararası*. Orijinal adıyla *Intersteller*. İçinde iklim krizinin, solucan deliğinin, evrenin bükülmesinin olduğu bir film.

İstanbul turumuza kaldığımız yerden devam edelim:

İstiklal Caddesi'ni yürüyerek Taksim Meydanı'na, yakın dönemin en büyük kentsel çatışmasının yaşandığı, hem coşkunun hem acıların izlerini taşıyan buluşma noktasına gelelim. Önce burada durup, ünlü antropolog David Harvey'in ifadesiyle 21. yüzyılın eşsiz kent direnişi olan Gezi Parkı direnişini, o uğurda hayatlarını kaybedenleri, ağır yara alarak bir daha asla eskisi gibi olamayacakları analım. Sevdiklerini kaybedenlere sıkıca sarılalım. Kent hukukunu savunmak uğruna özgürlüklerinden olanları selamlayalım.

Sonra bakalım bu kritik kentsel çatışma alanında İBB'nin yeni dönemine dair neler var.

Taksim Meydanı

İnsanlar için "burası" sadece fiziksel bir alanı değil,
aynı zamanda tarihsel bir alanı da ifade eder
Paolo Freire, *Ezilenlerin Pedagojisi*

Herkesin tahayyülünde bir Taksim Meydanı vardır. Kutlamalara katılanların, yağmalara şahit olanların, katliamlara tanıklık edenlerin, itirazlarını yükseltenlerin, müzikle kendinden geçenlerin... Herkesin farklı. Gezi Parkı direnişi bütün bu anıları farklı, tahayyülleri farklı, talepleri farklı, haykırışları farklı insanları bir araya getirmişti. O günlerden sonra iktidarın yapmak isteyip yapamadığı ama yarım yamalak bir Taksim Meydanı kaldı, bir yandan da Gezi Parkı davaları da gündemden düşmedi.

İBB'nin yeni yönetiminin de ajandasında ilk sıralarda Taksim Meydanı vardı.

İstanbul'u İstanbullularla yönetme vaadiyle yola çıkan Ekrem İmamoğlu, Taksim için de katılımcı bir süreç işletmek istedi. Bu amaçla İBB, "Taksim Kentsel Tasarım Yarışması" düzenledi ve başvuran projelerden finale kalan üç proje için halk oylamasına gidildi, bir proje seçildi.

Ancak bu tür bir katılımcılık şekli karşısında itirazlar yükselecekti.

Çünkü Taksim Meydanı, yarışmalara konu olan diğer yerlere benzemezdi. Orası Demokrasi Meydanı'ydı. Taksim'de her türlü meydan düzenlemesi yapılabilirdi ama meydan olarak korunmalıydı. Gezi Parkı da parktı ve park olarak kalmalıydı. Yalnızca bakımı yeterliydi.

Taksim Meydanı'nın toplumsal hafızadaki önemine işaret eden Yüksek Mimar Mühendis Mücella Yapıcı şöyle diyordu:

> Taksim Meydanı herkesin kendini ifade edebildiği bir alan; 1 Mayıs meydanı, Cumhuriyet meydanı, kadın hareketinin meydanı, LGBTİ+ bireylerin meydanı ve dolayısıyla fiziksel olarak da tam bir meydandır. Çünkü bir meydanın en önemli özelliği, demokratik toplaşmaları çağırması ve rahatça toplanabilmeyi sağlamasıdır. Yani bir anlamda meydanlar demokratik alanlardır.
>
> Yarışma öncesinde sendikalarla, meslek örgütleriyle, kadın örgütleriyle yani bu kentin bütün bileşenleriyle yeterince kavramsal tartışma yapılmadığını görüyoruz. Uluslararası arenada da daha çok Gezi vasıtasıyla tanınan, 1 Mayıs 1977'yi, Gezi'yi, 6-7 Eylül olaylarını, Kıbrıs mitinglerini ve daha nice tarihsel olayı yaşayan bir meydandan söz ediyoruz. Burada hem siyasi hem demokratik hem sosyal bir hafıza var. Dolayısıyla belediye her

ne kadar çeşitli çalıştaylar yaptığını söylese de çıkan sonuçlardan gördüğümüz, düzenleme öncesinde ciddi bir kavramsal tartışma açmaması nedeniyle kavramsal bir altyapı oluşturamamış ve çalışmaları yetersiz kalmıştır.

İBB'nin Taksim Meydanı'yla ilgili projesine dair 20 kurumun imzasını taşıyan açıklamada da "Projenin uygulama sürecinin meydanın kimliğine ve hafızasına zarar verme riski olası bir sorun olarak karşımızdadır" uyarısıyla süreçte adımların birlikte tartışılarak atılması talep edildi.

Tam bu tartışmaların ortasında Kültür ve Turizm Bakanlığı Vakıflar Genel Müdürlüğü, tapuda İBB'ye tahsis edilmiş olan ve mülkiyeti İBB'de bulunan Taksim Gezi Parkı'nı, alınan kararla "Sultan Beyazıt Hanı Veli Hazretleri Vakfı"na devretti.

İBB bu el koymaya tepki gösterdi: "Gezi Parkı alanı, İBB'ye haber bile verilmeden, sadece bir günlük yazışmayla yürütülmüştür. Yüz binlerce İstanbullunun oy vererek yapılmasını istediği yeni Taksim Meydanı projesinin çalışmalarına başlamak üzereyken alınan bu kararın zamanlaması manidardır." Mücella Yapıcı ise daha Gezi Parkı Davası sürerken İBB'nin bu hamlesinin, iktidarın Taksim Meydanı ve Gezi Parkı üzerinde tasarrufa gitmesine yol açtığı görüşünü savundu.

Taksim konusundaki katılım sürecine yönelik eleştirileri sorduğum Ekrem İmamoğlu, 400 bine yakın insanın katılarak oy kullanmasını önemsediğini belirtiyor ve şöyle devam ediyor:

> Prensipleri katılımla belirlersiniz. O konuda da Taksim'de belli inisiyatiflerle toplantılar yapıldı. Bu yarışma başlamadan önce "Neler öneriyorsunuz, neler olmalı olmamalı" diye soruldu, görüşler alındı. Ama sonrasında bu işin bir projeye ve bir hizmete dönüşmesi için de bir yöntem belirlemelisiniz. Ya tümden açık proje yapacaksınız ya belli yeterliliği olan proje gruplarını davet edeceksiniz ya da belli yeterliliği olanların projelerini yarışmaya dahil edeceksiniz. Evrensel kabul usulleri var. Yani bir projeyi katılımcılıkla çizip uygulama projesine kadar katılımcılıkla yönetelim modeli yok. Çünkü her katılımcının kendine göre bir usu-

lü, bir oylaması, bir prensibi vardır. Bu bakımdan biz Taksim'de "Buraya nasıl bir proje ya da nasıl bir yarışma yönetmeliği çıkarmalıyız ki doğru adımlar atalım" kısmında, maksimum katılımcılıkla önerileri aldık, ona göre şartnameyi düzenledik ve yarışmaya çıktık.

Şehrin Tiyatroları

Taksim'den Harbiye'ye Şehir Tiyatrolarına doğru ilerleyelim. İstanbul'un en köklü tiyatrolarını Şehir Tiyatrolarına ilave eden İBB, Haldun Taner Tiyatrosu, Muammer Karaca Tiyatrosu ve Kenter Tiyatrosu'nun binalarındaki yapısal sorunları çözmek ve bu tiyatroları çağdaş standartlara kavuşturmak için yoğun bir çalışma yürütüyor.

Bu kapsamdaki çalışmalar esnasında Kenter Tiyatrosu'nda incelemelerde bulunan İmamoğlu şöyle demişti:

> Yıldız Hanım'ı kaybettiğimiz gün itibarıyla, burada çok sıkı bir dayanışma ve işbirliğiyle hem ailesiyle hem Kenter Tiyatrosu'nun hamileriyle oturup konuşarak, gerçekten karşılıklı fedakârlıkla çok güzel bir işbirliği ürettik bugüne kadar. Artık Kenter Tiyatrosu, İstanbul Büyükşehir Belediyesi'nin.

Projeyi "olağanüstü" olarak niteleyen tiyatro yönetmeni ve oyuncu Mehmet Birkiye de, "Çünkü, bu binanın her zaman devam etmesini, yaşamasını isterdi Yıldız Hanım. Sayın Başkan ve belediyenin diğer çalışanları da çok işbirliği içinde oldular ve 45 yıldır burada çalışan bir oyuncu, yönetmen olarak, buranın devam etmesi fikri beni çok heyecanlandırıyor. Heyecanlandırmaktan öte, Türk tiyatrosuna çok büyük bir katkı yapacağını düşünüyorum" diyerek duygularını ifade etmişti.

İstanbul'da şu anda Beylikdüzü'nde Fatih Sultan Mehmet Kültür Sanat Merkezi Rasim Öztekin Sahnesi, Fatih Reşat Nuri Sahnesi, Gaziosmanpaşa'da Ferih Egemen Çocuk Tiyatrosu Sahnesi ve Gaziosmanpaşa Sahnesi, Harbiye'de Cemil Topuzlu Açıkhava Tiyatrosu ve Muhsin Ertuğrul Sahnesi, Kâğıthane'de Sadabad Sahnesi, Kadıköy'de Müze Gazhane Meydan Sahne, yine Müze Gazhane Prof. Dr. Sevda Şener Sahnesi ve Ümraniye Sahnesi, Üsküdar Kerem Yılmazer Sahnesi, Üsküdar Musahipzade Celal Sahnesi'nde Şehir Tiyatrolarının oyunları sergileniyor.

Öte yandan İstanbul'un çeşitli ilçelerinde açılan kültür sanat merkezlerinin bazılarının da tiyatro salonu bulunuyor. Bu şekilde İstanbul'un merkez semtlerindeki tiyatrolara gelemeyen vatandaşa tiyatro oyunları götürülüyor.

Şimdi tekrar Taksim'e dönüp fünikülerle Kabataş'a inelim. Yolun sonunda bizi bir diğer kentsel çatışma alanı bekliyor.

Kabataş Martısı

İBB'nin eski yönetiminden kalan bir proje olan ve kısa adıyla Kabataş Martı Projesi diye bilinen, Kabataş Meydan Düzenlemesi ve Transfer Merkezi Projesi de önemli bir kentsel çatışma alanı. Geçmiş yıllarda İstanbul Kent Savunması'nın en çok tepki gösterdiği konulardan biri bu inşaat çalışmasıydı. Benim de milletvekilliğimin son dönemlerine tekabül eden bu tartışmalarda sıklıkla basın açıklamalarına katılmışlığım var.

Yönetim değişikliğinin ardından projeyi yeniden ele alan İBB yöneticileri, bu projenin ne olacağı konusunda katılımcı bir süreç başlatmışlar. Bu süreçte anketler yapılmış, toplantılar organize edilmiş; muhtarlar, ilgili kurumlar ve bağımsız kent örgütleriyle görüşmeler yapılmış. Ancak süreç devam ederken, projenin bir mimarlık ofisine ihale edildiği; Koruma Kurulu kararının ve planlama ekibinin hazırladığı final raporunun gizlendiği; proje görsellerinin talepleri üzerine kendilerine gösterildiği ancak sürecin artık müzakereye kapalı olduğu söylenmiş.

Bilindiği üzere Kabataş Martı maketi şu an Mecidiyeköy Metro İstasyonu'nda sergileniyor. İstanbul Kent Savunması tarafından yapılan açıklamada "Katılımcı süreçten maket yoluyla projenin sergilenmesi ve itiraz etmenin, öneri veya katkı yapmanın imkânsız hale getirilmesi aşamasına gelinmesi, yaşadığı şehre duyarlı İstanbullular adına çok üzücü" denildi.

Peki İstanbul Kent Savunması Martı konusunda nelere itiraz ediyor?

Öncelikle Kabataş'ın denizle ve sahille ilişkisini tamamen keseceği iddia ediliyor. "Deniz kıyısında, silueti tamamen kesecek yaklaşık 11 metre yüksekliğinde ve metrelerce uzunlukta bir alanyapının Kabataş için uygulanmasını bırakın, düşünülmüş olmasını dahi anlamakta zorlanıyoruz" diyorlar. Transfer merkezi işlevinden dolayı zaten yoğun olan araç ve insan trafiğine, sergi salonları, kütüphaneler vs. gibi fazladan getirilmesi planlanan fonksiyonların kaldırılmasını; hafif iskele yapılarıyla söz konusu transfer merkezi işlevinin yerine getirilebileceğini düşünüyor ve talep ediyorlar.

Ekrem İmamoğlu'na Beyoğlu Kent Savunması'nın bu yönde hâlâ devam eden itirazını soruyorum:

> Martı, yol almamız gereken bir yerdi; ancak biz var olan projelerin üstünden yürümedik. Tam aksine geçmişten gelen hassasiyeti de bildiğimiz için bu bölgede bulunan mahalle inisiyatiflerini de işin içine katarak çalıştık. Hangi konulardan şikâyetçiler, neleri istemiyorlardı, bunlara baktık. Projeyi komple revize ettik. Bizim de tespit ettiğimiz, daha önceki projede tasarlanmış olan ve kenti tehdit eden ciddi kazılar vardı. Bu kazıların orada mümkün olamayacağını, dolayısıyla bir otopark depolanmasının oraya ayrı bir yük getireceğini gördük. Geçmişten gelen bütün eleştirilerin bilgileri de bizim elimizde vardı. Silueti bozma tehlikesinden tutun da arka plandaki insanların yüksek bir yapı görmeme arzusuna kadar bütün talepleri dikkate aldık. İnsanların önüne bir yapı dikmeyen, aynı zamanda bir yeşil alan ve meydan üreten, eski projedeki alışveriş merkezini iptal eden, çok katlı otoparkı kaldıran bir çalışma ortaya koyduk. Yaklaşık 30 bin metrekareye yakın bir meydan, en az bir o kadar daha yeşil alan olan bir proje ürettik. Sadece ön tarafta deniz dolgusuna kalan kısımda tek katlı bir otopark olacak, o da turist otobüslerine ait; böylece Dolmabahçe'yi boğacak şekilde durmayacaklar.

Kabataş'tan Adalar vapuruna binip Moda'ya gidelim. Zira Taksim ve Kabataş gibi iki ağır kentsel çatışma alanı sonrası, biraz da memnuniyet mekânına ihtiyacımız var.

Moda İskelesi

İBB'nin restore ederek yeniden İstanbul hayatına kazandırdığı ve çok popüler hale gelen mekânlar var. Bunlardan biri de Moda İskelesi. Aslında iskelelerin pek çoğu, içinde İstanbul Kitap'ın da olduğu yaşam alanlarıyla ilgi topluyor. Kadıköy İskelesi de aynı şekilde. Ama Moda İskelesi ayrı tutuluyor hep.

> Moda İskelesi'nin 1335 tarihli kitabesi, yapının 1916-19 yıllarında inşa edildiğini göstermektedir. Mimar Afife Batur, Moda İskelesi'nin dört cephesinin de farklı biçimde tasarlandığına özellikle dikkat çekerek, yapının bu yaklaşımın tek örneği olduğunu belirtmiştir. Haydarpaşa İskelesi'ne kıyasla Moda İskelesi, mimari süsleme açısından çok daha sadedir. Mimar Nihat Tek, Haydarpaşa ve Moda iskelelerinin tüm demir, ahşap ve gişe aksamının İstanbul Ahırkapı'daki Harbiye Nezareti atölyelerinde, dönemin en kalifiye ustalarına yaptırıldığını belirtmiştir.[72]

100 yılı aşkın geçmişe sahip olduğunu gördüğümüz Moda İskelesi için bugün "herkesin kullanımına açık; kitaplığı ve kafesiyle kullanım değeri herkes için eşit; adil ve keyifli" gibi olumlu yorumlar yapılıyor.

72. Müjde Dila Gümüş, "Birinci Dünya Savaşı'nda Mimarlık Yapmak: Vedad (Tek) Bey'in Harbiye Nezareti'ne Bağlı Çalışmaları", *İstanbul Üniversitesi Sanat Tarihi Yıllığı -Journal of Art History 30,* (2021): 111-143 s. 122-124.

Ekrem İmamoğlu ile görüşmemde o da büyük bir memnuniyetle aynı gözleminden söz ediyordu:

> Bizim en fazla beğenilen hizmetlerimizden bir tanesi de Mimar Vedat Tek'e ait küçücük Moda İskelesi. O küçücük yapının, herhangi bir yeme-içme yeri veya gece kulübü ya da bar gibi işletilen bir mekândan çok şık bir kitapçıya, çok şık bir kütüphaneye, bir kafeteryaya dönüşmesi, insanların oraya akın akın gelip, orada kuyruğa girip kahve alacak vakti bile olmasa, sadece oranın havasını alıp geri dönmesi aslında insanların mutlu olmak istediğinin işareti, izi. Ne kadar küçük şeylerle de İstanbullunun mutlu olabileceğinin göstergesi.
>
> Ama aslında ne kadar küçük desek de çok büyük işler bunlar. Bunun yüzlerce örneğini, özellikle Tarihi Yarımada'dan Kadıköy'e, Üsküdar'dan Beyoğlu'na, Beşiktaş'a dek tarihi noktalarda gösterebilir durumdayız. Moda İskelesi de bizim mutluluk yolculuğundaki ayrı bir durağımız.

Moda'dan Kadıköy'e her yolla geçebiliriz. Yürüyerek ya da tramvayla... Herkesin tercihine kalmış. Kadıköy'de bizi herkesi memnun eden başka bir mekân bekliyor.

Şehrin gazhaneleri

İBB Miras İstanbul'un kültür-sanat mekânlarına gazhaneleri de katmaya başladı. İstanbul'un günlük hayatına 1850'lerde girmeye başlayan gazhaneler 20. yüzyılın ilk çeyreğine kadar İstanbul sokaklarını aydınlatmaya yarıyordu. *İstanbul Tarihi* isimli kaynakta Mehmet Mazak imzalı makaleden yararlanarak[73] gazhaneleri kısaca hatırlayalım:

İlk kez Dolmabahçe Sarayı'yla kurulan Dolmabahçe Gazhanesi'nin cadde, sokak ve mekân aydınlatmada faydası görülünce İstanbul'un da havagazıyla aydınlatılması fikri gelişti. Ardından Suriçi semtlerinin cadde ve sokaklarının ve burada ikamet eden halkın, gündelik yaşamlarında aydınlatma gereksinimlerini sağlamaları için, bir de sosyal yaşantının akşamları canlandırılabil-

73. https://istanbultarihi.ist/358-istanbul-gazhaneleri.

mesi gayesiyle Yedikule semtine gazhane inşa etme söz konusu oldu.

Anadolu yakasında ise Kuzguncuk'taki ilk gazhane bu yaka için yetersiz kalınca Kadıköy Hasanpaşa'da yeni bir gazhane kuruldu. Mazak'ın verdiği bilgiye göre Birinci Dünya Savaşı ve sonrasında kısa bir döneme kadar devamlı çalışan Kadıköy Gazhanesi kimi zaman esas madde olan taşkömürü yerine, zeytin çekirdeğinden de gaz üretti, böylece tesis üretime ara vermedi.

İstanbul'un cadde ve sokaklarını aydınlatan gazlı fenerler belediyenin belirlediği vakitten 20 dakika evvel yakılıyordu, 20 dakika sonra da söndürülüyordu. Fenerleri yakma ve söndürme işlemini yapan görevliye "fenerci" deniyordu. Fenerci elindeki uzun bir çubukla fenerin kapağını açar, sonra da gaz musluğunu çevirir, yine aşağıdan uzanarak ucu çakmaktaşlı sobasıyla gazı yakar, sonra cam kapağı kapatırdı. Gerektiği zaman fenerlerin bakımını yapardı. İstanbul'da sokakların elektrikle aydınlatılması 1920'lerde başladı.

İBB Miras şimdi bu gazhaneleri birer müze ve kültür alanına dönüştürerek İstanbul yaşamına kazandırıyor. Kadıköy Hasanpaşa Gazhanesi Müze Gazhane adıyla 2021'de açıldı. Gazhane Kadıköylülerin ve tabii İstanbulluların büyük beğenisiyle karşılaştı. Önemli bir buluşma alanı oldu.

İBB Miras bunun bir benzerini Yedikule Gazhanesi için yapmak istiyor. Burası restorasyonu sürmekte olan Kara Surları'nın bir devamı olarak tasarlanacak. "Yedikule Gazhanesi İstanbul Surları Müzesi'ne bağlanarak dünyanın dört bir yanından gelen misafirlerini ağırlayacak" deniyor.

O halde son durağımız Kara Surları...

Kara Surları

Kadıköy'den Eminönü vapuruna binelim. Turumuzun son durağına ulaşmak için birkaç vasıta değiştirmek gerekiyor. Ama Büyükada'ya bir selam edelim uzaktan da olsa.

19. yüzyılın ikinci yarısında dönemin Rum Ortodoks Patriği Sofronios tarafından Büyükada'da inşa ettirilen Taş Mektep,

Dün AKP belediyesine karşı kendi tezlerini savunan Yedikule Bostanlarının savunucuları bugün de CHP'li belediye karşısında inandıklarını savunmayı sürdürüyor. Kent savunması bunu gerektirir. Konunun özeti şöyle:

İBB Miras faaliyetleri kapsamında İstanbul'un tarihi surları onarılıyor. Yukarıda da ifade ettiğim gibi onarım acil bir ihtiyaçtı. Burada herkesin hemfikir olmasını dilerim. Çünkü geçmiş yıllarda "surları onaracağıma yıkarım" bakışı da hâkim oldu İBB yönetimlerinde. Tarihi surların son 50 yıldan beri bakımsız kaldığı, özellikle de son 25 yıldır kasıtlı olarak metruk bırakıldığı, içinin molozla doldurulduğu belirtiliyor. Öyle ki iki burç arası 500 metrekareden, neredeyse 700 kamyon moloz ve benzeri malzeme çıkarılmış. Böylesine çökme ve yok olma tehlikesiyle karşı karşıya bırakılmış.

Peki ihtilaf nerede başlıyor? İhtilafın başladığı yer, şu anda yapılan restorasyon çalışmalarının olduğu bölgede, bu surların kendi haline bırakıldığı dönemlerde başlayan ve bugün hâlâ gayretle sürdürülen bostancılık faaliyetlerinde.

Bostan Savunması'ndan araştırmacı Suna Kafadar 2013'ten bu yana tarihi şehir bostanlarının bütünlüklü bir yaklaşımla değerlendirilmesi ve Kara Surları mirasının en az surlar kadar değerli bir parçası olarak görülmesi gerektiğini savunuyor:

> Sadece Theodosius Surları var olduğundan beri şehir tarımı da var olduğu için değil, kültürü ve doğayı birbirinden ayırmak, onları hiyerarşik bir değer skalasında değerlendirmek yanlış olduğu, bizi bugün içinden çıkamadığımız bir doğa talanı ve iklim krizinin içine çektiği için de. Surlar bostanlardan değerli değildir, surlar bostanlarıyla birlikte anlamlıdır. İstanbul özelinde surların ve bostanların hikâyesi birbirinden ayrılamaz bir bütündür.

Öte yandan bilinen ilk tarihi Yedikule Bostanlarının Maliye Hazinesi'nin arazisinde olduğu ve bu bölgede hâlâ devam ettiği, yani esas tarihi bostanların surların dışındaki hendekten başladığı görüşü de var. Hani tarihi filmlerde de gördüğümüz, şehre girişi engellesin diye sur dışına yapılan su dolu hendek çukuru, yüzyıllar içerisinde alüvyon taşıdığı için çok verimli toprakla dolmuş.

O nedenle Osmanlı döneminde buranın bir kısmında tarım yapıldığı ve bu alandaki bostancılık faaliyetlerinin de halen devam ettiği belirtiliyor. Burada esas tartışmaya konu olan yer, daha geç dönemde surların içinde oluşan yeni bostan gelişimleri. İBB Miras, Birinci ve İkinci Sur arasındaki bölümde yapılan bostan faaliyetinin surlara zarar verdiğini söylüyormuş.

"Surların bakıma ve onarıma ihtiyaç duyduğu muhakkak. Ancak bu bakım bostanların korumasıyla beraber ele alınabilirdi" diyen Suna Kafadar ise görüşlerini şöyle ifade ediyor:

> Buradaki sadece bir iş değildir, kendi öz örgütlenmesi olan bir hayat biçimidir. Şehir bostanları nasıl bir yaşam pratiğinin örgütleneceğiyle ilgilidir. Bugün Yedikule'yi eken Cideli bostancılardan evvel Rum, Ermeni, Arnavut, Bulgar vb. bostancılar buraları ekiyordu. Bugün neredeler? Şehir haritalarında adı geçen Tomo'nun bostanı nerede? İlya'nın bostanı nerede? Ğazaros Efendi'nin bahçesi nerede? İsimleri dahi geçmeyen kadın ve çocuk bostancıları kim anacak? Varlık Vergisiyle, pogromlarla, sürekli tacizlerle toprakları ellerinden alındı, hayatları karartıldı... Dolayısıyla bugün Yedikule Bostanlarını savunmak demek aynı zamanda bu şiddet tarihini de unutturmamak demek. Bu topraklardan kovulmuş toplulukların, bitkilerin, hayvanların varlığını tanımak demek. Bu şehirde haysiyetli ve adaletli bir yaşam sürdüreceksek, bu yaşamlar ve değerler arasında hiyerarşiler kurarak olmayacak.

T. Gül Köksal da bostanlarla ilgili şu yorumu yapıyor:

> Yedikule Bostanları çok kompleks bir koruma alanı. Yerin altı ve üstündeki arkeoloji, miras değeri eşsiz. O kadar eşsiz bir alan ki burası, süreçteki itirazımız bunların yeterince tartışılmadan alelacele yapılması. Şu haliyle bile iyileştirseniz orayı, oradaki değerleri o kadar güzel anlatabilirsiniz ki. Buradaki müdahaleleri zamana yayalım, katılımla, asırlık katmanlaşmaya layık bir şekilde, başka bir yolla yapalım diyoruz.

360 derecelik turumuzu burada noktalayalım. Elbette atladığım, yer darlığından koymadığım, daha çok sözü edilecek mekân var. Ama bu kitabın da sonuna yaklaşıyoruz.

Sultanların Dönüşü

2020 yılı Haziran ayının en önemli İstanbul gündemlerinden biri, Fatih Sultan Mehmet portresinin İngiltere'deki bir müzayededen satın alınarak İstanbul'a getirilmesi oldu.

Fatih Sultan Mehmet'in 1480 yılında İtalyan ressam Gentile Bellini'ye yaptırdığı orijinal tablo, Londra'daki Christie's salonundaki müzayedeyle satışa çıkarılmıştı. Sağ alt köşesinde Latin harfleriyle 25 Kasım 1480 tarihi düşülen bu tablo Fatih Sultan Mehmet'in başka bir kişiyle resmedilen tek portresi olma özelliği taşıyordu.

İBB müzayededen haberdar olmuş ve Ekrem İmamoğlu'nun talimatıyla gizlilik içerisinde tablonun alınmasına karar verilmişti. Ekrem İmamoğlu tablonun alınışını, "Hayırlı olsun İstanbul halkına. İstanbul halkına ait bir eserdir o artık. İnşallah nice yüzyıllar İstanbul'da yaşamaya devam edecek" sözleriyle duyurdu. Fatih portresinin müzayededen alınışı çok tartışıldı. İktidar nispeten sessiz kalırken, bu alımı uygun bulup alkışlayanlar da oldu; gereksiz ve israf olarak görenler de oldu. İBB ise geri adım atmadı.

İmamoğlu "Benim maneviyatımı ölçecek bir para miktarı yok. Çok değerli, ülkemize ait olduğunu hissettiğim, bu şehirde olmasını gerekli bildiğim bir eserin dünya çapındaki bir müzayededeki satışına katıldık ve aldık. Dolayısıyla bu bir israf değildir" dedi. Mahir Polat ise bu alımı kamuya ait bir koleksiyon oluşturma olarak tanımladı.

Aradan çok zaman geçmeden yaklaşık bir yıl sonra Mayıs 2021'de, Kanuni Sultan Süleyman da İstanbul'a tablosuyla döndü. Bu kez Sotheby's Müzayede'de açık artırmaya çıkarılan tablo gizli bir alıcı tarafından satın alınarak İBB'ye bağışlandı. Bu değerli kamusal koleksiyonun üçüncü parçası ise üzerinde "Bizans İmparatoru Muhammed" yazan ve Fatih Sultan Mehmet'in resmedildiği madalyon olacaktı. İngiltere'deki bir müzayededen satın alınan madalyonun, Fatih Sultan Mehmet'in vefatından sonra İtalyan madalyon sanatçısı ve ressam Costanza de Ferrara tarafından yapıldığı ve dünyada sadece üç örneği olduğu belirtildi.

Bu arada Ekrem İmamoğlu'nun kendisinin de bir koleksiyoncu olduğunu hatırlatalım. Hatta Galeri Beylikdüzü'nün ilk sergisi Ekrem İmamoğlu Özel Koleksiyonu olmuş, sergide İmamoğlu'nun koleksiyonuna ait, 103 sanatçının imzasını taşıyan illüstrasyondan desene, gravürden heykele, baskı sanatından dijital sanata 400'ün üzerinde eser sergilenmişti

Şehirde Kültür-Sanat

Yukarıdaki kısa şehir turumuzdan da anlaşılacağı üzere İBB Miras restore ettiği her yeri birer kültür-sanat mekânına çevire çevire hızla ilerliyor. Geriye bu mekânların içini kültür-sanatla doldurmak kalıyor. İBB Kültür İşleri Dairesi'nin verdiği rakama göre 2022 yılı boyunca 7 binin üzerinde kültür-sanat etkinliğine 3,5 milyonun üzerinde İstanbullu katılmış.

Ekrem İmamoğlu'nun vaatlerinde İstanbul'u bir festivaller şehri yapmak vardı. "Kültür ve sanat festivalleri, müzik festivalleri, spor etkinlikleri, marka festivalleri, dijital festivaller, uluslararası e-spor etkinlikleri, tiyatro ve sinema festivalleriyle İstanbul, sadece yakın coğrafyamız için değil, tüm dünya için gerçek bir çekim merkezine dönecek" diyordu. Ne yazık ki şanssız bir dönem oldu ve yaklaşık iki yıl kültür-sanat hayatını felç eden pandemi yaşandı. Ardından gelen ekonomik kriz de sektörü olumsuz etkiledi. Öte yandan bir megakenti festivaller şehri yapmak tek başına yerel yönetimin, mali ve teknik imkânı bile olsa kotarabileceği bir şey değil. Merkez yönetimden de bir sahiplenme desteği olmazsa bir şeyler hep eksik kalır.

İKSV Genel Müdürü Görgün Taner'e, yerel yönetimlerin kültür-sanat alanında, sektörle, aktörlerle, kurumlarla, kişilerle nasıl bir işbirliği yürütmesi gerektiği, ideal olanın ne olduğu ve uygulamada nasıl olduğu konusunda görüşlerini sordum:

> Yalnızca sektör olarak düşünmeyin, İstanbul'un nüfusu 18 milyon; bir Hollanda ediyor. İstanbul Büyükşehir Belediyesi de aslında 39 ilçenin merkezi yönetimi gibi. Bu nedenle önce ilçe belediyeleriyle birlikte uzun vadeli olacak bir kültür-sanat stratejik planı oluşturmak gerek. Tabii Türkiye'de uzun vadeli planlama yapmak zor oluyor ama yine de bir yerel yönetimin kültür-sanat planlamasını böyle düşünmesi gerek. Bir de yönetimler değişse de politikaların dayandığı temel stratejilerin değişmeden devam etmesi gerekiyor. Oysa Türkiye'de bir diğer sorun da her gelen yöneticinin, aynı partiden bile olsa, miladı kendisinden başlatması. Bu da her şeyi yeniden başlatıyor. Yine kısa vadeli politikalar, kısa vadeli uygulamalar sorunu karşımıza çıkıyor. Yönetimlerin kendilerini gösterebilmek için az zamanlarının olması planlamayı rafa kaldırıp kültür-sanat politikasını "etkinliğe" indirgiyor.

Bu anlattıkları çerçevesinde, İBB'yi nasıl değerlendiriyor peki? anlatıyor Taner:

> İBB, ilk başta sözünü ettiğim bu 39 ilçeyle birlikte çalışma, birlikte bir kültür-sanat stratejik planı çıkarma konusunda inisiyatif aldı aslında. İlk toplantıya tüm ilçe belediyelerinin kültür işleri daire başkanları, ya da kültür müdürleri davet edilmişti. Ama Türkiye'deki siyasi kutuplaşma nedeniyle böyle fırsatlardan yararlanılamıyor. İBB kültür-sanat camiasından kişilerle

düzenli toplantılarını sürdürdü. Hâlâ da yapılıyor. Bu tür toplantıların devamlılık göstermesi şunun için önemli: Kültür aktörlerinin planlamalarının İBB tarafından bilinmesini sağlar. İBB de bu planlar doğrultusunda altyapı sağlama ve kolaylaştırma görevlerini yerine getirir. İBB'den kültür-sanat kurumlarının ya da aktörlerinin beklediği bu. Yani yerel yönetimlerin kültür sanat politikalarının sektöre rakip değil, altyapı sağlayıcı olması önemli. Elbette sosyal belediyecilik adına kültür-sanat etkinlikleri yapmalı. Zaten ortaklaşılmış bir plan dahilinde olursa, rakip değil tamamlayıcı etkinlikler olur.

İBB Miras'ın kültür-sanat alanında tarihi mirasımızı günümüze kazandırarak bu mekânları kültür-sanatın hizmetine sunması çok değerli. Öte yandan uzun vadede içlerinin nasıl doldurulacağı, vatandaşı kültür-sanatla nasıl bir planlamayla buluşturacağı konusunda da iyi çalışılmış olması gerekiyor. Çünkü çok farklı bölgelerde bu mekânlar açılıyor. Oradaki insanların taleplerinin neler olduğu, kültür-sanat mekânını nasıl kullanmak istedikleri, ne yönde eğilim gösterdiklerini bilmek önemli. Yani yine aynı yere geliyoruz, 39 ilçeyle eşgüdüm.

Özlem Ece, şu an üzerinde çalıştıkları ve 2024'ün ilk aylarında kamuoyuyla paylaşacakları bir rapor ve projenin de haberini veriyor. "Türkiye'de sivil kültür kurumları ile belediyeler yerel kültür politikaları alanında neden birlikte çalışamıyor ya da nasıl çalışıyor?" sorularına yanıt arayan bir çalışma bu. Avrupa Birliği destekli bu üç yıllık projede ülke genelinde bazı il ve ilçe belediyeleriyle pilot çalışmalar yapılıyor. Örneğin bir ilçede bir kültür kurumunun, düzenleyeceği festivalle ilçe belediyesinin kültür-sanat politikalarını da şekillendireceği bir süreç işleyecek.

"Çalışmalardan nasıl yaklaşımlar çıkıyor?" diye soruyorum Ece'ye, şöyle detaylar paylaşıyor:

Örneğin şöyle yaklaşımlar görüyoruz: Belediye kültür-sanat alanı için "Bizim finansman eksiğimiz var, başka bir derdimiz yok" diyor, aynısını STK da söylüyor. Belediye sivil toplumu sadece proje yaptırmak için bir araç olarak görüyor, sivil toplum da belediyeden mekân ve altyapı ya da maddi destek istiyor. Vatandaşa sorduğunuzda ise "Hayatımda hiç sinemaya gitmedim, hiç kitap okumadım" diyor.

İşte aradaki o kopukluk aslında Türkiye'deki kültür-sanatın inceldiği yer.

Şehirde Spor

Sporu, İstanbul'un her yaşına ve her alanına yayacağız.
Temel hedeflerimizden bir tanesi
İstanbul'un her yanında spor tesisine ulaşamayan semt kalmaması.
Ekrem İmamoğlu, 28 Şubat 2019

Geçtiğimiz kasım ayında sıkıntılı haftalar geçiren ve zorlu bir kurultay arası sabaha kadar uyumayıp sabah İstanbul'a gelerek İstanbul Maratonu'nda koşarken kameralara yansıyan Ekrem İmamoğlu, sosyal medyada gündem olmuştu. Kurultayı saatlerdir izleyenler ertesi gün için enerji toplamaya çalışırken, İmamoğlu koşusunu bitirmiş, Ankara'ya Anıtkabir'e doğru yola çıkıyordu.

Elbette bu hareketliliğin siyaseten verdiği bir mesaj vardır. Ama İmamoğlu'nun spora meraklı bir belediye başkanı olduğunu da biliyoruz. İlkokulda başarılı bir hentbol oyuncusu olduğu, lisede futbola başladığı ve iyi de bir oyuncu olduğu biliniyor. Zaman zaman basketbol oynadığı görüntülere, eşi Dilek İmamoğlu'yla tenis oynamasına, ailesiyle kayak yapmaya gitmesine tanık olduk. Her maratonda koşan, kent ormanlarında yürüyüşler yapan enerjik-sportif bir başkan profili çiziyor.

İktidar medyası bazen bu görüntüleri "şov yapmak" olarak eleştirse de sonuçta İmamoğlu sporla ilgili bir kişi. Bu özelliği kampanya döneminde vaatlerine de yansımıştı.

İstanbul Büyükşehir Belediyesi geçmiş dönemlerinden beri spor konusunda faal bir belediye. Her alanda, hemen hemen İstanbul'un her ilçesinde ulaşılabilecek bir spor tesisi var. Sabah erkenden akşam saat 22.00'ye kadar vatandaşlar haftanın yedi günü imkânlardan yararlanıyorlar. İBB'nin yeni yönetimi de eksikleri tamamlıyor, tesisleri yaygınlaştırıp erişilebilirliği artırmaya çalışıyor.

Kitabın sonuç bölümüne yaklaşırken sona sporu almam, gazete okuyucusu geleneğinden geldiğim için olabilir. Son sayfalar spora ayrılır malum. Ancak bu son sayfada tek bir manşetim olacak: Olimpiyat 2036.

Spor konusunda da 2036 Olimpiyatları'yla ilgili bir kentsel çatışma alanını ilave ederek bölümü bitirelim:

Şehirde Olimpiyat

> Bazı kişiler İstanbul'a Olimpiyatların verilmesini istemiyor. Bakın, Gezi Parkı'nda eylem yapanlar, iki defa İstanbul'un adaylığını düşürmek için başvuru yaptılar ama başaramadılar. Eğer vermezlerse bu onların yüzünden olacak. İnşallah İstanbul hak ettiği kararı alacak. Çünkü İstanbul'un arkasında sizlerin duası var.

Avrupa Birliği Bakanı Egemen Bağış, 2013 yılının ağustos ayında yeni olimpiyat şehri belirleme kararını beklerken böyle diyordu. 2020 hüsranının ardından Gezi Parkı direnişçilerini suçlayan

AK Parti hükümetinin bakanları ve iktidar medyasının bazı köşe yazarları haftalarca bu bahaneyi köpürtmüştü.

Sekiz yıl sonra, 13 Temmuz 2021 tarihinde ise Ekrem İmamoğlu "2036 Olimpiyat Oyunları'na talibiz. Kentimiz adına başlattığımız yeni dönemi, 'spor kültürü hareketi' veya kısaca 'Olimpizm hareketi' olarak tanımlayabiliriz" sözleriyle 2036 Olimpiyat Oyunları ve Paralimpik Oyunları'na talip olduğunu açıklamıştı. Türkiye 2036 için yeniden ayakta.

Gezi Parkı direnişinin bir bileşeni olan, o günkü adıyla İstanbul Kent Hareketleri olan İstanbul Kent Savunması'nın ise yalnızca Türkiye değil dünya genelinde Olimpiyat organizasyonlarına karşı tavrı belli ve açıktır. Bu konuda dünya genelinde olimpiyatların bir spor müsabakası olmanın ötesinde kentleri dönüştürmek ve soylulaştırmak gibi bir işlevi olduğunu düşünüyorlar. Geçmişte olimpiyatlara ev sahipliği yapmış bazı şehirlerin olimpiyatlardan sonraki dönüşümlerine işaret edenler, BM raportörlerinin raporlarına da atıfta bulunarak İstanbul gibi rant üzerinden dönüşen bir megakent için felaket olacağı görüşündeler.

Buraya iki görüşü de kendi ifadeleriyle aktaracağım. Okuyucu karar versin:

> Ev sahibi kentlerde yarattıkları ekonomik, ekolojik, toplumsal krizlerin yanı sıra sebep oldukları insan hakları, hayvan hakları ihlallerinden ve ayrıca kentlerde estirdikleri olağanüstü hal rejiminin getirdiği antidemokratik uygulamalardan dolayı olimpiyatlar artık kentlerin sakinleri tarafından istenmemekte.

Bu cümle 2020 Olimpiyatlarına karşı yapılan basın açıklamasından bir parça. Olimpiyatlara bakışın kenti markalaştırma amacı güttüğünü savunan bağımsız araştırmacı ve yazar Cihan Uzunçarşılı Baysal bir şehre Olimpiyatların gelmesinin bazı risklerini şöyle anlatıyor:

> Olimpiyatların şöyle bir özelliği var: Proje sahaları ilan ediliyor, ama bazen oralara o söylenen tesisleri kurmayabiliyor, başka yerlere de kuruluyor. Ama oraları zaten imara açmış oluyor. Veyahut var olan olimpiyat tesislerini dönüştürerek yine lüks

mekânlara çevirebiliyor. Öte yandan inşaat projeleri yalnızca tesislere yönelik olmuyor. Kenti dünya kamuoyunun gözünde ortaya çıkaracaksınız. Podyuma çıkarıyorsunuz yani. Podyuma çıkardığınız bir kenti de güzelleştirmek zorundasınız.

"Peki bunda ne kötülük var?" diye soruyorum. Baysal şöyle izah ediyor:

> Kentte kendi bakış açılarıyla kötü görünen ne varsa ortadan kaldırmak ya da uzaklaştırmak istiyorlar. Barcelona'da Roman mahallelerinin yıkımı gibi. Binlerce insanın zorla tahliyesi ve yerinden edilmesi gibi. İstanbul'da da biz bunu göreceğiz, o podyumdaki kentin ardında yıkımlar ve sürgünler olacak. Zorla tahliyelerle ilgili BM Konut Hakkı raportörlerinin raporları var. Dolayısıyla, olimpiyat ruhu diye öne sürülen barış ve kardeşlik, konu alt gelir grupları ve emekçi mahallelere gelince işlemiyor. Tam aksine kent ayrışıyor, sosyo-mekânsal olarak. 2020 adaylığında öngörülen olimpiyat köylerinin projelerine bakmıştık. Turistikleştirilecek neresi varsa oraya koymuşlar. Yedikule Surlarının dibi, Haydarpaşa'nın önü. İBB'nin önceki yönetiminin sunduğu olimpiyat projesi bir TOKİ projesiydi. Biz öyle diyorduk. Bu şimdilik yok tabii. Ama Olimpiyat Komitesi de bir süredir şöyle bir yaklaşım gösteriyor: "Mümkün olduğunca eski ne varsa kullanın, masraf etmeyin, onları yenileyin." Ama yine de Paris'te de Brisbane'de de gördüğümüz üzere yıkımlar başlıyor. Olimpiyatların daha kendisi gelmeden Olimpiyat Stadı'nın konmasıyla birlikte çevresindeki bütün mahalleler yıkılmıştı.
>
> Bir başka çelişki ise şu: İstanbul'da konut yokluğundan ve kiraların artmasından şikâyet eden, buna çareler bulmak için raporlar yazan bir yönetim var ama şunu görmüyor: Bütün olimpiyat şehirlerinde müthiş şekilde kiralar artıyor. Çünkü kenti markalaştırıyorsunuz. On sene önceden bütün kenti dizayn etme çalışmaları başlıyor. Bütün kentlerin raporları var. Bir sürü masraf oluyor, kentlerin bütçelerinde çok büyük bir yıkım oluyor. Verilenden çok cepten gidiyor. İflaslar bile var. Aslında hiçbir kent olimpiyatları almak istemiyor artık."

İBB'nin olimpiyatlarla ilgili katılımcı bir çalıştay yaptığını ve oraya katıldığını söyleyen Baysal çalıştayı da şöyle anlatıyor:

> Masa masa gruplar vardı. Biz sosyal boyuttaydık. Ama mahallelerden kimse yoktu mesela, oysa olimpiyatlar onları da etkileyecek. Biz neden olmaması gerektiğini anlattık ama rapora baktığımızda çok az yer tuttuğumuzu gördük. Maalesef diğer masalarda herkes taraftı. Ekonomi masasında Andrew Zimbalist raporunu bilen vardı mesela. "Biz bunu söyleyeceğiz" dediler, "aman ne iyi" dedim. Çıktılar söylediler. Ama şöyle bir yanıt oldu: İBB bunları düzeltecek. Biz düzelterek yapacağız.

Baysal'ın sözünü ettiği rapor hakkında, Hayır Kampanyası'nın basın açıklama metninde şu bilgiye yer verilmiş:

> Ekonomist Andrew Zimbalist, Circus Maximus, adlı araştırmasında, ev sahibi kentlerin, danışmanlar ve danışmanlık şirketleri tarafından nasıl aldatılarak yanlış yönlendirildiklerini, 19 olimpiyat kentini, oyunlar öncesinde, süresinde ve ertesinde inceleyerek belgelemiştir. Olimpiyatların altyapı inşaatlarında yaratılan kısa vadeli istihdam ise borçların ödenebilmesi için daha sonra uygulanan kemer sıkma politikaları karşısında önemini kaybetmektedir.

Baysal çalıştayda şu öneriyi yaptıklarını da belirtiyor: "Biz şunu önerdik: Üç hafta sürecek büyük bir etkinlik yapmak yerine mahalle spor kulüplerini güçlendirin. Çocukları spora yöneltin, buradan sporcu yetiştirin."

Ekrem İmamoğlu, olimpiyat karşıtı hareketin tezlerine hâkim. Raporu, konuşulanları, yazılanları, çizilenleri elbette takip ediyor. Görüşlerini ise şöyle açıklıyor:

> Olimpiyat meselesi ve parametreleri, sadece ülkemizdeki bu platformlarca değil, aynı zamanda dünyada da çok eleştirildi ve birtakım önerilerle karşılaştı.
>
> Bir kere en baştan şunu söylerim: Ben olimpiyat ruhunu çok seviyorum. Olimpiyatın dünyayı bir araya getirdiğini düşünüyorum. Bazı eleştiriler olabilir. Ama ben dünya ekseninde başarıla-

bilmiş en önemli organizasyon olduğunu düşünüyorum. Bunun daha önünde bir organizasyon yok. Bazen savaş zamanı bile savaşan toplumları bir araya getirebilmiştir.

Bugün ayrışma, kutuplaşma bence dünyanın en büyük sorunu. Ülkemizin de sorunu. Sanat, müzik, kültür... Bu tür aktiviteler olmasa, bu insanlık birbirini yok edecek duruma gelebilecek. O bakımdan ben bu birlikteliği koruyan başta spor ve sanatı çok mucizevi bir organizasyon gücü olarak görüyorum. Tabii ki eleştiriler olmalı ama eleştirilerin "Olimpiyat yapılmasın" noktasına evrilmesini de kesinlikle kabul etmiyorum.

İstanbul bu konuda çok büyük adımlar attı. Yanlış adımlar da atıldı. Bugün Olimpiyat Stadı orada mı olmalıydı? İşte bunlar yanlış işler. Bunları dönüp düzeltme şansımız yok. Ama bugünden başlandığında, 2036'ya kadar zaten şehrin ulaşımını düzenlemek için yapılması gereken metrolar var. Metroyu olimpiyat için yapmak demiyorum bakın. Zaten yapılması gereken metroları yaparak, yapılması gereken spor tesislerini yaparak 2036'ya hazırlanmaktan söz ediyorum. Epeyce sağlam bir spor tesisi envanterimiz var. İlaveler yapılır.

2036'ya kadar zaten İstanbul kendi envanteriyle ve kendi varlığıyla olimpiyatlara ev sahipliği yapabilir konumda olacak, ekstra bir yatırıma gerek yok. İstanbul bunu gerçekten hak eden bir şehir. Bir de Müslüman toplumun ağırlıklı olduğu bir ülkede bugüne kadar olimpiyat ne yazık ki hiç yapılmamış. Bu da bir talihsizlik ve kapsayıcılık açısından çok büyük bir eksiklik. Bunu da en iyi, en doğru şekilde yapabilecek ülkenin laik Türkiye Cumhuriyeti olduğunu düşünüyorum.

Son Sözler

İstanbul'un tüm megakentler gibi dev bir kentsel çatışma alanı olduğunu belirttik. Bunun olumsuz bir ifade olduğu düşünülmesin. Çünkü yapıcı, güçlendirici, şehirlilerin "iyi olma halini" artırıcı çatışmalar şehirlerin mutluluğuna hizmet eder. Ama kentsel çatışma bir zümrenin ya da tek bir görüşün ihyası içinse, buradan kente dair yaşanabilecek her türlü olumsuzluk çıkar.

Ekrem İmamoğlu yönetime gelir gelmez, 25 yıllık bir kadrolaşma ve süregelen bir iş yapış şekliyle İBB'yi devraldı ve bir önceki yönetimden kalan pek çok yarım bırakılmış proje dosyasını da önünde buldu; bazısı bitmek üzere, bazısı mahkemelik, bazısı başlanmamış, bazısı çıkmaza girmiş. Bir de kendisine oy verenlerin beklentilerini buldu masasında.

Bugün İstanbul Büyükşehir Belediyesi şehrin her noktasında faaliyetlerini yürütürken, İstanbul Kent Savunması'nın müşterek şehir tahayyülünün çizgilerinin üzerine basarsa bunun tepkisi çok hızlı geliyor. Öte yandan merkezi iktidarın, şehri avucunun içine alma yönündeki hamlelerinin arasında manevralarla şehri yönetmeye çalışıyor. Her bir şehir sakininin farklı şehir beklentisine göre hizmet üretmek gerekiyor. Ama o hizmeti, kırılgan gruplara daha fazla değecek şekilde vermek ve diğer bütün hizmetlerle de entegre etmek gerekiyor.

"Zaten dünyanın bütün megakentleri böyle" deyip geçemeyeceğimiz bu tablonun her megakente özgü dinamiklerinin olduğunu kabul etmek gerekiyor. Genellemek de, "dünyada böyle bir şey yok" demek de İstanbul'u tanımlayamıyor.

Bir de İmamoğlu'nun başkan olduğu ilk aylardan itibaren başlayan incelemeleri, soruşturmaları, davaları ve hükümleri var.

Ekim 2023 itibarıyla İmamoğlu'nun, çeşitli aşamalarda 40 davası görünüyor. Davacılar arasında Anadolu Ajansı, Yeniden Refah Partisi Lideri Fatih Erbakan, Ulaştırma ve Altyapı Bakanı Adil Karaismailoğlu, dönemin İçişleri Bakanı Süleyman Soylu gibi kurum ve isimler var. Ayrıca bu beş yıllık süre zarfında çok enteresan konularda –davaya dönüşmese de– incelendi, soruşturuldu. Pandemi döneminde Fazilet durağında otobüse binen yolcu sayısının çokluğu nedenile COVID-19 önlemlerine uymamaktan tutun da Fatih Türbesi ziyaretinde türbeye tekme attığı yönündeki iddaya kadar. Bu tür müdahaleler de gündemi meşgul etti elbette.

Nihayetinde İstanbul'un 30 yıla dayanan AK Partili ve öncülü partilerinden teşekkül yönetimleri, İBB'yi yıllar geçtikçe bir büyükşehir belediyesi olmaktan çıkarıp Ankara'daki merkezi iktidarın ve hükümetlerin İstanbul şubesine dönüştürdü. Her yerel yönetimin son kertede çalışmalarını, bağlı bulunduğu siyasi partiye yarayacak hizmetler haline getirdiği elbette söylenebilir. Ama İstanbul'un kentsel dönüşümü, bayındırlığı, altyapısı, ulaşım yatırımları, sağlık yatırımları İstanbullulardan çok Ankara'yı mutlu etmek içindi. Ankara bu mutluluğuna düşecek gölgeleri, verdiği sözleri tutmayarak, yaptığı planlara uymayarak, attığı imzaları hiçe sayarak ve yöneticileri değiştirerek ortadan kaldırdı.

30 yıldan beri gelen bu yönetim modeliyle donanmış bir nesil ve hafızası iyice kısaltılarak 30 yıla hatta 20 yıla sığdırılmış bir İstanbul seçmeni var şimdi elimizde.

Ve bir de faili meçhulmüş gibi söylenen "İstanbul'a ihanet ettik" söylemiyle "nasıl olması gerektiğinin unutturuluşu" var beyinlerde...

Hannah Arendt, *Kötülüğün Sıradanlığı*'nda "Nisyanı (unutma, unutuş) mümkün hale getirebilecek çok fazla insan var bu dünyada. Ama her zaman geriye hikâyeyi anlatacak biri kalacaktır. Bu nedenle, en uzun vadede hiçbir şey 'pratikte faydasız' olamaz" der. Elbette bu sözlerin edilme nedeninin konusu apayrı, ama "bildiğini unutturma" bir iletişim stratejisi, bir propaganda yöntemidir. Biz bunu İstanbul'da ve tabii Türkiye'de yaşadık.

Neyse ki hikâyeyi anlatacaklar var.

Daha ilk günden itibaren iktidarın, sandıkta kaybettiklerini, kararnamelerle geri alma çalışmaları başlamıştı. İstanbul Kent Savunması ise geçmişten gelen projelerin devam ettirilmesine tepki göstermeye başladı.

Tüm bunlara kitapta değindik. Kimi görüşlere göre başlanmış projeler kamu yararına görünmese bile bundan geri dönülmesi büyük bir kamu zararı teşkil eder. İdarenin devamlılığı vardır. Bir diğer görüşe göre bu projelerin sürdürülmesinin kamu zararı, yıkılıp eski haline döndürülmesinden ortaya çıkacak kamu zararından daha büyük. O nedenle geri dönülmesi gerekir. Bu konu hakkında İmamoğlu'na görüşlerini sordum:

> Büyük bir masa kuruyoruz. Bu masayı açıkçası, aynı fikre, aynı siyasi görüşe sahip olduğum arkadaşlarımla kurmuyorum. Çok yönlü bir masa kuruyorum. İşletme hakkı almış ve inşaatları bitmek üzere olan yerler oluyor. Yapılmış şeyi illaki yıkalım diye bir şey de olmaz. Ama bir yerde abartılı yapılar, abartılı binalar tasarlanmışken oraları biz bambaşka bir boyuta çevirdik, daha önceki yönetim her yeri kaynak görürken, oralara plazalar, rezidanslar tasarlamış ve satışa sunmuşken, örneğin şimdi Mecidiyeköy'ün göbeğinde 350 yataklı kreş yapıyoruz biz. Yurt yapıyoruz biz.
>
> Aslında tam bir değişim yaşatıyoruz İstanbul'a. Ben çok iddialı söyleyeceğim: Sosyal belediyecilik, sosyal demokrat belediyecilik, dayanışmacı belediyecilik, yani bütün bu kavramları üst üste koyduğunuz yerde, bizim aslında bir devrim belediyeciliği yürüttüğümüzü söyleyebilirim. Yüzlerce, binlerce örneğini de verebilirim.
>
> Tek başına 0-4 yaş çocuğu olan anneye kart vermeyi düşünebilmek devrimci bir belediyeciliktir. Sıfır kreşi varken kreş üretmeyi kendine ana sorumluluk olarak koyan bir belediyecilik devrimci belediyeciliktir. Hiç yatağı olmayan bir belediyeyi üç buçuk senede 5 bin yurt yatak kapasitesine ulaştırmak ve bunu 10 binlere doğru yaklaştırmak devrimci bir belediyeciliktir. Süt dağıtmak devrimci bir belediyeciliktir. İstanbul topraklarında buğday ürettirip Halk Ekmek'te ekmek üretmek devrimci bir belediyeciliktir.

Gelelim ikinci grup eleştirilere: İBB'nin geçmiş döneminden devralınan projeler yapılırken doğal olarak müteahhitleriyle birlikte devralınıyor. Bunlar o kadar büyük projeler ki müteahhidi değiştirmek o kadar da kolay olamayabiliyor. İktidar ile muhalefet arasındaki müteahhitler kavgası bir çatışma alanı olarak İBB'nin önüne geliyor.

Ekrem İmamoğlu'na bu soruyu daha sormadan doğrudan konuya kendisi girdi:

> Bütün bu yönüyle aslında biz, bahsedilen kaygıları büyük oranda gidermiş bir kurumuz ama bazen işi şuraya taşıyorlar: "Şu müteahhidi biz sevmiyoruz, bugünkü hükümetin desteklediği müteahhittir, dolayısıyla sen onunla iş yapamazsın"... Böyle bir şey işin doğasına aykırı. Yani iki türlü aykırı. Öncelikle zaten bir kısmıyla geçmişten gelen bir ihalen var, biz o ihalenin defterine ve kaydına bakarız. İkinci olarak o ihalenin şu an nasıl yürüdüğüne bakarız, işi nasıl yaptığına bakarız, orada sıfır tavizle devam ederiz. Hak hukuku koruduktan sonra onun cezasını kesecek kurum ben değilim, onun cezası var ise, ya da ona iş verenlerin bir kısım cezaları var ise, onu adalet keser. Bu da adil bir ortam sağlanmasıyla mümkündür, yani iktidar değişimiyle mümkündür. Yoksa "bunu engelle" demekle olmuyor.
>
> Bir başka boyutu da şu; "Onlar işi alamaz" diyorlar. Siz ihaleye çıktığınız zaman onlar da girer; defteri, kalemi, kâğıdı, kitabı her şeyi uygunsa, en uygun fiyatı veriyorsa alır ve yapar. Yani biz Türkiye Cumhuriyeti Devleti'nin izin verdiği şirketlere, kişilere, "Sana iş yaptırmayız, sen bu kapıdan içeri giremezsin" diyemeyiz. Bu kapıdan içeri giremeyecek olan var ise, onu yasa belirler. Ama biz bu tür insanları tercih ediyor ve onların önünü açıyor isek o zaman bizi her türlü suçlayabilir insanlar. Bizim de böyle bir tutumumuz asla olmaz.

Önümüzde yerel seçimler var. Ekrem İmamoğlu'nun 2036 Olimpiyatları için hazırlandığını, 2040'ta bazı iklim hedeflerini hayata geçirmeyi ve 2050'de sıfır atıkla birlikte İklim Eylem Planı'nın tüm hedeflerine ulaşma sözü verdiğini, İstanbul'un sularının planlamasıyla ilgili 2053 gibi bir tarihe randevu verdiğini biliyoruz. Peki eğer 2024'ü İstanbulluların onayıyla aşar ve yeniden İBB Başkanı olursa neler yapmak istiyor?

İstanbul'la ilgili daha yapacak çok iş var. Bir kere kentin yoksulluktan kurtulması şart. Tabii, yoksulluktan kurtulmanın tek başına bir yerel yönetimin başarabileceği bir şey olmadığını biliyoruz. Yoksullaşmayı azaltan ya da insanların ihtiyaç duyduğu önemli ve acil konularda katkı sunan bir belediyeciliği daha da büyütmek istiyoruz. Nedir onlar? Çocuklarının kreşe gitmesini sağlamak, 75 bin öğrenciye burs vermek, bunu 150 bin öğrenciye çıkartmak, aslında dayanışmayı bu şekilde büyütmek istiyoruz. Şehri yaratıcı unsurlarıyla zenginleştirebilen bir altyapıyı kurmak istiyoruz. Kültürde, sanatta, teknolojide...

Ancak elbette birçok hususta önümüzde engeller var. Örneğin bir kente 2,5 milyon mülteci yığılıyorsa, hayallerinizin birçoğunu bir başka evreye ertelemek durumunda kalıyorsunuz. Bölgemizdeki savaşlar, Avrupa'nın tutumu, bizim yanlış politikalarımız buna neden oluyor. Aslında her sonucun temelinde kendi uygulamalarımız vardır.

İstanbul sağından solundan, göbeğinden, saçından başından çekip çekiştirilecek bir şehir değildir. İstanbul ortak akılla, bütün kurumların aynı masada buluştuğu, birleştiği bir anlayışla tasarlanmalı, prensip kararlar alınmalıdır. Bu kararlarla ve şimdiden 2050, 2100 tarihlerinde nasıl bir İstanbul'da yaşayacağımızı ortaya net olarak koymalıyız.

Bu bakımdan, İstanbul'da yapacağımız çok iş var, ama ben Türkiye'nin siyasal değişimini başarmak zorunda olduğumuza ve bunu da İstanbul'daki başarımızın sağlayacağına inanıyorum. Neticede önümüzde 2024 yerel seçimi var. Çok başarılı bir 5 yıl geçirip 2029'da bunu çok daha yukarıya taşıyabileceğimizi görebiliyorum. Öte yandan, 2028'de Türkiye'de yine bir siyasal değişim fırsatı doğacak. Ona da bir zemin oluşturmak için İstanbul'da en devrimci örneği ortaya koymak en büyük hedefimiz olacak.

* * *

Bu kitabın yazılmasına sebep olan, Ekrem İmamoğlu'nun 27 Haziran 2019 tarihli konuşmasında vaat etiği mutlu şehir tanımı yalnızca orada kalmadı. İstanbul'la ilgili hangi konuda mesaj verirse versin, hangi ortamda konuşursa konuşsun içinden bir mutluluk kelimesi geçti. Esas vaadi mutluluktu; kreşler, süt, ekmek, yurtlar, burslar, parklar, vadiler, konutlar, metrolar, kültür, sanat, miras ise mutluluğa götüren vasıtalardı.

2023 Genel Seçimlerinde yaşanan yenilginin ardından CHP içerisinde değişim talebi başlatan İmamoğlu, 29 Mayıs 2023'te önündeki birkaç ayın gündemini belirleyecek tartışmayı başlatırken bile cebinde mutluluk kartı vardı:

> Yolda olmak bir tercihtir. Yol almak bir tercihtir. Mutluluk yolda olmak ve yol almakla ilişkilidir. Ben zaten yoldaydım, şimdi o yolda daha hızlanacağım dedim. Keşke, bugün her şey yolunda olsa, keşke bugün milyonlarca kişi mutlu olsaydı. Keşke öyle olsaydı. Maalesef olmadı. Mutluluk yolda olmak ve yol almakla ilgiliyse, o menzile yetişmek için daha hızlı koşacağım dedim. Evet koşacağım... Bu yola, bu yürüyüşe elbise biçmeye, çerçeve çizmeye, isim koymaya çalışanlar olabilir.

Türkiye'deki liderlerin konuşmalarına baktığımda konuştuğu hemen her başlıkta mutluluktan bahsetmek, mutluluk vaat etmek pek alışılagelmiş değil. Edilmişse bile çok münferit kalmış. Stratejik iletişim danışmanı arkadaşım Şeyda Taluk'a bundan söz ettiğimde bana "İmamoğlu cüretkâr bir lider" dedi. Cüretkâr mı, dedim merakla. "Evet tam da öyle" dedi ve devam etti:

> Burada altını çizmek istediğim şey aslında cesaret, yüreklilikle cüret etmek. İmamoğlu var olan iktidara meydan okuyarak, herkesin kabullendiği bir gerçeği değiştirmeye cüret etti. Aday olduğu andan itibaren ve başkanlığı döneminde mutluluğu vadetmesinin yanı sıra İstanbullulara, daha fazlasını hayal etmeye cüret etmeleri için öncülük yaptı. Lideri lider yapan şey, söylediklerini, vaatlerini gerçekleştirebileceğine dair cesaretinin onu

izleyenlere geçmesi, insanların bunu hissedebilmeleridir. Cesaret, siyasetin iksiridir. İmamoğlu'nu siyaseten farklı yapan bu cüretkârlığı. Söz verdiği gibi "her şeyin çok güzel olmasının" önünde duran tüm engellere meydan okuma cüreti.

Ben cüret edip bu kitabın adını "Cüret" koyamadım ama böyle bir kitap yazmaya cüret ettim. Eksikleriyle, fazlalarıyla, kusurlarıyla...

* * *

Her yapıt kusurlu olmaya mahkûmdur, bunu çok iyi biliyoruz ve estetik açıdan, en az kendi yazdıklarımızı gönül rahatlığıyla seyredebiliriz. Ne var ki her şey kusurludur ve en güzel günbatımının daha güzeli, bize uykuyu getiren hafif yelin daha huzurlusu hep vardır. Dolayısıyla, dağları ve heykelleri aynı dinginlikle seyredeceğiz; geçen günlerin ve kitapların tadını çıkaracak, en önemlisi de her şeyi düşleyerek, hepsini en mahrem özümüzün bir parçası haline getirmeye çalışacağız. Bir yandan da tasvirler ve tahliller yapacağız; daha gerçekleştikleri anda bize yabancılaşacaklar; böylece, sanki günbatımının bize bir armağanıymış gibi keyif alabileceğiz onlardan.

Fernando Pessoa, *Huzursuzluğun Kitabı*

Dizin